Les prénoms

des plus rares
aux plus courants au Québec

LOUIS DUCHESNE

Les prénoms

des plus rares
aux plus courants au Québec

TRÉCARRÉ

Données de catalogage avant publication (Canada)

Duchesne, Louis

Les prénoms : des plus rares aux plus courants au Québec
Comprend des réf. bibliogr. et un index.
ISBN 2-89249-197-5

1. Noms de personnes – Québec (Province) – Histoire. 2. Noms de personnes. I. Titre.

CS2375.C2D82 1997 929.4'4'09714 C97-940375-8

Photographie : Benoît Chalifour

Conception graphique et mise en pages : Caractéra

Conception graphique de la couverture : Cyclone design communications

Révision linguistique : Claire Morasse

ISBN 2-89249-197-5

Dépôt légal 1997
Bibliothèque nationale du Québec

Imprimé au Canada
Éditions du Trécarré
Saint-Laurent (Québec) Canada

2 3 4 5 01 00 99 98 97

Table des matières

Introduction

De Michel de Montaigne, avec ses *Essais* publiés il y a plus de quatre siècles, à Faith Popcorn, avec son récent rapport, *Clicking*, le choix du nom a intrigué de nombreux auteurs. C'est une question qui constitue aussi une des plus agréables occupations des futurs parents qui cherchent un beau nom pour leurs enfants.

Montaigne raconte que, lors d'un grand festin donné par Henri, duc de Normandie, fils de Henri second, roi d'Angleterre, l'assemblée y est si grande que, « pour passe-temps, s'étant divisée en bandes par la ressemblance des noms, en la première troupe, qui fut des Guillaume, il se trouve cent dix chevaliers assis à table portant ce nom ». C'est à ce passe-temps qu'est consacré ce livre. Près de trois millions de personnes nées depuis un siècle ont été réunies et « divisées en bandes ». Les « premières troupes » parmi les personnes présentes au milieu des années 90 sont celles des 87 000 Michel chez les hommes et des 57 000 Louise chez les femmes.

Il ressort nettement que certaines « troupes » sont plus vieilles que d'autres. Les tables des Roland et des Thérèse ont les cheveux blancs, les groupes des Stéphane et des Nathalie ont autour de la trentaine et, parmi les « bandes » des Sarah et des Samuel, on trouve beaucoup de bébés encore au sein de leur mère.

Puisque c'est l'âge ou l'année de naissance qui caractérise le mieux les groupes d'individus partageant un prénom, nous avons donc patiemment calculé, pour chaque année depuis 1890 jusqu'en 1996, combien de personnes portent tel ou tel prénom parmi les 2 200 prénoms les plus fréquents. Le résultat est tout à fait étrange puisque la plupart des graphiques illustrant la fréquence des prénoms les plus importants dessinent une vague. Souvent sortis de nulle part, ils augmentent peu à peu, deviennent de plus en plus populaires, atteignent un sommet facilement repérable, et s'estompent plus ou moins lentement avant de tomber dans l'oubli. On peut donc écrire l'histoire de chaque prénom et vérifier l'influence des facteurs extérieurs sur son évolution. Il est aussi intéressant de présenter une vue plus synthétique sur la durée de vie des prénoms, en se demandant, par exemple, combien on retrouve de prénoms semblables parmi les plus populaires à 10 ou 20 ans d'intervalle.

Loin de n'être qu'un travail d'érudition, ce livre s'adresse aussi aux futurs parents qui choisissent les prénoms des bébés à naître. Miss Popcorn, qui doit probablement une bonne partie de sa célébrité à son nom de plume, conseille évidemment l'originalité, mais, en fait, dans le chapitre de son livre sur les noms, elle pense plutôt au marketing. On ne donnera pas ici de conseils aux parents, mais de l'information. D'abord, ils connaîtront les prénoms donnés au cours des dernières années avec leur fréquence. Il arrive souvent que les parents cherchent un nom qui n'est pas trop populaire, mais ils n'ont pas les moyens de connaître la diffusion réelle d'un prénom et ils sont surpris de voir, quelques années plus tard, à la garderie ou à l'école, tant d'autres bambins du même prénom. Mais, en fait, la grande leçon de ce livre, c'est qu'on ne peut échapper à la mode, et que ce qui est à la mode se démode. Les premiers parents à choisir le nom de Maxime se pensaient à l'avant-garde et leur choix paraissait même excentrique ; ils ont probablement été surpris d'être rejoints si vite par la mode. Maxime est maintenant sur sa pente descendante, mais sans la courbe statistique, on ne pourrait en être sûr.

En plus de l'histoire minutieuse de plus de 500 prénoms, on trouvera ici un répertoire de quelque 2 200 prénoms, et les parents pourront puiser à une source de prénoms oubliés ou négligés.

Les livres de prénoms présentent souvent la couleur, le chiffre, le signe astrologique, et même la psychologie associée aux prénoms ; il s'agit bien entendu de pures sornettes. Quant à l'étymologie et aux personnages célèbres ayant porté tel prénom, on en parlera à l'occasion, mais on verra que cela n'intervient pas souvent dans le choix du prénom.

En plus de l'intérêt « anecdotique » qu'il ne faut pas nier dans l'histoire des prénoms, on peut y trouver aussi un volet plus historique ou sociologique. En effet, le choix du prénom relève d'un comportement social et culturel très intéressant. Chaque choix individuel s'inscrit dans une norme statistique qui échappe aux parents. Avec l'évolution de la fréquence des prénoms, on peut étudier la diffusion des goûts dans le temps. Dans le domaine de la mode, et pour beaucoup de comportements et même pour les idées, il y a des institutions, des ministères, des Églises qui s'occupent de diriger nos goûts ; la publicité est la plus importante de ces institutions. Malgré quelques restrictions du *Code civil* quant à l'attribution du prénom, le choix est théoriquement libre parmi un très grand nombre de prénoms, et pourtant, les résultats montrent une forte concentration autour des prénoms les plus populaires.

Mentionnons enfin que pour que cette étude porte sur une population aussi homogène que possible, nous n'avons retenu que les prénoms des personnes nées au Québec, ayant comme langue maternelle ou d'usage le français.

De Calvin au Code civil, *les règles religieuses et légales*

Le magazine *Time* de fin décembre 1995 raconte les problèmes d'un couple de Danois qui donnèrent à leur garçon un prénom qu'ils voulaient unique, Christophpher. Mais il existe au Danemark une religion d'État, le luthéranisme, et une liste de prénoms et d'orthographes établie par le ministère des Affaires ecclésiastiques. Évidemment, l'épellation fantaisiste de Christopher avec *phph* ne s'y trouve pas. Les parents n'ont pas voulu changer le prénom et doivent donc payer depuis une amende d'une vingtaine de dollars par semaine. De telles listes existent dans beaucoup de pays ; même dans la France laïque, il y en avait une jusqu'en 1993.

L'histoire de ces listes remonte probablement à Jean Calvin qui fit proscrire par le Conseil de Genève tout prénom autre que biblique ; il fut imité par les premiers luthériens dans les années 1530. Ils sont la cible des railleries de Montaigne, en 1580, quand il écrit :

> « Item, dira pas la postérité que notre réformation d'aujourd'hui ait été délicate et exacte, de n'avoir pas seulement combattu les erreurs et les vices, et rempli le monde de dévotion, d'humilité, d'obéissance, de paix et de toute espèce de vertu, mais d'avoir passé jusque à combattre ces anciens noms de nos baptêmes, Charles, Loys, François, pour peupler le monde de Mathusalem,

Ezéchiel, Malachie, beaucoup mieux sentant de la foi ? » (*Essais*, I, XLVI)

Ne voulant pas être en reste, le concile de Trente (1545-1563), qui débute la contre-réforme catholique, amène l'Église à refuser les prénoms bibliques et païens et à demander qu'on choisisse des prénoms de saints, afin que ceux-ci deviennent des patrons pour les enfants.

Monseigneur de Saint-Vallier, évêque de Québec, fait publier, en 1703, un *Rituel du diocèse de Québec* qui reprend les règles du concile de Trente. On y trouve une *Table alphabétique des noms de Saints et de Saintes que l'on peut donner aux Enfants, au Baptême & à la Confirmation.* Cette liste comprend 1 624 prénoms, soit 1 251 prénoms masculins et 373 prénoms féminins. Même si l'influence religieuse est évidente dans la prénomination des premiers Canadiens, selon Ribordy (1995, p. 66), qui a étudié le contexte religieux des prénoms du régime français, les parents n'ont pas respecté les prescriptions de l'Église pour une fille sur cinq. Le *Rituel* n'était donc pas très contraignant.

On trouve quand même quelques cas intéressants : ainsi, selon le *Registre des abjurations* de l'archevêché de Québec, Isaac Berthier, officier du régiment de Carignan et seigneur, abjure, le 8 octobre 1665, en présence des plus hauts dignitaires de la colonie, et peu après il change son prénom biblique pour celui d'Alexandre (d'après Bédard, 1978, p. 49). Il s'agit toutefois d'une exception et le changement de nom n'était pas nécessaire à l'abjuration ; Samuel de Champlain, par exemple, qui est probablement né protestant, n'a pas changé son prénom.

De nos jours, il n'y a pas de règles précises concernant le choix du prénom. Voici ce que l'on trouve dans le *Guide d'inscription des naissances au Registre de l'état civil* :

> « Les parents peuvent donner à leur enfant un ou plusieurs prénoms. Il est toutefois recommandé de limiter le nombre de prénoms à quatre et de placer le prénom usuel au début des prénoms au moment de remplir la déclaration de naissance. Une initiale ne constitue pas un prénom. Si le prénom est composé, il doit être relié par un trait d'union(...).
>
> « Toutefois, l'enfant pourra utiliser un ou plusieurs des prénoms qui sont énoncés dans son acte de naissance sans avoir recours à la procédure de demande de changement de nom. »

Il est rare qu'on ait recours à cette possibilité de changer de prénom usuel en choisissant parmi ses autres prénoms. En fait, les gens s'habituent à leur prénom et le changement implique une conversion difficile, même pour les personnes qui détestent le leur. Néanmoins, les parents qui voudraient donner à leur enfant un prénom bizarre ne devraient pas négliger de lui donner d'autres prénoms afin que, le moment venu, il puisse changer un prénom qu'il trouverait trop difficile à porter.

Il y a bien une restriction concernant les noms qui prêteraient au ridicule :

> « Selon l'article 54, lorsque le nom choisi par les mère et père comporte un nom de famille composé ou des prénoms inusités qui prêtent au ridicule ou sont susceptibles de déconsidérer l'enfant, le directeur de l'état civil peut inviter les parents à modifier leur choix.
>
> « Si ceux-ci refusent de le faire, le directeur de l'état civil a autorité pour saisir le tribunal du différend qui l'oppose aux parents et demander l'attribution à l'enfant du nom de famille d'un des deux parents ou de deux prénoms usuels, selon le cas. »

Il semble n'y avoir eu qu'un seul cas de contestation du choix des parents qui se soit rendu en cour. Un juge de la cour supérieure a donné raison au directeur de l'état civil qui refusait le mot « Spatule » comme prénom. Aux parents qui invoquaient le droit à l'originalité, le juge a répliqué que « ce nom est d'abord celui d'un objet commun auquel n'est rattachée aucune qualité exceptionnelle ; celui d'une fleur pas particulièrement prisée ; et celui d'oiseaux échassiers au bec long et plat. L'intérêt de l'enfant doit prévaloir sur le souci d'originalité des parents ».

Deux seules règles strictes paraissent s'appliquer : un prénom doit avoir plus d'une lettre et seulement des lettres. Un prénom ne peut s'écrire avec un chiffre (K7) ou avec un caractère inhabituel (Richard$$) ; bien entendu, le trait d'union est accepté et l'apostrophe aussi dans certains cas, Jeanne d'Arc par exemple, mais pas le point.

L'entière responsabilité repose donc entre les mains des parents. Mais à voir certains prénoms glanés au cours des dernières années, on peut parfois se demander s'il ne vaut pas mieux disposer d'une liste comme au Danemark.

Certains pays ont des politiques encore plus contraignantes que les listes de prénoms de baptême. En Israël, les immigrants reçoivent systématiquement à l'arrivée un prénom hébreu. Stahl (1994), qui décrit cette pratique, mentionne qu'elle vise une intégration des nouveaux venus. Le plus souvent, les prénoms sont semblables : Isaac deviendra évidemment Yitskhaq, Gisèle pourra s'appeler Ya'el et Armand, Amram.

Au premier rang, les prénoms les plus choisis chaque année

De la fin du siècle dernier jusqu'en 1909, Joseph est le prénom masculin le plus souvent choisi. Il est délogé par Gérard, qui occupera le premier rang pendant 11 ans, de 1910 à 1918 et de 1921 à 1922. Si l'on ne retient que les règnes qui ont duré plusieurs années, on arrive à Marcel, qui fut le premier pendant sept ans, à la fin des années 20. Le choix d'André débute en 1932 et 1933 puis revient de 1937 à 1944, si bien qu'il est le prénom le plus choisi pendant 10 ans. Michel, qui suit, est le grand prénom du XXe siècle ; à partir de 1945, il passe 19 ans au premier rang. C'est bien entendu le prénom des *baby-boomers*, et c'est aussi le prénom le plus porté dans l'ensemble de la population aujourd'hui. Stéphane ne dure que cinq ans, de 1966 à 1970, mais ce prénom atteint un sommet inégalé chez les hommes. Éric, premier pendant neuf ans, est le prénom le plus populaire dans les années 70. Jonathan (1981-1983) et Mathieu (1984-1986) dominent au début et au milieu des années 80. Maxime passe cinq ans au premier rang, de 1988 à 1992. Il est suivi pendant deux ans par Alexandre, qui avait déjà occupé le premier rang en 1987. Enfin, en 1995, Samuel grimpe vaillamment en tête de liste.

Chez les filles, Marie est détrôné dès 1892 par Alice, mais Yvonne prendra rapidement sa place et passera 12 ans en tête des prénoms les plus populaires, jusqu'en 1907. Après Jeanne, en 1908-1909, les années

10 voient surtout Simone et Cécile, mais on note l'année des Yvette en 1919. Rita et Thérèse se partagent les années 20 et arrivent même *ex æquo* en 1923 et 1924. Thérèse sera au premier rang pendant neuf ans, si on calcule les années où elle arrive à égalité avec Rita et Jeannine. Jeannine suit et est remplacé par Denise en 1934. Lise occupe le premier rang pendant cinq ans, et ensuite, Nicole, pendant six ans. Diane règne aussi pendant six ans à partir de 1949, puis Sylvie reste au premier rang pendant dix ans, jusqu'en 1964. La fin des années 60 est la période de gloire de Nathalie, qui battra en 1967 le record de popularité du siècle. Isabelle se maintient au premier rang pendant cinq ans à partir de 1971, puis est évincé par Mélanie qui ne dure que trois ans, mais à un niveau étonnant. C'est au tour de Julie, au début des années 80, puis en 1984, Karine partage la première place avec Julie. Stéphanie règne pendant six ans et, enfin, Catherine est le prénom le plus choisi depuis 1991.

On obtient donc 18 prénoms masculins et 23 féminins ayant occupé le premier rang. Certains prénoms masculins ont duré très longtemps, particulièrement Joseph et Michel, qui ont conservé la première place pendant près de 20 ans, alors qu'une dizaine de prénoms féminins ont occupé le premier rang pendant cinq ou six ans.

La fréquence atteinte par le premier prénom varie beaucoup, et certains affichent des scores tout à fait exceptionnels. À la fin du siècle dernier, le prénom Joseph est porté par un garçon sur douze, ce qui est plus du double de Marie à la même époque. Au début du siècle, la popularité des premiers prénoms est assez mesurée, autour de 4 %, puis arrive Thérèse, qui dépasse 10 % en 1927 et 1928. Dix ans plus tard, en 1937, André connaît une pointe exceptionnelle, due probablement à la mémoire du frère André, décédé cette année-là. Après la guerre, Michel connaît de bonnes années, puis Sylvie autour de 1960. Les années 1966-1968 voient un déferlement de Nathalie, soit une fille sur sept en 1967. Au même moment, en 1968, Stéphane réussit à dépasser 10 %. Dix ans plus tard survient une autre vague extraordinaire avec Mélanie, prénom qui est donné à une fille sur neuf en 1976. Depuis ce temps, les premiers prénoms atteignent des fréquences moins excessives ; ces dernières années, les premiers prénoms masculins oscillent autour de 4 et 5 %, alors que les féminins se situent entre 3 et 4 %.

Au cours du XXe siècle, on retient donc parmi les premiers prénoms quatre vagues extraordinaires par leur hauteur, celles de Thérèse, de Nathalie, de Mélanie et de Stéphane. Au sommet de leur popularité, ces prénoms ont été choisis pour plus d'un enfant sur dix.

Prénoms les plus souvent donnés de 1889 à 1996

Garçons		Filles	
Joseph	1889-1909	Marie	1889-1891
		Alice	1892
		Marie	1893-1894
		Alice	1895
		Yvonne	1896-1907
		Jeanne	1908-1909
Gérard	1910-1918	Germaine	1910
		Cécile	1911
		Simone	1912-1914
		Cécile	1915-1918
Roland	1919-1920	Yvette	1919
Gérard	1921-1922	Rita	1920-1922
Roger	1923	Rita et Thérèse	1923-1924
Marcel	1924-1930	Thérèse	1925-1930
Jacques	1931	Jeannine	1931-1932
André	1932-1933	Jeannine et Thérèse	1933
Claude	1934-1935	Denise	1934-1937
Jacques	1936		
André	1937-1944	Lise	1938-1941
		Nicole	1942-1943
		Lise	1944
Michel	1945-1962	Nicole	1945-1948
		Diane	1949-1954
Sylvain	1963	Sylvie	1955-1964
Michel	1964		
Sylvain	1965		
Stéphane	1966-1970	Nathalie	1965-1970
Martin	1971	Isabelle	1971-1975
Éric	1972-1980	Mélanie	1976-1978
		Julie	1979-1983
Jonathan	1981-1983		
Mathieu	1984-1986	Karine et Julie	1984
Alexandre	1987	Stéphanie	1985-1990
Maxime	1988-1992		
Alexandre	1993-1994	Catherine	1991-1996
Samuel	1995-1996		

Note. Certaines années, deux prénoms sont à égalité ; par exemple, Karine et Julie en 1984.

Fréquence du premier prénom

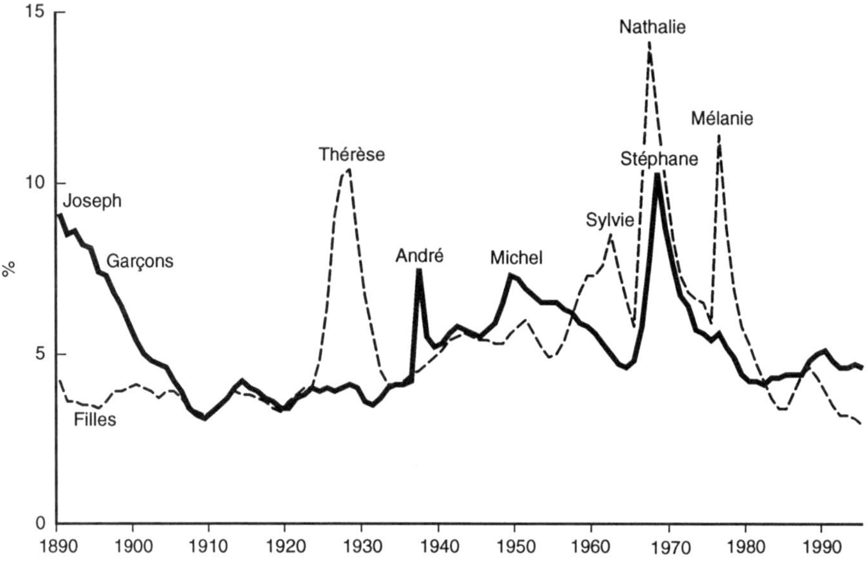

Ce graphique présente la fréquence atteinte par les prénoms les plus populaires une année donnée. En 1967, par exemple, 14 % des filles reçoivent le prénom Nathalie, soit une fille sur 7, et en 1968, un peu plus de 10 % des garçons s'appellent Stéphane.

Dans la course au premier rang, Pierre est le grand perdant, puisqu'il a été second pendant 15 ans, mais a toujours été dépassé par Michel. Arthur, deuxième pendant sept ans, Albert, pendant neuf ans, et Lucien, pendant six ans, n'ont pas réussi à déloger Joseph. Martin et Roger attendent le premier rang pendant sept et huit ans et ne l'occupent que pendant une seule année. Chez les filles, Johanne et Chantal plafonnent au second rang durant respectivement huit et sept ans pendant les règnes de Sylvie et de Nathalie. Alice patiente pendant 11 ans derrière Marie et Yvonne et n'est première que pendant deux ans. Il est intéressant de noter que Louise, qui est le prénom féminin le plus porté aujourd'hui, n'a jamais été une grande vedette et s'est contenté du second rang pendant quatre ans. Certaines étoiles n'ont pas joué les seconds violons, ni avant ni après leur règne ; Michel, Marcel, Yvonne, Nicole et Diane sont en second une seule année, tandis que Sylvie, Stéphane et Stéphanie ont dédaigné cette place.

Le palmarès des dix premiers prénoms

Les dix prénoms masculins et féminins les plus populaires depuis la fin du siècle dernier et leur fréquence parmi les enfants nés au cours de ces années sont présentés par période de cinq ans dans les tableaux des pages 14 et 15. Les données par période quinquennale sont des moyennes qui adoucissent les contrastes des variations annuelles.

Parmi les prénoms masculins des années 1985-89, par exemple, Mathieu, Alexandre et Maxime sont presque à égalité avec 4,1-4,2 % des prénoms ; Jonathan suit, avec 3,5 % puis, autour de 2,5 %, on trouve David, Sébastien, Kevin, Simon et Michaël. Il n'y a pas beaucoup de personnes nées dans les années 50 qui portaient ces prénoms. En effet, on constate une grande rotation des prénoms qu'il est intéressant de mesurer. Entre la période 1985-89 et celle de 1980-84, on ne compte que cinq prénoms communs parmi les dix premiers, et si on étend la comparaison sur dix ans (1975-79 à 1985-89), il n'en reste plus que deux, soit Sébastien et Mathieu. Si on remonte à la période 1970-74, on constate une rotation de neuf prénoms et il ne reste plus aucun prénom en commun si on fait porter la comparaison sur 20 ans.

Le renouvellement des prénoms apparaît donc très important ces dernières années. Les calculs ont été prolongés jusqu'aux générations nées au début du siècle. Sur cinq ans, il y a parfois un seul prénom qui change,

Prénoms masculins les plus populaires et leur fréquence (%) par période quinquennale

Rang	1889 et –		1890-94		1895-99		1900-04		1905-09	
1	Joseph	10,2	Joseph	8,4	Joseph	7,0	Joseph	5,0	Joseph	3,6
2	Arthur	3,9	Arthur	3,3	Albert	3,1	Albert	2,9	Lucien	2,7
3	Alfred	2,6	Albert	2,5	Arthur	2,8	Henri	2,5	Armand	2,5
4	Albert	2,1	Alfred	2,3	Henri	2,6	Arthur	2,4	Henri	2,4
5	Georges	2,1	Henri	2,3	Georges	2,1	Émile	2,1	Albert	2,4
6	Adélard	2,0	Georges	2,2	Émile	2,1	Georges	2,1	Gérard	2,3
7	Émile	2,0	Alphonse	2,1	Alfred	2,0	Lucien	2,0	Arthur	2,0
8	Alphonse	2,0	Émile	2,0	Wilfrid	2,0	Armand	1,9	Paul	2,0
9	Henri	1,8	Ernest	1,8	Ernest	1,8	Wilfrid	1,7	Georges	1,9
10	Louis	1,8	Louis	1,8	Alphonse	1,7	Alfred	1,7	Émile	1,8

Rang	1910-14		1915-19		1920-24		1925-29		1930-34	
1	Gérard	3,8	Gérard	3,6	Marcel	3,5	Marcel	4,0	André	3,4
2	Roland	2,9	Roland	3,4	Roger	3,5	Roger	3,6	Claude	3,3
3	Lucien	2,8	Roger	2,7	Gérard	3,4	Gérard	3,0	Marcel	3,0
4	Joseph	2,5	Maurice	2,7	Roland	3,3	Roland	2,9	Raymond	2,9
5	Paul	2,3	Lucien	2,6	Maurice	2,8	Jean-Paul	2,6	Jacques	2,8
6	Armand	2,2	Marcel	2,3	Jean-Paul	2,5	André	2,5	Roger	2,6
7	Maurice	2,1	Paul	2,3	Lucien	2,3	Fernand	2,5	Guy	2,4
8	Albert	2,0	René	1,9	Fernand	2,1	Maurice	2,5	Gilles	2,4
9	Georges	2,0	Jean-Paul	1,8	René	2,0	Raymond	2,4	Robert	2,2
10	Henri	2,0	Armand	1,8	Paul	1,9	Jean	2,1	Gérard	2,1

Rang	1935-39		1940-44		1945-49		1950-54		1955-59	
1	André	5,1	André	5,7	Michel	6,1	Michel	6,8	Michel	6,1
2	Jacques	4,1	Jacques	4,4	Pierre	4,9	Pierre	5,6	Pierre	5,5
3	Claude	4,0	Gilles	4,4	Jacques	4,2	Jacques	3,9	Daniel	5,0
4	Gilles	3,4	Claude	4,0	André	4,2	Claude	3,6	Alain	3,6
5	Marcel	2,5	Pierre	3,6	Gilles	3,7	Denis	3,5	Denis	3,6
6	Robert	2,5	Michel	3,3	Claude	3,4	André	3,3	Claude	3,4
7	Raymond	2,4	Robert	2,8	Robert	3,2	Daniel	3,2	André	3,2
8	Pierre	2,3	Marcel	2,4	Denis	2,6	Richard	3,2	Richard	3,1
9	Roger	2,2	Jean	1,9	Jean	2,3	Gilles	3,1	Jean	2,9
10	Jean	2,1	Yvon	1,9	Richard	2,3	Robert	3,0	Jacques	2,8

Rang	1960-64		1965-69		1970-74		1975-79		1980-84	
1	Michel	5,0	Stéphane	7,1	Éric	6,2	Éric	5,2	Jonathan	3,8
2	Pierre	4,5	Éric	5,4	Martin	5,9	Martin	4,3	Mathieu	3,6
3	Daniel	4,2	Martin	4,1	Stéphane	5,0	Patrick	4,0	Sébastien	3,4
4	Sylvain	4,2	Sylvain	3,8	Patrick	4,0	Sébastien	3,6	Éric	3,3
5	Alain	4,0	Michel	3,4	Steve	2,9	Stéphane	2,9	David	3,0
6	Denis	3,3	Alain	3,4	Jean-François	2,8	François	2,7	Jean-François	2,8
7	André	3,1	Daniel	3,3	Francois	2,8	Steve	2,6	Martin	2,7
8	Marc	3,0	Marc	2,9	Sylvain	2,4	Frédéric	2,5	Alexandre	2,6
9	François	2,9	Pierre	2,8	Sébastien	2,2	Mathieu	2,5	Patrick	2,3
10	Mario	2,7	François	2,8	Christian	2,1	Jean-François	2,4	François	2,2

Rang	1985-89		1990-94		1995-96	
1	Mathieu	4,2	Alexandre	4,6	Samuel	4,8
2	Alexandre	4,1	Maxime	4,5	Alexandre	4,0
3	Maxime	4,1	Mathieu	3,1	Maxime	3,4
4	Jonathan	3,5	Jonathan	3,0	Gabriel	3,4
5	David	2,7	Kevin	2,7	Mathieu	2,4
6	Sébastien	2,7	Samuel	2,4	Kevin	2,4
7	Kevin	2,6	Gabriel	2,3	William	2,3
8	Simon	2,4	Francis	2,3	Nicolas	2,3
9	Michaël	2,4	Michaël	2,2	Michaël	2,3
10	Guillaume	2,1	Nicolas	2,2	Olivier	2,2

Prénoms féminins les plus populaires et leur fréquence (%) par période quinquennale

Rang	1889 et –		1890-94		1895-99		1900-04		1905-09	
1	Marie	4,7	Marie	3,6	Yvonne	3,7	Yvonne	3,9	Yvonne	3,3
2	Marie-Louise	2,7	Alice	3,1	Alice	3,2	Alice	3,0	Germaine	3,2
3	Marie-Anne	2,5	Éva	2,6	Marie	2,5	Germaine	2,7	Jeanne	3,1
4	Alice	2,4	Yvonne	2,5	Éva	2,3	Jeanne	2,6	Cécile	2,6
5	Anna	2,3	Marie-Anne	2,5	Blanche	2,2	Marie	2,1	Alice	2,5
6	Éva	2,0	Blanche	2,3	Marie-Anne	2,1	Blanche	2,0	Marguerite	2,0
7	Maria	1,8	Marie-Louise	2,3	Antoinette	1,9	Juliette	1,8	Juliette	2,0
8	Blanche	1,7	Maria	1,9	Marie-Louise	1,5	Cécile	1,8	Simone	1,8
9	Rose-Anna	1,7	Rose-Anna	1,5	Jeanne	1,5	Marie-Anne	1,7	Lucienne	1,8
10	Albertine	1,4	Anna	1,4	Maria	1,5	Antoinette	1,7	Irène	1,6

Rang	1910-14		1915-19		1920-24		1925-29		1930-34	
1	Simone	3,6	Cécile	3,5	Rita	3,9	Thérèse	8,6	Jeannine	4,7
2	Cécile	3,4	Simone	3,2	Thérèse	3,5	Jeannine	3,8	Thérèse	4,6
3	Germaine	3,0	Yvette	3,1	Cécile	2,9	Rita	3,4	Denise	3,6
4	Jeanne	2,8	Thérèse	2,7	Madeleine	2,7	Jacqueline	3,3	Jacqueline	2,6
5	Marguerite	2,5	Marguerite	2,6	Yvette	2,6	Madeleine	2,8	Gisèle	2,6
6	Yvonne	2,3	Jeannette	2,2	Simone	2,4	Cécile	2,3	Monique	2,6
7	Yvette	2,2	Jeanne	2,2	Marguerite	2,2	Gisèle	2,2	Madeleine	2,3
8	Alice	2,1	Germaine	2,1	Jacqueline	2,0	Lucille	1,9	Pierrette	2,0
9	Laurette	2,0	Madeleine	2,0	Jeanne-d'Arc	2,0	Pauline	1,9	Huguette	2,0
10	Thérèse	1,9	Laurette	2	Lucille	1,9	Yvette	1,6	Rita	1,9

Rang	1935-39		1940-44		1945-49		1950-54		1955-59	
1	Denise	4,3	Lise	5,3	Nicole	5,2	Diane	5,5	Sylvie	6,1
2	Lise	4,0	Nicole	4,6	Lise	4,7	Louise	4,9	Johanne	5,1
3	Monique	3,6	Denise	3,9	Diane	4,4	Francine	4,4	Louise	4,0
4	Huguette	2,7	Monique	3,6	Louise	4,2	Lise	3,5	Diane	3,9
5	Thérèse	2,5	Louise	3,5	Francine	3,8	Nicole	3,5	Danielle	3,6
6	Pierrette	2,3	Micheline	3,0	Denise	3,1	Ginette	3,4	Hélène	3,1
7	Louise	2,2	Claudette	2,5	Ginette	2,9	Suzanne	2,8	Carole	3,0
8	Gisèle	2,2	Huguette	2,0	Monique	2,9	Hélène	2,6	Line	2,8
9	Claudette	2,1	Pierrette	1,8	Micheline	2,7	Danielle	2,5	Lise	2,8
10	Jacqueline	2,1	Thérèse	1,8	Suzanne	2,2	Johanne	2,5	Lucie	2,7

Rang	1960-64		1965-69		1970-74		1975-79		1980-84	
1	Sylvie	7,4	Nathalie	10,3	Isabelle	6,6	Mélanie	7,3	Julie	4,2
2	Johanne	4,0	Chantal	5,7	Nathalie	5,5	Julie	5,9	Karine	3,8
3	Line	3,6	Josée	4,2	Julie	4,8	Isabelle	4,7	Mélanie	3,4
4	Linda	3,3	Sylvie	3,8	Annie	4,1	Karine	4,3	Geneviève	3,2
5	Chantal	3,3	Manon	3,6	Caroline	4,0	Annie	3,8	Caroline	3,2
6	Louise	3,1	Nancy	2,9	Nancy	3,9	Geneviève	3,1	Isabelle	3,1
7	Josée	3,0	Line	2,7	Chantal	3,5	Caroline	3,0	Veronique	2,8
8	Hélène	2,7	Isabelle	2,5	Josée	2,7	Nathalie	2,4	Marie-Ève	2,7
9	Diane	2,6	Julie	2,2	Sophie	2,2	Véronique	2,3	Valérie	2,5
10	Lucie	2,5	Johanne	2	Marie-Josée	2,2	Stéphanie	2,3	Stéphanie	2,4

Rang	1985-89		1990-94		1995-96	
1	Stéphanie	4,1	Catherine	3,2	Catherine	2,8
2	Jessica	2,7	Stéphanie	2,9	Audrey	2,3
3	Catherine	2,7	Jessica	2,8	Sarah	2,3
4	Valérie	2,4	Audrey	2,0	Alexandra	2,0
5	Karine	2,2	Alexandra	2,0	Camille	1,9
6	Julie	2,2	Émilie	2,0	Jessica	1,8
7	Marie-Ève	2,2	Roxanne	2,0	Maude	1,8
8	Caroline	2,1	Vanessa	1,9	Sabrina	1,7
9	Marie-Pier	2,1	Valérie	1,8	Amélie	1,6
10	Émilie	2,1	Mélissa	1,7	Émilie	1,6

mais parfois cinq ; la moyenne des changements est de 2,8 prénoms pour les prénoms masculins, et de 3,5 pour les prénoms féminins. Sur deux périodes de cinq ans, la moitié (5,1) des dix prénoms masculins les plus populaires laissent leur place à d'autres, et chez les femmes, le changement est encore plus important, puisque 6,4 prénoms sont remplacés ; sur trois périodes quinquennales, c'est 7,1 prénoms chez les hommes et 8,2 chez les femmes. Enfin, quand on compare à 20 ans d'intervalle les prénoms les plus populaires, on ne trouve qu'une constante de 1,5 chez les hommes et de 0,6 chez les femmes ; aussi bien dire qu'après 20 ans, il y a un changement à peu près complet des dix premiers prénoms. Il faut aussi noter que les prénoms féminins changent un peu plus que les masculins.

Si l'on examine la rotation des prénoms après dix ans, par exemple, entre les périodes 1980-1984 et 1990-1994, on remarque une légère progression, chez les femmes, dans la rotation au cours du siècle. Chez les hommes, il est étonnant de constater les hauts niveaux de changements au début et à la fin du siècle, et le ralentissement marqué au cours des années 50 principalement. En effet, alors que les parents de bébés masculins des années 1930-1934 n'ont retenu que trois prénoms donnés dix ans auparavant, de 1945 à 1959, on a conservé sept et huit des dix prénoms les plus populaires dix ans auparavant. Parmi les dix premiers prénoms de la période 1990-1994, sept prénoms masculins et huit féminins ne se trouvent pas dans la liste des dix premiers de 1980-1985.

Il est important de souligner l'important renouvellement des prénoms dès le début du siècle. Il n'y a par exemple aucun prénom commun parmi les dix premiers prénoms masculins et il y en a un seul chez les prénoms féminins entre les années 1895-1899 et 1915-1919. Ceci implique que les prénoms étaient choisis dans un nouveau répertoire et n'étaient pas les prénoms des parrains ou des parents. Des prénoms comme Gérard, Roland, Yvonne et Germaine sont tout à fait nouveaux à la fin du siècle dernier et témoignent de changements rapides dans le répertoire. On peut facilement conclure que la société du début du siècle n'était pas aussi figée qu'on pourrait parfois le croire.

La vie des prénoms

L'examen de la rotation rapide des prénoms amène à regarder le cycle de vie des prénoms qui naissent, grandissent, s'épanouissent et puis disparaissent. Nous allons voir ici combien d'années durent les prénoms et quelle fréquence ils ont atteinte.

Certains prénoms sont très rares et il faut utiliser un seuil de fréquence minimale, soit ici celui de 2,5 pour mille, c'est-à-dire, pour une année donnée, qu'au moins un enfant sur 400 a reçu tel prénom. On compte 262 prénoms masculins et 345 prénoms féminins ayant atteint cette fréquence. Si l'on monte la barre à une demie de 1 % (un enfant sur 200), le nombre diminue respectivement à 184 et à 237. En doublant encore à 1 %, il ne reste plus que 119 prénoms masculins et 156 prénoms féminins. Des deux mille et quelques centaines de prénoms recueillis, il n'y en a donc qu'une petite minorité qui atteignent une diffusion que l'on peut qualifier de seuil de visibilité. Seulement 41 prénoms masculins et 51 féminins ont été donnés à au moins 3 % des bébés une année donnée. Le nombre de prénoms diminue de moitié à chaque augmentation de 1 % et on ne trouve que six prénoms masculins et huit prénoms féminins qui aient atteint le score de 6 %, soit, par ordre chronologique, Joseph, André, Michel, Stéphane, Martin et Éric chez les garçons, et Thérèse, Jeannine, Diane, Sylvie, Nathalie, Isabelle, Mélanie et Julie chez les filles. Un seul prénom masculin a dépassé 10 %

depuis 100 ans, soit Stéphane, et encore pendant une seule année, en 1968, mais il y en a trois chez les filles : Thérèse en 1927 et 1928, Nathalie en 1967 et 1968 (avec 14 % en 1967) et Mélanie en 1976.

On peut se demander combien d'années les prénoms peuvent se maintenir à tel ou tel niveau de fréquence (2 %, 3 %, etc.). Tous les prénoms ne présentent pas une histoire complète ; Alexandre ou Sarah, par exemple, vont se maintenir à des niveaux élevés encore quelques années. Seuls sont donc retenus les prénoms qui atteignent leur valeur maximale entre 1900 et 1980.

La figure au bas de la page 19, qui illustre la durée moyenne selon la proportion atteinte, montre une baisse rapide de la durée moyenne aux fréquences faibles. Ainsi, les prénoms masculins ayant atteint au moins 1 % ont conservé ce pourcentage pendant 27 années, alors qu'ils s'étaient maintenus à 0,5 % pendant 42 ans en moyenne et à 0,25 % pendant 53 ans ; les prénoms féminins sont restés à 1 % pendant 19 ans, alors qu'ils ont passé 31 ans à 0,5 % et 42 ans à 0,25 %.

Quand un prénom atteint 2 %, son espérance de vie à ce niveau est de 19 ans pour les masculins et de 12 ans pour les féminins. Les 22 prénoms masculins qui ont atteint le niveau de 4 % y sont restés en moyenne pendant neuf ans alors que les 30 prénoms féminins y ont passé six ans en moyenne. Les six prénoms masculins ayant atteint 6 % sont restés à ce niveau pendant cinq ans en moyenne, alors que les huit prénoms féminins n'y ont passé que quatre ans en moyenne.

La section précédente a mis en évidence la rotation importante des prénoms dès le début du siècle ; il ne faut donc pas s'étonner de voir que la durée moyenne des prénoms d'avant-guerre ne soit pas très différente de celle observée depuis. Si l'on divise les prénoms selon que leur valeur maximale est avant 1940 ou après, on remarque que, dans l'ensemble, les durées de vie sont un peu plus brèves depuis 1940.

Il y a très peu de prénoms qui aient conservé une fréquence de 0,25 % pendant les 107 années observées ; seulement quatre, soit François, Jean, Louis et Pierre. Suivent de très près Charles, Philippe, André et Hélène. Ce sont, si l'on veut, des prénoms classiques, et tous les autres étaient rares ou inconnus à un moment donné.

Les prénoms féminins atteignent des niveaux plus élevés que les prénoms masculins ; ils sont aussi plus nombreux, mais leur durée de vie est plus courte.

Nombre de prénoms ayant atteint quelques fréquences

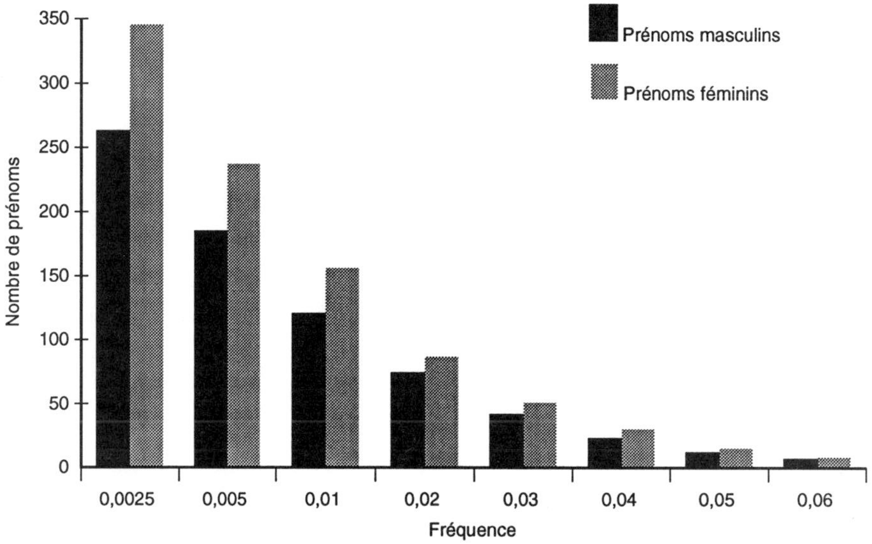

Ce graphique présente le nombre de prénoms ayant atteint au moins telle fréquence. Par exemple, on compte 119 prénoms masculins et 156 prénoms féminins ayant été attribués à au moins 1 % des enfants une année donnée.

Durée moyenne des prénoms ayant atteint de 1 à 6 %

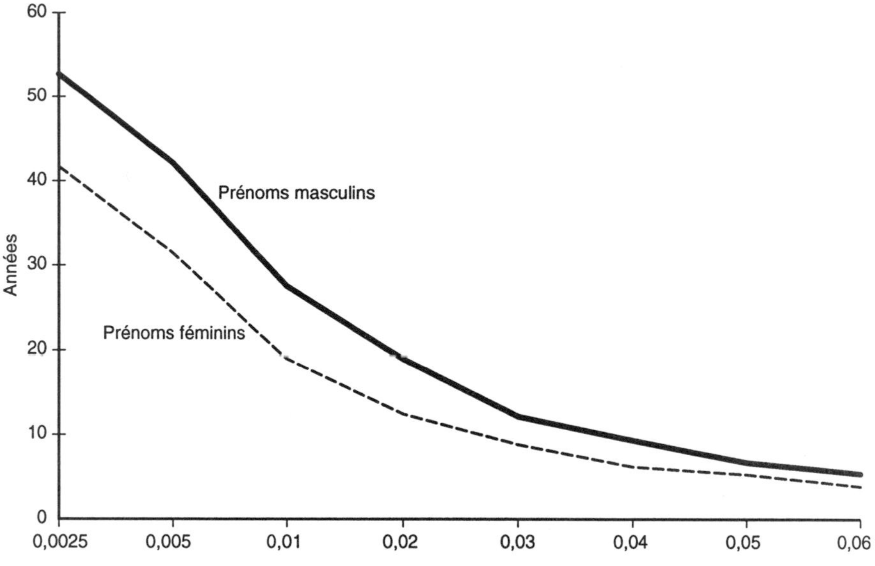

Ce graphique présente le nombre moyen d'années qu'ont duré les prénoms ayant été donnés à au moins 1 % des enfants une année donnée. Par exemple, les prénoms masculins ayant atteint le niveau de 4 % ont passé en moyenne 9 ans au-dessus de ce niveau.

La concentration des prénoms

La fréquence du premier prénom est influencée par la présence de prénoms exceptionnels et il est intéressant de mesurer la fréquence cumulée des prénoms les plus populaires. La concentration des choix autour des prénoms les plus donnés aux enfants augmente tout au long du siècle pour culminer dans les années 50 et 60 et diminuer par la suite. La figure de la page 23, qui illustre les fréquences cumulées des 10, 25 et 50 prénoms les plus populaires montre que la concentration est très semblable pour les prénoms masculins et les prénoms féminins, sauf à la fin du siècle dernier et depuis une dizaine d'années. Au début du siècle, les dix prénoms les plus courants sont portés par le quart des garçons et des filles ; pendant les années 50 et 60, c'est près de 4 enfants sur 10. Depuis le début des années 80, la proportion est passée à environ 3 sur 10 chez les garçons, alors qu'elle est en baisse chez les filles, à 1 sur 5 en 1995.

Au début du siècle, les 25 prénoms les plus populaires sont portés par un peu plus de 4 enfants sur 10. La concentration augmente jusqu'à près de 2 sur 3 pour les garçons nés à la fin des années 50, et pour les filles nées dix ans plus tard. Ces dernières années, 25 prénoms sont portés par un peu plus de la moitié des garçons, et par 4 filles sur 10.

Cinquante prénoms, ce n'est quand même pas beaucoup parmi les milliers qui existent, mais les plus populaires suffisent à nommer plus de 8 bébés masculins sur 10 dans les années 50 et 60, et près de 8 bébés féminins sur 10 dans les années 60. Aujourd'hui, ils se partagent 7 garçons sur 10, mais au début du siècle, ils en nommaient seulement 6. Chez les filles, on trouve ces dernières années à peu près la même concentration qu'au début du siècle, soit près de 6 filles sur 10.

On peut résumer la dispersion des choix avec la médiane, soit le nombre de prénoms nécessaires à regrouper la moitié des enfants. Pendant les années 50 et 60, 14 et 15 prénoms suffisent à baptiser la moitié des garçons. Il en fallait deux fois plus au début du siècle, jusqu'à 35, et ces dernières années, il en faut un peu plus de 20. La médiane des filles ressemble à celle des garçons, sauf il y a 100 ans et ces dernières années. Depuis 1980, les filles ont besoin d'un nombre de plus en plus élevé de prénoms pour nommer la moitié d'entre elles ; ces dernières années, il a fallu près de 40 prénoms, ce qui est quand même moindre que le nombre observé il y a 100 ans.

À la fin du XIXe siècle, la très grande popularité du prénom Joseph explique les fréquences cumulées plus fortes chez les prénoms masculins. La dispersion a beaucoup varié depuis 100 ans, et ce sont les parents du début du siècle qui ont manifesté le plus de variété. On peut penser que, comme les familles étaient plus nombreuses, on pouvait moins souvent utiliser les mêmes prénoms, mais ce n'est pas une hypothèse bien solide ; les tendances de la concentration sont très régulières et n'épousent pas du tout les tendances d'évolution de la fécondité. Il n'y a pas d'explication évidente des choix plus restreints pendant les années 50 et 60. Notons qu'en France, contrairement au Québec, les prénoms sont moins concentrés aujourd'hui qu'autrefois et que les prénoms masculins et féminins ont des histoires très différentes.

Bouchard, dans son histoire sociale du Saguenay, *Quelques arpents d'Amérique*, utilise, parmi une vingtaine d'indicateurs, la concentration des 100 prénoms les plus fréquents dans chaque décennie. Contrairement à nos résultats, il ne décèle aucun changement depuis la période 1872-1881. Le cumul de 100 prénoms est peut-être un nombre trop grand pour voir les variations.

La concentration des prénoms était autrefois beaucoup plus importante. Ainsi, en Nouvelle-France, selon Bates (1990), aussi bien chez les garçons que chez les filles, près de la moitié des baptisés portaient un des dix prénoms les plus souvent utilisés. En Angleterre, dans la deuxième moitié du XVIIe siècle, trois prénoms seulement, William, John et Thomas, suffisaient pour prénommer près des deux tiers des garçons.

Fréquence cumulée des 10, 25 et 50 premiers prénoms masculins et féminins

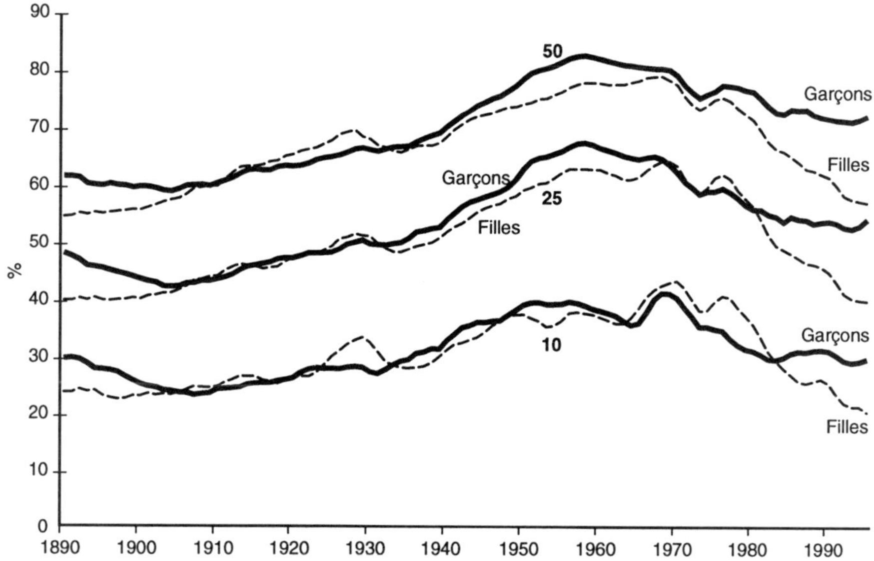

Ce graphique présente la fréquence que représentent, parmi l'ensemble des enfants nés une année donnée, les 10, 25 et 50 prénoms les plus populaires. Au milieu des années 50, par exemple, les dix prénoms masculins les plus fréquents suffisent pour nommer près de 40 % des garçons, alors qu'avec les 50 prénoms les plus populaires, on regroupe plus de 80 % des garçons.

Nombre de prénoms regroupant la moitié d'une génération

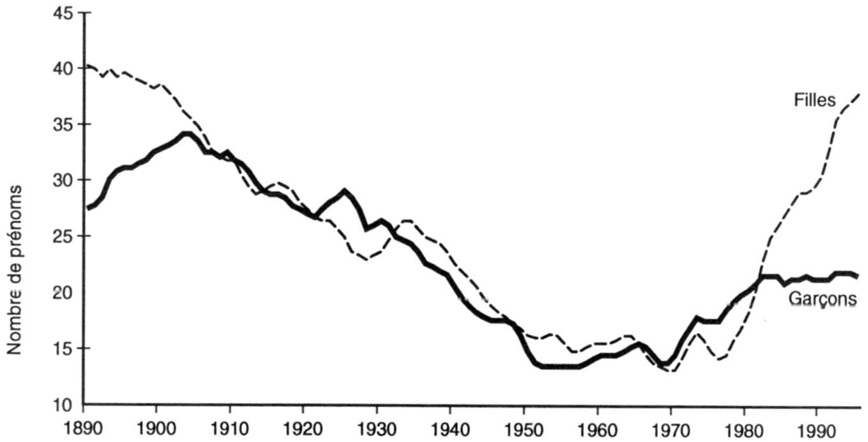

Ce graphique illustre le nombre de prénoms nécessaires pour rassembler la moitié des garçons ou filles nés une année donnée. Ainsi, par exemple, au début des années 50, les 14 prénoms masculins les plus populaires suffisent pour regrouper la moitié des garçons.

Michel, Louise, et les autres prénoms les plus portés aujourd'hui

Avec les fréquences annuelles des prénoms par génération, on peut calculer les 100 prénoms les plus portés aujourd'hui en utilisant la structure par âge de la population francophone de 1996. Le palmarès est évidemment bien différent de celui que l'on observe par période quinquennale parce que les Joseph, les Alice et les Arthur nés à la fin du siècle dernier sont morts pour la plupart, tandis que les Maxime et les Stéphanie appartiennent à des générations bien moins nombreuses que les Michel et les Diane des années 50. Comme la rotation des prénoms très populaires est très forte, il ne faut pas s'attendre à retrouver dans le stock les fréquences très élevées observées pendant une année donnée.

On compte 87 000 Michel ; c'est 3 % de la population masculine et de loin le prénom le plus commun. Il est suivi de l'éternel second, Pierre, avec 79 000 personnes, soit 2,7 % des hommes. Avec André, Claude, Daniel, Jacques et Jean, on n'a que sept prénoms masculins portés par au moins 50 000 personnes. Avec les dix prénoms les plus populaires, on rassemble 20 % des hommes, avec 25 prénoms, 40 %, avec 50, 60 % de la population, et les 100 premiers prénoms regroupent 79 % des hommes. Il faut 36 prénoms seulement pour nommer la moitié de la population masculine.

Louise est le prénom féminin le plus populaire, porté par 57 000 femmes, soit 1,9 % des femmes. Il est suivi de très près par Sylvie, prénom porté par 54 000 femmes. Avec Lise (51 000), ce sont les trois seuls prénoms au-dessus de 50 000. La concentration des prénoms est moins forte chez les femmes ; c'est évidemment une conséquence de la durée de vie plus courte des prénoms féminins. Les dix premiers prénoms regroupent 15 % des femmes, en regard de 20 % des hommes. Avec 25 prénoms, on rassemble 31 % des femmes, avec 50, 49 %, et avec 100, 68 %, ce qui représente dix points de moins que chez les hommes. Alors qu'il faut 36 prénoms pour regrouper la moitié des hommes, il en faut 52 chez les femmes.

Il est intéressant de noter que certains prénoms qui ont connu une grande popularité, mais de courte durée, se font dépasser par des prénoms à la carrière moins spectaculaire, mais plus longue. Le meilleur exemple est Louise, qui n'a jamais figuré au premier rang et qui est pourtant le premier prénom chez les femmes aujourd'hui. Mélanie, par contre, malgré son sommet vertigineux, est au 21e rang, près de Danielle et de Line, deux prénoms bien plus discrets.

Michel est assuré de garder la première place pour de nombreuses années. Les six prénoms qui le suivent dans la liste sont portés par des hommes aussi vieux ou plus vieux, si bien que c'est Éric qui succédera à Michel, quand près de la moitié des Michel seront décédés.

Chez les femmes, Sylvie pourrait succéder à Louise, mais dans plusieurs années et pour peu de temps. Ensuite ce sera au tour de Nathalie et de Julie d'être les prénoms féminins les plus portés.

Prénoms les plus portés par les hommes en 1996
Ordre par fréquence

Rang	Prénom	n	%	Rang	Prénom	n	%
1	Michel	87 100	3,0	51	Jean-Pierre	17 700	0,6
2	Pierre	78 600	2,7	52	Dany	17 400	0,6
3	André	68 500	2,3	53	Maurice	17 000	0,6
4	Claude	57 700	2,0	54	Réjean	16 500	0,6
5	Daniel	55 800	1,9	55	Charles	16 400	0,6
6	Jacques	54 500	1,9	56	Pascal	15 700	0,5
7	Jean	50 100	1,7	57	Jean-Guy	15 400	0,5
8	François	49 400	1,7	58	Michaël	15 300	0,5
9	Éric	49 200	1,7	59	Roland	15 100	0,5
10	Denis	47 800	1,6	60	Marc-André	15 000	0,5
11	Robert	46 600	1,6	61	Vincent	14 900	0,5
12	Martin	46 200	1,6	62	Réal	14 900	0,5
13	Alain	45 200	1,5	63	Gaétan	14 800	0,5
14	Gilles	45 200	1,5	64	Kevin	14 200	0,5
15	Richard	41 500	1,4	65	Guillaume	14 000	0,5
16	Stéphane	40 300	1,4	66	Gabriel	13 700	0,5
17	Marc	38 700	1,3	67	Jean-Paul	13 600	0,5
18	Guy	38 200	1,3	68	Jean-Claude	13 400	0,5
19	Sylvain	36 300	1,2	69	Carl	12 900	0,4
20	Patrick	34 100	1,2	70	Bruno	12 400	0,4
21	Serge	32 900	1,1	71	Fernand	12 300	0,4
22	Yves	32 600	1,1	72	Olivier	12 300	0,4
23	Marcel	31 600	1,1	73	Yannick	11 800	0,4
24	Luc	31 100	1,1	74	Yvan	11 400	0,4
25	Alexandre	29 700	1,0	75	Gaston	11 400	0,4
26	Mathieu	29 200	1,0	76	Georges	11 200	0,4
27	Benoît	29 100	1,0	77	Samuel	10 700	0,4
28	Roger	28 600	1,0	78	Lucien	10 600	0,4
29	Sébastien	28 500	1,0	79	Jean-Marc	10 200	0,4
30	Jean-François	28 400	1,0	80	Patrice	10 000	0,3
31	Mario	26 100	0,9	81	Jocelyn	9 900	0,3
32	Philippe	25 700	0,9	82	Julien	9 900	0,3
33	Jonathan	25 100	0,9	83	Laurent	9 300	0,3
34	René	25 000	0,9	84	Rémi	9 000	0,3
35	Maxime	25 000	0,9	85	Jean-Philippe	8 800	0,3
36	David	25 000	0,9	86	Joseph	8 700	0,3
37	Christian	24 800	0,8	87	Ghislain	8 500	0,3
38	Raymond	23 200	0,8	88	Gérald	8 300	0,3
39	Simon	23 200	0,8	89	Étienne	7 500	0,3
40	Paul	22 000	0,8	90	Yann	7 300	0,3
41	Louis	21 200	0,7	91	Raynald	7 200	0,2
42	Frédéric	21 100	0,7	92	Henri	7 000	0,2
43	Steve	20 900	0,7	93	Gilbert	6 800	0,2
44	Normand	20 500	0,7	94	Jean-Marie	6 700	0,2
45	Yvon	19 700	0,7	95	Donald	6 500	0,2
46	Francis	19 500	0,7	96	Pierre-Luc	6 400	0,2
47	Nicolas	19 000	0,7	97	Clément	6 400	0,2
48	Gérard	18 900	0,6	98	Bertrand	6 400	0,2
49	Dominique	18 600	0,6	99	Léo	6 300	0,2
50	Bernard	17 900	0,6	100	Antoine	6 300	0,2

Prénoms les plus portés par les hommes en 1996
Ordre alphabétique

Rang	Prénom	n	%	Rang	Prénom	n	%
13	Alain	45 200	1,5	82	Julien	9 900	0,3
25	Alexandre	29 700	1,0	64	Kevin	14 200	0,5
3	André	68 500	2,3	83	Laurent	9 300	0,3
100	Antoine	6 300	0,2	99	Léo	6 300	0,2
27	Benoît	29 100	1,0	41	Louis	21 200	0,7
50	Bernard	17 900	0,6	24	Luc	31 100	1,1
98	Bertrand	6 400	0,2	78	Lucien	10 600	0,4
70	Bruno	12 400	0,4	17	Marc	38 700	1,3
69	Carl	12 900	0,4	60	Marc-André	15 000	0,5
55	Charles	16 400	0,6	23	Marcel	31 600	1,1
37	Christian	24 800	0,8	31	Mario	26 100	0,9
4	Claude	57 700	2,0	12	Martin	46 200	1,6
97	Clément	6 400	0,2	26	Mathieu	29 200	1,0
5	Daniel	55 800	1,9	53	Maurice	17 000	0,6
52	Dany	17 400	0,6	35	Maxime	25 000	0,9
36	David	25 000	0,9	58	Michaël	15 300	0,5
10	Denis	47 800	1,6	1	Michel	87 100	3,0
49	Dominique	18 600	0,6	47	Nicolas	19 000	0,7
95	Donald	6 500	0,2	44	Normand	20 500	0,7
9	Éric	49 200	1,7	72	Olivier	12 300	0,4
89	Étienne	7 500	0,3	56	Pascal	15 700	0,5
71	Fernand	12 300	0,4	80	Patrice	10 000	0,3
46	Francis	19 500	0,7	20	Patrick	34 100	1,2
8	François	49 400	1,7	40	Paul	22 000	0,8
42	Frédéric	21 100	0,7	32	Philippe	25 700	0,9
66	Gabriel	13 700	0,5	2	Pierre	78 600	2,7
63	Gaétan	14 800	0,5	96	Pierre-Luc	6 400	0,2
75	Gaston	11 400	0,4	38	Raymond	23 200	0,8
76	Georges	11 200	0,4	91	Raynald	7 200	0,2
88	Gérald	8 300	0,3	62	Réal	14 900	0,5
48	Gérard	18 900	0,6	54	Réjean	16 500	0,6
87	Ghislain	8 500	0,3	84	Rémi	9 000	0,3
93	Gilbert	6 800	0,2	34	René	25 000	0,9
14	Gilles	45 200	1,5	15	Richard	41 500	1,4
65	Guillaume	14 000	0,5	11	Robert	46 600	1,6
18	Guy	38 200	1,3	28	Roger	28 600	1,0
92	Henri	7 000	0,2	59	Roland	15 100	0,5
6	Jacques	54 500	1,9	77	Samuel	10 700	0,4
7	Jean	50 100	1,7	29	Sébastien	28 500	1,0
68	Jean-Claude	13 400	0,5	21	Serge	32 900	1,1
30	Jean-François	28 400	1,0	39	Simon	23 200	0,8
57	Jean-Guy	15 400	0,5	16	Stéphane	40 300	1,4
79	Jean-Marc	10 200	0,4	43	Steve	20 900	0,7
94	Jean-Marie	6 700	0,2	19	Sylvain	36 300	1,2
67	Jean-Paul	13 600	0,5	61	Vincent	14 900	0,5
85	Jean-Philippe	8 800	0,3	90	Yann	7 300	0,3
51	Jean-Pierre	17 700	0,6	73	Yannick	11 800	0,4
81	Jocelyn	9 900	0,3	74	Yvan	11 400	0,4
33	Jonathan	25 100	0,9	22	Yves	32 600	1,1
86	Joseph	8 700	0,3	45	Yvon	19 700	0,7

Prénoms les plus portés par les femmes en 1996
Ordre par fréquence

Rang	Prénom	n	%	Rang	Prénom	n	%
1	Louise	57 300	1,9	51	Rita	16 700	0,5
2	Sylvie	54 200	1,8	52	Claudette	16 300	0,5
3	Lise	50 700	1,7	53	Huguette	16 200	0,5
4	Diane	48 000	1,6	54	Christine	16 200	0,5
5	Hélène	45 000	1,5	55	Marie-Claude	16 200	0,5
6	Nathalie	44 000	1,4	56	Marie-Ève	15 900	0,5
7	Julie	44 000	1,4	57	Françoise	15 000	0,5
8	Nicole	43 600	1,4	58	Marie-Josée	14 300	0,5
9	Isabelle	43 300	1,4	59	Andrée	14 200	0,5
10	Denise	39 500	1,3	60	Lucille	14 000	0,5
11	Johanne	39 500	1,3	61	Guylaine	13 600	0,4
12	Chantal	39 200	1,3	62	Mélissa	13 400	0,4
13	Thérèse	37 100	1,2	63	Marguerite	13 300	0,4
14	Suzanne	35 600	1,2	64	Jessica	13 100	0,4
15	Monique	35 500	1,2	65	Yvette	12 900	0,4
16	Francine	35 200	1,2	66	Anne	12 900	0,4
17	Caroline	32 400	1,1	67	Sonia	12 600	0,4
18	Josée	31 400	1,0	68	Brigitte	12 500	0,4
19	Lucie	30 600	1,0	69	Émilie	12 200	0,4
20	Danielle	29 400	1,0	70	Audrey	11 800	0,4
21	Mélanie	29 200	1,0	71	Christiane	11 700	0,4
22	Line	29 100	1,0	72	Jeanne	11 700	0,4
23	Annie	28 800	0,9	73	Simone	11 600	0,4
24	Carole	27 700	0,9	74	Ghislaine	11 400	0,4
25	Ginette	26 800	0,9	75	Gabrielle	11 300	0,4
26	Stéphanie	26 000	0,9	76	Rachel	11 200	0,4
27	France	25 600	0,8	77	Colette	11 200	0,4
28	Karine	25 300	0,8	78	Anne-Marie	11 100	0,4
29	Manon	25 100	0,8	79	Carmen	10 800	0,4
30	Catherine	24 800	0,8	80	Yolande	10 800	0,4
31	Geneviève	24 000	0,8	81	Lorraine	10 700	0,4
32	Claire	23 800	0,8	82	Dominique	10 700	0,3
33	Nancy	23 400	0,8	83	Maryse	10 600	0,3
34	Madeleine	23 300	0,8	84	Aline	10 500	0,3
35	Micheline	22 300	0,7	85	Marie-Pier	10 400	0,3
36	Linda	22 000	0,7	86	Annick	10 000	0,3
37	Michelle	21 700	0,7	87	Patricia	9 800	0,3
38	Marie	21 100	0,7	88	Jeannette	9 500	0,3
39	Jacqueline	21 100	0,7	89	Sandra	9 400	0,3
40	Martine	20 600	0,7	90	Rolande	9 300	0,3
41	Jeannine	20 500	0,7	91	Mireille	9 000	0,3
42	Céline	20 500	0,7	92	Jacinthe	8 900	0,3
43	Valérie	20 200	0,7	93	Sarah	8 700	0,3
44	Gisèle	20 000	0,7	94	Germaine	8 700	0,3
45	Cécile	19 900	0,7	95	Roxanne	8 600	0,3
46	Véronique	18 800	0,6	96	Georgette	8 600	0,3
47	Sophie	18 500	0,6	97	Amélie	8 500	0,3
48	Jocelyne	18 000	0,6	98	Cathy	8 400	0,3
49	Pauline	17 300	0,6	99	Fernande	8 400	0,3
50	Pierrette	17 200	0,6	100	Cynthia	8 200	0,3

Prénoms les plus portés par les femmes en 1996
Ordre alphabétique

Rang	Prénom	n	%	Rang	Prénom	n	%
84	Aline	10 500	0,3	11	Johanne	39 500	1,3
97	Amélie	8 500	0,3	18	Josée	31 400	1,0
59	Andrée	14 200	0,5	7	Julie	44 000	1,4
66	Anne	12 900	0,4	28	Karine	25 300	0,8
78	Anne-Marie	11 100	0,4	36	Linda	22 000	0,7
86	Annick	10 000	0,3	22	Line	29 100	1,0
23	Annie	28 800	0,9	3	Lise	50 700	1,7
70	Audrey	11 800	0,4	81	Lorraine	10 700	0,4
68	Brigitte	12 500	0,4	1	Louise	57 300	1,9
79	Carmen	10 800	0,4	19	Lucie	30 600	1,0
24	Carole	27 700	0,9	60	Lucille	14 000	0,5
17	Caroline	32 400	1,1	34	Madeleine	23 300	0,8
30	Catherine	24 800	0,8	29	Manon	25 100	0,8
98	Cathy	8 400	0,3	63	Marguerite	13 300	0,4
45	Cécile	19 900	0,7	38	Marie	21 100	0,7
42	Céline	20 500	0,7	55	Marie-Claude	16 200	0,5
12	Chantal	39 200	1,3	56	Marie-Ève	15 900	0,5
71	Christiane	11 700	0,4	58	Marie-Josée	14 300	0,5
54	Christine	16 200	0,5	85	Marie-Pier	10 400	0,3
32	Claire	23 800	0,8	40	Martine	20 600	0,7
52	Claudette	16 300	0,5	83	Maryse	10 600	0,3
77	Colette	11 200	0,4	21	Mélanie	29 200	1,0
100	Cynthia	8 200	0,3	62	Mélissa	13 400	0,4
20	Danielle	29 400	1,0	35	Micheline	22 300	0,7
10	Denise	39 500	1,3	37	Michelle	21 700	0,7
4	Diane	48 000	1,6	91	Mireille	9 000	0,3
82	Dominique	10 700	0,3	15	Monique	35 500	1,2
69	Émilie	12 200	0,4	33	Nancy	23 400	0,8
99	Fernande	8 400	0,3	6	Nathalie	44 000	1,4
27	France	25 600	0,8	8	Nicole	43 600	1,4
16	Francine	35 200	1,2	87	Patricia	9 800	0,3
57	Françoise	15 000	0,5	49	Pauline	17 300	0,6
75	Gabrielle	11 300	0,4	50	Pierrette	17 200	0,6
31	Geneviève	24 000	0,8	76	Rachel	11 200	0,4
96	Georgette	8 600	0,3	51	Rita	16 700	0,5
94	Germaine	8 700	0,3	90	Rolande	9 300	0,3
74	Ghislaine	11 400	0,4	95	Roxanne	8 600	0,3
25	Ginette	26 800	0,9	89	Sandra	9 400	0,3
44	Gisèle	20 000	0,7	93	Sarah	8 700	0,3
61	Guylaine	13 600	0,4	73	Simone	11 600	0,4
5	Hélène	45 000	1,5	67	Sonia	12 600	0,4
53	Huguette	16 200	0,5	47	Sophie	18 500	0,6
9	Isabelle	43 300	1,4	26	Stéphanie	26 000	0,9
92	Jacinthe	8 900	0,3	14	Suzanne	35 600	1,2
39	Jacqueline	21 100	0,7	2	Sylvie	54 200	1,8
72	Jeanne	11 700	0,4	13	Thérèse	37 100	1,2
88	Jeannette	9 500	0,3	43	Valérie	20 200	0,7
41	Jeannine	20 500	0,7	46	Véronique	18 800	0,6
64	Jessica	13 100	0,4	80	Yolande	10 800	0,4
48	Jocelyne	18 000	0,6	65	Yvette	12 900	0,4

Les groupes de prénoms

Il y a plusieurs façons de regrouper les prénoms : les prénoms d'une syllabe, les prénoms avec un x ou un son particulier en finale, les prénoms d'origine latine, etc. Il n'est pas nécessaire de parler des prénoms de saints, puisque à peu près tous les prénoms ont été portés par un saint ; dans les listes vaticanes, il y aurait 30 000 saints. Les familles étymologiques ne sont pas très pertinentes ; qui sait et qui se soucie que Louis et Bernard soient germaniques ou que Jeanne et Élisabeth soient hébraïques ? Peut-on suggérer que Normand soit un prénom anglais, que Caroline ou Andrée ne soient pas appropriés pour les femmes ou encore Mélanie pour les blondes ? En fait, ce sont les terminaisons qui forment les groupes de prénoms les plus évidents.

LE RETOUR DES TERMINAISONS EN *A* CHEZ LES FILLES

Les terminaisons des prénoms féminins se divisent en deux très grandes familles : tout d'abord, celle se terminant en *i* (y compris *ie* et *y*) et ensuite, celle en *a*. En 1976, 4 filles sur 10 ont un prénom se terminant par le son *i*. Il est vrai qu'à elles seules Mélanie, Julie, Annie et Nathalie prénomment presque une fille sur quatre. Il y a 100 ans, Marie fournissait la moitié des 10 % des prénoms en *i*, dont la popularité était en baisse. Dans les années 20 et 30, à peine 1 ou 2 filles sur 100 portaient un prénom de cette famille. Lucie est la pionnière, à la fin des années 40, puis se succèdent plusieurs des grands prénoms de la deuxième moitié du siècle : Sylvie, Nathalie, Mélanie, Julie et Stéphanie. On pourrait rajouter Annie, Valérie, Sophie et Émilie.

À la fin du siècle dernier, plus du tiers des filles recevaient un prénom se terminant par le son *a ;* par exemple, Éva, Anna, Maria et Laura. La vogue diminua rapidement, et dans les années 40, on ne trouve presque plus de ces prénoms. Avec Linda, qui fait un tabac à la fin des années 50, ils redémarrent et deviennent de plus en plus populaires dans les années 80, si bien que, ces dernières années, plus de 1 fille sur 5 reçoit un prénom en *a*, par exemple, Jessica, Vanessa, Mélissa et Sarah. Les prénoms en *a* ont tous un petit air exotique, italien le plus souvent, parfois même latin, mais aussi espagnol avec Linda, grec avec Vanessa et Mélissa, hébreu avec Anna, Sarah et Jessica. Il est vrai cependant que ces prénoms souvent populaires aux États-Unis sont perçus ces dernières années plutôt comme anglais que grecs ou hébreux. Avec l'aide de la vogue des Sarah, les prénoms en *a* devraient dépasser sous peu les prénoms en *i*.

Les prénoms en *ette* retiennent l'attention pendant la première moitié du siècle. On trouve les pionnières à la fin du siècle dernier, avec Antoinette, Bernadette et Juliette. Yvette atteindra le premier rang des prénoms à la fin des années 10. Au milieu des années 30, près de 1 fille sur 6 recevra un prénom se terminant par *ette*, principalement Huguette, Pierrette et Claudette. Ginette ferme la marche dans les années 50, et ces prénoms sont totalement oubliés pour les petites filles nées depuis la fin des années 60.

Les prénoms en *elle*, à peu près inconnus à la fin du siècle dernier, ont suivi les prénoms en *ette*, mais ne sont portés que par un peu moins de 1 fille sur 10. On trouve Danielle, Michelle et ensuite Isabelle.

De Pauline et Francine jusqu'à Caroline et Karine, les prénoms se terminant par le son *ine* ont été choisis pour plus de 1 fille sur 10, des années 20 jusqu'au milieu des années 80. Les prénoms en *anne* sont portés par 1 fille sur 20 jusque dans les années 40, puis Suzanne et Johanne font grimper la fréquence jusqu'à près de 1 fille sur 7. Après une baisse, la popularité des prénoms en *anne* remonte ces dernières années avec Roxanne, Carolane et Andréanne.

Prénoms féminins se terminant en *i*, en *a* et en *ette*

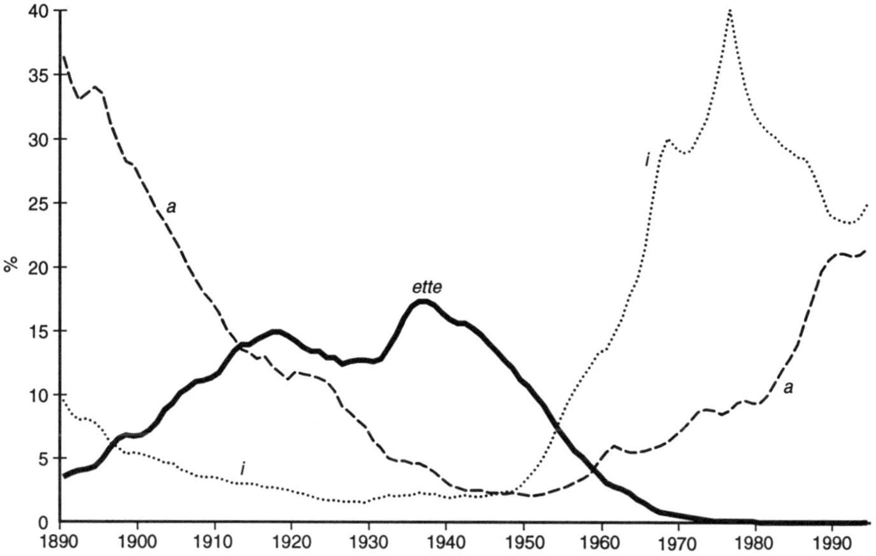

Ce graphique présente la proportion de prénoms féminins se terminant par les sons *i*, *a* et *ette*. Autour de 1990, par exemple, un peu plus de 20 % des filles reçoivent un prénom se terminant avec le son *a*, et un peu moins de 25 %, un prénom se terminant en *i*.

Prénoms féminins se terminant en *elle*, en *anne* et en *ine*

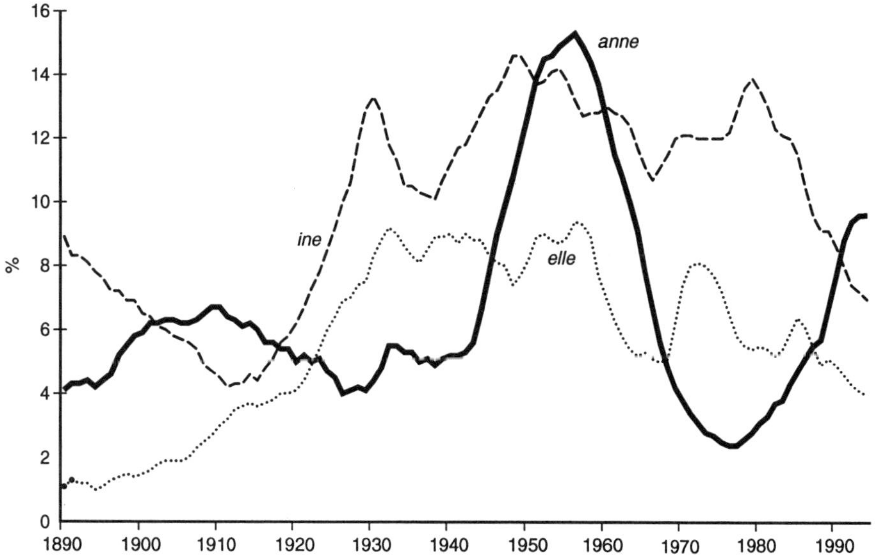

Ce graphique présente la proportion de prénoms féminins se terminant par les sons *elle*, *anne* et *ine*. Ces dernières années, par exemple, environ 10 % des filles reçoivent un prénom se terminant par le son *anne*.

Les prénoms masculins se regroupent beaucoup moins en familles de terminaisons. On trouve quatre vagues principales, beaucoup moins importantes que celles observées chez les filles. Les années 20 aiment le son *an* en finale, avec Roland, Fernand et Jean ; près de 1 garçon sur 7 reçoit un tel prénom. Dans les années 50, avec Michel et Daniel, la terminaison la plus fréquente est évidemment celle du *el*. La terminaison *in* est typique de la fin des années 60, alors que fleurissent les Martin, Sylvain et Alain. Ces dernières années, la terminaison *el* reprend du service, avec Samuel, Gabriel et Michaël.

Prénoms masculins se terminant en *an*, en *in* et en *el*

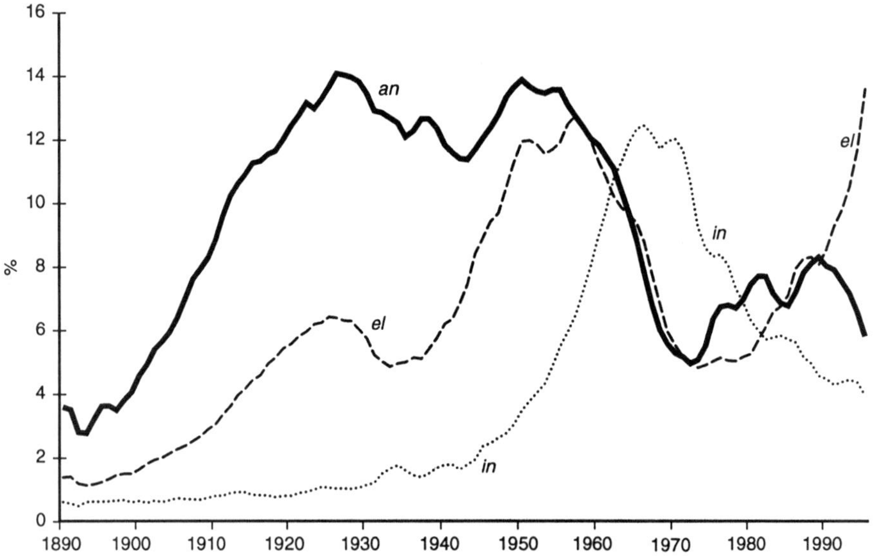

Ce graphique présente la proportion de prénoms masculins se terminant par les sons *an*, *in* et *el*. Autour de 1930, par exemple, environ 5 % des garçons reçoivent un prénom se terminant par le son *el*.

LES COUPLES PRÉNOM MASCULIN-PRÉNOM FÉMININ

On a plus souvent féminisé un prénom masculin que trouvé un pendant masculin à un prénom féminin. Il y a bien l'exception de Mario, qui fut populaire au début des années 60 ; en théorie, Mario vient du latin *Marius*, mais dans l'étymologie populaire, il s'agit du masculin de Marie. La mère de la Vierge Marie a elle aussi prénommé les hommes et, dans les siècles passés, Anne fut un prénom porté par les hommes. Parmi les prénoms les plus importants, on compte une cinquantaine de couples prénom masculin-prénom féminin. En fait, il y a souvent plusieurs façons de féminiser un prénom masculin ; Jean, par exemple, peut donner Jeanne, Jeannine et Jeannette. Le féminin le plus proche est retenu ici, soit Jeanne pour Jean.

Ces prénoms ont souvent des carrières contemporaines : la moitié atteignent leur sommet dans un intervalle de plus ou moins dix ans. Adrien, Alexandre, Alphonse, Claude, Léon, Pascal et Sylvain culminent au même moment qu'Adrienne, Alexandra, Alphonsine, Claudette, Léontine, Pascale et Sylvie. Il y a cependant de nombreuses exceptions. Ainsi, presque un siècle sépare Antoine et Antoinette et Émile et Émilie. Alors que Simone est populaire dans les années 10, Simon est un prénom des années 80 ; Laurence est un prénom tout récent en regard de Laurent, populaire dans les années 30. Il y a un écart de près de 50 ans entre Yves et Yvette, Bernard et Bernadette et Jean et Jeanne. On remarque par ailleurs que les prénoms féminins sont deux fois plus souvent en avance sur leur pendant masculin que l'inverse.

Les prénoms homonymes sont une catégorie spéciale des couples prénom masculin-prénom féminin. Ils sont en général très rapprochés dans le temps. Les principaux couples homonymes sont André, Daniel, Frédéric, Gabriel, Marcel, Michel, Pascal et leur féminin. Ajoutons trois prénoms à la fois homonymes et homographes, soit Dany, Dominique et Camille. Camille constitue une exception dans la règle du calendrier commun, puisque c'est un prénom très récent chez les filles alors qu'il date des années 30 chez les garçons.

Peu de prénoms ont été aussi populaires à la fois chez les garçons que chez les filles. Denis et Denise arrivent tous deux au 10e rang des noms les plus portés par l'ensemble des hommes et des femmes aujourd'hui. Luc et Lucie, Daniel et Danielle et Stéphane et Stéphanie occupent aussi les premiers rangs chez les deux sexes.

MARIE, JEAN ET LES PRÉNOMS COMPOSÉS

Au milieu des années 80, un peu moins de 1 garçon et de 1 fille sur 10 reçoivent un prénom composé, ce qui marque la fin d'un cycle débutant au milieu des années 50 chez les filles, et dix ans plus tard chez les garçons. Depuis une dizaine d'années, la proportion des enfants recevant un prénom composé diminue assez rapidement. Parmi les bébés de 1995, environ 1 garçon sur 13 et 1 fille sur 17 ont un prénom composé.

À la fin du siècle dernier, peu de garçons reçoivent un prénom composé, soit 1 sur 50, en regard de près de 1 fille sur 15. Les prénoms composés pour les filles restent au même niveau jusqu'à la fin des années 10, puis ils se raréfient, si bien que, dans les années 40 et 50, seulement 1 fille sur 50 a un nom composé. Au contraire, chez les garçons, les prénoms composés augmentent au début du siècle, si bien que pendant les années 30, un peu plus de 1 garçon sur 10 en porte un.

On voit bien que les prénoms composés restent somme toute assez peu fréquents. En fait, il s'agit essentiellement des prénoms composés avec Marie et Jean. Les Marie-quelque chose ne sont plus populaires à partir des années 20 et redeviennent à la mode à la fin des années 60, avec Marie-Josée et Marie-Claude, qui à elles deux sont responsables du curieux petit sommet autour de 1970. Marie reste encore aujourd'hui un pivot important pour les prénoms composés et on voit deux prénoms tout nouveaux, Marie-Ève et Marie-Pier, au début et à la fin des années 80, à la suite du succès de Marie-Josée. Marie-Anne redevient à la mode, mais s'écrit parfois en un seul mot. Une famille de prénoms tourne autour d'Anne avec Anne-Marie, bien sûr, mais aussi Rose-Anna, Andréanne, Carolane, Audrey-Anne et Lauriane, qui sont parfois composés et parfois simples. Rappelons que Jeanne a donné Jeanne d'Arc et parfois Jeanne-Mance, et que Rose au siècle dernier servait de pivot, entre autres, à Rose-Anna et à Rose-Alma.

La prédominance de Jean chez les garçons est encore plus forte que celle de Marie chez les filles. Jean-Paul ouvre le bal au milieu des années 20, puis Jean-Jacques, Jean-Marie, Jean-Louis, Jean-Guy, Jean-Marc, Jean-Claude, Jean-Yves et Jean-Pierre atteignent leur sommet dans les années 30 et 40. Après quelques décennies d'oubli, Jean revient en force avec Jean-François et Jean-Philippe dans les années 80. Ces dernières années, on trouve des prénoms construits avec Marc, principalement Marc-André, Marc-Antoine et Marc-Olivier. Pierre a aussi contribué

Proportion des prénoms composés

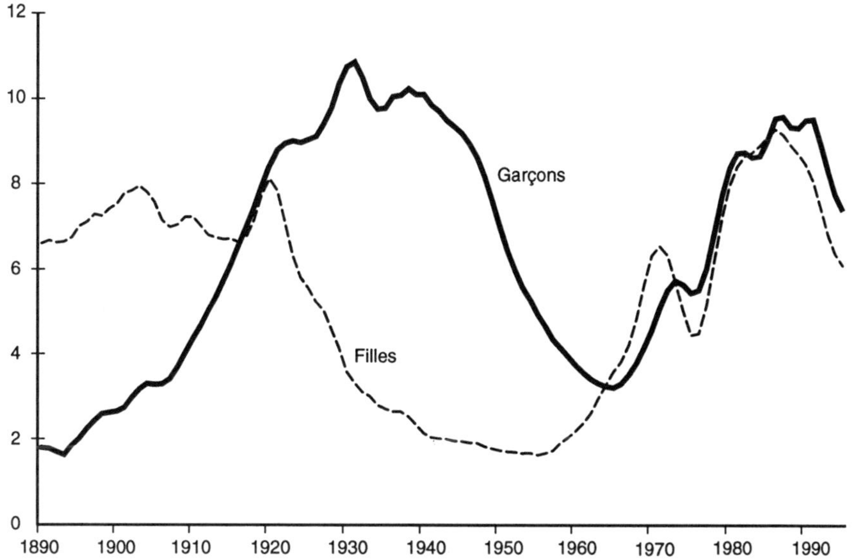

Ce graphique présente la proportion de prénoms composés dans l'ensemble des prénoms donnés une année donnée. En 1940, par exemple, 2 % des filles et 10 % des garçons reçoivent un prénom composé.

avec Pierre-Luc et Pierre-Olivier. Pour être complet, on peut rappeler le rôle de Paul dans Paul-Émile dans les années 10, puis Louis-Philippe, qui retrouve ces dernières années sa fréquence d'il y a 100 ans, et enfin Charles, qui profite de la popularité d'Antoine depuis quelque temps.

Les prénoms composés sont d'habitude populaires en même temps que leur deuxième élément. Marc-Antoine et Marc-Olivier, par exemple, profitent des succès récents d'Antoine et d'Olivier, alors que Marc date des années 60. Il y a cependant de nombreuses exceptions. Pierre-Luc, par exemple, arrive 25 ans après le sommet de Luc et 30 ans après celui de Pierre. Jean-Marc est populaire 30 ans avant Marc. Marie-Louise est un prénom d'il y a 100 ans, et il n'a pas bougé lors des bonnes années de Louise dans les années 50.

En règle générale, le prénom composé est moins populaire que son suffixe seul, mais ici encore, il y a des exceptions. Jean-Paul, Marie-Paule et Jean-François, par exemple, ont dépassé Paul, Paule et François tout court.

La notion de prénom composé est un peu ambiguë. Certains prénoms peuvent s'écrire de plusieurs façons comme Marie-Line et Marilyn, Marianne et Marie-Anne ; la façon la plus habituelle d'écrire le prénom est retenue. Il y a donc une certaine marge d'imprécision autour des prénoms doubles, mais l'allure générale de leur fréquence n'est pas touchée.

Il n'y a pas que les prénoms composés, mais aussi des noms de famille doubles. La refonte de la section du droit de la famille du *Code civil* de 1980 a permis l'attribution de noms de famille composés et on a vu un engouement pour ces noms doubles qui passent d'un enfant sur 50 en 1980 à un sur 5, 10 ans plus tard. On ne sait pas si les enfants ayant un prénom composé ont plus souvent un nom de famille double. Ces dernières années, les enfants ont donc beaucoup plus souvent un nom de famille double qu'un prénom composé.

PRÉNOMS COURTS OU LONGS

Il y a deux façons de mesurer la longueur des prénoms, selon la façon de l'écrire (nombre de lettres) ou de le prononcer (nombre de syllabes). Comme le prénom est plus souvent dit qu'écrit, le choix du nombre de syllabes s'avère le plus pertinent. Il est cependant plus difficile de compter le nombre de syllabes que celui des lettres. La façon populaire de prononcer est retenue. On ne compte pas les syllabes muettes (le « e » de Lise), et on peut rappeler que les diphtongues (le « ieu » de Mathieu) ne forment qu'une seule syllabe. Les noms composés sont inclus, mais s'ils sont en général plus longs que les noms simples, il est étonnant de constater qu'ils ont souvent seulement deux syllabes comme Marie-Anne ou Jean-Pierre. En général, plus un prénom est long à écrire, plus il a de syllabes, mais certains cas sont curieux : Geneviève, par exemple, a deux syllabes, tout comme Éva.

Les filles reçoivent en général des prénoms plus longs que les garçons. Le féminin d'un prénom masculin a le plus souvent une syllabe de plus, comme Alexandra et Stéphanie en regard d'Alexandre et Stéphane. Au milieu des années 90, les prénoms de deux syllabes sont les plus populaires et sont donnés à 60 % des garçons et à 47 % des filles. Suivent les prénoms de trois syllabes pour 31 % des garçons et 42 % des filles. Les prénoms masculins et féminins de quatre syllabes sont assez rares, 2 % pour les masculins et 5 % pour les féminins. La fréquence des prénoms de cinq syllabes est négligeable. Quant aux prénoms très courts, d'une seule syllabe, ils sont choisis pour 7 % des garçons et 6 % des filles.

Depuis un siècle, la longueur des prénoms a connu des changements lents, mais importants. Pour simplifier l'illustration de l'évolution, nous répartissons les prénoms en courts (une ou deux syllabes) et en longs (trois ou plus). Ainsi, en 1995, le tiers des garçons et près de la moitié des filles reçoivent un prénom long. Dans les années 50, on aime les prénoms courts et seulement 1 fille sur 20 et un peu moins de garçons sont baptisés d'un prénom long. Par contre, à la fin du siècle dernier, les filles reçoivent à peu près comme aujourd'hui un peu plus de prénoms courts, et 1 garçon sur 5 a un prénom long.

C'est à la fin des années 60 que les prénoms commencent à allonger chez les filles, et un peu plus tard chez les garçons. À la fin des années 80, on trouve même chez les filles plus de prénoms longs que de courts, mais vers 1990 la tendance change et la vogue des prénoms longs diminue. On remarque aussi que, chez les garçons, la proportion de prénoms longs est stable depuis quelques années, et qu'elle devrait suivre l'exemple des filles et diminuer. Les prénoms en *a*, populaires chez les filles ces dernières années et au siècle dernier, contribuent évidemment à l'allongement des prénoms féminins puisque le *a* ajoute souvent une voyelle, comme dans le cas d'Éva en regard d'Ève. Par ailleurs, les années 50 ont vu une vogue sans précédent de prénoms d'une seule syllabe ; 1 garçon sur 3 et 1 fille sur 5 répondaient à des noms brefs comme Pierre, Jean, Jacques, Yves, Guy, Line, Lise ou Anne.

Longueur des prénoms

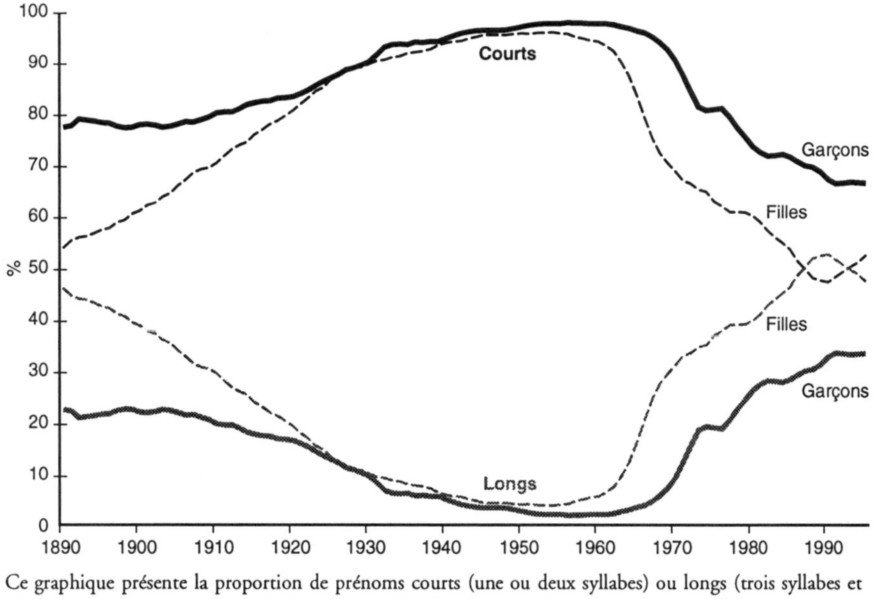

Ce graphique présente la proportion de prénoms courts (une ou deux syllabes) ou longs (trois syllabes et plus) attribués une année donnée. Dans les années 50, par exemple, environ 5 % des filles et un peu moins de garçons reçoivent un prénom long.

Le miracle du frère André et autres influences

On peut se demander ce qui fait bouger les prénoms. Force est de constater que le choix des prénoms révèle une superbe indifférence à l'histoire avec un grand H, et que même la petite histoire a peu de prise sur la vie des prénoms du XXe siècle. Même en regardant du côté des gens célèbres, des artistes, des chansonnettes, des idoles du sport, de Hollywood, on verra que l'influence est plutôt faible.

En examinant les courbes d'évolution des prénoms, on ne peut voir le moindre effet des deux guerres mondiales, de la grande dépression, des années dites de la révolution tranquille, de la baisse de la fécondité et encore moins des querelles constitutionnelles. La fin des années 60 a été marquée par la trudeaumanie, mais le prénom Pierre n'a pas été touché et a continué son déclin. La popularité de René Lévesque n'a inspiré aucun parent, non plus que le mouvement politique des Yvette. Louis Saint-Laurent a été premier ministre de 1948 à 1957, et pendant ces années, le prénom Louis a connu une petite vague, mais elle était plutôt due à Louise qui était alors à son sommet. Il y a cependant un événement politique qu'on peut facilement repérer par son impact immédiat sur la courbe de fréquence des prénoms : c'est l'élection de Maurice Duplessis en 1936, qui redonne vigueur pour une année ou deux à son prénom.

Encore dans le domaine politique, on peut parler d'Élisabeth, qui est le prénom que l'on voit le plus souvent puisqu'il figure sur toutes les pièces de monnaie depuis une quarantaine d'années. Le sacre de notre souveraine en 1952 n'a fait bouger que très légèrement le prénom Élisabeth et, s'il devient populaire ces dernières années, il y a fort à parier que ce n'est pas à cause du sentiment monarchiste. La grande popularité et les déboires de sa bru Diana, qui a failli devenir notre prochaine reine, n'ont pas du tout réveillé son prénom qui pourtant se termine par le son *a* bien à la mode.

Si l'on examine les hommes d'État étrangers, on peut être surpris que Charles de Gaulle n'ait laissé aucun vestige ni de ses années de présidence ni de son passage triomphal ici en 1967. Du côté des États-Unis, les Kennedy n'ont pas eu d'impact sur les prénoms John, Jean, et Jacqueline. Fidel Castro, héros de plusieurs, n'a pas fait nommer de petits Fidèle.

C'est dans le domaine religieux que l'on peut trouver le plus facilement quelques cas d'influence extérieure sur l'évolution des prénoms, mais ils sont bien rares et surviennent avant les années 60. En 1914, on peut repérer l'effet de l'élection du nouveau pape Benoît XV, mais ce n'est que dans les années 60 que Benoît devient vraiment populaire... Les papes Pie n'ont pas suscité de ferveur particulière auprès des nouveaux parents.

Les saints ont eu plus d'impact que les papes. La béatification de Jeanne d'Arc en 1909 introduit le prénom qui connaît un bon début, mais le prénom Jeanne est à ce moment déjà très fréquent. Avec la canonisation en 1920, Jeanne d'Arc se hisse au deuxième rang des prénoms les plus populaires pendant deux ans. Thérèse est déjà un prénom très populaire quand arrive en 1925 la canonisation de sainte Thérèse de l'Enfant-Jésus qui propulse le prénom, si bien que plus de 1 fille sur 10 née en 1927 et en 1928 s'appelle Thérèse. Même Mauriac n'a pu résister et il a choisi *Thérèse Desqueyroux* comme titre de son roman publié en 1927.

Bernadette Soubirous est canonisée en 1933 et on peut facilement en repérer l'effet dans la courbe des fréquences, mais on revient vite à la tendance à la baisse du prénom.

Le frère André a stimulé la ferveur populaire à son décès en 1937, qui s'accompagne d'une hausse considérable (de 3,8 % en 1936 à 7,5 %

en 1937) du prénom André, qui était par ailleurs un des plus populaires. Andrée bouge aussi en 1937, mais de façon moins spectaculaire. Rappelons que le vrai prénom du thaumaturge était Alfred et qu'il n'aurait probablement pas réussi à faire bouger ce prénom.

Il y a par ailleurs beaucoup d'autres nouveaux saints qui n'ont pas eu d'effet, par exemple le curé d'Ars qui a été assez populaire et dont la canonisation en 1935 n'est pas perceptible dans la courbe du prénom Jean-Marie pourtant à son sommet. Vianney est resté tout aussi rare.

L'année mariale 1954 est inscrite dans la courbe des fréquences de Marie et de quelques prénoms mariaux, tels Jean-Marie, Marielle, Mario et Maryse. C'est le dernier événement religieux qui eut une influence perceptible sur les prénoms.

Dans le domaine du cinéma, l'actrice culte la plus célèbre est probablement Marilyn Monroe, mais elle est déjà décédée depuis 20 ans quand le prénom Marilyn connaît une certaine vague dans les années 80. Brigitte Bardot a peut-être eu plus de chance vers 1960, mais à ce moment-là, c'est aussi un des prénoms les plus populaires en France et Brigitte n'arrive ici qu'au 20e rang. Kevin est un prénom commun ces dernières années, mais sa carrière précède celle de Kevin Costner.

Chaque année amène son lot de stars et de starlettes, mais il est difficile de repérer dans les prénoms la marque de leur passage.

Au petit écran, deux des principaux rôles des dernières années s'appellent Émilie et Blanche. Émilie est devenue populaire avant le téléroman et Blanche n'a pas bougé.

Les chanteurs sont encore plus nombreux que les acteurs et les palmarès mesurent la popularité de leurs chansons. De nombreux poètes titrent leur texte du prénom de leur muse. Depuis quelques années, deux des vedettes de l'heure sont Céline Dion et Roch Voisine. Le moins que l'on puisse dire, c'est qu'ils n'ont pas fait monter la cote de leur prénom. La chanson la plus célèbre de Voisine est *Hélène*, et elle n'a pas amené de petites Hélène. Elvis Presley est probablement le chanteur qui a eu le plus d'impact dans le domaine de la musique populaire, mais on cherchera longtemps des membres de son *fan-club* qui ont donné son nom à des enfants. Joël Denis a eu plus de chance puisqu'on peut percevoir l'effet (tout relatif quand même) de ses années de gloire au début des années 60. À son tour, Donald Lautrec, qui reçoit le titre de révélation de l'année au Gala des artistes en 1965, amène un surplus de Donald et le prénom culmine en 1966. En 1966 encore, Patrick Zabé change de prénom (il s'appelait Jean-Marie Rusk) et il connaît ses premiers succès en 1968. Le prénom était déjà très connu et c'est plutôt le chanteur qui s'en est servi, mais il a aussi pu contribuer à le répandre davantage. En revanche, le chanteur Bruce Huard faisait aussi des ravages en 1968 et 1969 ; on parlait même de « bruçomanie », mais on ne voit pas de petits bébés Bruce.

Tout le monde a fredonné la chansonnette *Nathalie* de Bécaud en 1964. Le chanteur Éric vient prêter main forte avec une autre chanson ayant le même titre en 1966. Le prénom était déjà très populaire, mais en 1965, il explose et on en vient à prénommer Nathalie, en 1967, 1 fille sur 7, ce qui est, et de loin, le niveau le plus élevé atteint ici au XXe siècle. En passant, Éric est un pseudonyme et ce chanteur a donc choisi un nom de scène et le titre d'une chanson parmi les prénoms déjà les plus populaires. En 1964, c'était aussi l'année de sœur Sourire et de son *Dominique-nique-nique* qui a donné un petit coup de pouce au prénom, surtout chez les filles. En 1965, Donald Lautrec chante *Manon, viens danser le ska* et Manon, qui était déjà très populaire, connaît sa meilleure année. Dix ans plus tard, alors que Mélanie est en forte croissance, Chantal Pary a le flair de choisir Mélanie comme prénom de sa fille et comme titre d'une chanson. L'effet est immédiat et, de 1975 à 1976, la fréquence des Mélanie passe de 5 % à 11 %. Le chanteur Stéphane débute sa carrière en 1967 alors que le prénom est en pleine ascension ; il connaît deux grands succès en 1968, notamment avec *Sèche tes larmes*. Il aide peut-être le prénom à dépasser 10 %, mais celui-ci chute dès 1969.

Dans le *Dictionnaire de la musique populaire au Québec, 1955-1992*, nous avons relevé une quarantaine de chansons ayant pour titre un prénom qui ont connu une bonne diffusion. Il est intéressant de remarquer qu'environ une dizaine sont populaires la même année que le sommet du prénom ou très proche. Ce sont, par ordre alphabétique, *Caroline*, chantée par Pierre Lalonde en 1969 ; *Catherine*, par René Simard en 1989 ; *Christine*, par Marc Gélinas en 1960 ; *Johanne*, par les Baronets en 1962 ; *Karina*, par Michel Louvain en 1979 (proche de Karine) ; *Linda*, par Marc Gélinas en 1960 et *Linda*, encore par Michel Louvain, en 1960 ; *Manon*, par Donald Lautrec en 1965 ; *Mélanie*, par Chantal Pary, en 1975 ; *Nathalie*, par Éric en 1966 ; *Sylvain*, par Claude Valade en 1963 et *Sylvie*, par Michel Louvain en 1962. Ces chansons peuvent avoir eu une influence, mais de très courte durée. On peut aussi considérer qu'elles représentent le sommet de la carrière du prénom et qu'elles le précipitent dans un déclin rapide qui débute l'année suivant le succès au palmarès. Le prénom que l'on entend trop souvent à la radio s'use plus vite et la chanson peut finalement lui nuire. Dans les chansons que nous venons de présenter, il est évident que ce sont les auteurs qui se sont saisis d'un prénom populaire. Il est plus rare de voir une chanson située au début de la popularité d'un prénom. Il est aussi plus difficile d'identifier la relation. Claude Léveillée chante *Frédéric* en 1962 et semble réveiller le prénom ; *Isabelle* est une chanson de Marc Gélinas en 1960. Ces deux prénoms culminent un peu plus de dix ans après la chanson. Joe Bocan chante *Maude* en 1991 et on voit le prénom connaître une année exceptionnelle en 1992. Johanne Blouin a pu aider Félix avec son disque *Merci Félix* en 1987.

Pour deux chansonnettes qui ont eu beaucoup d'impact, combien y en a-t-il qui passent inaperçues dans le choix des prénoms ? Chantal Pary, par exemple, avait eu un grand succès avec *Emmanuella* en 1973, mais on ne trouve pas de changements dans la fréquence du prénom. De même, Donald Lautrec n'a pas amené de petites Éloïse en 1969 avec sa chanson pourtant bien connue. On peut ajouter *Angélique*, chantée par Jean Nichol en 1974, *Lara*, la chanson du film *Le Docteur Jivago*, par Fernand Gignac en 1966, *Lison*, par Michel Louvain en 1958, ou encore *Marie*, par Claude Stében en 1965, et même la célèbre *Michelle* des Beatles. On ne peut s'empêcher de remarquer que les titres des chansons sont beaucoup plus souvent un prénom féminin que masculin.

Un cas intéressant est celui de Félix. Le prénom se réveille dans les années 80 ; le disque de Blouin lui donne un petit coup de pouce et le décès de Félix Leclerc en 1988, qui fut très médiatisé, le fait démarrer.

À notre connaissance, un seul livre a eu beaucoup d'impact. *Jonathan Livingston le goéland* est paru en 1970 et le prénom, inusité jusque-là, s'est multiplié comme des goélands pour atteindre le premier rang une dizaine d'années plus tard. Le livre a peut-être reçu l'aide du film du même nom sorti en 1973.

Dans le domaine du sport, le plus grand athlète du hockey est sans doute Maurice Richard, mais son succès ne s'est pas traduit par un changement dans l'évolution « descendante » de la popularité de son prénom. Ces dernières années, plusieurs athlètes s'appellent Patrick, mais c'est un prénom de jeune papa et non un prénom de jeune bébé.

Il y a cependant une gymnaste qui a inspiré les parents en 1976, l'année des Jeux olympiques de Montréal. Nadia Comaneci, surnommée la reine des jeux de Montréal, a fait grimper de 1 % la fréquence de son prénom qui était quand même en phase d'ascension.

Ainsi, c'est à peine à deux ou trois dizaines de prénoms qu'on peut attribuer une influence externe visible. Une constante se dessine parmi ces prénoms ; ils sont déjà connus et assez populaires quand survient l'élément déclencheur d'une hausse qui est aussi subite que brève. On observe donc un feed-back important entre le dynamisme interne et les facteurs extérieurs dans les cas d'influence. Et les centaines d'autres prénoms, qu'est-ce qui les pousse ? S'il y a quelques cas d'influence évidente, il y a encore plus d'exemples de non-influence. Il faut conclure que la vie des prénoms, sauf exceptions, est assez indifférente aux événements extérieurs.

On n'a évidemment pas fait le tour de toutes les chansons, de tous les téléromans et de toutes les canonisations, et il serait intéressant de recevoir les découvertes éventuelles de lecteurs attentifs. Les courbes de prénoms n'ont été lissées que légèrement pour ne pas camoufler les impacts qui sont le plus souvent de très courte durée.

Comparaisons avec la France et les États-Unis

Le Québec partage une langue commune avec la France, mais est voisin immédiat de la principale puissance économique et culturelle du monde ; il est donc intéressant de chercher des parentés dans les choix effectués ici. La curiosité porte d'abord à comparer les palmarès ou les principaux prénoms ; malheureusement, les données que l'on peut trouver sur les prénoms des États-Unis (Richman, 1993) sont bien imparfaites, et ne donnent pas les fréquences ni ne remontent pas au-delà des années 30. Avec les travaux de Besnard et de Desplanques, les études françaises sont exemplaires.

La fréquence des prénoms communs avec la France parmi les dix prénoms les plus populaires par période quinquennale depuis un siècle est relativement faible, soit une moyenne de 3,7 pour les prénoms masculins et de 2,8 pour les prénoms féminins. Malgré les progrès des communications, la tendance est plutôt à une baisse légère et le nombre de prénoms communs était un peu plus élevé dans la première moitié du siècle que depuis la guerre. Avec les États-Unis, le nombre de prénoms communs est inférieur à un pour les filles et un peu plus de un chez les garçons, si bien que la parenté plus grande avec la France qu'avec les États-Unis est évidente. Notons que dans la comparaison avec les États-Unis, les traductions Matthew-Mathieu sont évidemment acceptées.

Pendant les années 1990-1994, on ne trouve aucun prénom commun chez les filles nées au Québec et en France parmi les dix prénoms les plus populaires, alors que les garçons partagent cinq prénoms. Les petits Québécois partagent deux prénoms avec nos voisins du Sud et les petites Québécoises, trois. Les bébés français et américains ont un prénom en commun chez les garçons comme chez les filles.

Ce n'est pas tout de partager des prénoms, il faut aussi voir si les modes voyagent avec du retard et examiner la diffusion des prénoms les plus populaires. En comparant les dix prénoms les plus populaires du Québec depuis 1945 à ceux de la France de la période quinquennale précédente et à ceux de la période suivante, on observe que le Québec est plus proche de la France décalée de cinq ans que l'inverse. On constate même que le Québec partage plus de prénoms communs avec la liste française de la période quinquennale précédente que de la même période, soit 3,6 en regard de 3,1 chez les garçons, et 2,4 en regard de 2,0 chez les filles. Si on ne retient que les tendances plus récentes, depuis 1965, on peut conclure que le Québec a un ou deux prénoms en retard sur les prénoms français parmi les dix premiers prénoms.

La parenté des prénoms les plus populaires entre le Québec et la France n'est pas très proche, mais il est quand même intéressant de constater que les prénoms d'ici sont plus proches des prénoms français de cinq ou dix ans auparavant que des prénoms de la même période. Le lien avec les prénoms américains les plus populaires est très faible. Manifestement, certains prénoms récents sont d'origine américaine, mais ils ne sont pas des prénoms populaires aux États-Unis ; Kevin, très populaire en France et au Québec et plus rare aux États-Unis, en est un bon exemple.

Certains prénoms ont été très populaires en France ou au Québec seulement. Le tableau de la page 49 donne la liste des dix premiers prénoms pendant au moins dix ans (en fait, deux périodes quinquennales) au Québec ou en France seulement ou aux deux endroits. La liste des prénoms exclusifs est plus longue au Québec pour les prénoms féminins. Le plus étonnant, c'est que l'on trouve quantité de prénoms très répandus au Québec qui sont assez rares, voire inusités en France. Chez les hommes, Martin est très populaire ici, mais est inusité en France ; il est vrai que Martin est le nom de famille le plus commun en France. De nombreux prénoms féminins fort populaires au Québec sont presque des curiosités en France : Diane, Éva, Johanne, Josée, Laurette,

Ressemblances et différences dans les prénoms les plus populaires[1] entre la France et le Québec

Popularité exclusive au Québec		Popularité exclusive à la France		Popularité commune	
Prénoms masculins	**Prénoms féminins**	**Prénoms masculins**	**Prénoms féminins**	**Prénoms masculins**	**Prénoms féminins**
Armand	Alice	Anthony	Aurélie **	Alain	Annie
Denis	Anna	Bernard	Brigitte	Albert	Catherine
Fernand	Antoinette	Bruno	Céline	Alexandre	Chantal
François	Blanche	Cédric	Christelle	Alfred	Danielle
Gilles	Caroline	Christophe	Christiane	Alphonse	Denise
Jean-François	Cécile	Didier **	Christine	André	Émilie
Jean-Paul	Claudette	Dominique	Corinne	Arthur	Germaine
Jonathan	Diane **	Jean-Claude	Dominique	Claude	Isabelle
Lucien	Éva **	Jean-Pierre	Élodie **	Daniel	Jacqueline
Marc	Francine	Jeremy	Françoise	David	Jeanne
Martin **	Geneviève	Jérôme	Laura	Émile	Julie
Raymond	Gisèle	Julien	Laurence	Éric	Karine
Richard	Hélène	Laurent	Marcelle	Georges	Louise
Roland	Huguette	Olivier	Marie-Thérèse	Gérard	Madeleine
Steve	Jessica	Pascal	Marthe	Henri	Marguerite
Sylvain	Johanne **	Philippe	Martine	Jacques	Marie
Wilfrid **	Josée **	Romain **	Michèle	Jean	Marie-Louise
	Juliette	Thierry **	Patricia	Joseph	Mélanie
	Laurette **	Thomas	Sandrine **	Louis	Monique
	Line **		Virginie	Marcel	Nathalie
	Lise **			Mathieu	Nicole
	Lucie			Michel	Simone
	Lucille			Patrick	Stéphanie
	Marie-Anne			Paul	Suzanne
	Marie-Ève **			Pierre	Sylvie
	Micheline			René	Valérie
	Nancy **			Robert	Véronique
	Pierrette			Roger	Yvette
	Rita **			Sébastien	Yvonne
	Rose-Anna **			Stéphane	
	Thérèse				

1. Prénoms ayant été dans la liste des dix premiers pendant au moins dix ans.
** Prénoms très rares en France ou au Québec selon le cas.

Line, Lise, Marie-Ève, Nancy, Rita et Rose-Anna. Par ailleurs, Blanche, Cécile et Marie-Anne ont eu beaucoup plus de succès de ce côté-ci de l'Atlantique. À l'inverse, Didier, Romain, Thierry, qui est au premier rang en France en 1964 et 1965, Aurélie, premier de 1981 à 1986, Élodie, premier de 1988 à 1990, et Sandrine ont été ignorés ici et Jérôme et Paulette sont loin d'avoir eu ici le succès atteint en France.

Après les différences, on peut voir les grandes ressemblances, soit les prénoms qui ont été très populaires à la fois en France et au Québec. Les prénoms communs qui ont eu les plus longues durées sont Jeanne, Marie et Yvonne chez les femmes et André, Georges, Henri, Jacques, Jean, Joseph, Marcel, Michel, Pierre et Roger chez les hommes. Ce sont des prénoms un peu anciens, des époques où la rotation des premiers prénoms était plus lente.

Au total, une trentaine de prénoms masculins ayant fait partie des dix prénoms les plus populaires ont connu le succès au Québec comme en France, tandis que près de 20 prénoms n'ont eu du succès qu'au Québec et que près de 20 autres en ont eu seulement en France. Quant aux prénoms féminins, 30 n'ont été très populaires qu'au Québec, près de 30 à la fois au Québec et en France et une vingtaine n'ont fait partie du palmarès qu'en France seulement.

Pour ce qui est des grandes caractéristiques de concentration et de rotation des prénoms, les différences avec la France sont importantes. Les fréquences cumulées sont semblables au Québec pour les prénoms masculins et féminins, tandis qu'en France les écarts sont très importants. Les prénoms français étaient beaucoup plus concentrés au début du siècle : en 1900-1904, les dix premiers prénoms suffisaient pour nommer 39 % des garçons et 40 % des filles en France, en regard de 27 % des garçons et 23 % des filles au Québec. En 1950, la concentration était semblable à 38 et 39 % chez les garçons, et en 1990-94, les dix premiers prénoms regroupaient 29 % des bébés masculins au Québec en regard de 23 % en France. Chez les filles, les dix premiers prénoms désignaient 18 % des filles en France en 1990-1994 et 22 % ici. La vitesse de rotation parmi les dix premiers prénoms était dans la première moitié du siècle beaucoup plus faible en France et elle a augmenté tout au long du siècle, contrairement à la baisse observée pendant les années 50 ici chez les prénoms masculins. Depuis le début du siècle, les Français présentent une rotation moyenne de 2,4 prénoms au cours de deux périodes quinquennales consécutives en regard de 2,8 au Québec chez les garçons et de 3,3 prénoms féminins en regard de 3,5 ici.

Les séries des États-Unis sont étonnantes ; il y a très peu de changements comparativement au Québec et à la France, surtout pour les prénoms masculins. Michael, par exemple, est au premier rang de 1960 à aujourd'hui, et on trouve quatre prénoms masculins qui font partie de la liste des dix premiers depuis 1950, soit David, Michael, James et John. Ces deux derniers prénoms figurent d'ailleurs dans la liste depuis les années 30. Mary a été au premier rang chez les filles du début du siècle jusqu'après la deuxième guerre. Les Anglais non plus ne sont pas friands de changements, et le *Guinness* nous apprend que John a occupé la première ou la deuxième place entre 1700 et 1950. Pour l'instant, on peut donc conclure qu'il y a peu en commun entre les prénoms les plus populaires au Québec et aux États-Unis.

Si on examine les scores les plus élevés atteints pendant une période quinquennale, le record de popularité des prénoms masculins appartient à la France avec Michel, donné à 7,3 % des garçons en 1945-49, tandis que le Stéphane du Québec arrive en deuxième avec 7,1 en 1965-69. Les prénoms féminins ont atteint des niveaux beaucoup plus élevés : Marie prénommait en France 15 % des filles à la fin du siècle dernier, ce qui en passant est beaucoup plus que nos 2,5 % de Marie et nos 7 % de Joseph de la même période (1895-99). Nathalie de la période 1965-69 arrive au second rang avec 10 % des filles nées ici, alors qu'en France elle atteint 7 % pendant les mêmes années.

Marie est le prénom le plus porté par les Françaises, suivi de Monique. Ici, ces prénoms sont aux 38ᵉ et 15ᵉ rangs, alors que Louise arrive au premier rang, suivi de Sylvie. Parmi les cinq prénoms les plus portés ici, Lise, Diane et Hélène sont des prénoms très rares en France et Louise y est beaucoup moins fréquent. La distance entre les premiers prénoms féminins français et québécois est donc énorme, mais les premiers prénoms masculins se ressemblent et Michel est le prénom le plus fréquent chez les hommes des deux côtés de l'Atlantique.

On n'a évidemment pas fait le tour des ressemblances et des différences entre les prénoms en France et au Québec. L'examen des carrières de prénoms individuels serait riche de renseignements. Retenons que les prénoms québécois sont beaucoup plus proches des prénoms donnés en France qu'aux États-Unis, mais que la parenté est quand même limitée. De plus, les Québécois ont une rotation plus importante des prénoms les plus populaires, surtout au début du siècle. Il faut quand même avouer en conclusion une certaine perplexité ; pourquoi Jeannine, par exemple, arrive-t-il en même temps au premier rang au Québec et en France au début des années 30, alors que 50 ans plus tard, Aurélie est premier en France et tout à fait négligé ici ? Pourquoi Thierry est-il ignoré ici, alors que quelques années plus tard, Stéphane arrive au premier rang ici quelques années avant la France ? Pourquoi Manon culmine-t-il en France 30 ans après nous et pourquoi Olivier a-t-il ici 20 ans de retard ?

Curiosités

Les prénoms rares ont la particularité d'être... rares. En effet, c'est l'absence de familiarité qui fait la rareté, et de nombreux prénoms d'aujourd'hui, Maxime et Alexandra par exemple, paraissaient archaïques ou curieux il n'y a pas si longtemps.

Par ailleurs, il ne faut pas croire que les prénoms exotiques du siècle dernier et du début du nôtre soient une particularité locale. On en trouve d'aussi excentriques aussi bien en France que dans les pays anglo-saxons. Dans *À la recherche du temps perdu*, pour prendre un exemple littéraire, Proust fait évoquer ses amis disparus au baron de Charlus, Palamède de son prénom : « Hannibal de Bréauté, mort ! Antoine de Mouchy, mort ! Charles Swann, mort ! Adalbert de Montmorency, mort ! Boson de Talleyrand, mort ! Sosthène de Doudeauville, mort ! » Il est vrai qu'il s'agit de personnes du très grand monde, mais on peut se demander si Proust n'exagère pas avec cette concentration de prénoms bizarres. Plus récemment, Besnard et Desplanques ont relevé les prénoms qui sont donnés le plus souvent par les parents figurant au *Bottin mondain*, un annuaire de la bourgeoisie française. Chez les filles nées ces dernières années, le premier prénom est Marie, suivi de Sixtine, Victoire, Albane, Philippine, Astrid et Clémence. Les prénoms masculins sont moins recherchés.

La statistique a besoin de grands nombres et la liste des 2 200 prénoms présentés en annexe néglige de nombreux prénoms très rares qui sont quand même présents dans les fichiers. La lecture des notices nécrologiques des journaux nous amène à recueillir encore de nombreux prénoms qui ne figurent pas dans cette liste, par exemple Bélonie, Cajetan, Damascène, Éliphe, Luvanie ou encore Exéline.

Les générations les plus vieilles sont loin d'avoir le monopole des prénoms rares, car on observe ces dernières années une floraison de prénoms curieux. Il faut éviter de poser des jugements de valeur, mais que faut-il penser de Purechérie, Lynothe, Karoxane et Krystale ? La recherche d'originalité se fait souvent par une orthographe fantaisiste des prénoms, et les pauvres petits Filip, Izabel et Jowane devront épeler leur prénom tout au long de leur vie.

Le prénom le plus original de la collection est celui d'Adonaï. Selon le *Dictionnaire des noms propres de la Bible*, les Juifs évitaient de prononcer le nom sacré de Dieu, Yahveh, et utilisaient plutôt Adonaï, qui signifie seigneur. C'est un prénom qui doit être assez difficile à porter, mais il y a fort à parier que les titulaires n'en connaissaient pas la signification.

La curiosité la plus inattendue rencontrée dans ce travail est l'histoire d'amour de Roméo et Juliette dont les courbes de fréquence s'enlacent au début du siècle.

D'où viennent les données ? Les sources utilisées

La source la plus évidente pour l'étude des prénoms est l'enregistrement des naissances à l'état civil. Le Bureau de la statistique du Québec est responsable depuis quelques années de l'enregistrement statistique des naissances. Les prénoms des bébés de mère dont la langue d'usage est le français sont disponibles depuis 1975 seulement. Le ministère de l'Éducation a fourni une extraction du fichier du collégial contenant 1,5 million de prénoms de personnes nées au Québec, de langue maternelle française, qui sont passées par les collèges depuis la fin des années 60. Il s'agit d'un fichier cumulatif et il n'y a qu'un enregistrement par personne. Par ailleurs, à partir du fichier des enregistrements de décès du Bureau de la statistique du Québec, nous avons fait une extraction des prénoms des personnes dont la langue d'usage est le français, décédées entre 1975 et 1994 et qui étaient nées au Québec. Ces personnes décédées ont été classées selon leur année de naissance. L'auteur remercie le Bureau de la statistique et le ministère de l'Éducation, qui ne sont aucunement responsables du traitement effectué sur les données, ni de l'ensemble de ce travail.

En mettant bout à bout les naissances depuis 1975, le fichier du collégial pour les personnes nées entre 1930 et 1975 et le fichier des personnes nées avant 1930 et décédées après 1975, on obtient les prénoms de près de trois millions de personnes et on couvre plus d'une centaine d'années. Les personnes nées avant 1890 forment un groupe ouvert. Les plus jeunes sont nées en 1996, ce qui fait 107 années d'observation. Les effectifs de chaque génération varient beaucoup ; si pour certaines générations on peut disposer des prénoms de 37 000 garçons, pour d'autres, et particulièrement celles du siècle dernier, l'échantillon est inférieur à 3 000 (pour six ans de naissance).

Par ailleurs, on peut se demander si le prénom déclaré est toujours le prénom usuel. Pour les collégiens, il ne devrait pas y avoir de problème ; pour les personnes décédées non plus, mais dans ces cas, le formulaire est rempli par quelqu'un d'autre. Pour les naissances, le fichier statistique n'est pas jumelé au fichier juridique de l'état civil et le prénom indiqué peut ne pas être définitif.

Le risque de biais est faible pour les personnes décédées. Pour les collégiens, il faut noter que certaines années, moins de la moitié d'une génération est représentée, et qu'il s'agit sûrement de la moitié la plus favorisée. Quant aux naissances, un examen des enregistrements laisse croire que leur utilisation ne représente aucun risque particulier quant à la représentativité.

Les données ont été ajustées pour tenir compte des variantes orthographiques. Il faut bien entendu réunir les Michèle et les Michelle, les Denis et les Denys. Ce fut un travail assez ardu, surtout pour les années les plus récentes. En effet, les jeunes parents ne connaissent plus l'orthographe des prénoms, ou plutôt cherchent une certaine originalité dans les épellations fantaisistes. Il y a, par exemple, 56 façons d'écrire Carolane : avec un *K*, deux *r*, deux *l*, un *e*, un trait d'union, deux *n*, sans *e*, etc.

Au vu des résultats et particulièrement de la régularité des évolutions dessinées par les courbes, il semble manifeste que la qualité des données est dans l'ensemble plus que satisfaisante.

Les données des États-Unis proviennent du volume de Richman (1993) et celles de la France du livre de Besnard et Desplanques (1995) et de l'article de Desplanques (1986). L'auteur désire exprimer son admiration et sa dette envers les études françaises sur les prénoms, qui sont exemplaires.

Les prénoms d'aujourd'hui et de demain

Samuel et Catherine figurent au premier rang de la liste des premiers prénoms de 1996. Samuel a remplacé Alexandre en 1995, tandis que chez les filles, Catherine garde la première place même si elle est en perte de vitesse. Cette liste de prénoms comprend des prénoms qui montent et d'autres qui descendent. Maxime, par exemple, qui est au quatrième rang, est à un niveau de beaucoup inférieur à son maximum atteint en 1989, alors qu'il y avait 1 garçon sur 28 à s'appeler Maxime au lieu de 1 sur 31 maintenant. D'autres sont en pleine croissance, comme Félix, qui n'a cependant encore atteint que la modeste fréquence de 1 garçon sur 78.

On ne peut échapper à la tentation de prévoir quels seront les prénoms populaires dans quelques années. Cependant, l'histoire enseigne la prudence : d'une part, on ne peut savoir quand un prénom va cesser de croître en popularité, et d'autre part, certaines accélérations sont bien fragiles. Par ailleurs, un prénom qui grimpe lentement peut facilement se faire doubler par une étoile filante.

Avant de voir les prénoms qui montent, on peut examiner les prénoms des dernières années qui ont atteint leur sommet et qui sont sur une pente descendante. Parmi les 20 premiers prénoms chez les garçons, Alexandre, Maxime, Mathieu, Kevin, Michaël, Vincent, Francis,

Jonathan, Philippe, Simon, Guillaume et David sont en perte de vitesse. Chez les filles, Catherine, Alexandra, Émilie, Jessica, Roxanne, Joanie, Marie-Pier et Stéphanie ont leurs plus belles années derrière elles.

Parmi les prénoms qui continuent à grimper en 1996, on trouve six prénoms masculins qui font partie des dix premiers prénoms, soit Samuel, Gabriel, Olivier, William, Jérémie et Nicolas. Samuel devrait atteindre son sommet bientôt ; Gabriel a encore de l'espoir ; Nicolas semble piétiner ; Olivier et William ont le vent dans les voiles. Les prétendants aux premiers rangs dans cinq ou dix ans se trouvent parmi Jérémie (qui s'écrit maintenant un peu plus souvent avec *y*), Anthony, Antoine, Félix, Marc-Antoine, Raphaël, Cédric, Tommy, Étienne et Alexis. À l'horizon, on voit poindre une dizaine d'autres prénoms encore discrets : Christopher, Xavier, Brandon, Jacob, Christophe, Tristan et Justin.

Chez les filles, Audrey, Sarah, Camille, Sabrina, Maude et Amélie, qui font partie des dix premiers prénoms en 1996, pourraient encore garder leur place pendant quelques années. Pourront accéder sous peu aux premiers rangs Laurence, Gabrielle, Noémie, Cassandra, Laurie, Ariane, Marie-Anne, Frédérique et Élisabeth. À plus long terme, on pourrait voir percer Jade, Daphné, Justine, Mégane, Audrey-Anne, Érika, Rébecca, Sandrine, Samantha, Rosalie, Annabelle et même Ève.

Certains prénoms font un retour ; ainsi, Antoine, Charles, Émile, Thomas, Florence, Gabrielle, Lydia, Marie-Anne, Laura et Léa qui ont déjà été donnés il y a un certain nombre d'années sont en phase croissante.

Les principaux prénoms donnés en 1996

Rang	Garçons	%		Filles	%	
1	Samuel	5,0	□	Catherine	2,6	■
2	Alexandre	3,7	■	Audrey	2,3	□
3	Gabriel	3,5	□	Sarah	2,2	□
4	Maxime	3,3	■	Camille	2,1	□
5	Olivier	2,4	□	Alexandra	2,0	■
6	William	2,4	□	Sabrina	1,8	□
7	Mathieu	2,4	■	Maude	1,8	□
8	Kevin	2,4	■	Émilie	1,7	■
9	Jérémie	2,2	□	Jessica	1,7	■
10	Nicolas	2,2	□	Amélie	1,6	□
11	Michaël	2,1	■	Carolane	1,6	■
12	Vincent	2,0	■	Laurence	1,6	□
13	Frédéric	1,9	□	Gabrielle	1,4	□
14	Anthony	1,9	□	Noémie	1,4	□
15	Francis	1,8	■	Roxanne	1,4	■
16	Jonathan	1,7	■	Joanie	1,3	■
17	Philippe	1,7	■	Marie-Pier	1,3	■
18	Simon	1,6	■	Stéphanie	1,2	■
19	Antoine	1,6	□	Cassandra	1,1	□
20	Guillaume	1,6	■	Laurie	1,1	□
21	Alex	1,5	□	Valérie	1,0	■
22	David	1,5	■	Mélissa	1,0	■
23	Félix	1,3	□	Ariane	1,0	□
24	Marc-Antoine	1,2	□	Kim	1,0	■
25	Raphaël	1,2	□	Marie-Anne	0,9	□
26	Cédric	1,1	□	Marie-Ève	0,9	■
27	Charles	1,1	□	Myriam	0,9	■
28	Tommy	1,0	□	Frédérique	0,9	□
29	Étienne	1,0	□	Vanessa	0,9	■
30	Alexis	0,9	□	Élisabeth	0,9	□
31	Sébastien	0,8	■	Chloé	0,9	■
32	Jason	0,7	□	Alison	0,8	□
33	Julien	0,7	■	Andréanne	0,8	■
34	Marc-André	0,7	■	Jade	0,8	□
35	Xavier	0,7	□	Daphné	0,7	□
36	Jimmy	0,7	□	Sophie	0,6	■
37	Louis	0,7	□	Caroline	0,6	■
38	Christopher	0,7	□	Florence	0,6	□
39	Benjamin	0,6	□	Véronique	0,6	■
40	Yannick	0,6	■	Mégane	0,6	□
41	Steven	0,6	■	Justine	0,6	□
42	François	0,6	■	Claudia	0,6	■
43	Jessy	0,6	□	Rosalie	0,6	□
44	Dominique	0,6	■	Marilou	0,6	□
45	Carl	0,6	■	Annabelle	0,6	□
46	Thomas	0,5	□	Sandrine	0,6	□
47	Dave	0,5	■	Vicky	0,6	■
48	Dany	0,5	■	Laurianne	0,5	□
49	Tristan	0,5	□	Jennifer	0,5	■
50	Jean-Philippe	0,5	■	Mélanie	0,5	■

Légende : □ : augmente ; ■ : descend.

Conclusion

Sous des apparences frivoles, l'étude des prénoms révèle de puissants courants sociaux imperceptibles aux acteurs que sont les parents. En effet, si le choix du prénom était tout à fait libre, on observerait une multitude de prénoms de fréquence égale. Pourtant, 36 prénoms suffisent à prénommer la moitié des hommes. L'élection de quelques prénoms très populaires pendant de courtes durées indique donc que le choix est social plutôt qu'individuel. C'est un bon exemple du conformisme qui règne dans les sociétés, que ce soit dans la mode du blue jeans, dans le palmarès des chansonnettes et jusque dans le domaine des idées philosophiques.

La rotation des prénoms pourrait servir d'indicateur de l'adaptation d'une société aux idées nouvelles. Ainsi, il est intéressant de remarquer que, dès le début du siècle, on observe d'importants changements dans les prénoms, beaucoup plus que ce que l'on pouvait imaginer *a priori* dans une société qu'on pensait plus figée et conservatrice. C'est pendant les années 50 que les choix sont les plus homogènes et les changements les plus conservateurs.

On aura facilement remarqué que, sur une période de 100 ans, les prénoms ne dessinent qu'une seule vague. On est loin du modèle de transmission d'une génération à l'autre, de père en fils comme dans certaines familles américaines (Henry Ford III ou les Junior) ou du parrain au filleul. Tout semble indiquer qu'un prénom ne peut redevenir populaire que lorsque tous les membres d'une génération qui l'ont porté sont disparus, ce qui prend plus d'un siècle. D'ailleurs, on voit parfois des personnes âgées qui n'aiment pas les choix rétro effectués par leurs petits-enfants. Ces prénoms sont parfois ceux de leurs oncles et tantes et leur paraissent vieux jeu. L'anthropologue Kroeber a publié en 1940 une étude célèbre du costume féminin sur trois siècles : il découvrit pour l'ampleur des robes des « longueurs d'onde » d'environ 115 ans. Notre durée d'observation n'est pas assez longue pour l'instant pour estimer la distance entre deux vagues, mais il semble bien que peu de prénoms populaires à la fin du siècle dernier soient en train de préparer un retour, comme Marie-Anne et Gabrielle. En France, Besnard et Desplanques parlent d'un cycle d'un siècle et demi, mais certains prénoms comme Alain, Gérard, Robert et Roger avaient été oubliés depuis le Moyen Âge.

Les prénoms du Québec s'apparentent à ceux de la France beaucoup plus qu'à ceux des États-Unis, mais ils sont quand même assez différents. Le choix des prénoms dans le monde, considéré sur de longues périodes, est encore trop mal connu pour qu'on puisse établir des comparaisons valables entre pays ou entre sociétés. Le système de prénomination au Québec est loin d'être fermé aux influences internationales, mais il est évident qu'il a sa dynamique originale.

Les prénoms semblent avoir une vie propre : une fois lancés, ils sont superbement indifférents au monde extérieur et aux événements historiques de toute sorte, si bien qu'on peut se demander s'ils ne suivent pas plutôt le destin de leur courbe statistique comme les vagues sur la mer.

Bibliographie

BATES, Réal. « Stock, caractéristiques et mode de transmission des prénoms dans une population traditionnelle. L'exemple du Canada sous le régime français », *in Actes du XVIe Congrès international des sciences onomastiques*, Québec, Presses de l'Université Laval, 1990, p. 163-175.

BÉDARD, Marc-André. *Les Protestants en Nouvelle-France*, Québec, La Société historique de Québec, 1978, 141 p.

BESNARD, Philippe et DESPLANQUES, Guy. *La Cote des prénoms en 1996*, Paris, Balland, 1995, 419 p.

BOUCHARD, Gérard. *Quelques arpents d'Amérique – Population, économie, famille au Saguenay – 1838-1971*, Montréal, Boréal, 1996, 635 p.

DAUZAT, Albert. *Dictionnaire étymologique des noms de famille et prénoms de France*, Paris, Larousse, 1994, 626 p.

DESPLANQUES, Guy. « Les Enfants de Michel et Martine Dupont s'appellent Nicolas et Céline », *in Économie et Société*, n° 184, 1986, p. 63-83.

ODELAIN, O. et SÉGUINEAU, R. *Dictionnaire des noms propres de la Bible*, Paris, Éditions du Cerf, 1988, 492 p.

RICHMAN, Daniel Avram. *From Aaron to Zoe, 15 000 Great Baby Names*, Boston, Little, Brown and Co., 1993, 278 p.

RIBORDY, Geneviève. *Les Prénoms de nos ancêtres*, Sillery, Septentrion, 1995, 181 p.

STAHL, Abraham. « The Imposition of Hebrew Names on New Immigrants to Israel : Past and Present », *in Names*, vol. 42, n° 4, 1994, p. 279-288

THÉRIEN, Robert et D'AMOURS, Isabelle. *Dictionnaire de la musique populaire au Québec, 1955-1992*, Québec, Institut québécois de recherche sur la culture, 1992, 580 p.

Cinq cents prénoms d'Adam à Yvonne

NOTE SUR LES GRAPHIQUES ET LES POURCENTAGES

Les graphiques présentent la fréquence annuelle d'attribution des prénoms. Les années se trouvent sur l'abscisse (axe horizontal) et les pourcentages sur l'ordonnée (axe vertical). On peut lire, par exemple, sur le graphique d'Alexandre, qu'il a atteint en 1994 la proportion de 5 %. Ceci signifie que 5 % des garçons (1 garçon sur 20) nés en 1994 recevaient le prénom d'Alexandre.

Il est essentiel de noter que l'échelle des ordonnées n'est pas la même pour tous les graphiques. Comme certains prénoms atteignent des niveaux très élevés, plus de 10 %, il est inutile d'utiliser la même échelle pour des prénoms plus discrets qui n'atteignent pas 1 % ; les variations de ces derniers disparaîtraient à la base des figures. En comparant les graphiques, il est primordial de vérifier l'axe vertical. Notons aussi que plus la fréquence est petite, plus les fluctuations semblent importantes.

Il n'y a pas que la fréquence maximale qui soit intéressante pour la description de l'histoire des prénoms ; leur durée est aussi significative. Pour les principaux prénoms, nous donnons souvent le nombre d'années pendant lesquelles le prénom a dépassé la fréquence de 1 prénom sur

100. Ainsi, on peut comparer, non seulement la hauteur, mais aussi la largeur de la base.

Les graphiques présentent les données en pourcentages, mais les textes utilisent plutôt les formulations plus faciles, telles que 1 garçon ou 1 fille sur 40. La petite table de correspondance peut aider à faire les conversions.

Petite table de correspondance des fréquences

1 sur	%	1 sur	%
10	10,00	100	1,00
15	6,67	125	0,80
20	5,00	150	0,67
25	4,00	200	0,50
30	3,33	300	0,33
40	2,50	400	0,25
50	2,00	500	0,20
60	1,67	1 000	0,10
70	1,43		
80	1,25		
90	1,11		
100	1,00		

Exemple : 1 prénom sur 30 équivaut à 3,33 % des prénoms.

Prénoms masculins

Adam

Le premier homme a peut-être eu beaucoup de descendants, mais peu d'entre eux lui font l'honneur de porter son nom. Il y a pourtant des amateurs de noms anciens et on ne peut trouver plus rétro qu'Adam. On note une toute petite vaguelette d'Adam dans les années 80, mais à son sommet il n'est choisi que pour environ un garçon sur 350. Ève dans Marie-Ève et Éva ont eu plus de succès qu'Adam.

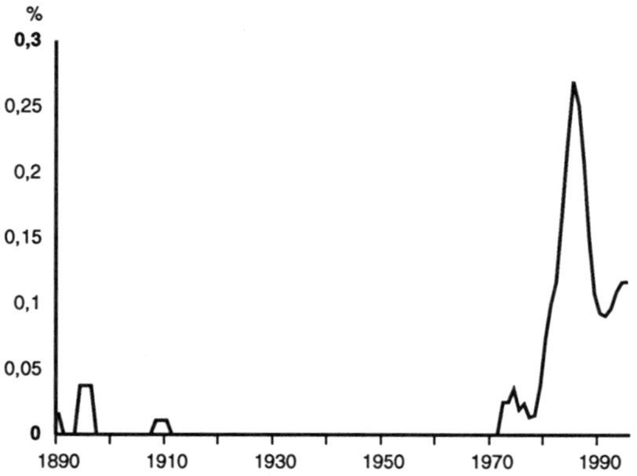

Adélard

Adélard, qu'il ne faut pas confondre avec Abélard, est assez fréquent à la fin du siècle dernier puisque près de 1 garçon sur 50 né quelques années avant 1890 porte ce prénom. Sa popularité diminue graduellement jusqu'à ce qu'il disparaisse au début des années 30.

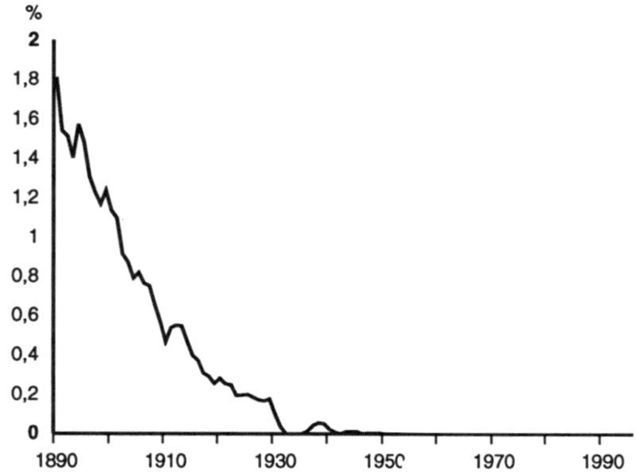

Adolphe

Vers 1895, près de 1 garçon sur 300 est baptisé du prénom Adolphe. La popularité du nom baisse et il disparaît complètement à la fin des années 20, soit avant l'arrivée au pouvoir d'Hitler en 1933. Pour des raisons évidentes, il n'est pas près de revenir.

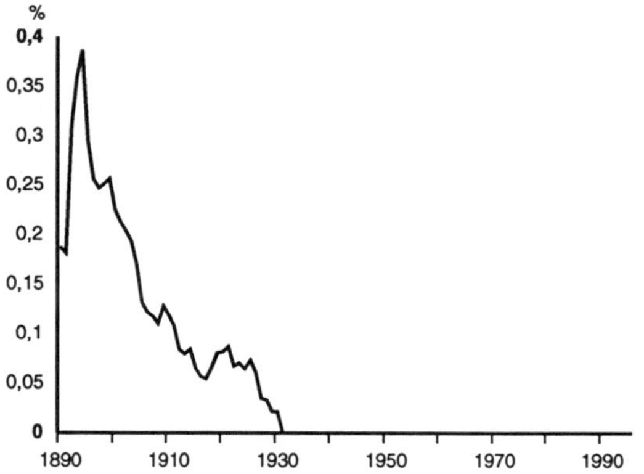

Adrien

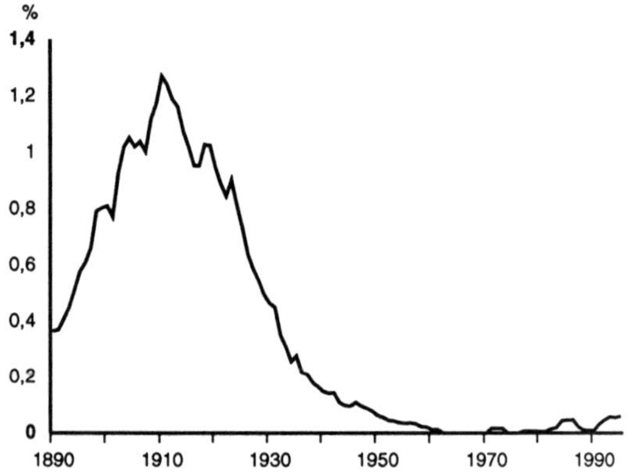

Au début du siècle, 1 garçon sur 200 se fait appeler Adrien, un prénom dont la popularité augmente et culmine en 1909 avec 1 garçon sur 75. Ensuite, c'est la baisse assez régulière jusqu'à l'oubli à la fin des années 50. Ces dernières années, on observe un certain frémissement du prénom, mais avec encore moins de 1 garçon sur 1 000, il est trop tôt pour prévoir un retour. Notons qu'en France, ce prénom a connu récemment de belles années avec une fiche de plus de 1 %.

Aimé

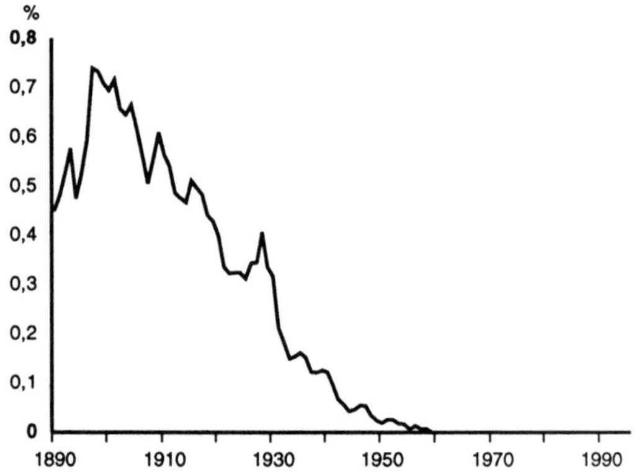

Aimé voit son apogée au tournant du siècle, avec environ 1 garçon sur 150. Le prénom décline lentement et n'est plus en usage depuis le milieu du siècle. Amédée précède Aimé, mais fut moins fréquent. Les quelques Aimée sont très rares ; 1 fille sur 1 000 vers 1900. Ces dernières années, on trouve parfois Aimée prononcé à l'anglaise, qui donne Amy.

Alain

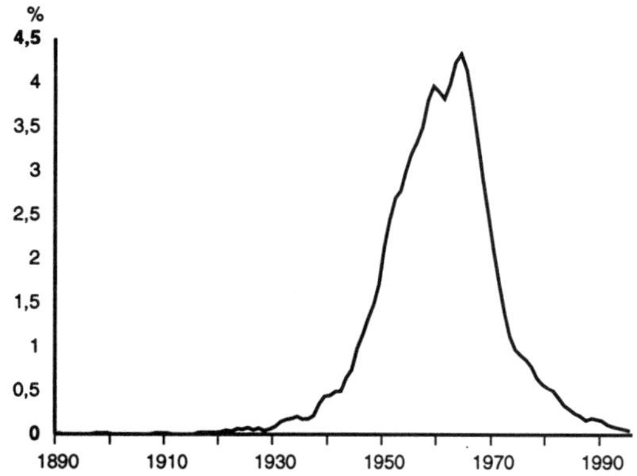

Rarissime avant les années 20, Alain prend un essor remarquable dans les années 40, et la montée s'accélère dans les années 50 pour atteindre le niveau de 1 garçon sur 23 en 1963 et en 1964. Si l'ascension fut rapide, la descente fut encore plus raide ; au milieu des années 70, moins de 1 garçon sur 100 est baptisé avec ce prénom. Alain aura quand même passé près de 30 ans au-dessus du seuil de 1 % des prénoms. Au cours des périodes 1955-1959 et 1960-1964, Alain arrive aux quatrième et cinquième rangs des prénoms les plus populaires. Alain fait partie des 15 prénoms les plus portés aujourd'hui.

Albert

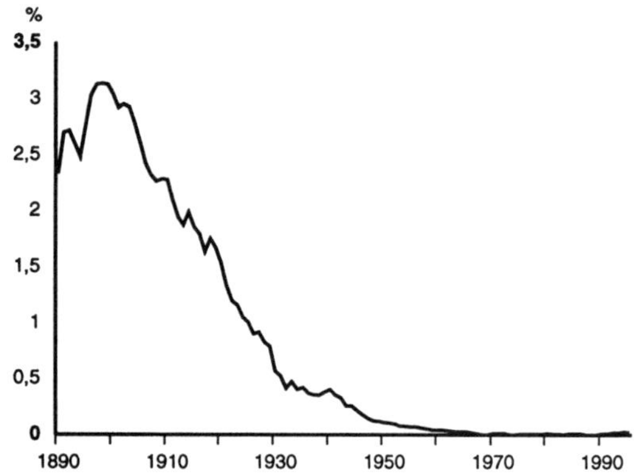

Albert est le deuxième prénom le plus donné au tournant du siècle, après Joseph, avec une diffusion de plus de 1 garçon sur 33. La mode des Albert s'étire lentement jusqu'au milieu du siècle. Jusqu'au milieu des années 20, le prénom Albert est donné à plus de 1 garçon sur 100.

Alcide

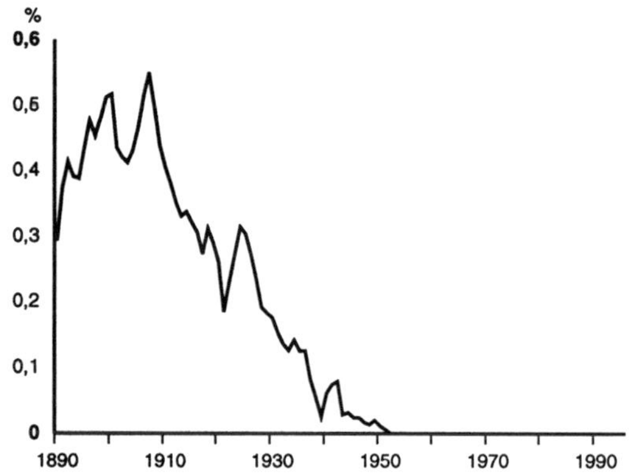

À peine 1 garçon sur 200 né au début du siècle porte ce prénom, qui devient plus rare et inexistant à partir de 1950.

Alex

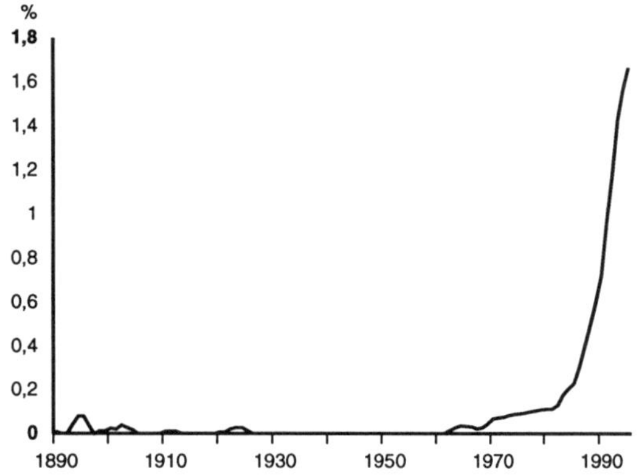

Alex monte en flèche au début des années 90, et 1 garçon sur 65 porte ce nom en 1996. Selon le *Dictionnaire étymologique* de Dauzat, Alex est une forme abrégée d'Alexis, mais il faut croire que ce prénom est maintenant plutôt tributaire de la mode des Alexandre. Quelques filles reçoivent aussi ce prénom ces dernières années, environ deux ou trois sur 1 000.

Alexandre

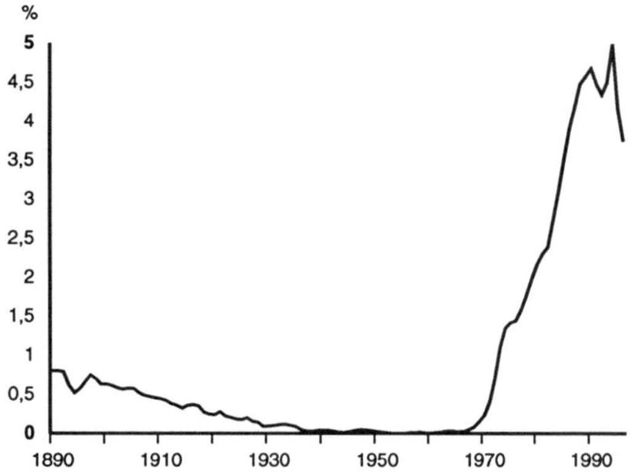

Alexandre, qui atteint un niveau un peu inférieur à 1 % à la fin du XIXe siècle, décline très lentement et devient presque inusité entre les années 30 et le début des années 70. Il explose alors et en quatre ans, il passe de 1 pour 1 000 en 1969 à 1,2 % en 1973. Il poursuit sa lancée, dépasse 2 % dès 1980, 3 % en 1985, 4 % en 1987, et arrive à rejoindre le niveau de 5 % en 1994. Depuis 1987, Maxime et Alexandre se partagent les premier et second rangs du palmarès des prénoms, mais en 1995 Alexandre cède sa place à Samuel.

Alexis

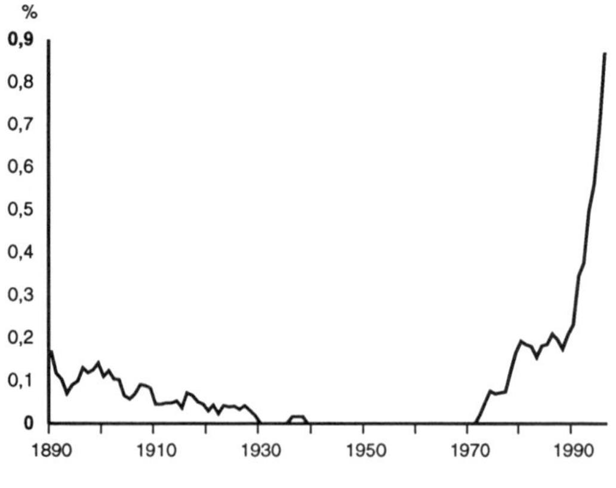

Prénom rare au début du siècle, avec environ 1 garçon sur 1 000, puis inconnu de 1930 à 1970, Alexis réapparaît dans les années 70 avec environ 1 garçon sur 500. Puis il augmente, si bien qu'on constate en 1996 un niveau de 1 sur 115, ce qui peut laisser présager une vague possible d'Alexis en compensation de la baisse de popularité des Alexandre.

Alfred

Il y a un peu plus de 100 ans, Alfred était le troisième prénom le plus populaire, après Joseph et Arthur, et plus de 1 bébé masculin sur 50 s'appelait ainsi. Alfred perd peu à peu sa notoriété et n'est plus utilisé depuis les années 40.

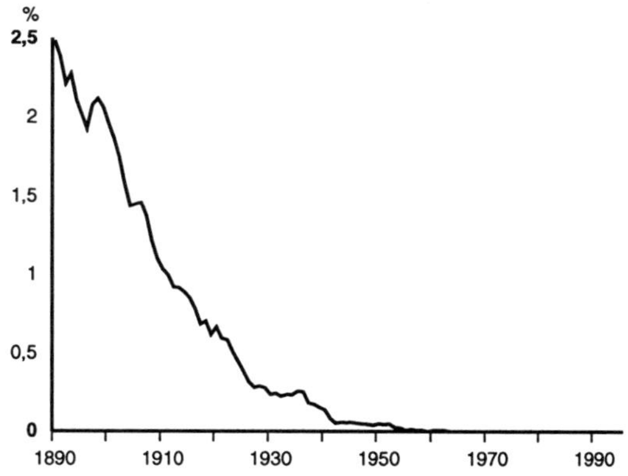

Alphonse

Au septième rang des prénoms les plus fréquents en 1890-1894, 1 garçon sur 50 se prénommait ainsi. La source se tarit peu à peu et s'assèche complètement pendant les années 40.

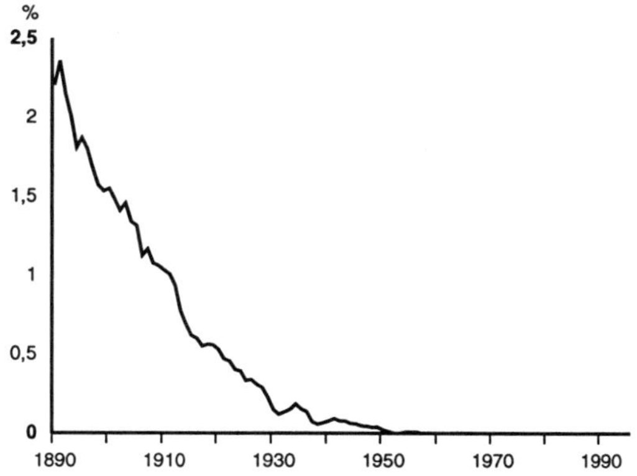

Amédée

C'est une forme française du prénom italien, signifiant aimé de Dieu, bien connu comme un des deux prénoms de Mozart. Prénom uniquement masculin malgré les apparences, il n'est utilisé que pour moins de 1 garçon sur 200 à la fin du siècle dernier et est inusité depuis la fin des années 20. Aimé a suivi Amédée et fut un peu plus utilisé au début du siècle.

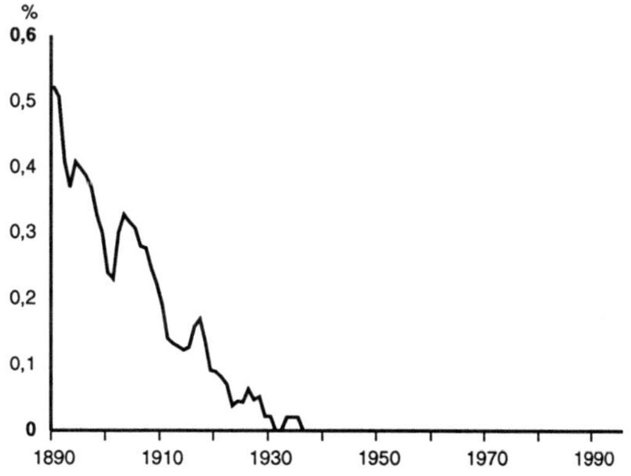

André

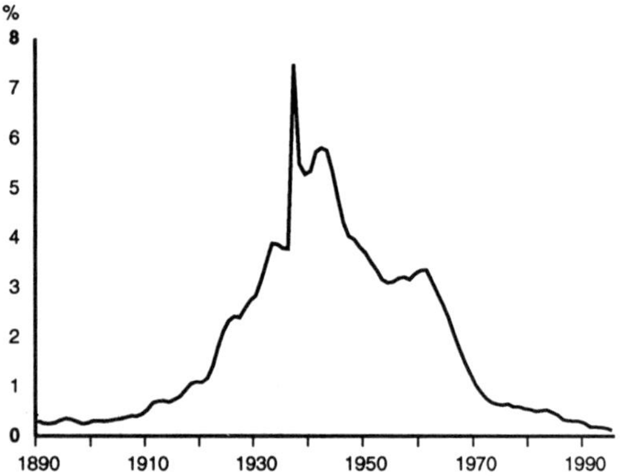

André est un des rares prénoms à être présent tout au long du siècle. Au début, il est assez rare, autour de 3 garçons pour 1 000, mais il atteint 1 % dès 1918 et 2 % quelques années plus tard, en 1924. Au début des années 30, il est à 4 %, puis on observe une variation exceptionnelle entre 1936 et 1937 alors qu'il passe de 3,8 % à 7,5 % des prénoms et redescend l'année suivante à 5,5 %. C'est le décès du frère André qui provoqua une telle brisure dans la tendance. Il faut souligner cependant que le prénom était en pleine ascension et que, si le célèbre thaumaturge avait été connu par son vrai prénom d'Alfred, il y a fort à parier qu'il n'aurait pu faire le miracle de faire apparaître près de 4 % de bébés portant son nom. André amorce la pente descendante au milieu des années 40, mais résiste au niveau fort acceptable de 3 % pendant les années 50 et le début des années 60. Ce n'est qu'en 1971 qu'il descendra sous la barre du 1 % après l'avoir dépassée pendant plus de 50 ans. Il faut souligner que le prénom composé Marc-André prend le relais.

André fut le prénom le plus populaire pendant 10 ans, en 1932 et en 1933 et de 1937 à 1944. C'est aussi, après Michel et Pierre, le troisième prénom le plus porté dans l'ensemble de la population.

Anthony

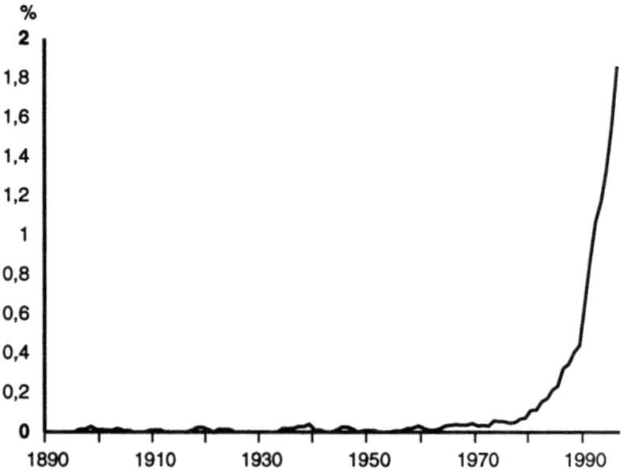

Anthony démarre un peu plus tard qu'Antoine, mais sa courbe des dix dernières années est tout à fait semblable, si bien qu'on peut se demander quel prénom traîne l'autre. Anthony a une petite longueur d'avance et dépasse 1 % en 1992 en regard de 1993 pour Antoine.

Antoine

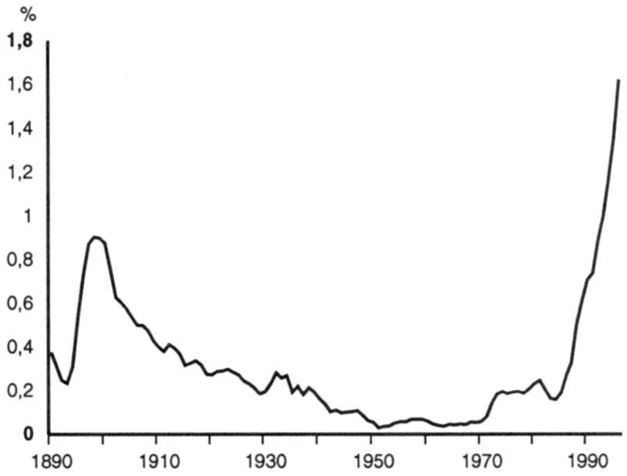

Antoine retrouve depuis quelques années sa popularité d'il y a 100 ans. En effet, près de 1 garçon sur 100 né au début du siècle s'appelle Antoine. La fréquence du prénom avait pourtant baissé pendant sept décennies, jusqu'à un niveau inquiétant pendant les années 50 et 60. Le renouveau commence au début des années 70. L'essor est remarquable depuis une dizaine d'années, si bien que 1 garçon sur 60 porte le prénom en 1996. Au début du siècle, Antoine se fait dépasser par son équivalent italien, Antonio. Ces dernières années, c'est au tour de sa forme anglaise de le coiffer. Ce prénom n'est pas chanceux dans ses batailles contre les langues étrangères.

Antonio

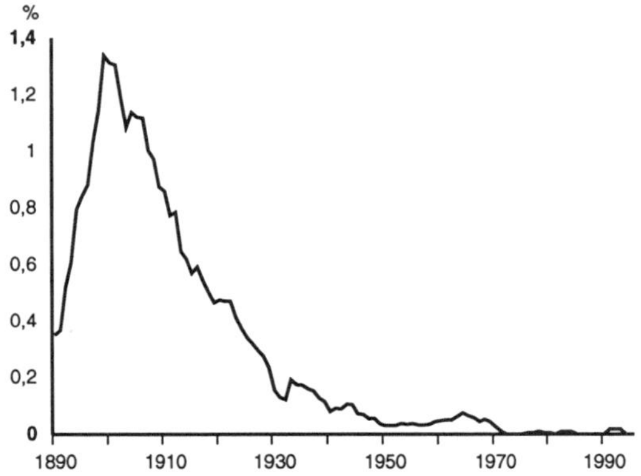

La forme italianisante d'Antoine a été plus populaire que le prénom français au début du siècle, avec un peu moins de 1 garçon sur 70. Les deux courbes se ressemblent beaucoup, mais Antonio disparaît dans les années 60. Antoine reprend du service ces dernières années, mais c'est la forme anglaise Anthony qui le dépasse.

Armand

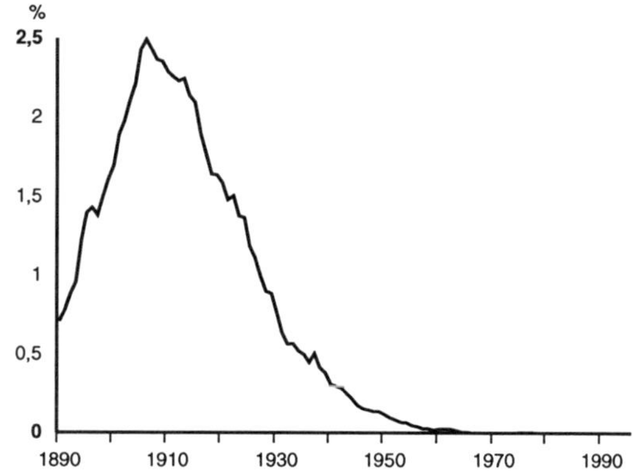

Premier grand prénom du siècle de la famille des *an*, avant Roland, Normand et Christian, Armand part d'un niveau relativement modeste de 1 sur 200 en 1890, pour augmenter rapidement jusqu'à un maximum de 1 garçon sur 40 en 1906, et connaître ensuite une pente descendante semblable à la montée. Armand n'est plus utilisé depuis la fin des années 50. Pendant les années 1905-1909, Armand se classe au troisième rang des prénoms les plus fréquents, après Joseph et Lucien. Il a dépassé pendant 34 ans le niveau de 1 % des prénoms masculins.

Arthur

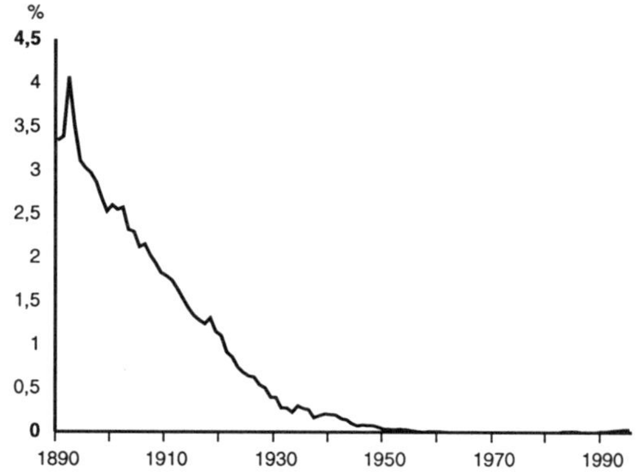

Plus de 1 garçon sur 33 né il y a 100 ans (1890-1894) porte ce prénom, qui arrive au second rang des prénoms les plus populaires, après Joseph. Sa fortune était cependant déclinante, et sa fréquence diminue régulièrement jusque dans les années 30. Ce prénom breton porté par des rois et des poètes célèbres devrait certainement revenir un jour.

Auguste

À la fin du siècle dernier, près de 1 garçon sur 200 recevait ce prénom. Si Maxime est devenu populaire ces dernières années, rien n'empêche le retour d'Auguste.

Aurèle

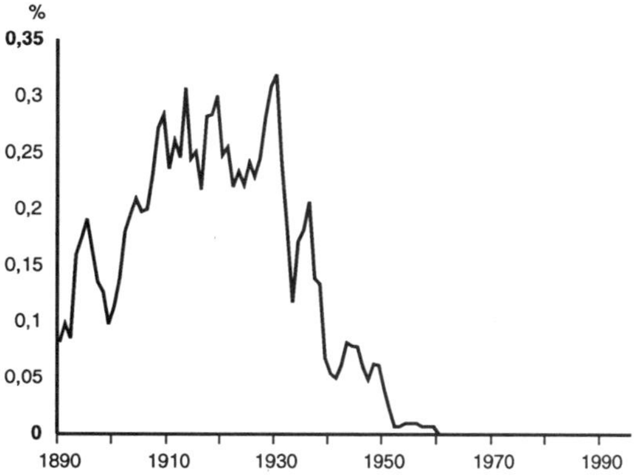

Des années 10 aux années 30, ce prénom est donné à 2 ou 3 garçons pour 1 000.

Benjamin

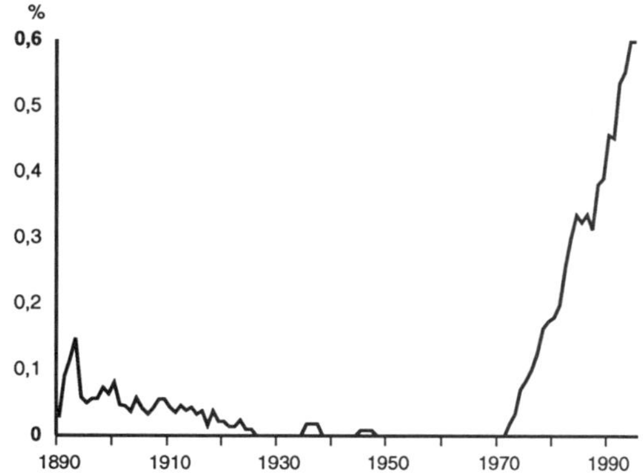

Il y a de très rares Benjamin au début du siècle jusqu'au début des années 20. Après 50 ans d'oubli, le prénom resurgit au milieu des années 70 et connaît depuis une pente ascendante, assez lente cependant puisqu'il franchit le niveau de 1 garçon sur 200 seulement en 1991.

Benoît

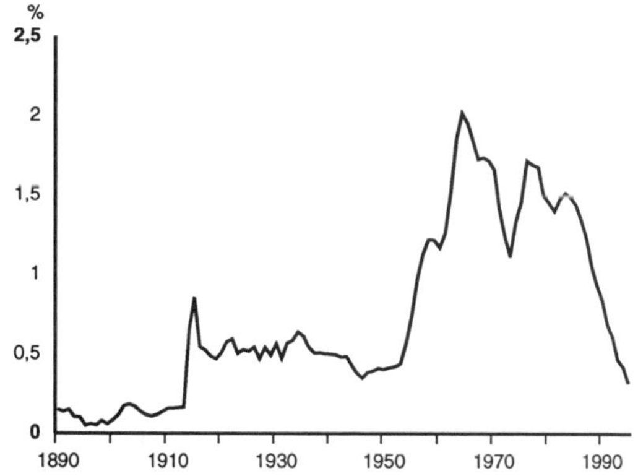

Benoît est présent pendant tout le siècle, mais à des niveaux bien différents. Il connaît trois plateaux. Il est d'abord assez rare, autour de 1 ou 2 pour 1 000 pendant 25 ans, jusqu'en 1913. L'élection du pape Benoît XV en 1914 le fait grimper à 1 sur 200, et il conserve de façon remarquable ce niveau pendant une quarantaine d'années. Au milieu des années 50, sans l'aide d'un pape cette fois-ci, il se met à monter en flèche jusqu'à 1 sur 50 atteint en 1964. Il se maintient à environ 1 sur 75 jusqu'à la fin des années 80, alors qu'il commence une descente assez rapide. Il sera resté pendant une trentaine d'années au-dessus du niveau de 1 % des prénoms.

Bernard

Bernard met 30 ans à passer de 1 pour 1 000 à 1 pour 100, palier qu'il atteint au début des années 30, mais il stagne à ce niveau pendant une trentaine d'années, puis se décide à dégringoler au début des années 60. Il se trouve ces dernières années aussi rare qu'il y a 100 ans, mais il est quand même encore présent, ce qui ferait l'envie de certains prénoms à la carrière plus brillante, mais plus courte.

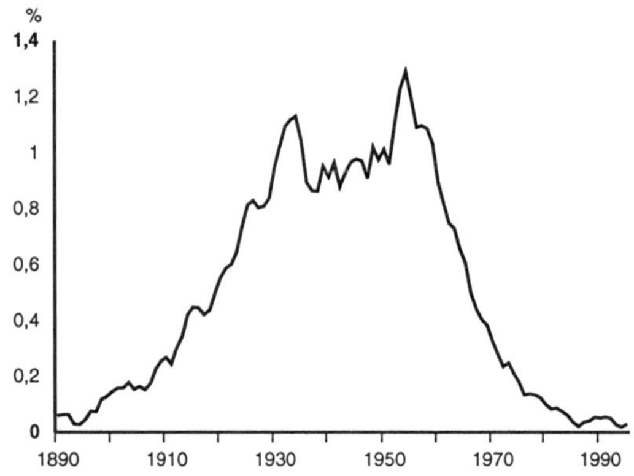

Bertrand

Inconnu à la fin du siècle dernier, Bertrand se met à croître dans les années 20. Il ne réussit pas à atteindre 1 %, et redescend aussitôt, quoique très lentement, si bien que ce n'est que dans les années 80 qu'il disparaît.

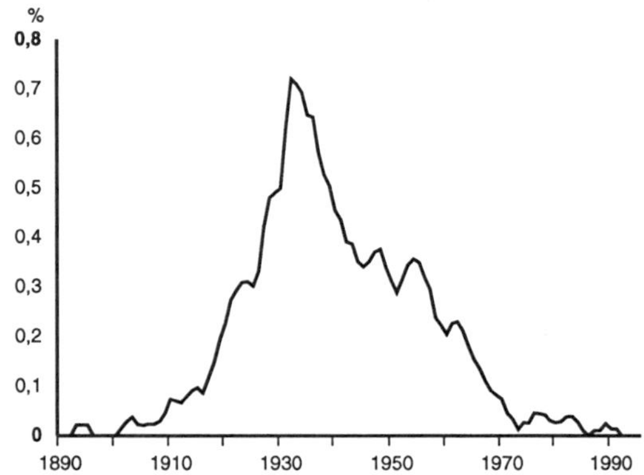

Brandon

Tel l'amadou, Brandon se répand depuis à peine quelques années mais très rapidement, si bien qu'en 1996, 1 garçon sur 200 porte ce prénom. Il accompagnerait bien Jérémie et Cassandre dans une famille n'aimant pas la tranquillité.

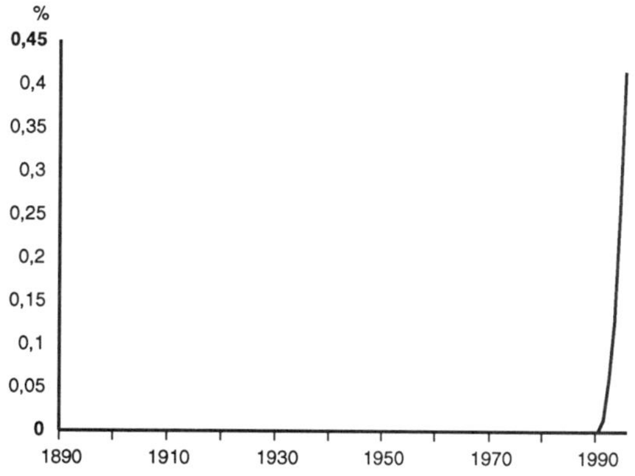

Bruno

Pendant la première moitié du siècle, Bruno végète autour du niveau de 1 garçon sur 500. En 1954, il décide de s'élancer pour dix ans, mais n'atteint 1 % qu'une seule année, en 1963, et puis retrouve ces dernières années son point de départ. Soulignons quand même le mérite d'une présence centenaire.

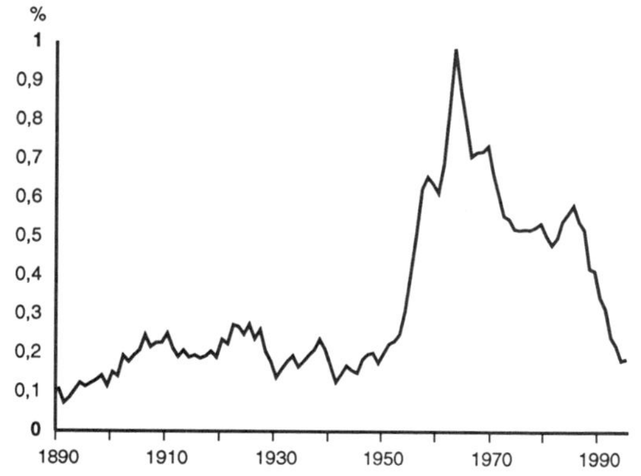

Camille

De 1900 à 1940, Camille est avant tout un prénom masculin et se maintient à environ 1 garçon sur 250, puis il diminue et disparaît pendant les années 60.

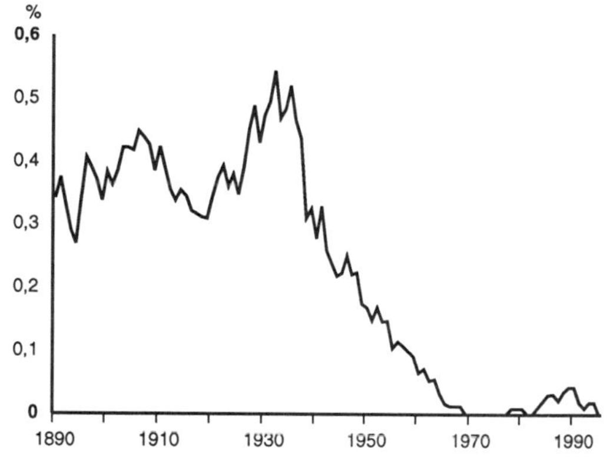

Carl

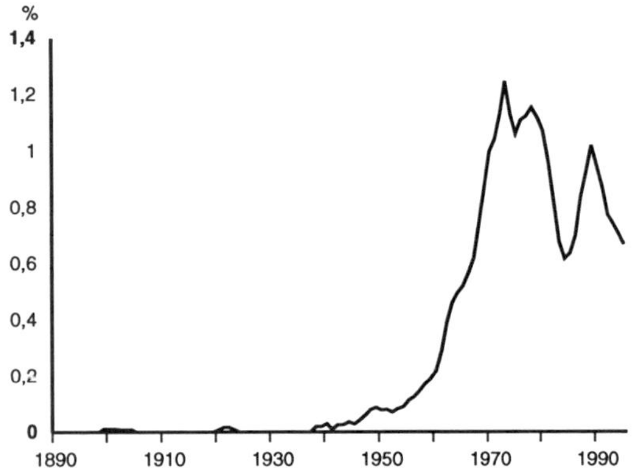

Carl, qui s'écrit parfois Karl, apparaît dans les années 40 mais ne perce que dans les années 60, si bien qu'en 1973, 1 garçon sur 80 reçoit ce prénom. Au début des années 80, sa vogue diminue, mais remonte curieusement pendant quelques années avant de redescendre. Charles, qui est en hausse, le dépasse depuis quelques années.

Cédric

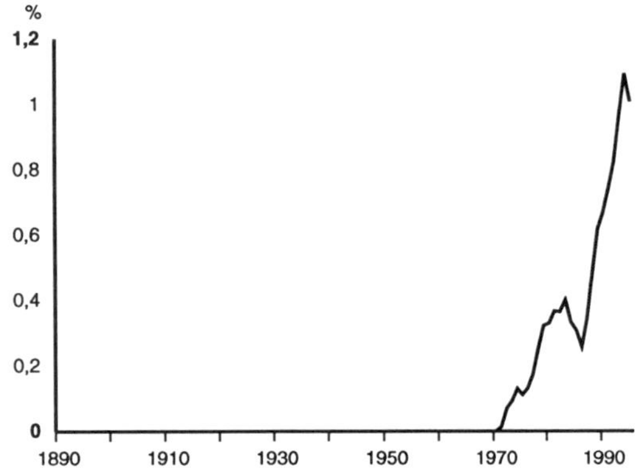

Cédric, tout à fait inconnu avant 1970, met quand même une vingtaine d'années pour atteindre 1 %, en 1994, alors qu'il est au 25e rang des prénoms masculins.

Charles

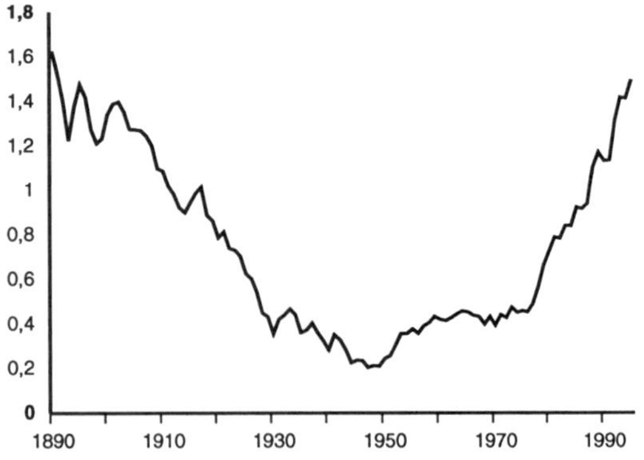

Charles est un des rares prénoms, avec Louis et Philippe, qui n'ont pas connu de vogue importante depuis un siècle, mais ne sont pas disparus de la circulation. Partant de 1,5 % des garçons à la fin du siècle dernier, il descend lentement jusqu'au début des années 50 et, après avoir passé les années 60 et 70 autour de 1 garçon sur 200, il remonte depuis une quinzaine d'années et retrouve son point de départ de 1,5 %. Fait intéressant, ce vieux prénom réussit à battre Carl depuis quelques années. On trouve au début du siècle des prénoms composés commençant par Charles, surtout Charles-Édouard, Charles-Eugène, Charles-Henri et Charles-Auguste, auxquels on peut ajouter Charlemagne. Ces prénoms ne dépassent jamais toutefois le niveau de 1 sur 400. Depuis quelques années, on en retrouve surtout sous la forme de Charles-Antoine. Il ne faut pas oublier Jean-Charles, qui fut présent surtout dans les années 20 (*voir sous Jean*).

Charles est évidemment le prénom d'un Français célèbre, mais malgré sa popularité, ni son passage triomphal en 1967, ni son décès en 1970 n'ont laissé de trace dans les berceaux.

Christian

Prénom habituel des rois du Danemark, Christian est à peu près inconnu comme prénom français jusqu'à la dernière guerre. Il démarre en fait en 1947, atteint 1 % dès 1954 et poursuit sa lancée jusqu'en 1972 alors que 1 bambin sur 43 le reçoit. Contrairement à l'habitude, la descente est vertigineuse et sous peu, il sera oublié des futurs parents. Christian a passé 27 ans au-dessus du seuil de 1 %.

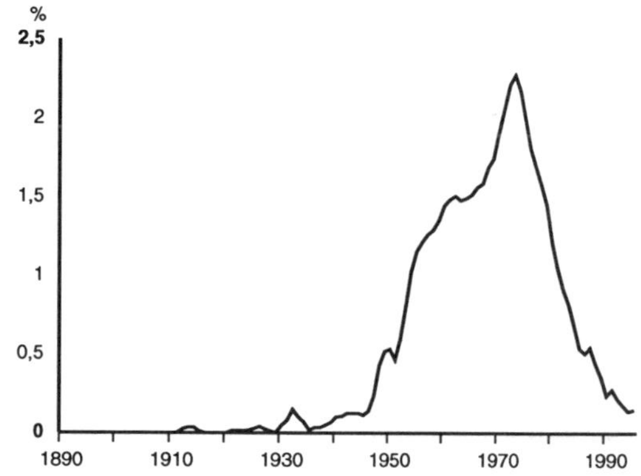

Christophe

Christophe, qui suit à la traîne Christopher, augmente sa fréquence depuis le milieu des années 80 et en 1996 près de 1 garçon sur 250 porte ce prénom. Notons que Christophe fut le prénom le plus populaire en France à la fin des années 60.

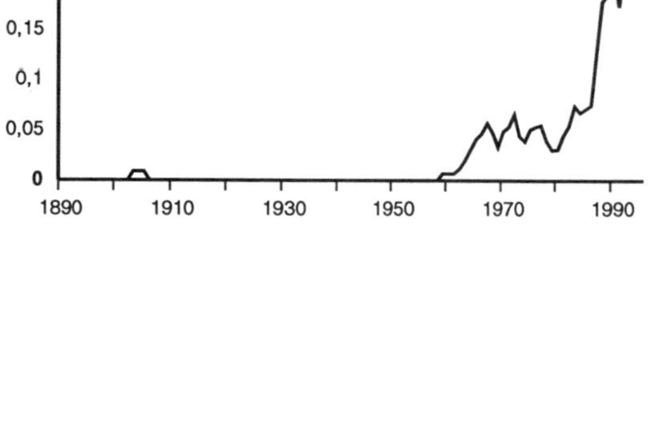

Christopher

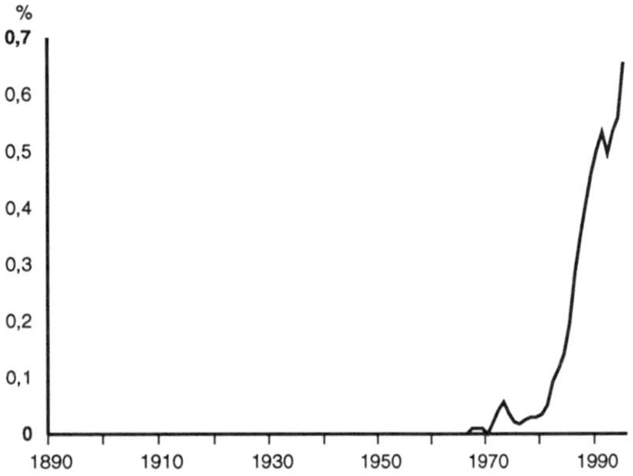

Christopher apparaît dans les années 80 et croît lentement ; en 1995, près de 1 garçon sur 150 porte ce prénom, ce qui le rend plus populaire que Christophe. Christopher est, ces dernières années, un des dix prénoms les plus populaires en Ontario.

Claude

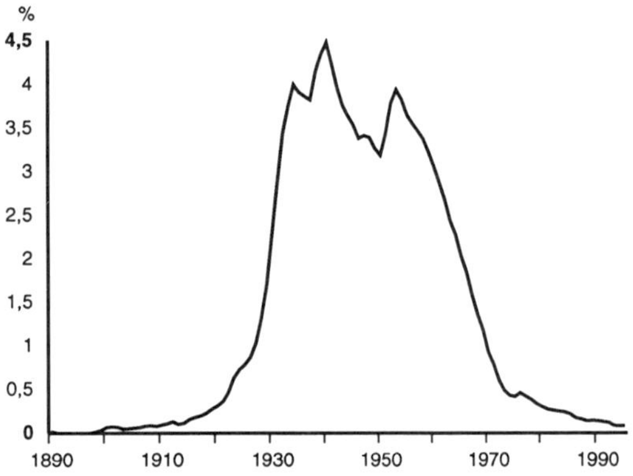

Claude est en plein essor pendant la grande dépression. Inconnu à la fin du siècle dernier, il émerge à la fin de la première guerre, atteint 1 % en 1927, 2 % en 1930, 3 % l'année suivante, 4 % en 1925 et culmine en 1939 alors que 1 garçon sur 22 se prénomme ainsi. Il est le premier prénom en 1934 et en 1935. Il reste sur un plateau pendant une quinzaine d'années, puis amorce sa descente, qui est rapide du milieu des années 50 jusqu'au milieu des années 70. Claude, qui est resté pendant 44 ans au-dessus du seuil de 1 %, est le quatrième prénom le plus porté aujourd'hui ; 1 homme sur 50 s'appelle ainsi.

Jean-Claude (*figure après Jean*) suit la même croissance dans les années 30, mais à un niveau plus faible, et culmine en 1940 avec près de 1 garçon sur 50. Cette année-là, en additionnant les Claude et les Jean-Claude, on rejoint près de 1 garçon sur 15.

Clément

Prénom rare au début du siècle, Clément augmente sa présence lentement jusque dans les années 30, mais ne réussit pas à atteindre 1 %, et redescend lentement pour redevenir très discret depuis les années 70.

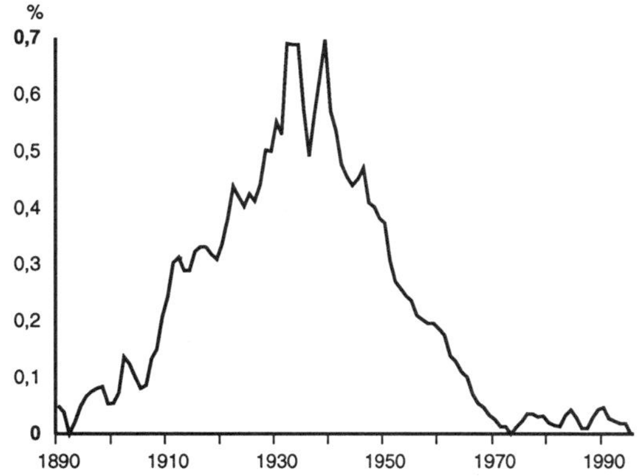

Conrad

Une très petite vague de Conrad survient au début du siècle, avec environ 1 garçon sur 300, mais à partir des années 30, c'est le chemin de l'oubli, qui arrive pour de bon dans les années 60

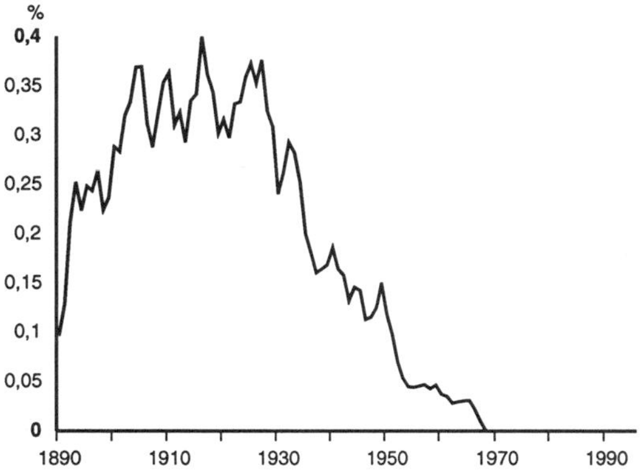

Daniel

Après avoir passé une cinquantaine d'années autour de 1 ou 2 garçons sur 1 000, Daniel se réveille à la fin de la dernière guerre. Il connaît une ascension fulgurante dans les années 50 et culmine en 1957 avec près de 1 garçon sur 17, mais il est alors dépassé par Michel et Pierre. Dès 1959, c'est la descente, assez lente, puisqu'au début des années 80, encore 1 garçon sur 100 s'appelle Daniel. Daniel a passé 36 ans au-dessus du seuil de 1 % des prénoms.

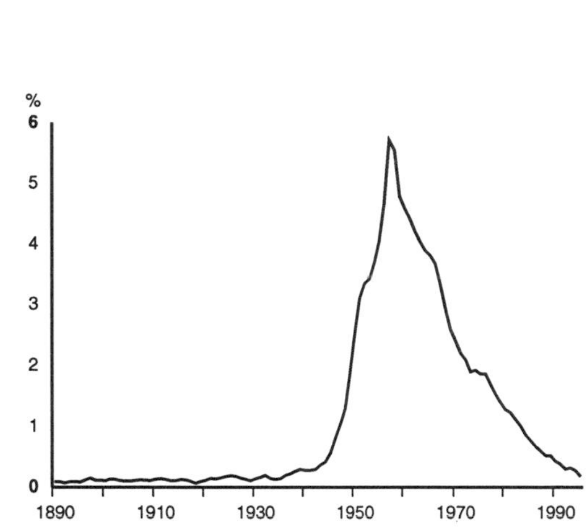

Il est, dans l'ensemble de la population masculine, le cinquième prénom le plus porté, par près de 1 personne sur 50. Chez nos voisins ontariens, Daniel est très populaire ces dernières années puisqu'il se situe au cinquième rang.

Dany

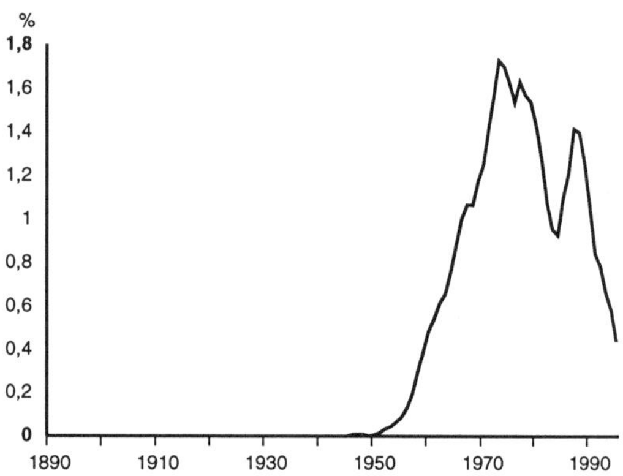

La popularité de Daniel et de Danielle amène dans son sillage le diminutif Dany, qui sert chez les deux sexes, mais beaucoup plus souvent chez les garçons. Les Dany masculins démarrent au début des années 50 et atteignent en 1973-74 le niveau de 1 garçon sur 55. Ils résistent pendant quelques années, mais depuis les années 90, ils glissent rapidement.

Les Dany féminins apparaissent en même temps, mais n'ont pas beaucoup de succès. Pendant une seule année, en 1957, le prénom réussit à atteindre 1 fille sur 200. Depuis les années 80, c'est à peu près l'oubli.

Dave

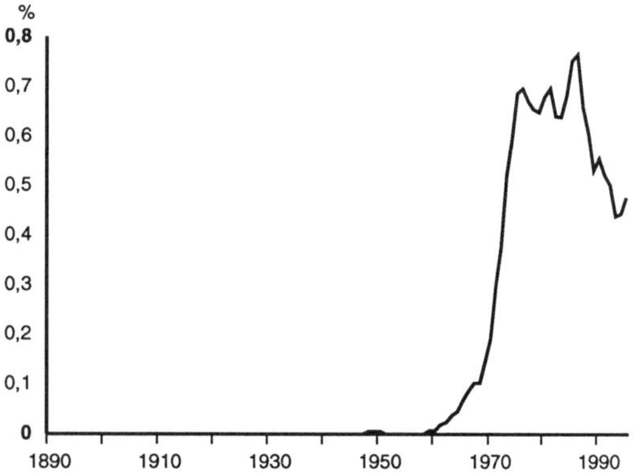

Tout comme Dany suit Daniel, le diminutif Dave parasite la popularité de David. Après un départ au début des années 70, Dave plafonne avec 1 garçon sur 150 pendant une douzaine d'années et bat en retraite depuis 1988.

David

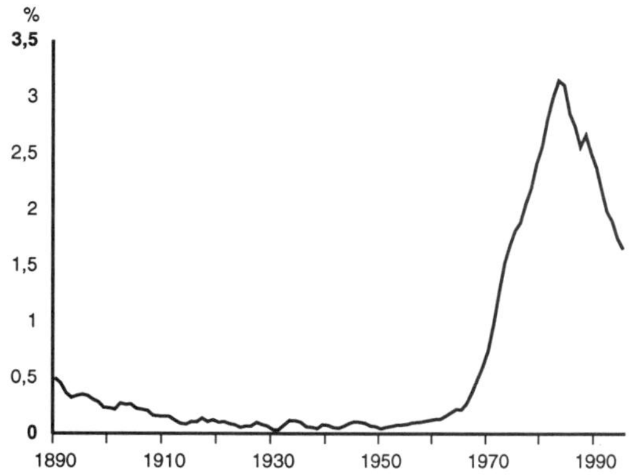

Il y a une centaine d'années, 1 garçon sur 200 s'appelait David. Le prénom devint très rare pendant la première moitié du siècle, jusque dans les années 60. On retrouve de plus en plus fréquemment ce prénom dans les années 70 ; en 1983 et en 1984, 1 garçon sur 31 se prénomme ainsi, mais le prénom décline depuis. Pendant les années 1980-1985 et 1985-1990, David était au cinquième rang des prénoms les plus utilisés.

L'amitié entre le roi David et son beau-frère Jonathan est célèbre. Curieusement, ils cheminent ensemble et atteignent leurs sommets en même temps. Samuel, le prophète qui donna l'onction royale à David, réapparaît dans les années 70 de même que Jessé, le père de David.

Denis

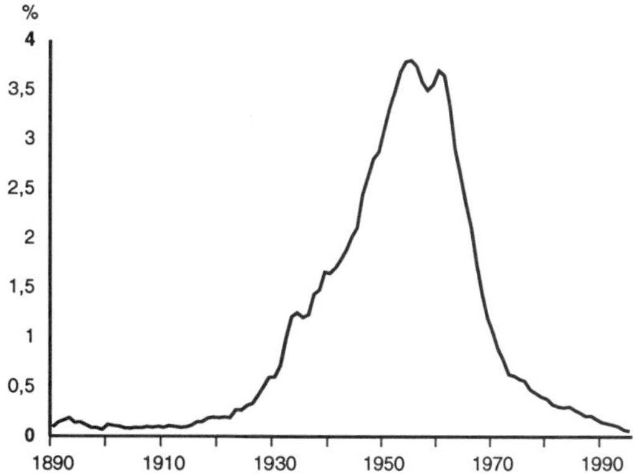

Confidentiel jusque dans les années 20, Denis n'a pas le triomphe immédiat de Denise, mais chemine lentement jusqu'à son sommet, atteint en 1954, alors que près de 1 garçon sur 25 porte ce prénom. Il a pris près de 20 ans de retard sur Denise, qui d'ailleurs s'est élevé plus haut. Après une montée si patiente, la descente des années 60 a l'air d'une dégringolade. Depuis les années 90, Denis retrouve la même rareté qu'au début du siècle. Sa base est assez large puisqu'il passe près de 40 ans au-dessus du niveau de 1 %.

Denis est le dixième prénom le plus porté par l'ensemble des hommes ; assez curieusement, Denise est aussi le dixième prénom chez les femmes.

Dominique

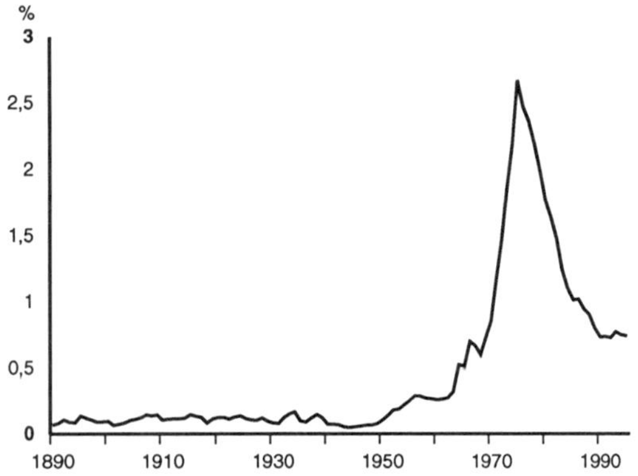

Dominique est inexistant au féminin et très rare au masculin jusque dans les années 50. Chez les garçons, Dominique démarre lentement pendant les années 60, puis croît vigoureusement au cours des années 70 pour atteindre son sommet en 1978, avec 1 garçon sur 43. Il redescend aussi rapidement, si bien qu'il n'a passé que 15 ans au-dessus de la barre du 1 %. Depuis quelques années, Dominique s'écrit parfois avec *ic* en finale. L'impact de la chanson de Sœur Sourire en 1964 est plus visible chez les Dominique féminines.

Donald

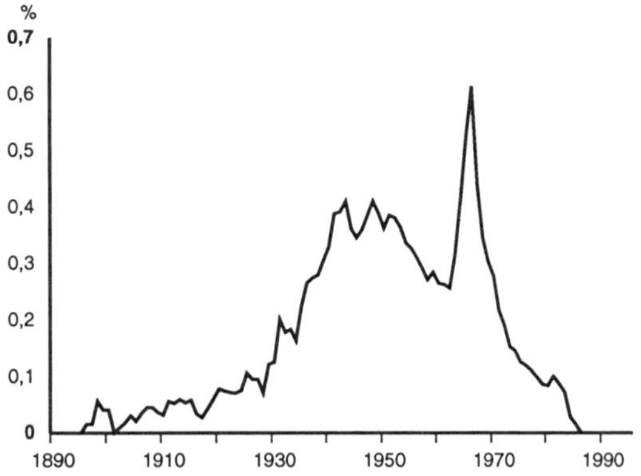

Né au début des années 30, Donald plafonne autour de 1 garçon sur 250 à la fin des années 40, mais sa baisse est interrompue par un léger regain de popularité entre 1964 et 1967. C'est peut-être à cause de la popularité du chanteur yé-yé Donald Lautrec durant ces années-là. Depuis quelques années, Donald est tombé dans l'oubli. Ni Donald ni la série télévisée *Les Belles Histoires des pays d'en haut* n'ont ramené Donalda qui, à la fin du siècle dernier, était donné à environ 1 fille sur 400.

Donat

Au tournant du siècle, Donat est porté par plus de 1 garçon sur 100 pendant une dizaine d'années. À la suite d'une baisse régulière, il devient très discret dès le début des années 30.

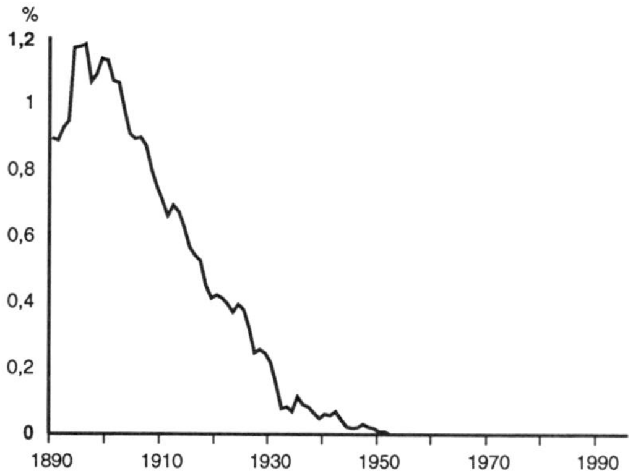

Edgar

Dans la dernière décennie du XIXe et jusque dans les années 10, environ 1 garçon sur 250 reçoit le prénom Edgar. Depuis les années 40, ce prénom n'a plus cours.

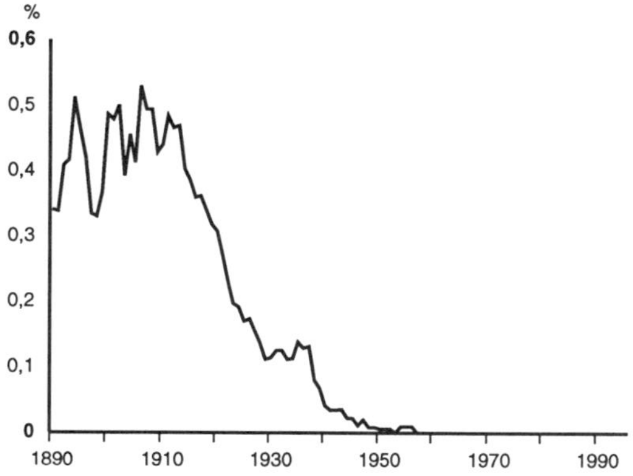

Edmond

Il y a 100 ans, un peu plus de 1 garçon sur 100 s'appelait Edmond, mais la pente était déjà descendante et Edmond glisse lentement vers l'oubli jusque dans les années 40.

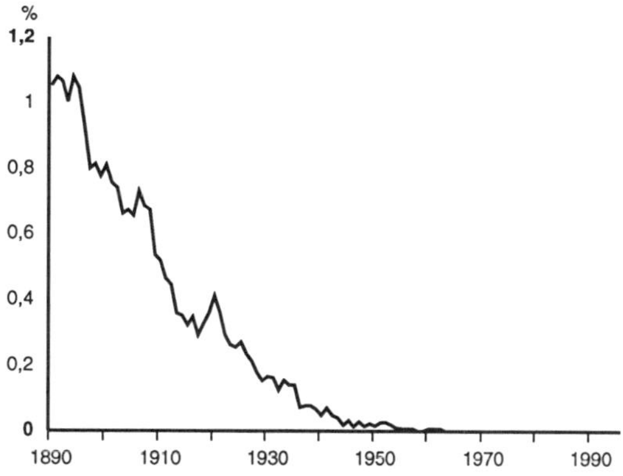

Édouard

Édouard passe une quinzaine d'années au-dessus du seuil de 1 % au tournant du siècle, mais à partir de la fin de la première décennie du XXe, il glisse lentement jusqu'à devenir très rare après la deuxième guerre. Ces dernières années, on dirait qu'il tente de revenir, mais il n'est pas encore porté par plus de 1 garçon sur 1 000.

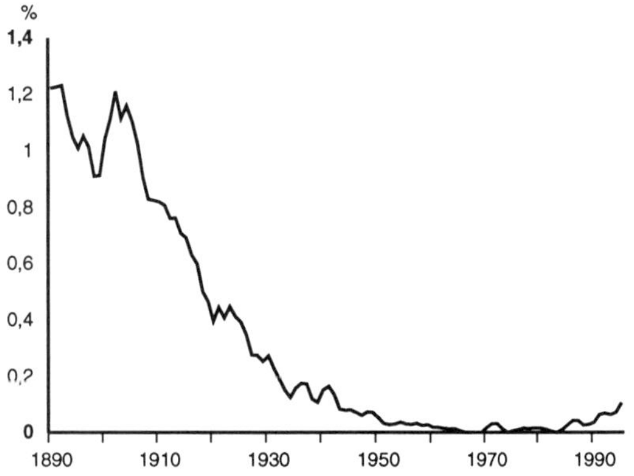

Elzéar

Elzéar est choisi pour 1 garçon sur 200 il y a 100 ans, mais sa carrière se termine dans les années 20.

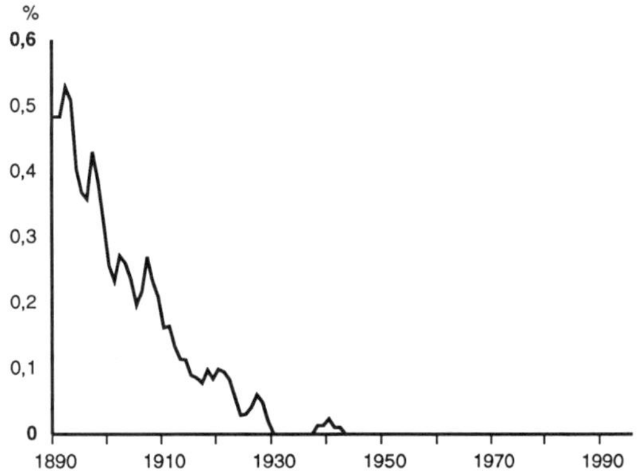

Émile

Émile atteint son apogée au début du siècle avec un peu plus de 1 garçon sur 45. Après une descente graduelle, il devient très rare dans les années 40. Probablement influencé par Émilie, Émile refait surface à la fin des années 80 et, en 1996, il est porté par près de 1 garçon sur 250.

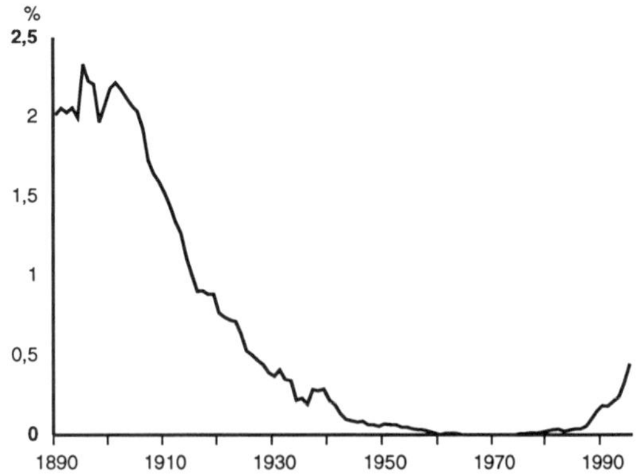

Émilien

À la fin des années 10, Émilien est porté par un peu plus de 1 garçon sur 250, mais il diminue après et disparaît en même temps qu'Émile. Les courbes des prénoms Émilien et Émilienne sont à peu près identiques.

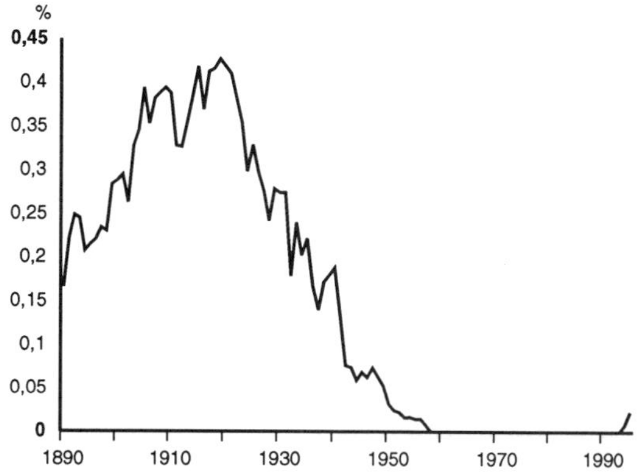

Emmanuel

Jusque dans les années 30, Emmanuel est choisi pour seulement 1 garçon sur 1 000. Depuis les années 60, il tente de percer, mais ne fait pas long feu. En 1986, il atteint le niveau de 1 garçon sur 200.

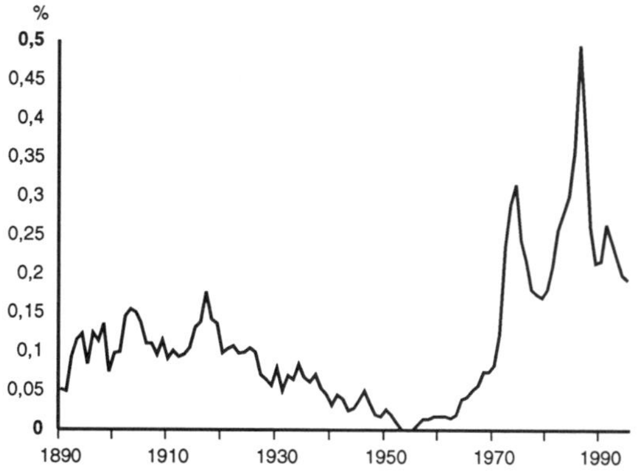

Éric

Éric a le record de l'ascension fulgurante chez les garçons. En 1959, il est encore rare, avec 1 garçon sur 450, et dix ans plus tard, il est déjà rendu à son sommet et est porté par 1 garçon sur 14. Après une telle montée, la descente paraît lente, et ce n'est qu'en 1991 qu'Éric passe sous la barre du 1 %. Comme Éric a passé 27 ans au-dessus du 1 %, il n'a quand même pas connu la carrière éphémère que son départ aurait pu annoncer. Il a été le premier prénom

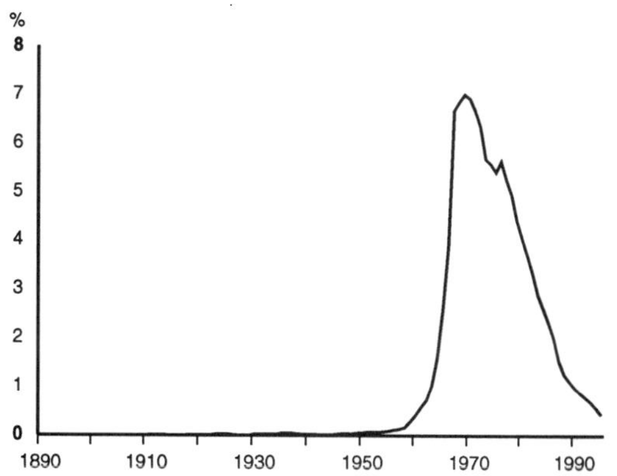

de 1972 à 1980, suivant la vogue des Stéphane et précédant celle des Jonathan. Dans l'ensemble de la population masculine, il est le neuvième prénom, avec près de 1 homme sur 60. Ce qui est le plus étonnant dans l'évolution d'Éric, c'est la grande ressemblance, la coïncidence au sens mathématique pourrait-on dire, avec celle de Martin. Même si Martin a démarré un peu plus tôt, il a eu un petit peu moins de succès qu'Éric. À eux deux, en 1970, ils étaient portés par près de 1 garçon sur 7.

Ernest

Pendant la dernière décennie du siècle dernier, Ernest était au neuvième rang dans le peloton des prénoms les plus populaires, avec, certaines années, 1 garçon sur 50. Mais Ernest était déjà en déclin ; il devient très rare dans les années 30 et disparaît dans les années 40.

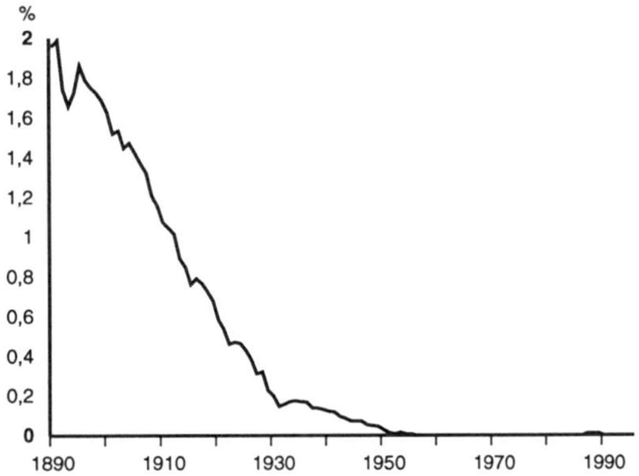

Étienne

Étienne, qui est la forme française classique de Stéphane, n'a presque pas bronché dans les années 60, qui voient la popularité spectaculaire de Stéphane. Étienne démarre lentement au début des années 70, continue à grandir, et atteint 1 % au milieu des années 90. Au début du siècle, seulement environ 1 garçon sur 1 000 s'appelle Étienne, et encore beaucoup moins dans les années 40 et 50.

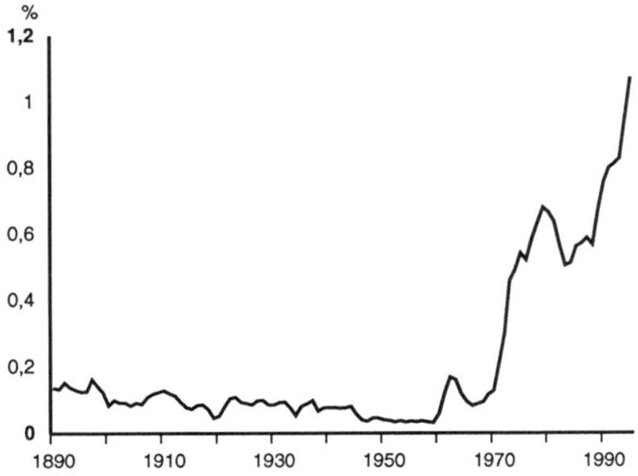

Eugène

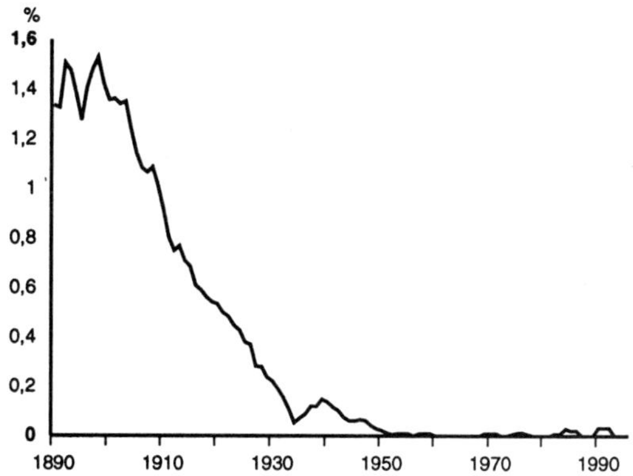

Eugène suit le même modèle qu'Ernest, mais est un peu moins fréquent. Parti du niveau de 1 garçon sur 66 à la fin du siècle dernier, Eugène décline lentement jusqu'à disparaître pendant les années 40.

Félix

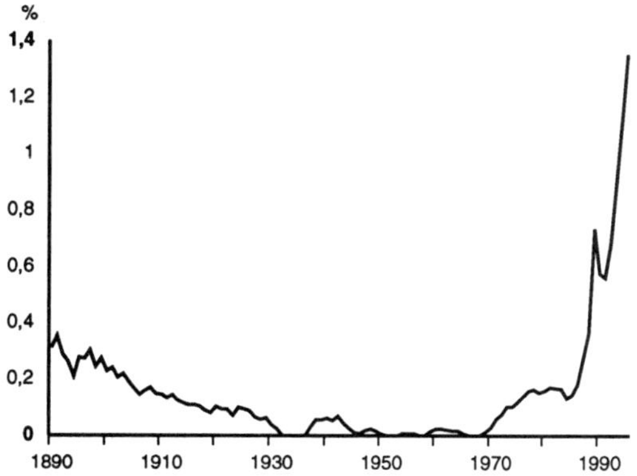

Choisi pour 1 garçon sur 300 à la fin du siècle dernier, Félix est à peu près inconnu entre les années 30 et 70. Il réapparaît discrètement puis, à partir de 1987, grandit rapidement, si bien qu'il est attribué à plus de 1 garçon sur 100 au milieu des années 90. S'agit-il d'un hommage posthume à Félix Leclerc décédé à l'automne 1988 ? En partie sûrement, puisque c'est en 1989 que le prénom grimpe le plus, mais il avait déjà démarré. Il ne faut pas oublier non plus l'album *Merci Félix* de Johanne Blouin, lancé en 1987 et très populaire en 1988. Félix entraîne dans son sillage quelques Félix-Antoine pendant les années 90.

Ferdinand

Déjà en perte de vitesse à la fin du siècle dernier, alors qu'il est porté par environ 1 garçon sur 300, Ferdinand s'efface dans les années 30.

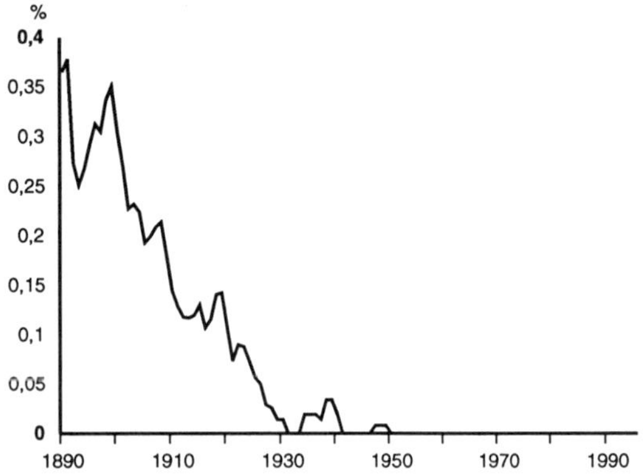

Fernand

Inconnu à la fin du siècle dernier, Fernand prend son départ au début du siècle et monte sans histoire jusqu'à son sommet en 1928, alors qu'il est choisi pour 1 garçon sur 38. Il dégringole dans les années 30, puis baisse plus lentement avant de tomber dans l'oubli dans les années 60. Fernand, qui a passé 27 ans audessus du seuil de 1 %, se trouve encore aujourd'hui parmi les 100 premiers prénoms les plus portés.

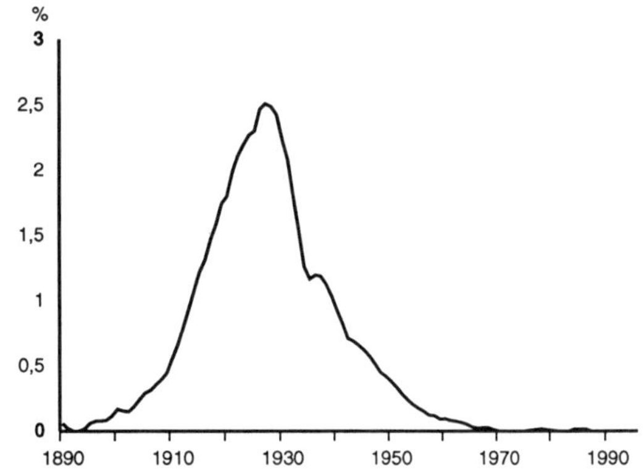

Florian

On perçoit dans les années 20 une petite vague de Florian, avec environ 1 garçon sur 500. On ne trouve pas de trace de Florian depuis les années 50. Notons qu'en France, il est un des prénoms les plus populaires ces dernières années. Florent aussi, qui a connu un certain succès en France, mais n'a pas eu d'écho ici.

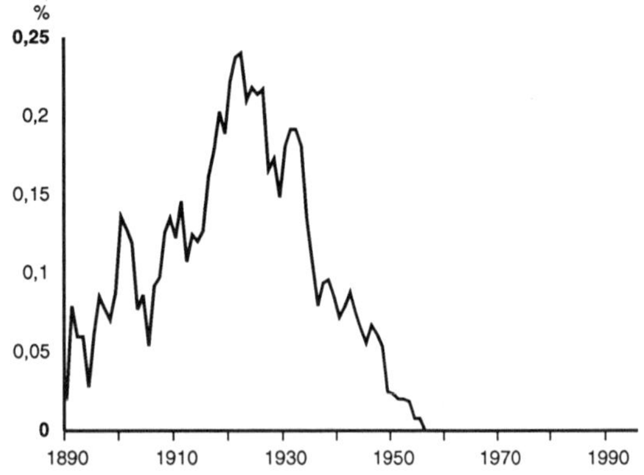

Francis

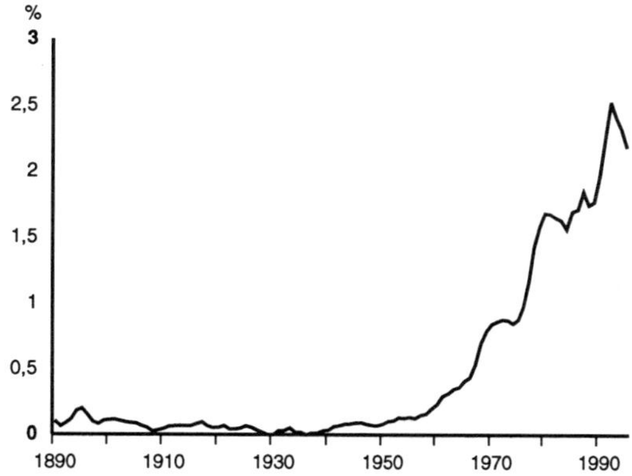

La présence de Francis est très discrète dans la première moitié du siècle. Sa montée à partir des années 50 est remarquablement lente, mais couronnée de succès puisque le prénom est porté par plus de 1 garçon sur 40 en 1993.

François

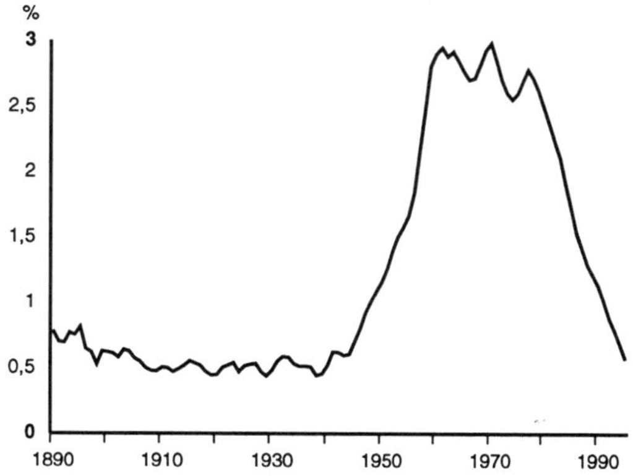

François est un des rares prénoms exceptionnels qui ne connaissent pas de période d'oubli sur un siècle. De 1890 à 1940, il se situe à peu près toujours à au moins 1 garçon sur 200. Il se met à grandir dans les années 40, et surtout dans les années 50, jusqu'à arriver à 1 garçon sur 32 en 1960. Il reste sur un plateau jusqu'à la fin des années 70, alors qu'il entreprend son déclin. Il sera intéressant de voir dans quelques années à quel niveau la chute cessera. François a passé 44 ans au-dessus du seuil de 1 % ; c'est une des plus longues carrières et c'est le huitième prénom le plus porté dans l'ensemble de la population masculine.

Jean-François a été encore plus populaire que François pendant les années 70. En additionnant les deux, on arrive à près de 1 garçon sur 18 né au début des années 70.

Frédéric

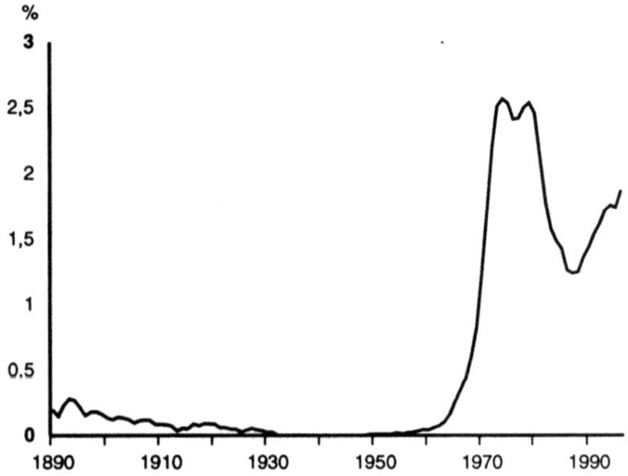

Prénom discret au début du siècle avant d'être abandonné pendant quelques décennies, Frédéric réapparaît dans les années 60 dans le sillage d'Éric, avec quelques années de décalage. En l'espace d'une dizaine d'années, il atteint son sommet et est porté en 1974 par 1 garçon sur 36. Au début des années 80, il décline rapidement, mais effectue très curieusement, à partir de 1988, une nouvelle montée tout à fait atypique de la carrière des prénoms. C'est probablement la nouvelle vogue des Frédérique au féminin qui lui donne un second souffle.

Claude Léveillée a pu donner un coup de pouce en 1962 avec sa chanson *Frédéric.*

Gabriel

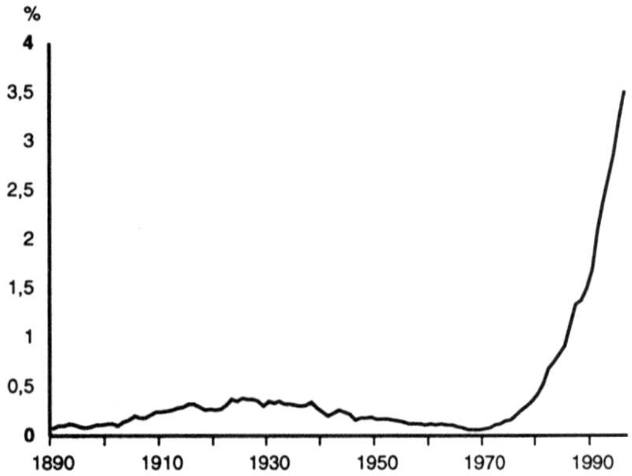

Gabriel, qui est assez rare au début du siècle, augmente un peu dans les années 20, mais végète sous le niveau de 1 garçon sur 200 et redevient discret. Pendant les années 70, Gabriel tente de nouveau sa chance, et c'est la bonne, puisqu'il grimpe jusqu'au milieu des années 90, alors qu'il devient le troisième prénom masculin, en étant choisi pour 1 garçon sur 28 en 1996.

Gaétan

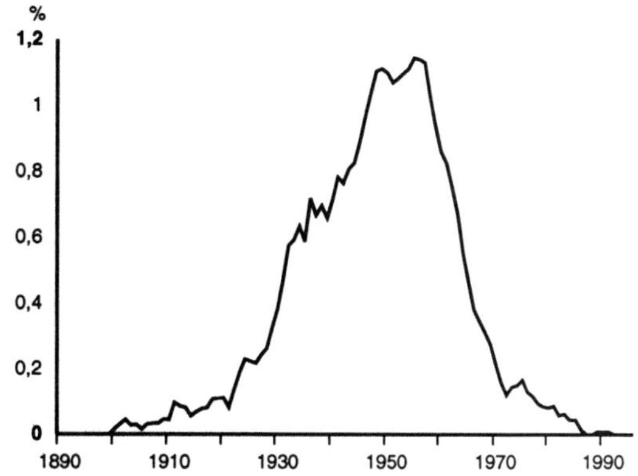

Gaétan apparaît au début du siècle, mais ce n'est que dans les années 20 qu'il se met à pousser, et lentement, puisqu'il atteint son sommet 30 ans plus tard, dans les années 50, alors qu'il plafonne en étant porté par environ 1 garçon sur 83. Après une montée si paresseuse, Gaétan dégringole en une dizaine d'années et disparaît dans les années 80. Sa persévérance lui vaut quand même de figurer près du 60e rang des 100 prénoms les plus portés.

Gaston

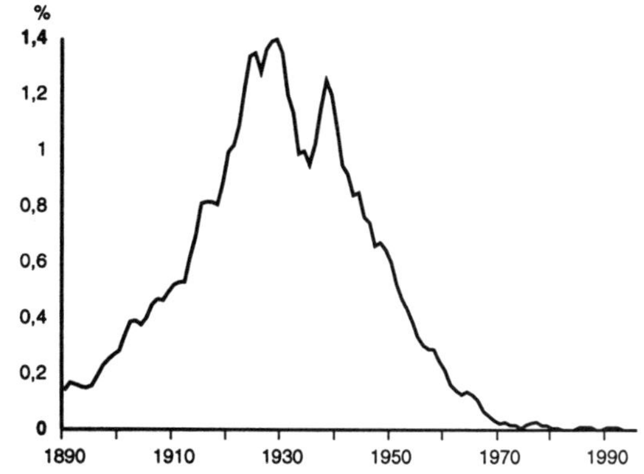

Gaston croît lentement depuis 1890 jusqu'à son sommet atteint à la fin des années 20, alors qu'il est porté par 1 garçon sur 65. Les années 30 paraissent atypiques, avec une baisse trop rapide et une remontée. La baisse reprend quand même et Gaston n'est à peu près plus donné dans les années 70.

Gédéon

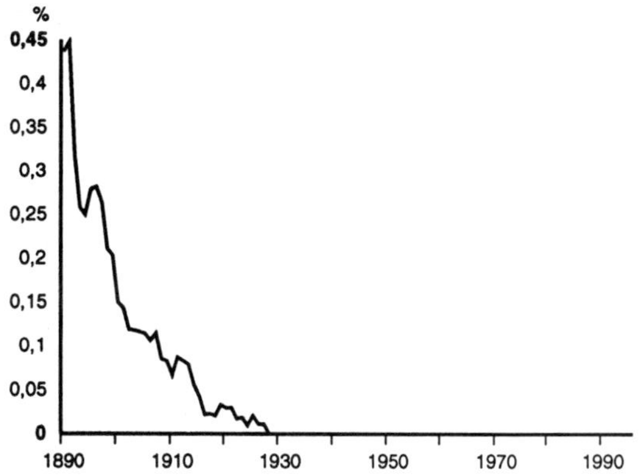

Prénom d'un oncle célèbre, mais qui ne fut donné à aucun filleul, Gédéon était porté par près de 1 garçon sur 200 vers 1890. Gédéon disparaît dans les années 20.

Georges

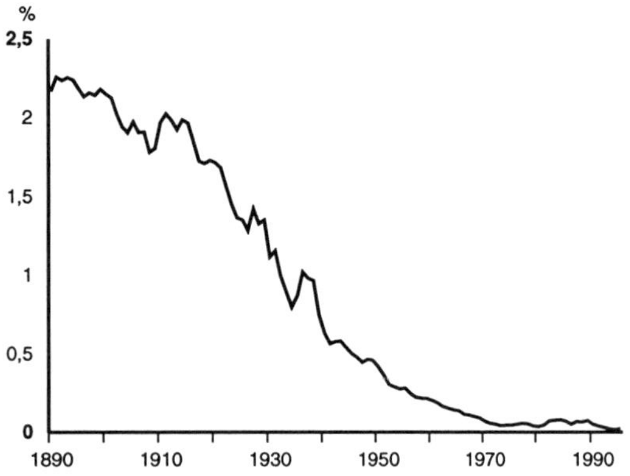

Donné à plus de 1 garçon sur 50 à la fin du siècle dernier, Georges fait preuve d'une résistance exceptionnelle à l'usure et baisse lentement tout au long du siècle pour devenir confidentiel, mais pas oublié, à partir des années 70. Depuis 1889, Georges a passé 45 années au-dessus du niveau de 1 %.

Parmi les prénoms composés avec Georges, on trouve quelques Georges-Henri et de plus rares Georges-Étienne, surtout dans les années 20.

Gérald

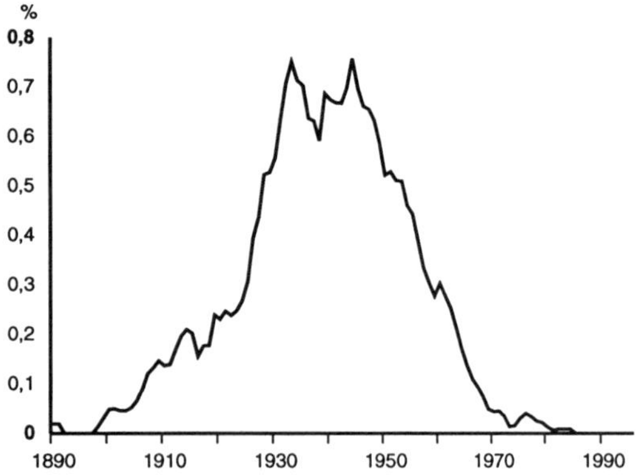

Gérald était inconnu à la fin du siècle dernier. Apparu au début du siècle, il plafonne dans les années 30 et 40 en étant porté par environ 1 garçon sur 150. Il redevient très rare dans les années 70.

Gérard

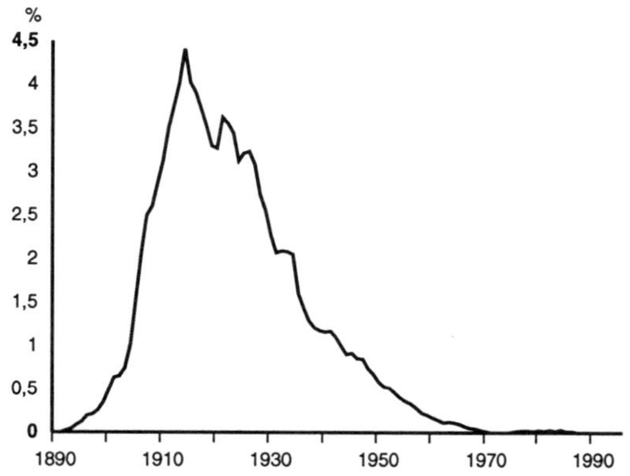

Gérard émerge quelques années avant notre siècle et son essor est très rapide puisqu'il atteint son apogée dès 1914 en étant porté par près de 1 garçon sur 23. Il décline lentement et ce n'est qu'après la deuxième guerre qu'il passera sous le niveau de 1 %, niveau qu'il aura gardé pendant 40 ans. Les derniers Gérard naissent dans les années 60. Gérard déloge Joseph du premier rang des prénoms masculins en 1910 et occupe la première place pendant 11 ans. Les générations du début du siècle sont décimées, mais Gérard fait encore partie des 50 prénoms les plus portés.

On observe donc, dès le début du siècle, un engouement spectaculaire pour un prénom tout nouveau.

Germain

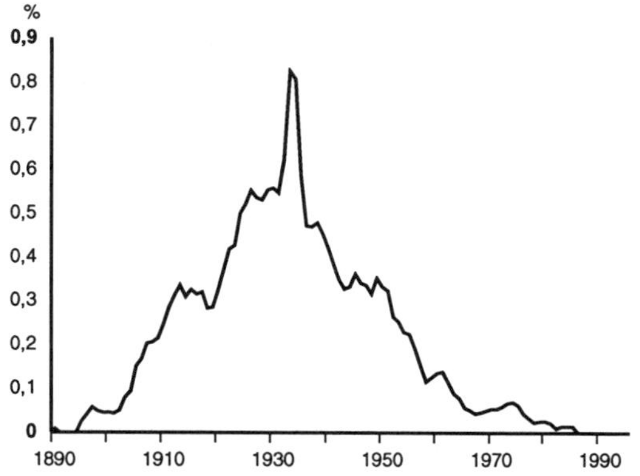

De 1925 à 1935, Germain est choisi pour un peu plus de 1 garçon sur 200. C'est une carrière bien modeste pour ce prénom apparu au début du siècle et qui retombe dans l'oubli dans les années 70. Dans ce parcours sans histoire, on note un léger soubresaut en 1933-34.

Ghislain

Apparu à la fin des années 20, Ghislain se hisse rapidement au niveau de 1 garçon sur 200, mais a de la difficulté à s'y maintenir. Il piétine jusqu'à la fin des années 60, alors qu'il bat en retraite.

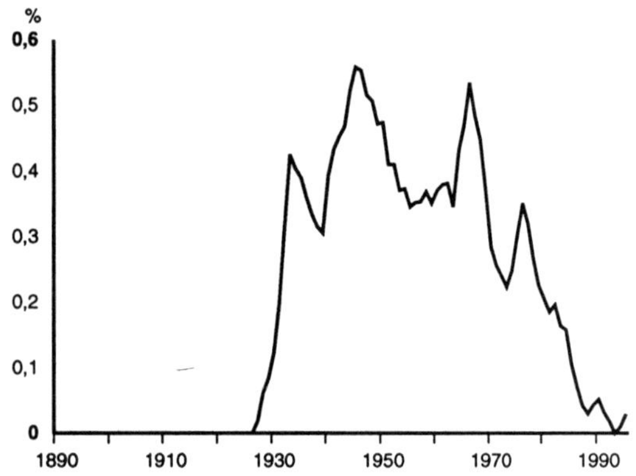

Gilbert

Encore très rare au tournant du siècle, Gilbert, des années 30 aux années 50, est porté par environ 1 garçon sur 250. Il redevient très discret dans les années 70.

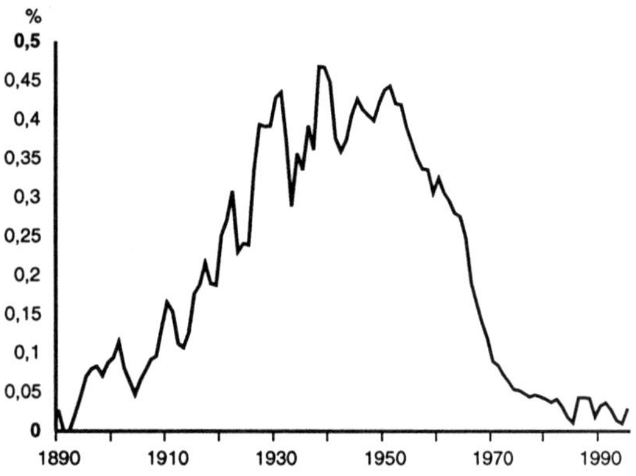

Gilles

Gilles émerge vers 1910, mais sa croissance survient surtout dans les années 30, et il atteint son sommet en 1942-43, alors qu'il est porté par un peu moins de 1 garçon sur 20. Il décline alors lentement jusqu'aux années 70, alors qu'il devient confidentiel. La pyramide formée par Gilles est assez large puisqu'il a passé 39 ans au-dessus du seuil de 1 %. À son sommet, il est le deuxième prénom après André, mais pendant presque toute sa vie, il a été dépassé par Jacques. Il fait bonne figure dans les prénoms actuels de l'ensemble de la population masculine ; il est parmi les 20 premiers.

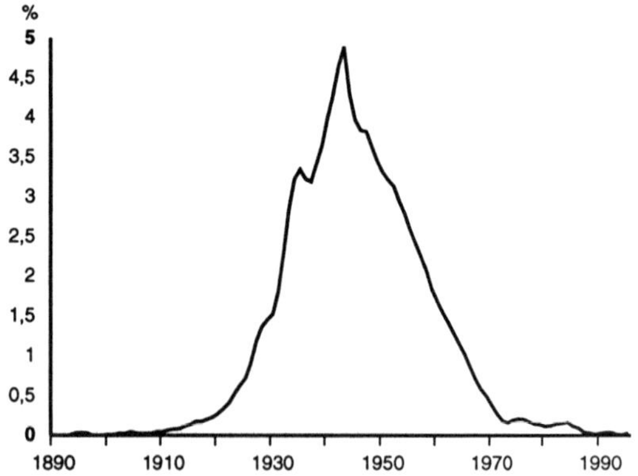

Guillaume

À la fin du siècle dernier, moins de 1 garçon sur 1 000 reçoit ce prénom, qui est oublié jusqu'au début des années 70, alors qu'il monte en flèche. Dès 1984, le sommet est atteint alors qu'il est porté par 1 garçon sur 40. Son déclin s'accompagne du renouveau de William, qui finit par le dépasser en 1995.

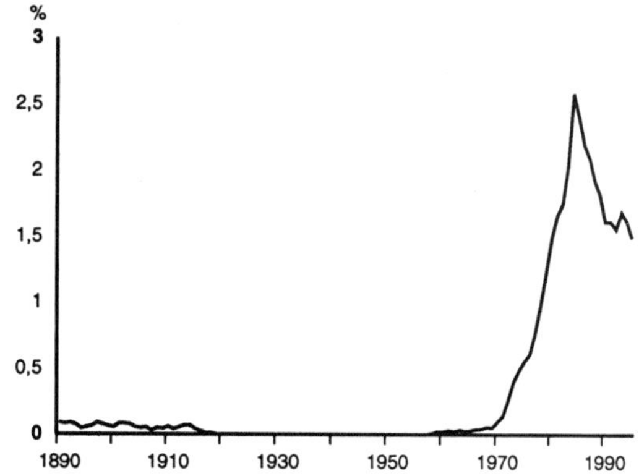

Gustave

Au tournant du siècle, 1 garçon sur 500 seulement reçoit ce prénom, qui tombe dans l'oubli dans les années 30.

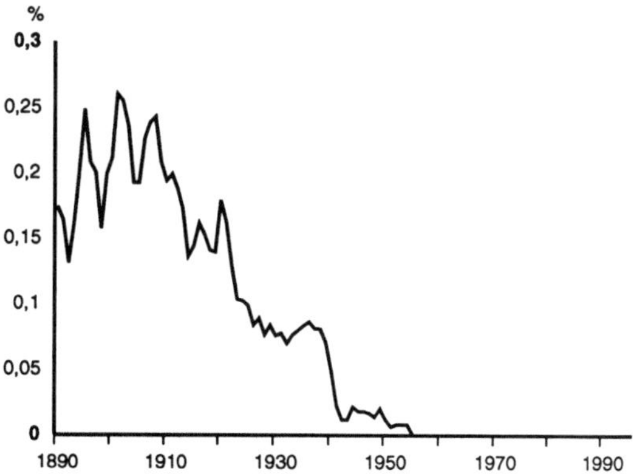

Guy

Tout à fait absent à la fin du siècle dernier, Guy débute dans les années 10, et s'élance dans les années 20 pour atteindre son sommet de 1 garçon sur 37 en 1931. Guy descend un peu, puis reste sur un plateau jusqu'à la fin des années 50, alors qu'il est porté encore par 1 garçon sur 45. La pente descendante est raide pendant les années 60 et à la fin des années 80, Guy se retrouve à la même place qu'il y a 100 ans. Jean-Guy a été aussi populaire que Guy

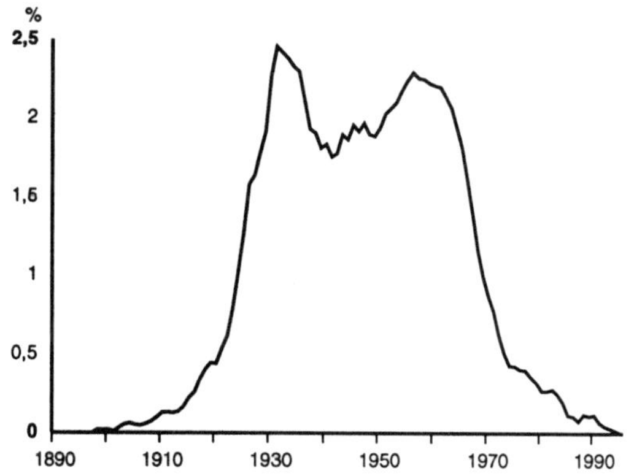

dans les années 30 et explique en partie le plateau inhabituel dessiné par l'évolution de la fréquence de Guy.

Guy a passé 44 ans avec au moins 1 garçon sur 100, si bien qu'il est l'un des 20 prénoms les plus portés.

Hector

Quoique bien sonore, Hector est discret et est porté à la fin du siècle dernier par environ 1 garçon sur 150. Il se fait de plus en plus silencieux et devient muet pendant les années 40.

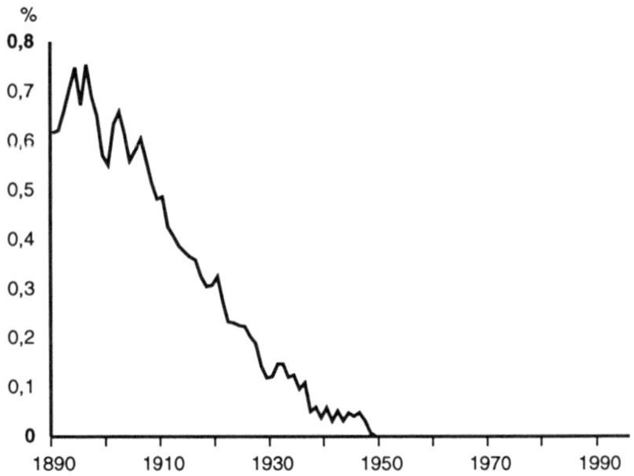

Henri

Henri est à son sommet au tournant du siècle et est choisi pour environ 1 garçon sur 35. Ce n'est qu'au début des années 10 qu'il entreprend une descente très lente qui durera jusqu'à la fin des années 50. Depuis 1890, Henri a passé 40 ans au-dessus du seuil de 1 %. Au début du siècle, il était le troisième prénom après Joseph et Albert.

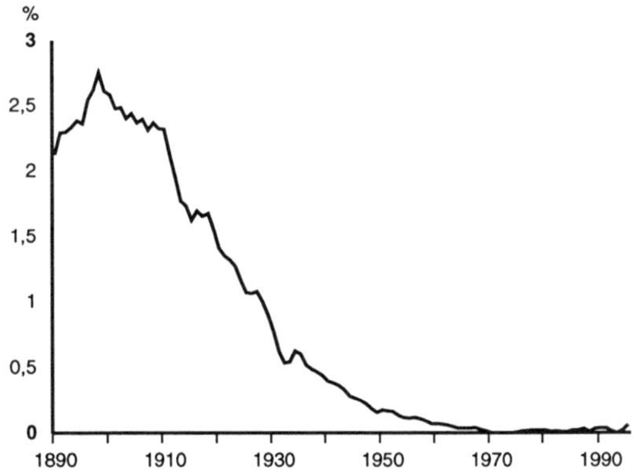

Quelques prénoms sont composés avec Henri, principalement Henri-Paul, qu'on trouve surtout dans les années 20.

Hervé

Au début du siècle, environ 1 garçon sur 200 reçoit ce prénom, qui devient rare à partir des années 30.

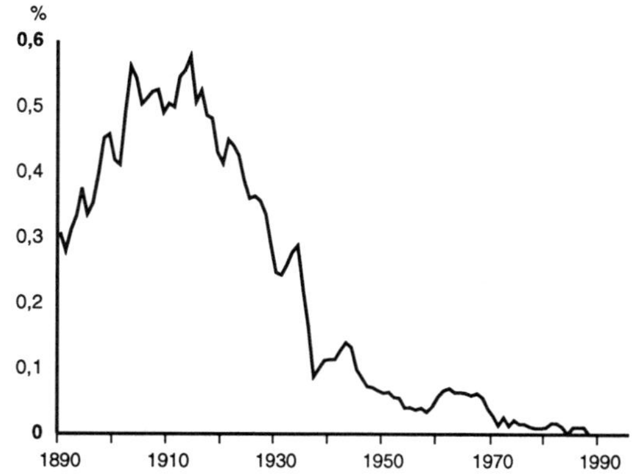

Hormidas

Vers 1890, environ 1 garçon sur 150 reçoit ce prénom, qui tombe rapidement en désuétude.

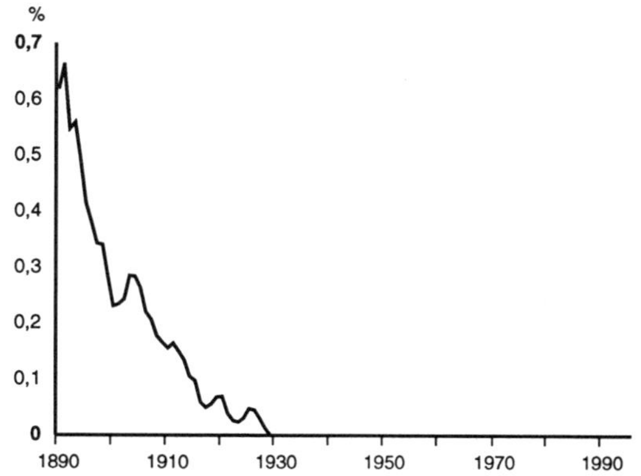

Hubert

Hubert est un prénom exemplaire par sa rareté et sa constance. Il n'a jamais été oublié depuis un siècle et passe la plupart de son temps à osciller autour de 1 garçon sur 1 000.

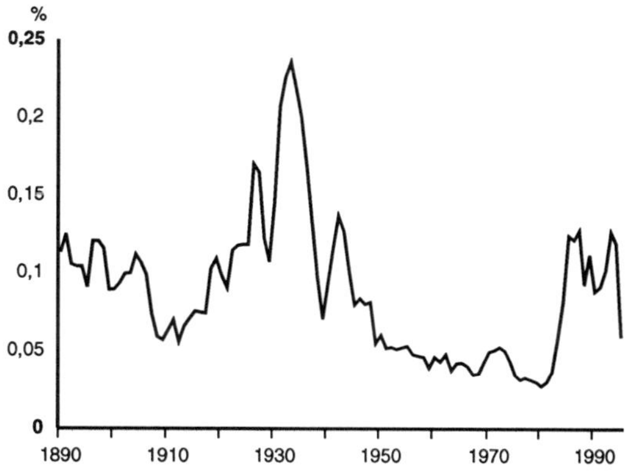

Hugo

À partir de 1968, Hugo connaît un essor prometteur, mais il s'arrête dès 1973 et n'est porté que par 1 garçon sur 120. Il redescend et passe les années 80 autour de 1 garçon sur 200.

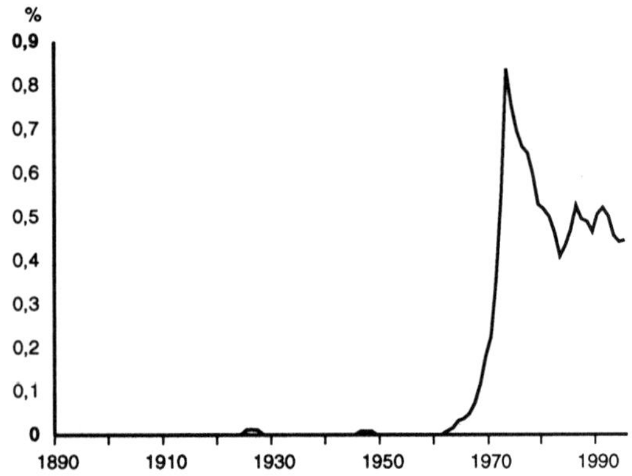

Hugues

Hugues végète dans les années 40 et 50. Au milieu des années 60, il décide de tenter sa chance, mais ne réussit qu'une petite hausse jusqu'en 1972, avec alors seulement 1 garçon sur 250. Il disparaît dans les années 90.

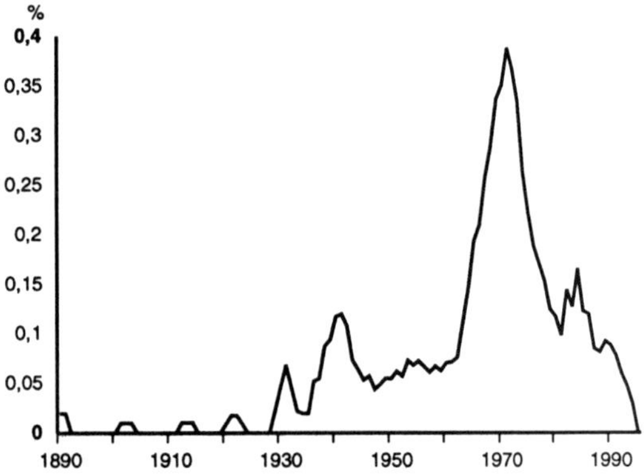

Irénée

Malgré les apparences, Irénée est un prénom masculin. Il est loin d'avoir eu le succès d'Irène et n'a été porté que par environ 1 garçon sur 300 au début du siècle.

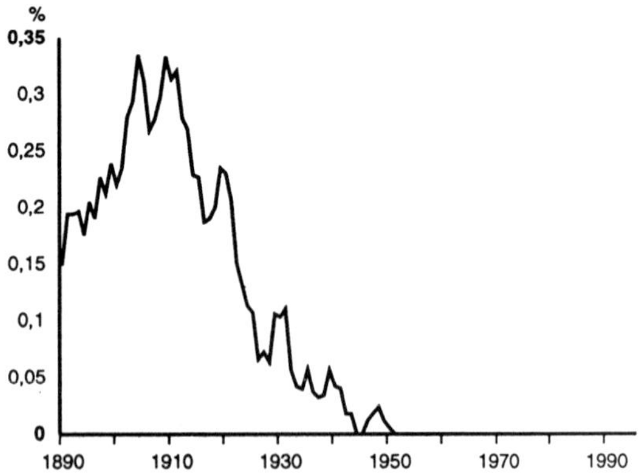

Isidore

Dans une province encore majoritairement agricole à la fin du siècle dernier, il est étonnant de ne pas trouver plus de petits Isidore, nommés d'après le patron des cultivateurs. À peine 1 garçon sur 300 porte ce nom, qui diminue par ailleurs et disparaît vers 1930.

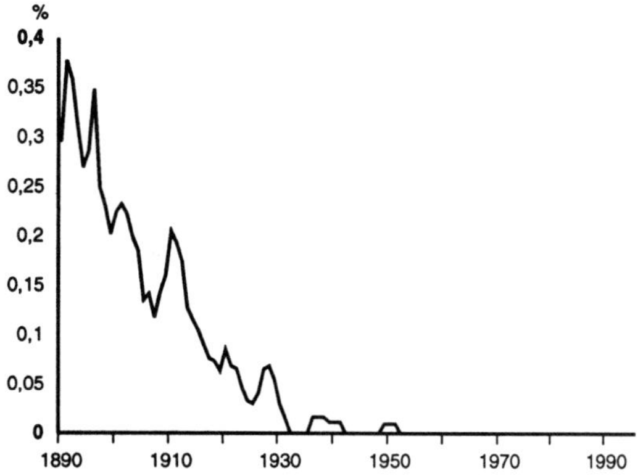

Jacob

Jacob, qui fait partie des 20 premiers prénoms aux États-Unis ces dernières années, démarre ici au milieu des années 80, mais n'est rendu dix ans plus tard qu'au niveau de 1 garçon sur 200.

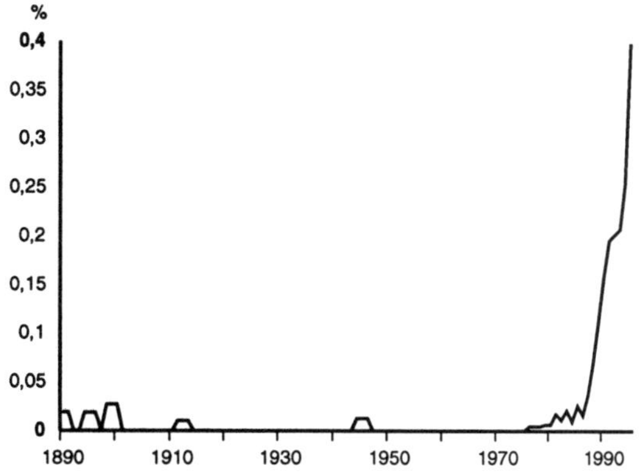

Jacques

L'origine de l'expression Pierre, Jean, Jacques (chose, machin, chouette) est bien facile à expliquer puisque ce sont, aux débuts de la colonie, les trois prénoms les plus attribués, cumulant 30 % des baptisés. Pourtant, à la fin du siècle dernier, Jacques est très rare et ce n'est que dans les années 10 qu'il entreprend une longue et fructueuse carrière. Il franchit en 1920 le niveau du 1 %, qu'il dépassera pendant 46 ans, jusqu'en 1965. Il progresse lentement jusqu'au

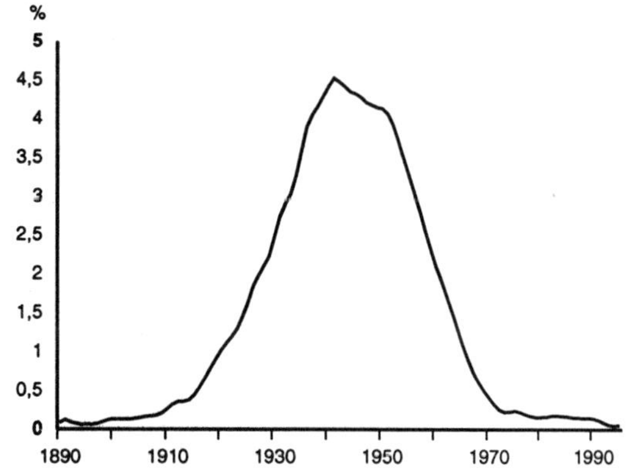

début des années 40 et est porté par près de 1 garçon sur 20 au début des années 40. Le déclin est un peu plus rapide que la montée et pendant les années 70, Jacques se trouve aussi rare qu'au début du siècle. Actuellement, Jacques est le sixième prénom le plus porté, par près de 1 homme sur 50.

Parmi les graphiques qui couvrent un peu plus d'un siècle, Jacques est le prénom le mieux centré et la cloche que forme sa courbe est une des plus parfaite.

James

James est, comme John, un des principaux prénoms aux États-Unis ; il sont restés dans les dix premiers depuis au moins les années 30. James est remarquable ici par sa constance dans la rareté, à moins de 1 garçon sur mille, et ce n'est que depuis quelques années qu'il augmente à seulement 1 sur 500.

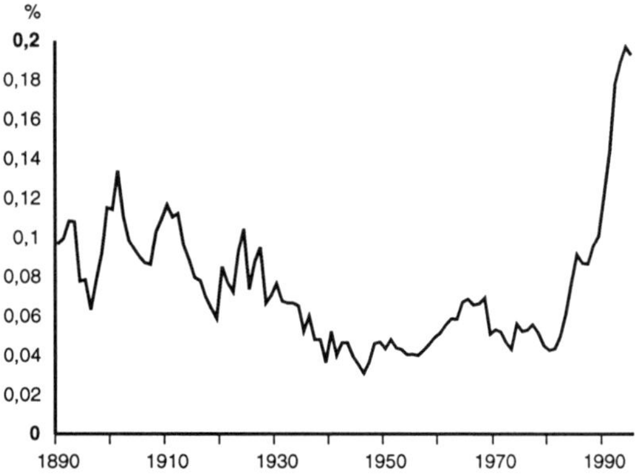

Jason

Le Jason le plus célèbre de l'histoire abandonna sa femme Médée qui se vengea en tuant leurs enfants et la nouvelle épouse. Malgré cette sordide histoire de drame familial, certains parents choisissent ce prénom, qui apparaît au début des années 70. Il perce à la fin des années 80 et est même porté par 1 garçon sur 100 en 1988, mais il redescend aussitôt. Il semble vouloir remonter un peu au milieu des années 90.

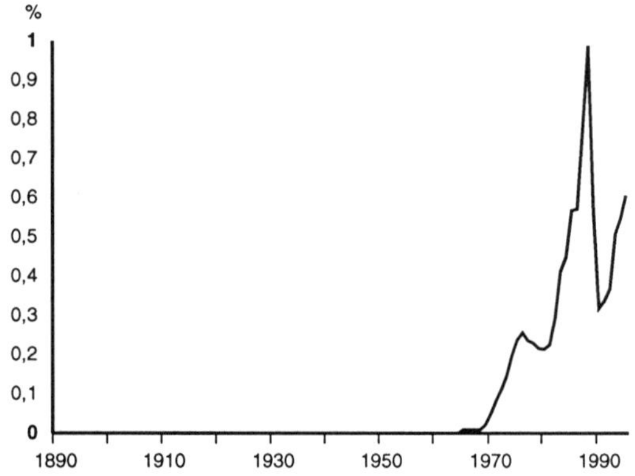

Jean

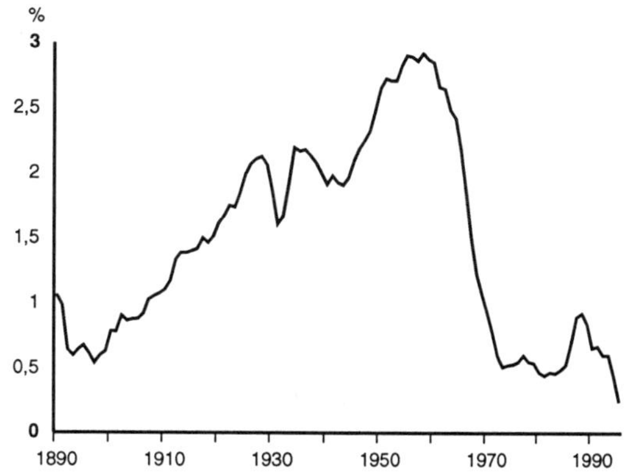

Jean est un grand prénom. Depuis la fin du siècle dernier, il est l'un des rares, avec François, Louis et Pierre, à n'être jamais oublié ou descendu sous la barre de 1 prénom sur 400. C'est Jean qui a passé le plus grand nombre d'années au-dessus du seuil de 1 %, soit 66 ans. À la fin du siècle dernier, il est relativement bas, avec, certaines années, à peine 1 garçon sur 200, mais il entreprend une patiente ascension qui l'amène à son sommet à la fin des années 50, un sommet somme toute assez modeste de 1 garçon sur 33. Les années 60 sont témoin d'une désaffection rapide pour ce prénom qui retrouve, depuis le milieu des années 70, son niveau du début du siècle.

Comme Marie chez les filles, Jean est chez les garçons le principal prénom qui se prête à la composition. Si l'on additionne Jean et ses composés, on augmente beaucoup la fréquence de Jean. Au début du siècle, 1 garçon sur 50 porte le prénom Jean ou Jean-quelque-chose. De 1930 à 1945, la proportion atteint environ 1 garçon sur 9. La vogue baisse, mais quand même, depuis 1965, il y a encore au moins 1 garçon sur 20 qui porte le prénom Jean seul ou avec d'autres. Dans l'ensemble de la population masculine, Jean est aujourd'hui le septième prénom le plus porté.

Les dix-sept prénoms composés les plus importants sont présentés ici. Dans l'ordre historique, les suffixes se suivent ainsi, mais certains sont à peu près contemporains : Baptiste, Charles, Paul, Louis, Marie, Jacques, Guy, Claude, Marc, Yves, Pierre, Luc, François, Sébastien, Michel, Philippe et Christophe. Baptiste et Marie ne sont pas utilisés seuls et les autres sont des prénoms très connus. Le prénom composé est en général fréquent en même temps que le suffixe, mais les exceptions sont nombreuses, Jean-Louis, Jean-Marc, Jean-Michel, par exemple. En général, le prénom composé est moins fréquent que le seul suffixe, sauf Jean-Paul, dont le sommet est plus élevé que celui de Paul.

Jean-Baptiste

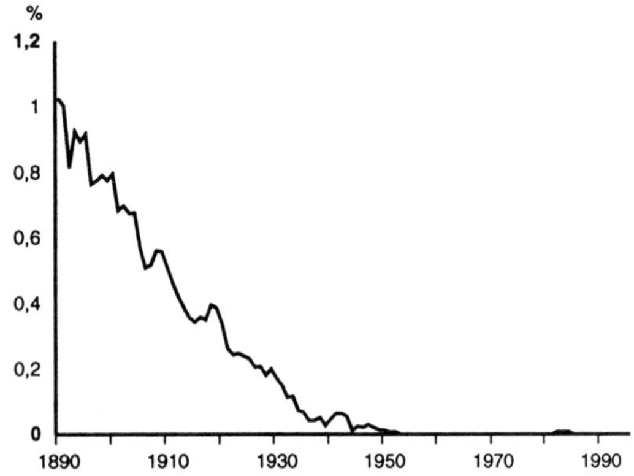

Jean-Baptiste est le grand prénom des anciens Canadiens ; 1 garçon sur 9 le reçoit dans la première moitié du XVIIIe siècle. Encore aujourd'hui, son anniversaire est la fête nationale et une grande journée de célébration. Il y a quelques années, lors d'un défilé patriotique, Jean-Baptiste a subi une nouvelle décollation, et depuis ce temps, probablement pour vouloir faire plus moderne, on oublie malheureusement le Baptiste pour ne parler que de la Saint-Jean.

À la fin du siècle dernier, Jean-Baptiste est déjà sous la barre du 1 % des prénoms, et le déclin continue jusque dans les années 40, alors qu'il disparaît.

Il est intéressant de noter qu'en France, Jean-Baptiste est actuellement le composé de Jean le plus fréquent, particulièrement dans les milieux bourgeois.

Jean-Charles

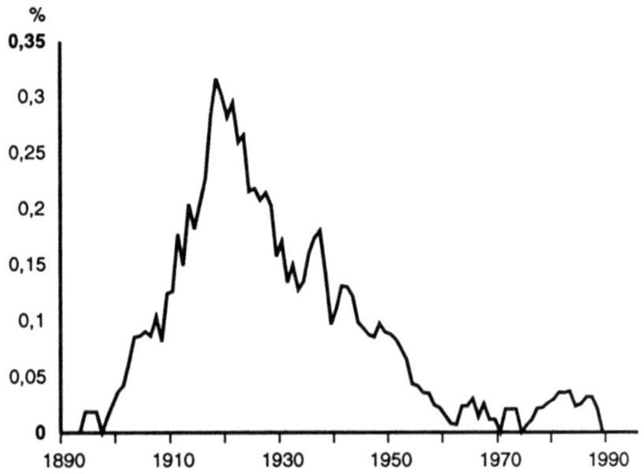

Jean-Charles monte quand Charles décline, mais il reste un prénom peu donné et à la fin des années 10, il est porté par à peine 1 garçon sur 350.

Jean-Christophe

Jean-Christophe, qui démarre ces dernières années, sera le prochain à prendre le relais de Jean-quelque-chose.

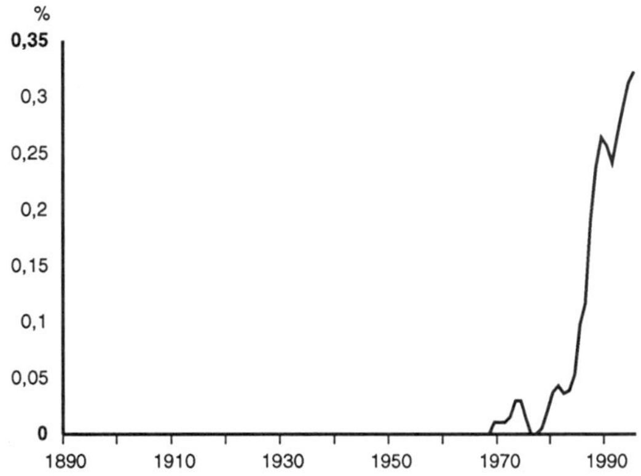

Jean-Claude

L'ascension de Jean-Claude, inconnu avant 1920, a lieu en même temps que celle de Claude. Le sommet est atteint en 1940, avec 1 garçon sur 52. Depuis les années 70, il devient rare. Il a dépassé pendant près de 20 ans le niveau de 1 %.

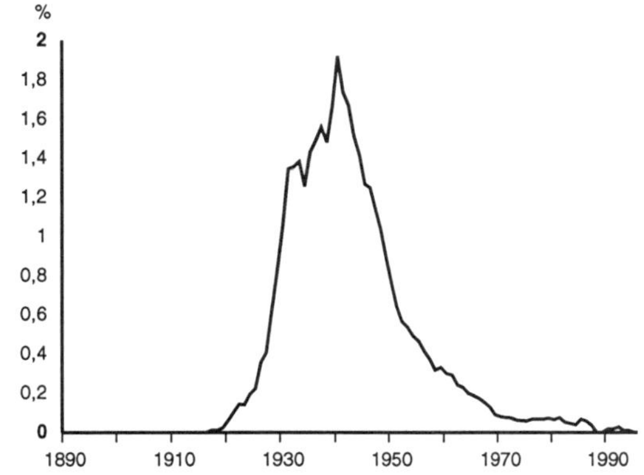

Jean-François

Contrairement aux autres Jean-quelque-chose, Jean-François accompagne François dans sa chute plutôt que dans sa montée, et il le dépasse pendant quelques années. C'est dans les années 50 que Jean-François commence à grandir. Il atteint un plateau au début des années 70, et est porté pendant une douzaine d'années par 1 garçon sur 33. François avait atteint ce niveau dix ans plus tôt. Depuis le milieu des années 80, Jean-François dégringole.

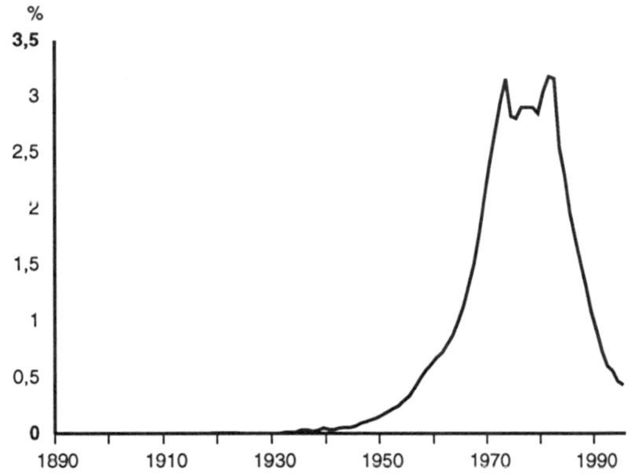

Au milieu des années 90, il n'est plus choisi que pour 1 garçon sur 200. Jean-François est resté pendant 26 ans au-dessus du seuil de 1 % et il fait partie des 50 premiers prénoms. C'est aussi le prénom composé le plus porté dans l'ensemble de la population.

Jean-Guy

Une dizaine d'années suffisent à Jean-Guy pour atteindre son sommet en 1932. C'est exactement le même sommet que Guy a atteint un an plus tôt. Ils sont portés alors chacun par 1 garçon sur 37. Jean-Guy descend beaucoup plus vite que Guy, surtout à partir du milieu des années 40, et est abandonné dans les années 70. Pendant 20 ans, il a été porté par plus de 1 garçon sur 100.

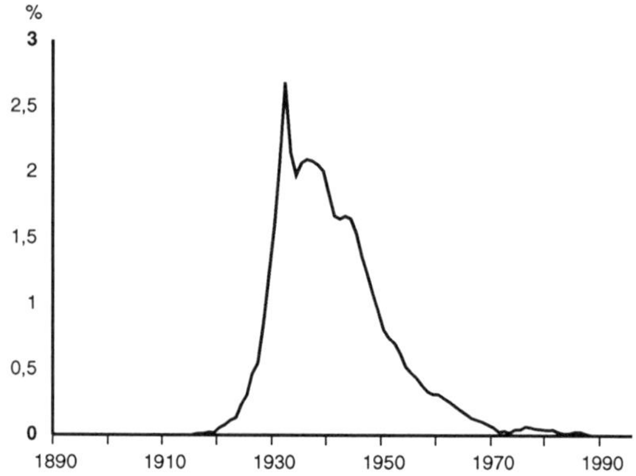

Jean-Jacques

Jacques a occupé le terrain à lui tout seul, et les Jean-Jacques sont restés au sol. C'est à peine si, autour de 1930, 1 garçon sur 300 était baptisé de ce prénom.

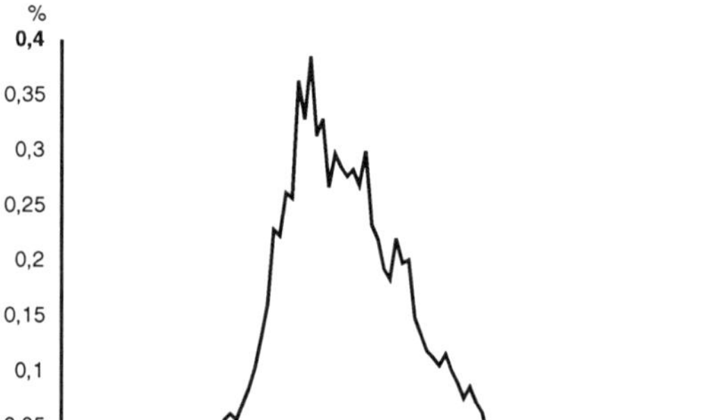

Jean-Louis

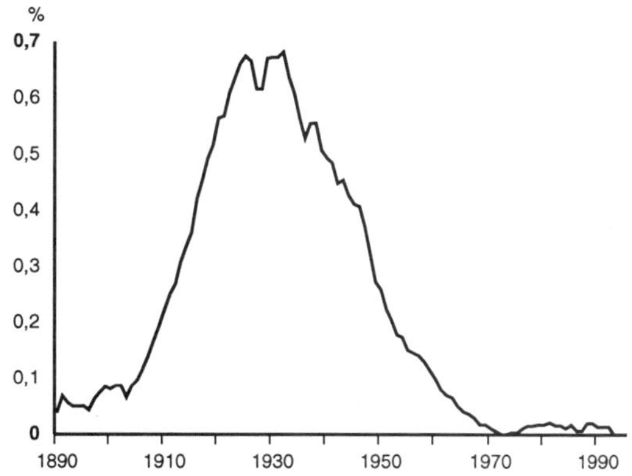

Jean-Louis a la particularité d'atteindre son sommet, par ailleurs peu élevé, alors que Louis est dans une période plutôt creuse. Jean-Louis est déjà présent à la fin du siècle dernier, mais avec seulement 1 garçon sur 1 000. À la fin des années 20, il est porté par environ 1 garçon sur 150 ; il dépasse alors un peu Louis. Il descend lentement jusqu'à l'oubli dans les années 60.

Jean-Luc

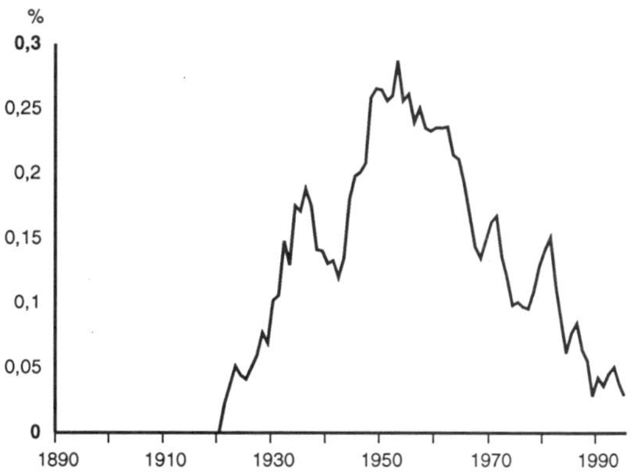

Apparu dans les années 20, Jean-Luc ne réussit à atteindre qu'environ 1 garçon sur 400 dans les années 50.

Jean-Marc

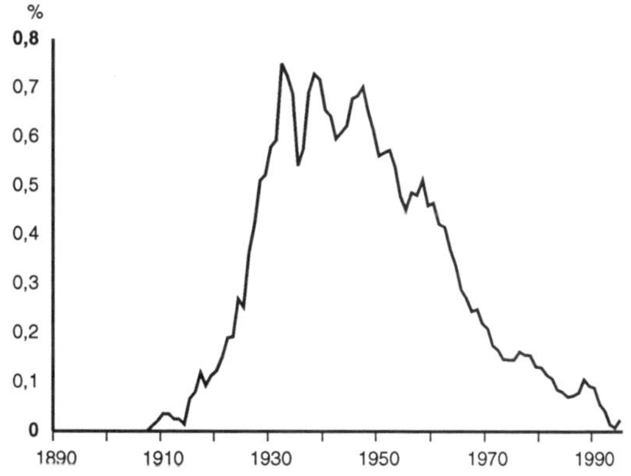

Marc existait déjà, mais Jean-Marc, qui apparaît à la fin des années 10, le dépasse pendant une vingtaine d'années, à partir du milieu des années 20. Jean-Marc n'a pas atteint un niveau très élevé ; il a plafonné à environ 1 garçon sur 150 pendant les années 30 et 40. Il décline très lentement et l'on perd sa trace à la fin des années 80. La grande vogue des Marc dans les années 60 et celle plus récente des Marc-André ne sont pas perceptibles dans la pente descendante de Jean-Marc.

Jean-Marie

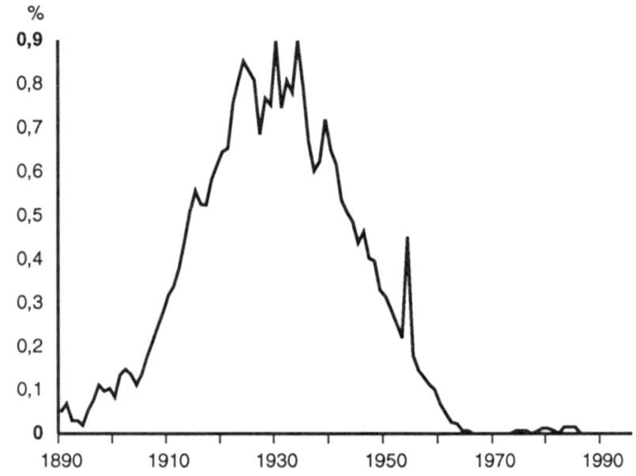

Jean-Marie est très rare au début du siècle ; il augmente lentement jusque vers 1930, alors qu'il est porté par un peu moins de 1 % des garçons, puis redescend lentement et disparaît dans les années 60. En 1954, on note un point en dehors de la tendance ; c'était l'année mariale, et on peut mesurer l'effet de la dévotion sur le prénom par un choix supplémentaire de Jean-Marie, pour 1 garçon sur 400. Ce n'est pas beaucoup et ça n'a duré qu'un an. Louis-Marie, qui est un prénom très rare, connaît en 1954 sa meilleure année, mais n'est choisi que pour 1 garçon sur 600. L'année 1954 a eu plus d'impact chez les Marie féminines. Par ailleurs, la canonisation en 1935 du curé d'Ars, Jean-Marie Vianney, n'a pas eu d'effet sur la courbe du prénom.

Jean-Michel

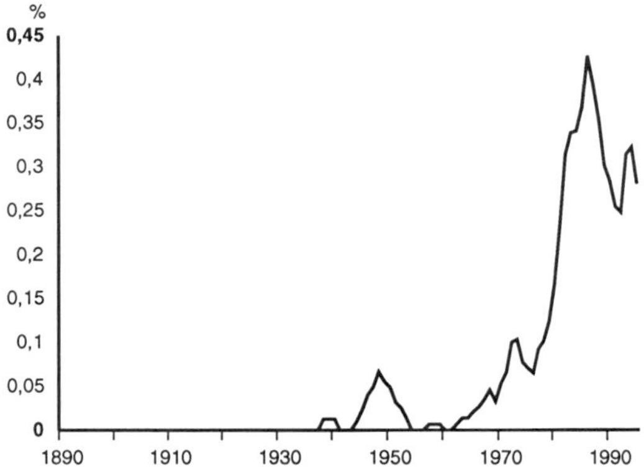

Alors que Michel est à son dernier souffle, Jean-Michel tente de prendre la relève dans les années 80, mais ne réussit pas à atteindre 1 garçon sur 250.

Jean-Paul

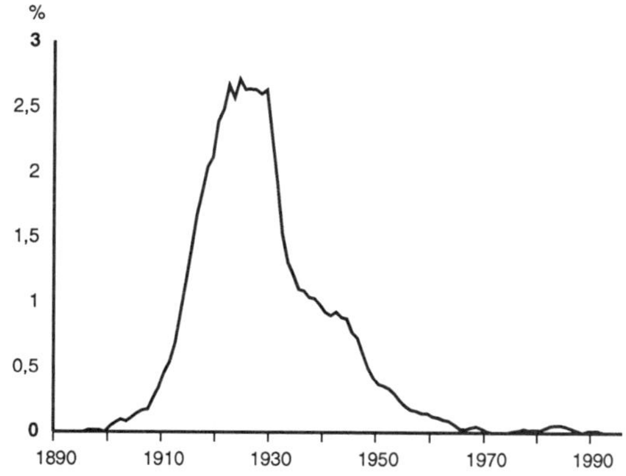

Au début du pontificat de Jean-Paul I, Rome avait oublié le trait d'union, mais le chroniqueur linguistique du *Devoir* avait réussi à faire reculer le Vatican. Jean-Paul II ne l'oublia pas, mais sa grande popularité n'amena aucun bébé de ce nom, pas plus que Jean-Paul Belleau, le vilain chéri des *Dames de cœur*, ni que d'autres Jean-Paul célèbres comme Jean-Paul Belmondo ou encore Jean-Paul Sartre.

Jean-Paul apparaît au début du siècle. Il grandit très vite dans les années 10 et est porté par environ 1 garçon sur 40 dans les années 20. Son sommet est atteint en 1925, avec 1 garçon sur 35. Il dépasse alors beaucoup Paul (et Jean aussi). Il décline rapidement dans les années 30, puis plus lentement avant de quitter le répertoire pendant les années 60. Il a passé 26 ans au-dessus de la barre du 1 %, ce qui en fait le troisième Jean composé le plus important après Jean-François et Jean-Pierre.

Jean-Philippe

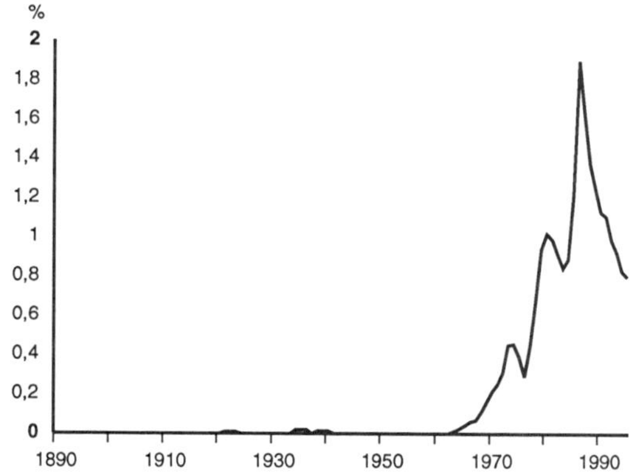

Jean-Philippe est tributaire de la vogue des Philippe. Il démarre assez bien à la fin des années 60 et connaît en 1986 une ascension spectaculaire qui le fait grimper de près de 1 % à son sommet de 1 garçon sur 53. C'est en même temps le sommet de Philippe. Il descend aussitôt et n'aura passé que dix ans au-dessus du niveau de 1 % des prénoms.

Jean-Pierre

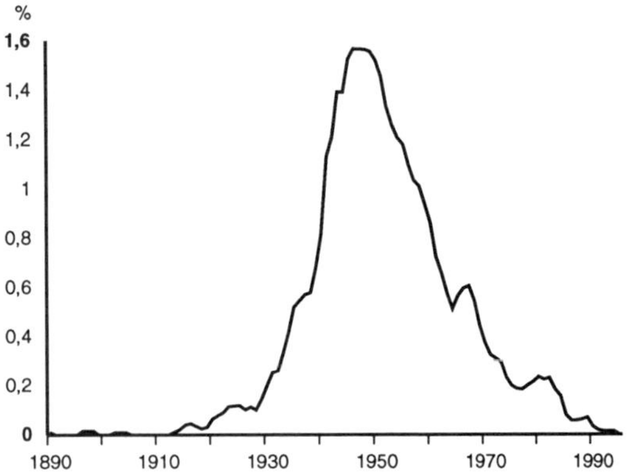

Jean-Pierre grandit dans la vague de Pierre, mais est loin d'avoir son succès. Il démarre au début des années 30 et atteint son sommet à la fin des années 40, alors qu'il est choisi pour 1 garçon sur 62. Il décline beaucoup dans les années 50, mais ce n'est que dans les années 90 qu'il est abandonné. Jean-Pierre a passé 16 ans au-dessus du seuil de 1 %. Il est aujourd'hui dans l'ensemble de la population le deuxième des Jean-quelque-chose, après les Jean-François.

Jean-Sébastien

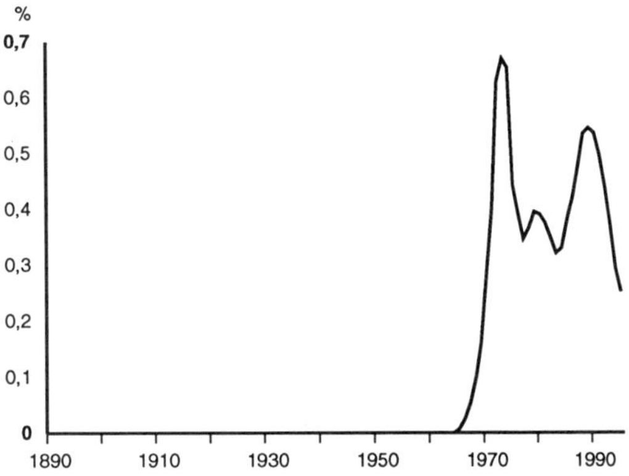

Jean-Sébastien part très rapidement, à la fin des années 60, en même temps que Sébastien, mais ne se rend pas loin. Il ne réussit qu'à atteindre 1 garçon sur 150 au début des années 70, et piétine depuis.

Jean-Yves

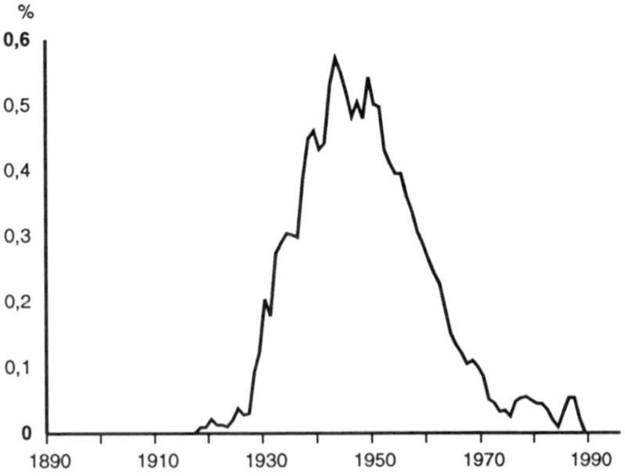

Jean-Yves est aussi fréquent qu'Yves à ses débuts, mais ce dernier le laisse dans la brume. Jean-Yves débute sa croissance vers 1930, plafonne avec 1 garçon sur 200 dans les années 40 et redescend dès le début des années 50. Il est oublié dans les années 70.

Jérémie

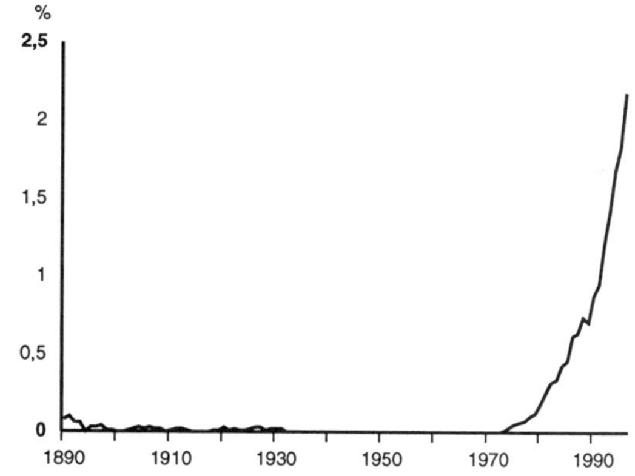

Les parents qui choisissent ce prénom ne devront pas s'étonner des lamentations de leur rejeton. On est perplexe devant cette montée soudaine puisque l'expression jérémiade est encore bien courante. Peut-on imaginer une petite sœur Cassandra à Jérémie ? Au moins, pour cette dernière, c'est de l'histoire plus érudite. Jérémie, qui s'écrit aussi avec un y, perce dans les années 80, atteint 1 % en 1991 et poursuit son élan. En 1996, il est porté par 1 garçon sur 45.

Jérôme

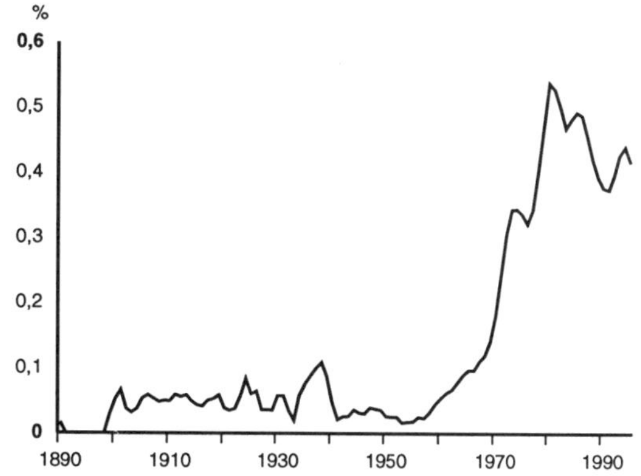

Après avoir sommeillé pendant des décennies, Jérôme se réveille dans les années 60, mais ne parvient à atteindre qu'un peu plus de 1 garçon sur 200 au début des années 80.

Jessy

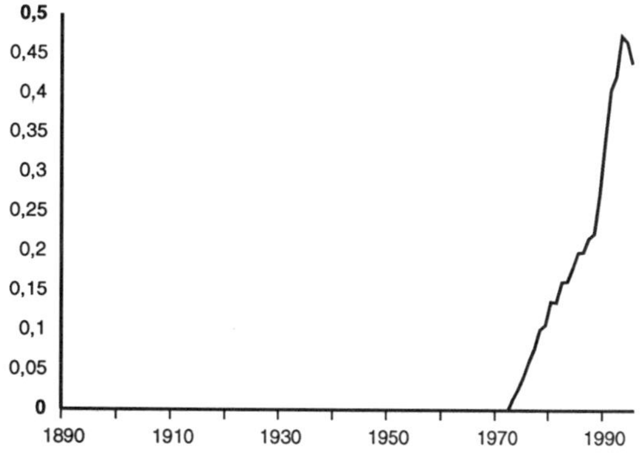

Apparu au milieu des années 70, Jessy (parfois Jessé et Jessie) démarre plus lentement chez les garçons que chez les filles. Il approche le niveau de 1 garçon sur 200 au milieu des années 90 (*voir David*).

Jimmy

Jimmy est un diminutif de James qui figure rarement comme tel dans les enregistrements à l'état civil des anglophones. Une petite vague de Jimmy débute vers 1970, si bien qu'entre 1975 et 1980, plus de 1 garçon sur 200 reçoit ce prénom. Après quelques années de baisse, Jimmy semble reprendre du service dans les années 90.

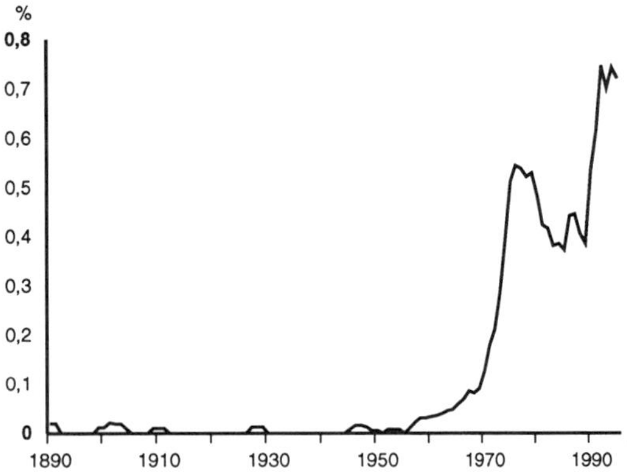

Jocelyn

Il n'y a pas de trace de Jocelyn ni de Jocelyne avant 1930. Jocelyne ouvre la voie et Jocelyn suit au début des années 40. Après avoir piétiné pendant une dizaine d'années autour de 1 garçon sur 200, Jocelyn explose subitement en 1958 et en 1959 pour atteindre 1 garçon sur 90, mais il chute dès 1960, baisse ensuite régulièrement et n'est presque plus choisi dans les années 90.

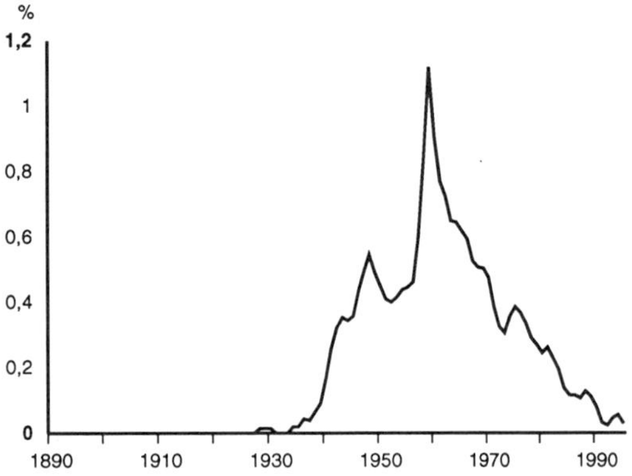

Joël

Joël, inconnu avant les années 40, reste très discret jusqu'en 1962. De 1963 à 1965, il monte en flèche et parvient à atteindre 1 garçon sur 125, mais dégringole dès 1966 et est depuis attribué à environ 1 garçon sur 250. Rappelons que les années de gloire de Joël Denis sont justement de 1962 à 1965, alors qu'il anime l'émission *Jeunesse d'aujourd'hui* et que ses chansons ont beaucoup de succès.

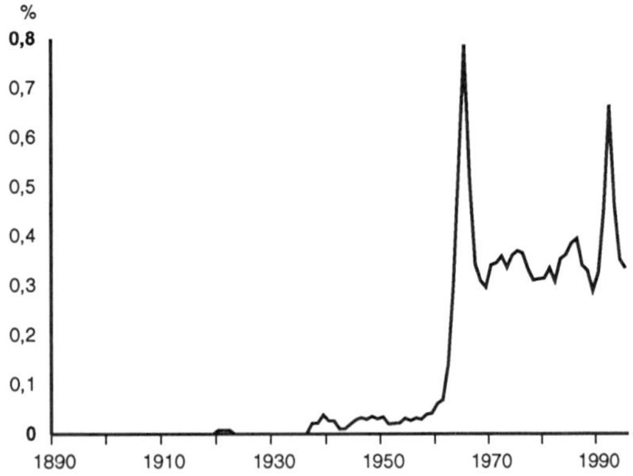

Joey

Joey piétine dans les années 70 et 80, mais augmente depuis quelques années pour atteindre en 1995, 1 garçon sur 250.

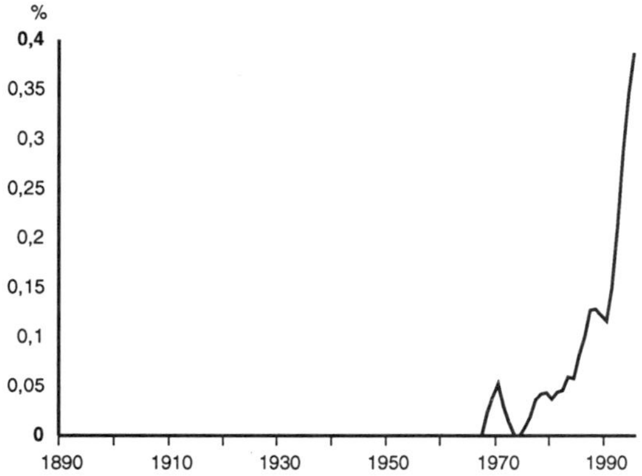

John

Tout comme Jean pour nous, John est le grand prénom des mondes anglo-saxons. John a toujours été utilisé ici, mais à un niveau très faible. À la fin du siècle dernier, entre 2 et 3 garçons sur 1 000 recevaient ce prénom. Sa fréquence diminue tout au long du siècle et il passe sous le niveau de 1 pour 1 000 au début des années 70. Il est quand même remarquable de pouvoir observer une tendance régulière pendant un siècle pour un prénom si rare.

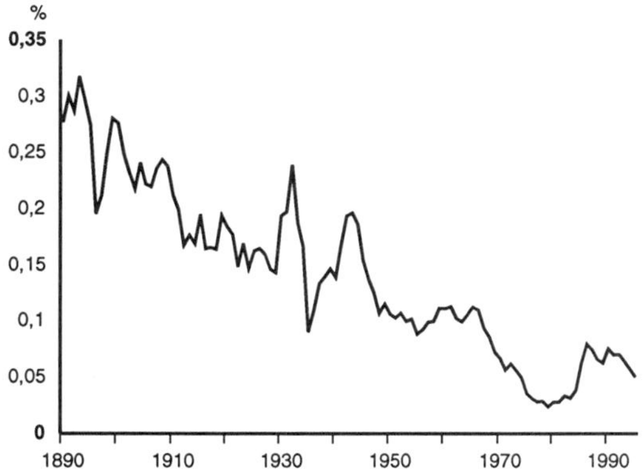

Jonathan

Jonathan Livingston le goéland, de Richard Bach, est paru en 1970, le film du même nom en 1973, et les Jonathan, inconnus jusque-là, se sont multipliés aussi vite que les goélands, si bien qu'en 1981 et 1982 leur population représente 1 garçon sur 24. Puis, après une légère baisse, Jonathan reste pendant quelques années sur un plateau et atteint environ 1 garçon sur

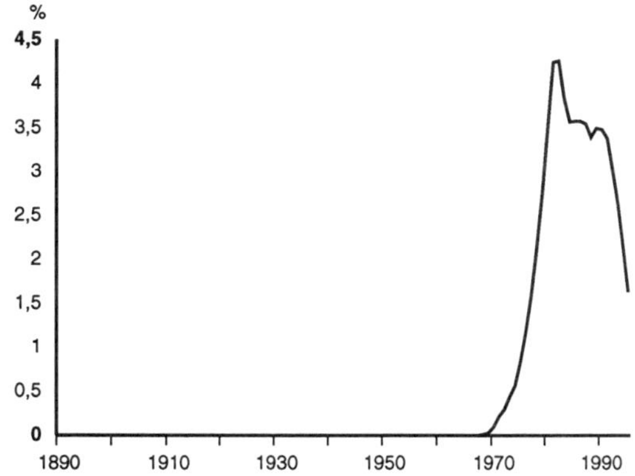

33 avant d'entreprendre au début des années 90 une descente qui paraît décisive. Jonathan succède à Éric comme prénom le plus donné en 1981, mais cède la place dès 1984 à Mathieu. Il a déjà passé près de 20 ans au-dessus du seuil de 1 %, ce qui en fait un des principaux prénoms de la fin de notre siècle.

Jonathan est un des rares prénoms dont on peut identifier l'élément déclencheur probable. L'impact a été énorme et est encore ressenti 25 ans plus tard (voir David).

Jordan

Il est rare de trouver des prénoms qu'on peut qualifier de géographiques, mais voici Jordan, suivi de Josaphat, associés respectivement à un fleuve, le Jourdain, et à une vallée. Jordan n'est ici qu'un mince ruisseau et ne sert qu'à baptiser 1 garçon sur 300 dans les années 90.

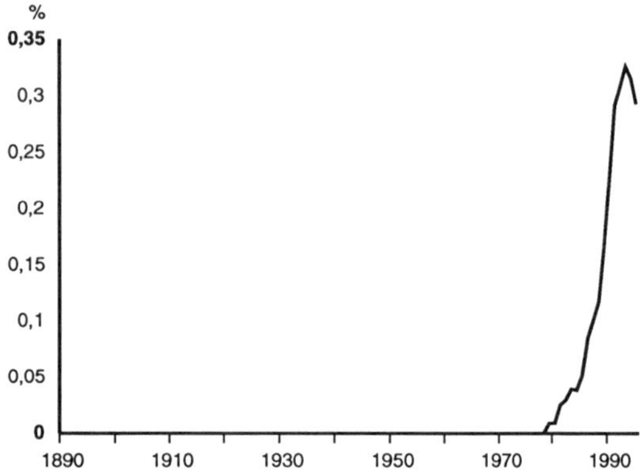

Josaphat

Après le fleuve et Jordan, voici la vallée de Josaphat qui n'est, selon les exégètes, qu'un nom symbolique signifiant Dieu juge. En effet, d'après le prophète Joël, c'est dans cette vallée qu'aura lieu le jugement dernier. Au tournant du siècle, un peu plus de 1 garçon sur 200 reçoit ce prénom, qui tombe rapidement en désuétude et disparaît dans les années 20.

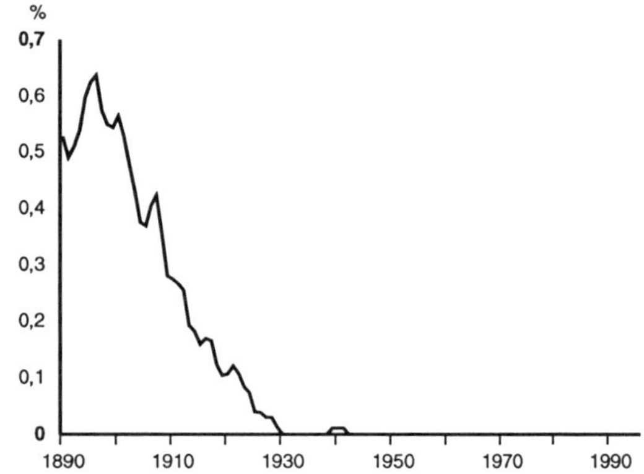

Joseph

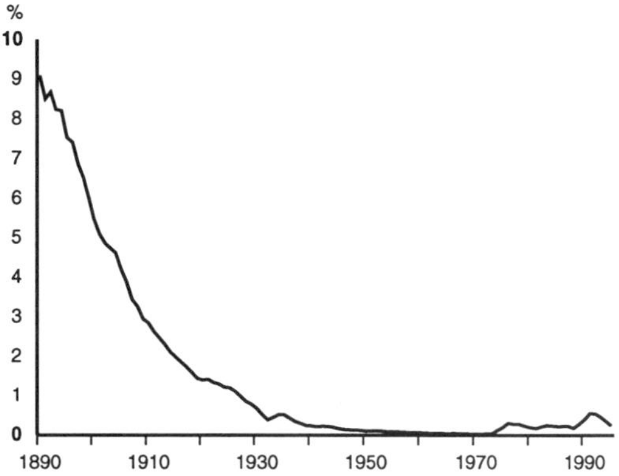

Jusqu'en 1909, Joseph est le prénom le plus attribué aux baptisés et sa fréquence est très élevée. Pendant les années 1890-94, 1 garçon sur 12 s'appelle Joseph, et 1 sur 20 pendant les cinq premières années du siècle. On voit que le nom est en perte de vitesse, mais ce n'est qu'en 1928 qu'il passera sous la barre du 1 % ; il deviendra très rare à partir des années 40.

Joseph a été très populaire au début du XVIIIe siècle ; il est porté alors par 1 garçon sur 10 et arrive deuxième derrière Jean-Baptiste.

Il vaut la peine de rappeler que pendant le régime français, 1 fille sur 10 fut baptisée du nom de Marie-Josèphe, qui était de loin le prénom le plus commun.

Jules

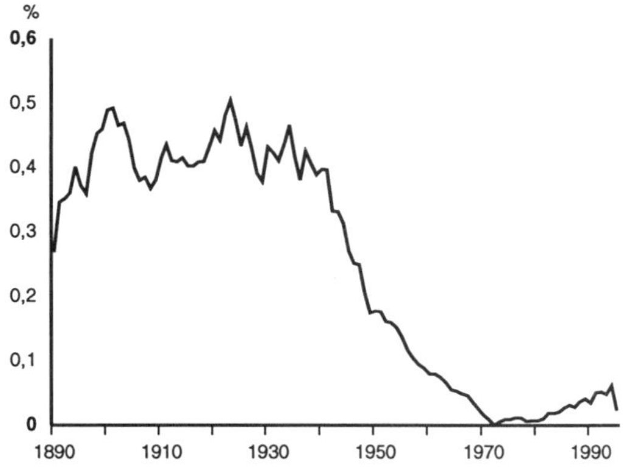

Jusqu'en 1940, environ 1 garçon sur 250 reçoit ce prénom, qui diminue par la suite et devient très rare dans les années 60. L'immense popularité de Julie dans les années 70 ne fera pas bouger Jules. Ces dernières années, Jules semble se réveiller.

Contrairement à ce qu'on pense parfois, Jules n'était pas le prénom de César, mais son nom de *gens* ou *nomen.* Son *prænomen* était Caius, le prénom le plus fréquent de la vingtaine de prénoms utilisés par les Romains.

Julien

Au début du siècle, Julien est beaucoup moins connu que Jules, mais il tente de le rejoindre. Dans les années 40, les deux prénoms baissent, mais Julien renaît dans les années 70 et, après une lente montée, réussit à atteindre 1 garçon sur 70 à son sommet atteint en 1988. Julien ne passe que cinq ans au-dessus du niveau de 1 %.

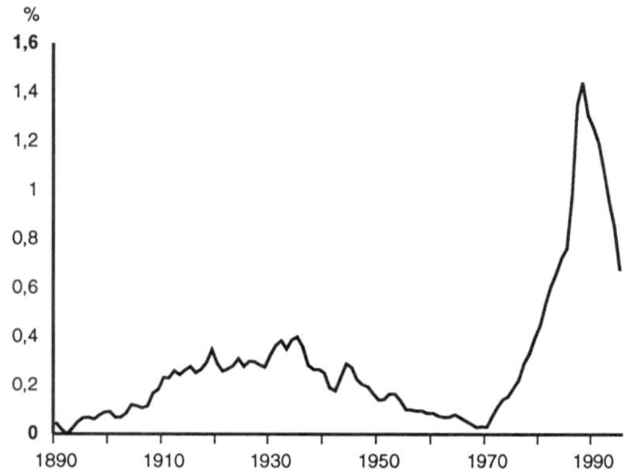

Justin

Justin fait de rares apparitions jusqu'au début des années 70, alors qu'il devient un peu plus visible. Au milieu des années 90, il n'est porté que par 1 garçon sur 300.

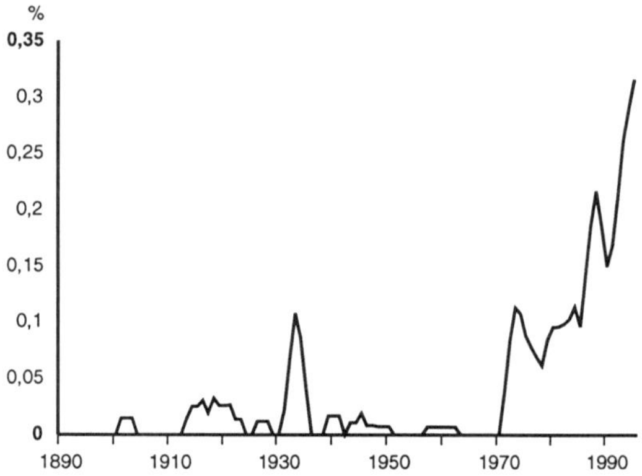

Kevin

Kevin commence à être présent au début des années 70, atteint 1 % en 1982 et est porté en 1987 par 1 garçon sur 35. Il recule un peu pendant quelques années, mais en 1993 il remonte à 1 garçon sur 33. Depuis le milieu des années 80, il est l'un des dix premiers prénoms, rang qu'il n'a jamais occupé chez nos voisins américains.

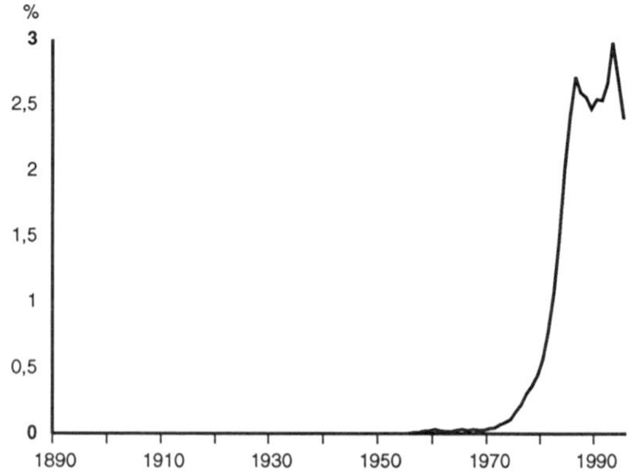

Laurent

À la fin du siècle dernier, Laurent commence une longue marche paisible qui l'amène à être choisi pour un peu moins de 1 garçon sur 100 à la fin des années 20, et à redescendre tranquillement jusque dans les années 60, mais sans disparaître.

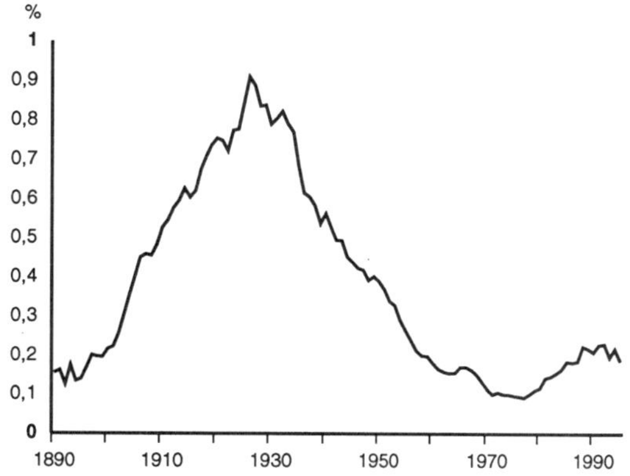

Léo

Au début du siècle, Léo est en pleine ascension, si bien qu'il atteint son sommet en 1908 alors que 1 garçon sur 60 le reçoit comme nom de baptême. Même s'il n'atteint pas un niveau très élevé, Léo reste quand même au-dessus du seuil de 1 % pendant un quart de siècle, et diminue surtout dans les années 30. Léo est à peu près inusité depuis les années 60. Léopold a une carrière presque identique à celle de Léo.

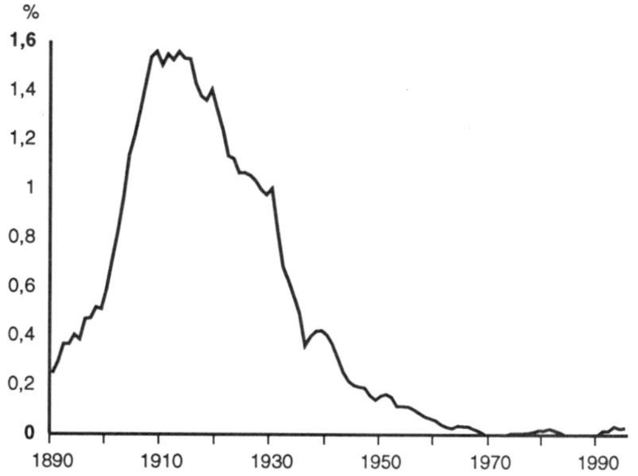

Léon

Déjà, en 1890, Léon est sur la pente descendante alors qu'il atteint environ 1 garçon sur 150. Il diminue très doucement et disparaît à la fin des années 50. À la fin du siècle dernier et au début du nôtre, on trouve quelques Léonidas qui restent quand même assez rares. Léon est quand même le père de famille de Léo, Léonard, Léopold, et même Lionel chez les garçons.

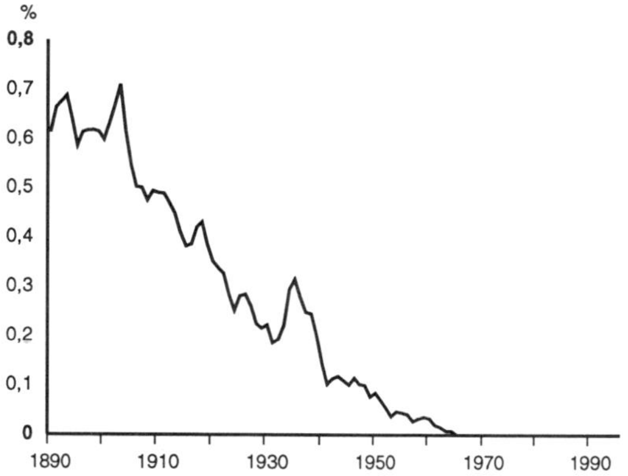

Léonard

Très peu connu à la fin du siècle dernier, Léonard réussit à atteindre environ 1 garçon sur 200 au début des années 20 avant de retomber dans l'oubli dans les années 50.

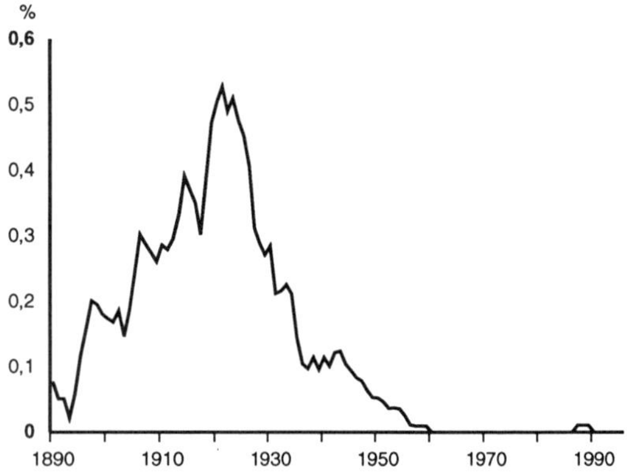

Léopold et Léo-Paul

La courbe de Léopold ressemble étonnamment à celle de Léo, sauf que Léopold s'est démodé un peu plus tôt. Il démarre à partir de 1890 et, à son sommet en 1912, atteint 1 garçon sur 55. Il descend beaucoup plus que Léon dans les années 20, mais passe quand même 22 ans au-dessus du niveau de 1 %, et disparaît dans les années 50. Comme dans la phonétique populaire, il n'y a pas de différence entre Léopold et Léo-Paul, nous avons réuni les deux prénoms.

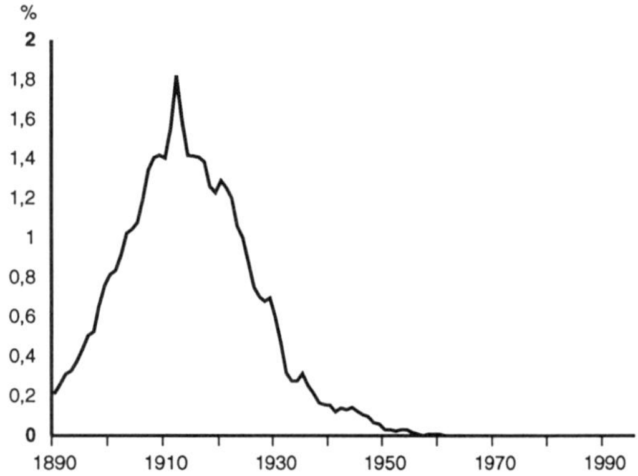

Lionel

C'est un prénom de la même époque que Léo et Léopold, mais il est un peu moins populaire. Encore assez rare avant 1890, après une montée normale, il plafonne autour de 1 garçon sur 70 en 1912 et redescend lentement pour devenir très discret dans les années 50. Pendant 20 ans, il a été porté par au moins 1 garçon sur 100.

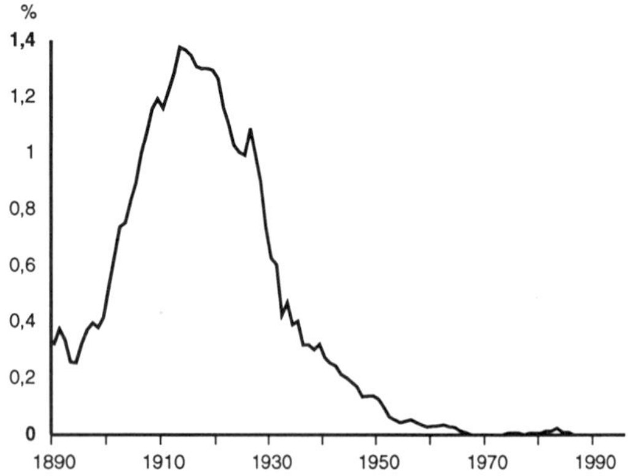

Lorenzo

Lorenzo est un des premiers prénoms de la vague italianisante du siècle, mais plafonne à moins de 1 garçon sur 200 dans les années 1900-1910. Il a donc précédé Laurent, qui est encore à ses débuts au tournant du siècle.

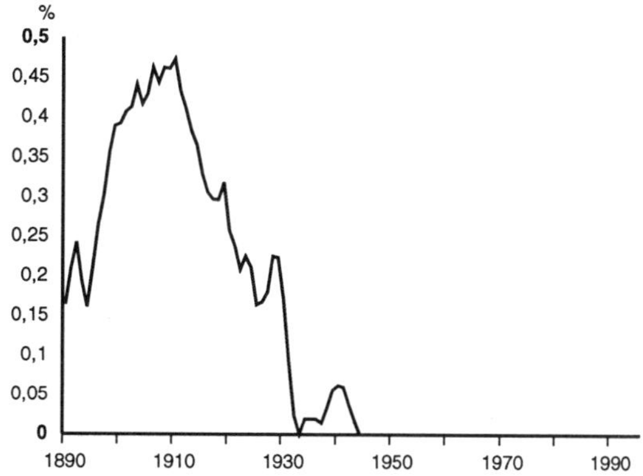

Louis

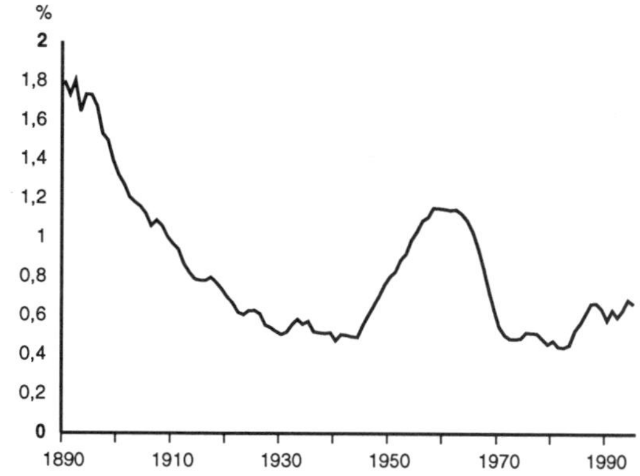

Louis est, avec André, Charles, François, Jean et Pierre, l'un des rares prénoms qui ne sont jamais tombés sous le niveau de 1 enfant sur 400, mais comme Charles et Philippe, il n'a pas atteint des sommets remarquables. Autour de 1890, environ 1 garçon sur 55 est baptisé de ce prénom, qui est toutefois sur une pente descendante. Pendant les années 30, seulement un peu plus de 1 garçon sur 200 recevra ce prénom. La grande vague de Louise amène un léger essor de Louis, qui sera choisi pour plus de 1 % des garçons de 1954 à 1966, avec un sommet de 1 garçon sur 80 en 1960, ce qui est bien loin de Louise qui atteignait, en 1951, 1 fille sur 19. Depuis les années 70, Louis est porté encore par environ 1 garçon sur 200, avec peut-être une légère augmentation depuis le milieu des années 80.

Louis était beaucoup plus fréquent dans les siècles passés : pendant tout le régime français, il a été choisi pour un peu plus de 1 garçon sur 20.

On trouve quelques prénoms composés avec Louis : Louis-Georges, Louis-Joseph, Louis-Marie, mais seulement Louis-Philippe a une certaine visibilité. Il ne faut pas oublier Jean-Louis.

Louis-Philippe

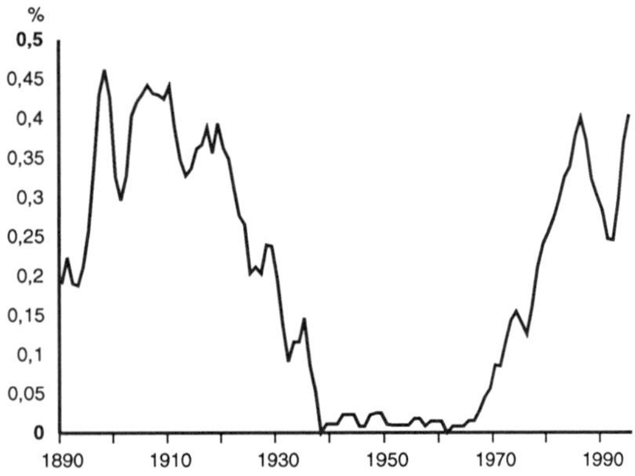

On observe, depuis un siècle, deux petites vagues de Louis-Philippe. Pendant la première décennie de notre siècle, environ 1 garçon sur 250 s'appelle Louis-Philippe, mais la mode descend lentement et on utilise peu ce prénom des années 30 aux années 60. Vers 1970, Louis-Philippe reprend une deuxième vie, mais atteint au milieu des années 80 seulement le même niveau qu'au début du siècle.

Luc

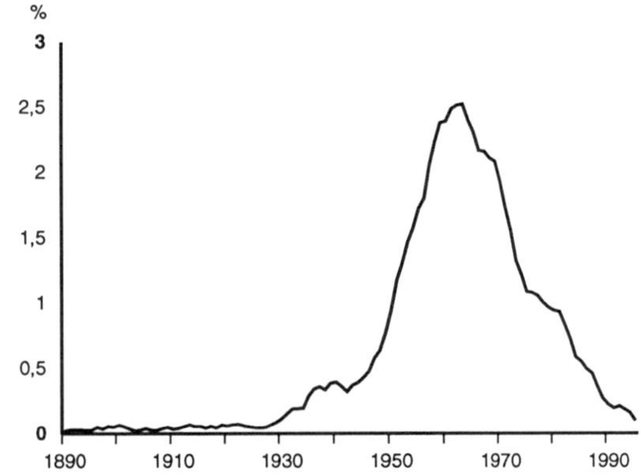

Luc, dont l'origine étymologique signifie lumière, était souvent donné chez les Romains aux enfants nés à l'aurore. Luc n'est à peu près pas utilisé avant les années 30 ; c'est dans les années 50 qu'il connaît une forte poussée qui l'amène à atteindre 1 garçon sur 40 dans sa meilleure année, en 1962. Il perd beaucoup de faveur au début des années 70, mais descend depuis assez lentement. Luc est loin d'avoir été un des gros canons des années 60, mais il a quand même passé près de 30 ans à atteindre au moins 1 % des garçons. Lucie sera plus populaire auprès des filles et vers les mêmes années. Quant à Jean-Luc, il est resté fort discret dans les années 50.

Lucien

Au tournant du siècle, Lucien est déjà bien engagé dans la voie du succès, qui l'amène au faîte de sa carrière en 1909, alors qu'il est choisi pour 1 garçon sur 33. Il descend lentement, passe 36 ans au-dessus du seuil de 1 %, et ce n'est que dans les années 60 qu'il disparaît tout à fait. Lucien partage l'étymologie de Luc, mais n'en est pas un hypocoristique.

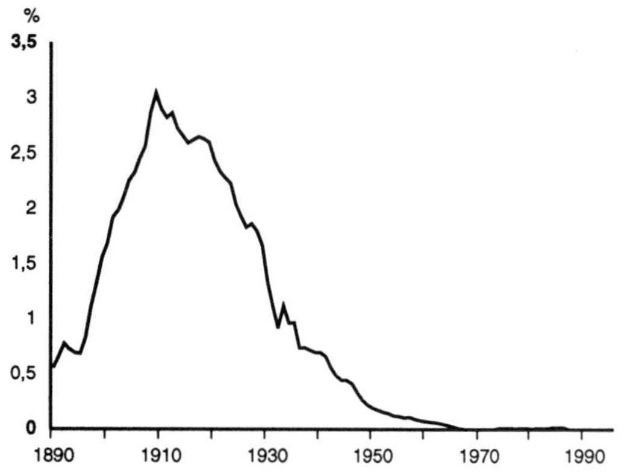

Ludger

À la fin du siècle dernier, Ludger est déjà à son dernier tour de piste, et il devient silencieux dans les années 30.

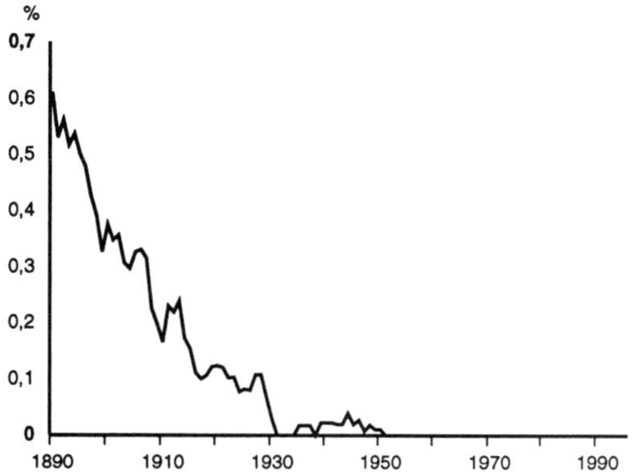

Marc

Au tournant du siècle, Marc est très rare. Il augmente un peu dans les années 30, mais sa progression est très lente. Il prend enfin son élan dans les années 50 et atteint son apogée en 1964, alors qu'il est porté par 1 garçon sur 31. La descente est aussi très patiente, et ce n'est qu'en 1986 qu'il descendra sous la barre du 1 % qu'il aura dépassé pendant 35 ans.

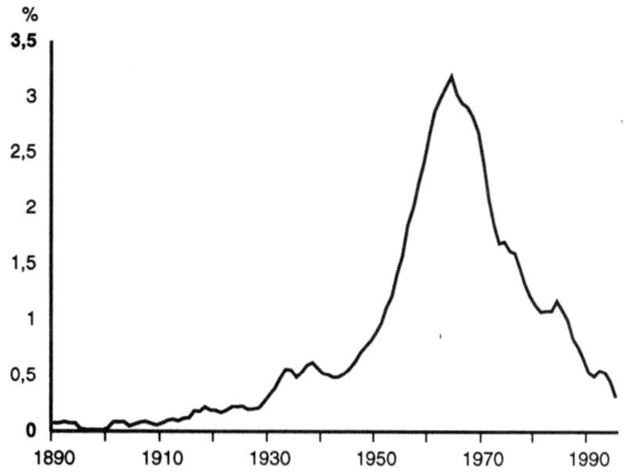

Jean-Marc n'a pas eu beaucoup de succès dans les années 30 et 40, tandis que Marc-André dépasse Marc depuis le début des années 80. On entend de nouveaux composés, Marc-Antoine et Marc-Olivier.

Marc-André

Marc-André est beaucoup plus récent qu'André et Marc. Au début des années 60, il est encore relativement rare, et ce n'est qu'au milieu des années 70 qu'il prend son essor qui l'amène à être choisi pour plus de 1 garçon sur 50 en 1991 et en 1992. Il ne passe que 15 ans à atteindre plus de 1 garçon sur 100.

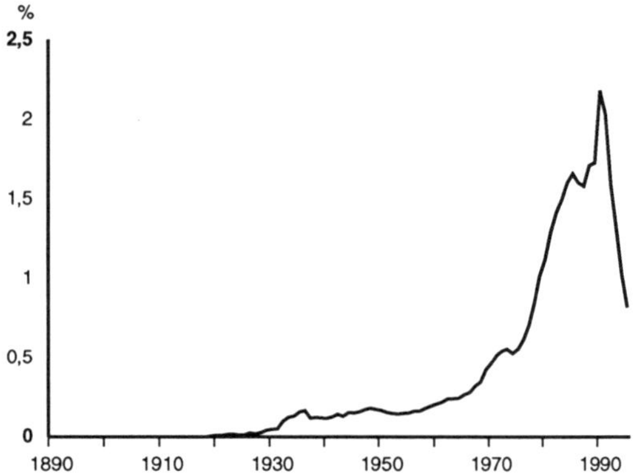

Marc-Antoine

À peu près inexistant avant les années 70, Marc-Antoine suit pas à pas la carrière d'Antoine et arrive un peu derrière lui en 1996, alors qu'il est porté par 1 garçon sur 83. Marc-Antoine n'a pas ravivé le souvenir de Cléopâtre.

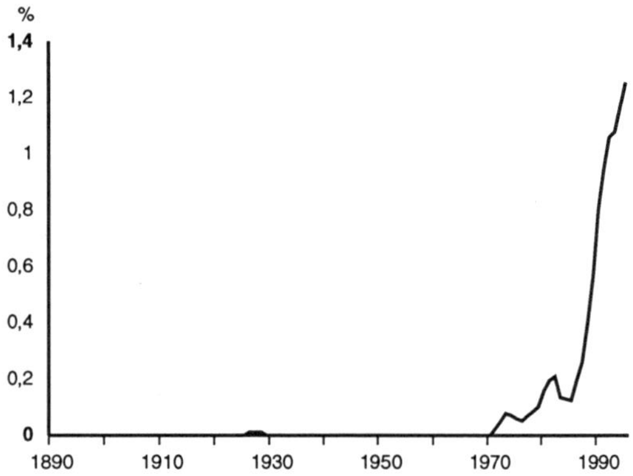

Marc-Olivier

Marc-Olivier débute une dizaine d'années après Olivier, mais il semble avoir atteint son sommet vers 1990 avec un peu plus de 1 garçon sur 200.

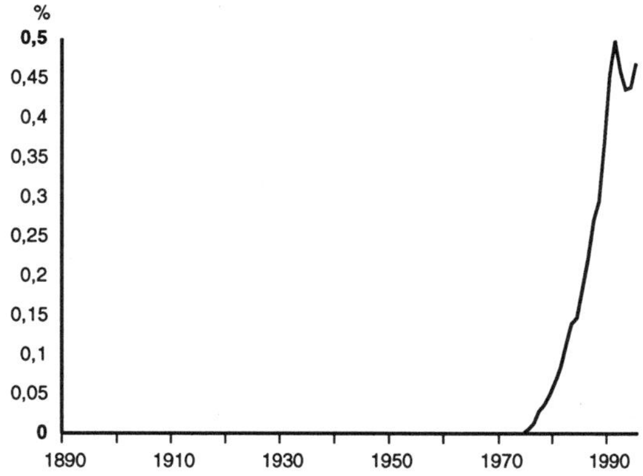

Marcel

Inconnu à la fin du siècle dernier, Marcel démarre avec le siècle et augmente régulièrement jusqu'à son sommet, atteint en 1927 et 1928, alors que 1 garçon sur 24 est baptisé de ce prénom. En deux ans, le prénom chute à 1 sur 33, puis la descente est très lente jusqu'au début des années 70, alors que Marcel s'éteint. Il a tenu la première place pendant sept ans, de 1924 à 1930, et a passé 42 ans au-dessus du seuil de 1 %.

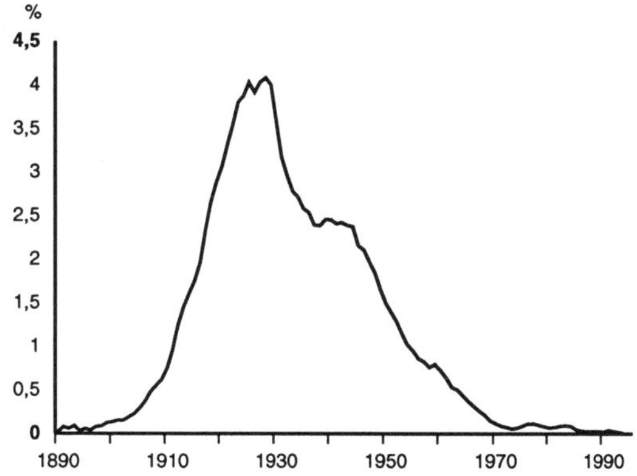

Marco

Dans la foulée de Marc, Marco perce dans les années 60, mais plafonne rapidement avec 1 garçon sur 150 en 1966 et 1967, puis il descend parallèlement à Marc.

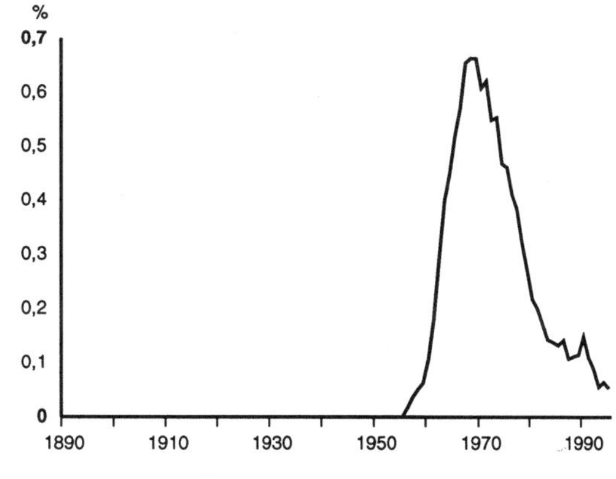

Mario

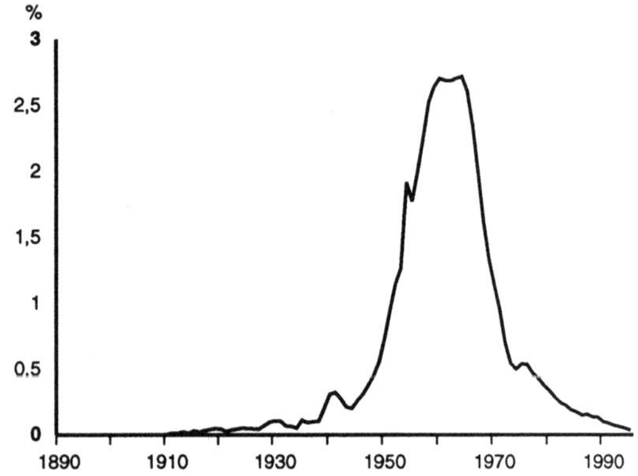

Mario est le prénom italianisant qui a eu le plus de succès. En théorie, ce n'est pas le masculin de Marie, mais combien de gens connaissent la famille romaine Marius dont provient ce prénom ? Rarissime, pour ne pas dire inconnu jusqu'au début des années 30, Mario établit sa base dans les années 40 et monte en flèche dans les années 50 pour former un beau plateau de 1959 à 1965, alors qu'il atteint 1 garçon sur 37. La descente est assez rapide jusqu'au milieu des années 70, puis Mario s'affaiblit lentement.

L'année 1954 fut une des meilleures années de croissance pour Mario ; comme Marie, il reçut un coup de pouce de l'année mariale, mais il diminue légèrement l'année suivante avant de retrouver sa ligne de tendance. Cet effet confirme que Mario gravite dans la famille de Marie.

Mario a passé 20 ans au-dessus du seuil de 1 %. Mario est un prénom inconnu en France.

Martin

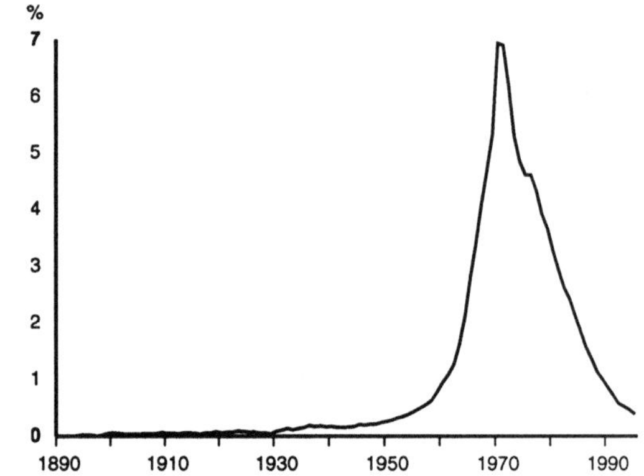

Martin est le frère jumeau d'Éric ; il est assez étonnant de voir deux prénoms grandir, atteindre au même moment le même sommet si élevé et en redescendre ensemble, mais, en fait, Éric coiffe Martin de peu.

Ce n'est que dans les années 50 que Martin se réveille d'une longue léthargie, et les années 60 le voient passer de 1 % en 1960 à plus de 1 garçon sur 15 en 1970 et en 1971. La descente est très régulière et on n'assiste à aucun soubresaut qu'on pourrait assimiler à un été de la Saint-Martin. Malgré la cime assez pointue, Martin n'a été le premier prénom qu'une année, en 1971, et encore, *ex æquo* avec Éric. Il est resté pendant 28 ans au-dessus du seuil de 1 % des prénoms. Martin, qui est le nom de famille le plus commun en France, y est très rare comme prénom.

Mathieu

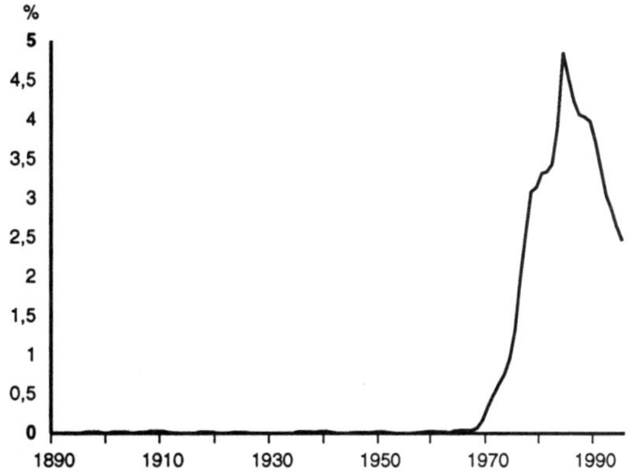

L'évangéliste a deux *t*, mais la langue écrite évolue vers un seul *t*. Avec beaucoup de retard sur ses confrères Luc et Marc, Mathieu, qu'on peut considérer comme un prénom tout neuf dans ce siècle, démarre au début des années 70 et, quelques années plus tard, est le prénom le plus donné, de 1984 à 1986. En 1984, 1 garçon sur 21 reçoit ce prénom, qui diminue par la suite, mais qui est encore, au milieu des années 90, dans les dix premiers prénoms.

À la fin du siècle dernier jusque dans les années 10, alors que Mathieu est à peu près inconnu, on trouve quelques Mathias.

Maurice

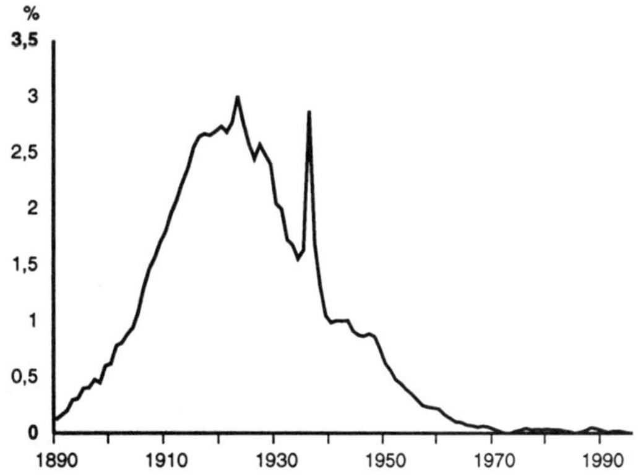

Vers 1890, Maurice est encore au début de son développement qui s'avère très graduel ; il plafonne à la fin des années 10 et en 1923, sert de nom de baptême à 1 garçon sur 33 ; puis il amorce sa descente tout aussi graduelle sauf pour un incident. En 1936, Maurice s'éloigne considérablement de sa ligne de tendance et atteint 1 garçon sur 35. Maurice Duplessis était célibataire, mais l'année où il est devenu premier ministre, on lui doit la paternité d'au moins 1 % des prénoms des petits garçons. L'effet de Duplessis fut de courte durée et déjà en 1938, la tendance était retrouvée. Maurice dépasse pendant près de 40 ans le niveau de 1 % des prénoms masculins.

Le décès du frère André, en 1937, a eu beaucoup plus de conséquences sur le choix du prénom que les élections.

Maxime

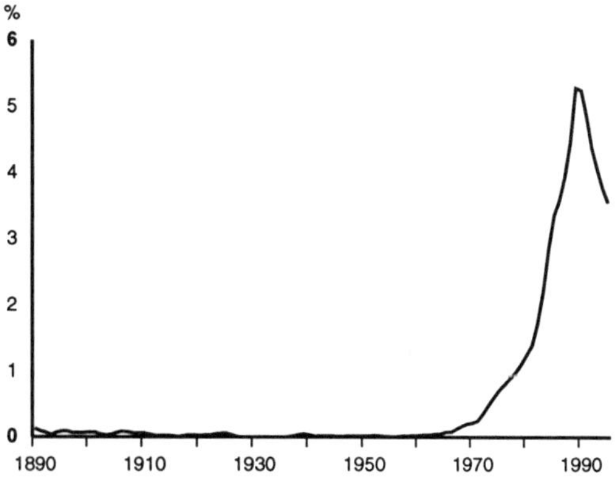

Il y avait de très rares Maxime au tournant du siècle, et puis à peu près aucun pendant des décennies. À la fin des années 60, Maxime commence à bouger et connaît une belle croissance dans les années 70, qui lui fait franchir le seuil de 1 % en 1978. À partir de 1983, sa montée s'accélère et il atteint la cime en 1989 et en 1990, alors que 1 garçon sur 19 reçoit ce prénom. Puis il commence sa descente. Maxime est le prénom le plus donné de 1988 à 1992.

Michaël

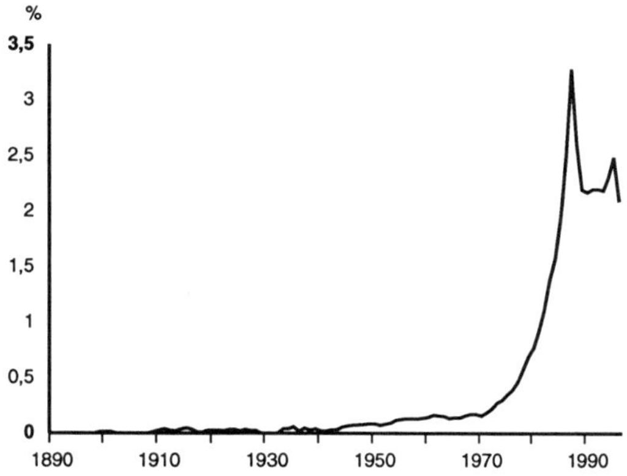

Au début des années 70, alors que Michel achève sa course, Michaël (et parfois Michael, à l'anglaise) prend le relais, mais il est loin d'avoir le souffle de son prédécesseur. Il dépasse Michel en 1982 et accélère jusqu'à atteindre son sommet en 1987, alors qu'il est choisi pour 1 garçon sur 30, mais c'est une année exceptionnelle et il redescend aussitôt.

Michel

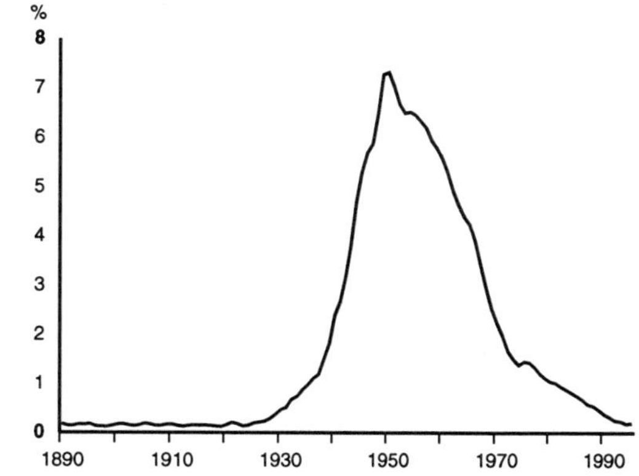

On a peine à croire que le prénom le plus porté dans l'ensemble de la population était plutôt discret à la fin du siècle dernier et pendant le premier quart du nôtre. Ce n'est qu'à la fin des années 20 que Michel entreprend sa longue carrière. Pendant les années 40, Michel monte en flèche et atteint son apogée en 1949 et en 1950, alors que 1 garçon sur 14 est baptisé de ce nom. Malgré la hauteur de son sommet, il reste à un niveau très élevé pendant une dizaine d'années et c'est surtout à la fin des années 60 qu'il baisse, mais quand même assez lentement. Dans les années 90, il retrouve son niveau du début du siècle. Il a dépassé le seuil de 1 % pendant près de 50 ans.

Michel est le grand prénom des *baby-boomers*; à partir de 1945 et pendant près de 20 ans, il est le prénom le plus attribué. Comme ces générations sont nombreuses, il est le prénom le plus porté encore aujourd'hui, par 1 homme sur 33.

Miguel

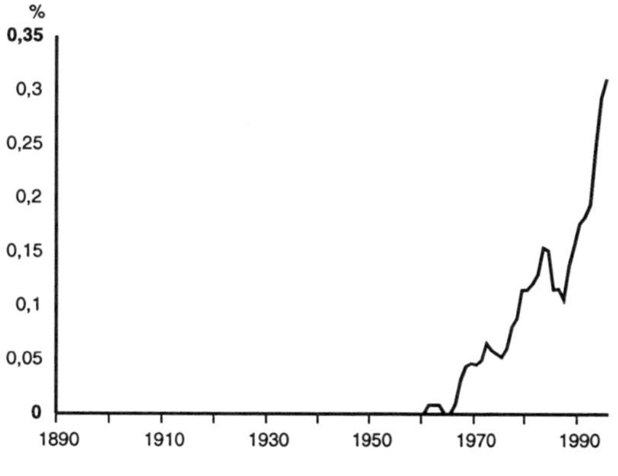

Ces dernières années, on remarque l'apparition d'un autre parent de Michel, Miguel, mais qui n'est encore donné qu'à environ 1 garçon sur 350.

Napoléon

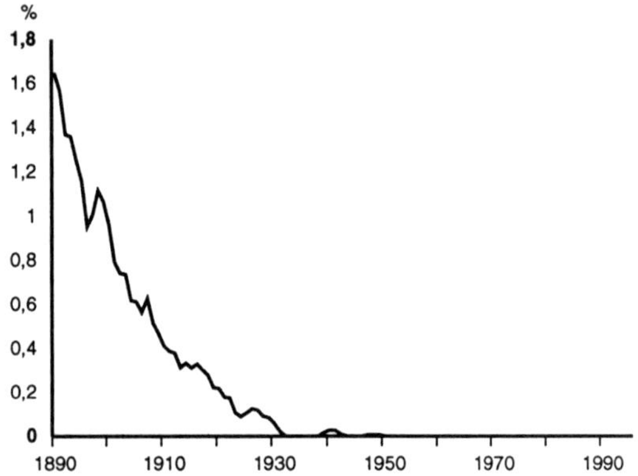

Au début des années 1890, Napoléon est porté par plus de 1 garçon sur 66, mais c'est déjà Waterloo, et à la fin des années 20, il n'y a plus personne à le choisir.

Nicolas

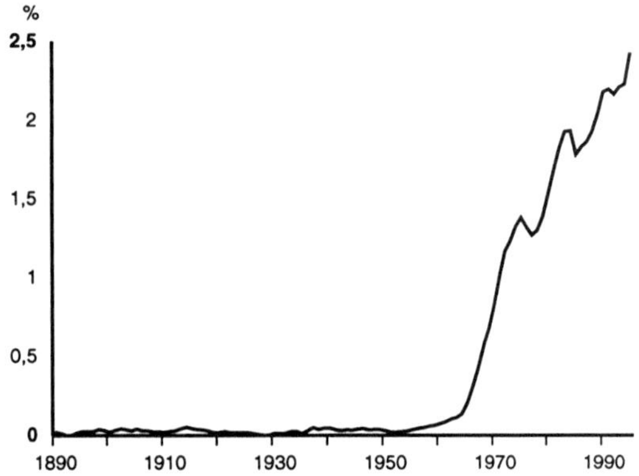

Derrière le monument à Louis Hébert situé dans le jardin Montmorency à Québec, il y a une liste des premiers colons canadiens et deux d'entre eux portent le prénom de Nicolas. D'ailleurs, 1 baptisé sur 33 recevait ce prénom au XVIIe siècle.

Au XXe siècle, malgré les succès de Nicole dans les années 40, Nicolas est très tranquille jusqu'au milieu des années 60. Il entreprend alors une longue marche, interrompue quelques fois par des reculs, vers un maximum atteint en 1995, alors que près de 1 garçon sur 40 s'appelle Nicolas. Sa carrière est relativement calme et il dépasse la barre de 1 % des prénoms masculins depuis près de 25 ans. Il a encore de belles années devant lui.

Noël

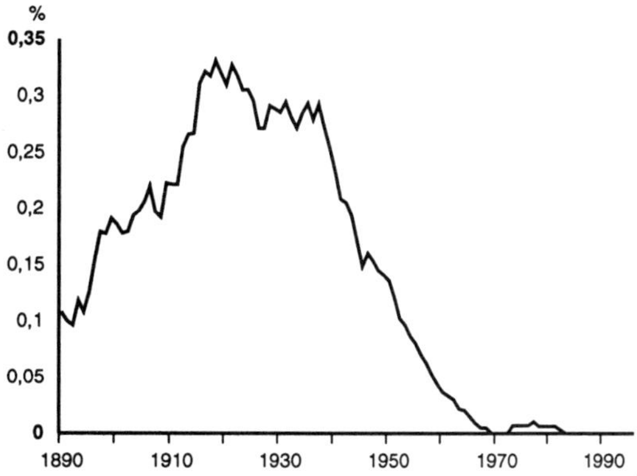

Noël est un prénom qui est resté bien discret, mais sa courbe est jolie. Parti de 1 pour 1 000 en 1890, il augmente très lentement et à partir du milieu des années 10, il n'est pas loin de 1 pour 300 pendant une vingtaine d'années, avant de redescendre tout aussi calmement et de disparaître pendant les années 60.

Normand

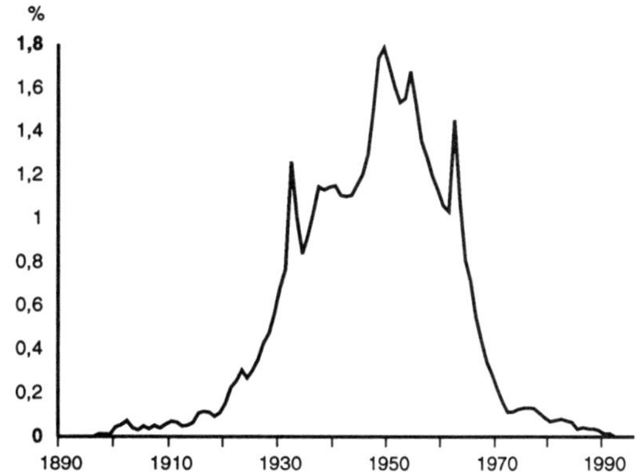

C'est dans les années 20 que Normand, qui jusque-là se tenait bien tranquille, décide de bouger, mais bien lentement. Il n'atteint son sommet que 30 ans plus tard, en 1948 et en 1949, alors que 1 garçon sur 56 est prénommé Normand. Contrairement à l'habitude, la descente est plus rapide, particulièrement dans les années 60, si bien que depuis le début des années 70, Normand attend sa fin qui arrive quelques années plus tard. Même s'il n'a pas grimpé très haut, Normand a duré longtemps : plus de 25 ans au-dessus du seuil de 1 % des prénoms. On note quelques aspérités dans la courbe de Normand, spécialement celle de 1962 qu'il faudrait bien expliquer.

Normand est un prénom inconnu en France, mais il existe dans le monde anglo-saxon, sans le *d* final toutefois. On trouve ici même quelques Normande, surtout dans les années 30 et 40.

Odilon

Il y a 100 ans, environ 1 garçon sur 300 recevait ce prénom pourtant bien joli, mais qui termina ses jours dans les années 20.

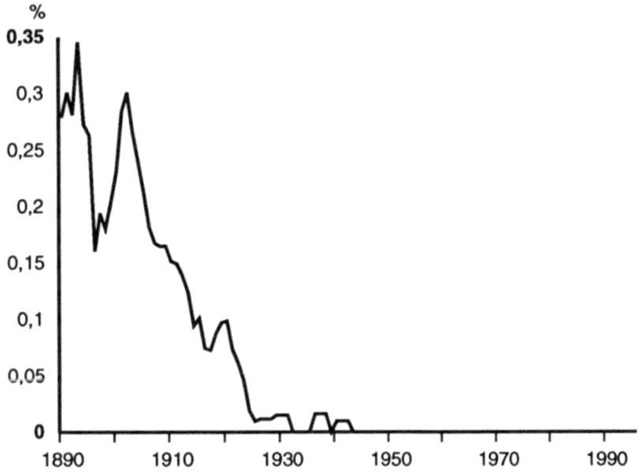

Olivier

Au tournant du siècle, Olivier atteint rarement plus de 1 garçon sur 500. Il est à peu près silencieux pendant des décennies, avant de frémir dans les années 60. Il démarre pour de bon au début des années 70 et monte jusqu'en 1996, alors que 1 garçon sur 40 reçoit le prénom d'Olivier. Il est au cinquième rang.

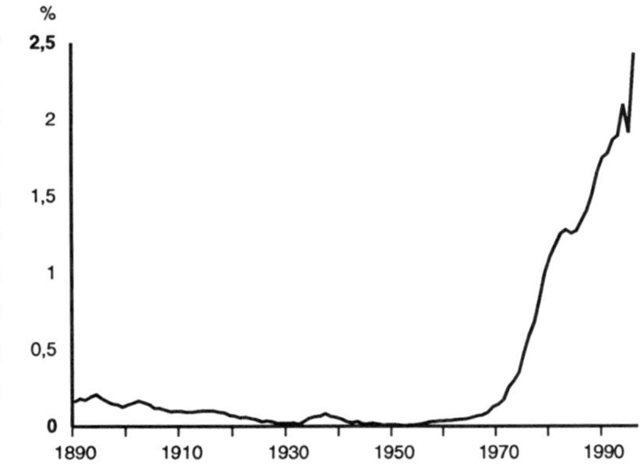

Omer

Dans la dernière décennie du XIXe siècle, Omer est choisi pour plus de 1 garçon sur 100, mais après, il décline lentement jusqu'à l'oubli au début des années 30.

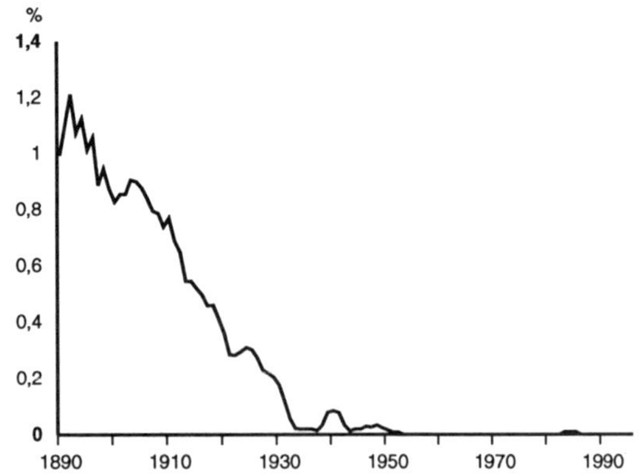

Oscar

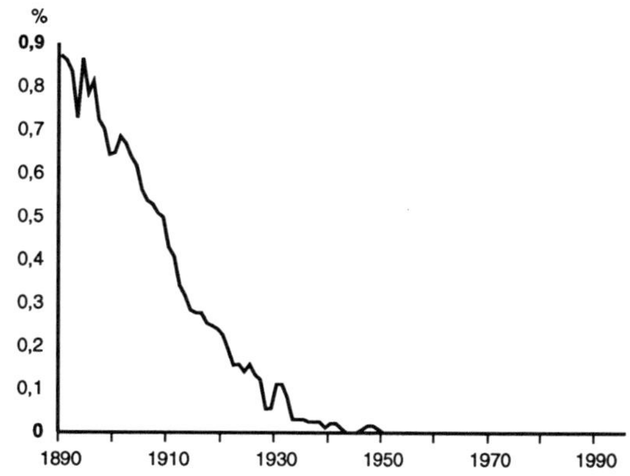

Oscar connaît le même destin qu'Omer, mais il est un peu moins fréquent.

Ovide

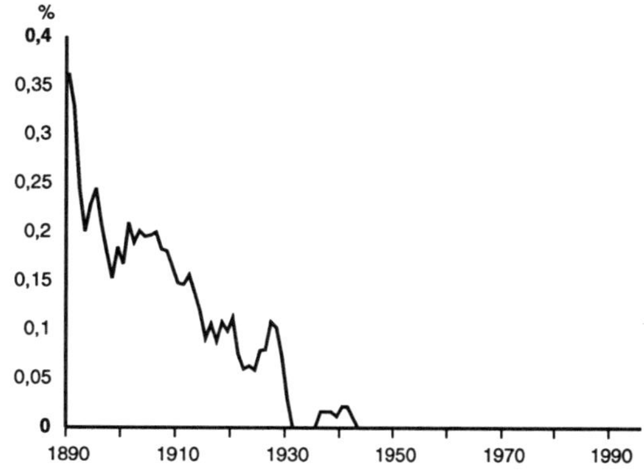

Au tournant du siècle, 1 garçon sur 500 reçoit le nom du grand poète latin, mais malheureusement, il est oublié dans les années 30.

Ovila

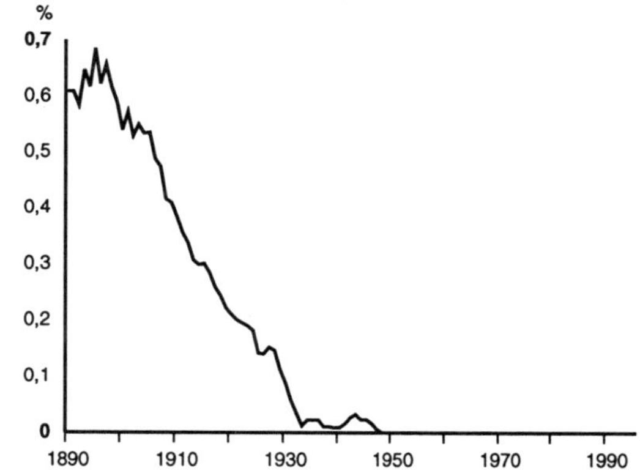

C'est encore un prénom débutant par la lettre *o* qui achève sa course dans les années 30. À la fin du siècle dernier, Ovila est porté par 1 garçon sur 150.

Pascal

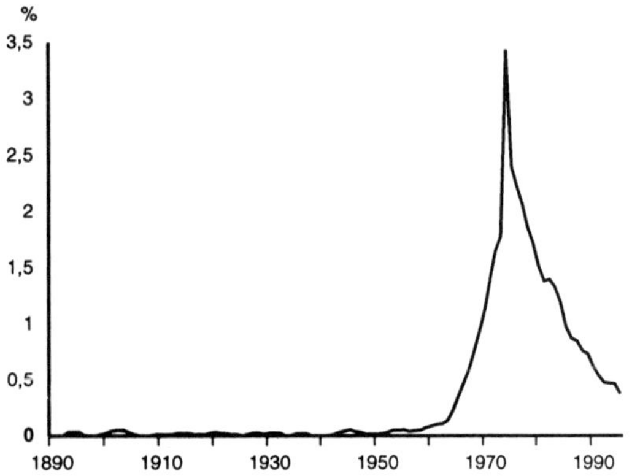

On ne trouve que quelques Pascal ici et là depuis le début du siècle jusqu'au milieu des années 60. Il amorce alors une montée qui l'amène sur une crête en 1974, alors qu'il atteint 1 garçon sur 29. Il descend plus lentement et est encore choisi pour 1 garçon sur 200 au milieu des années 90. Malgré son sommet étroit, Pascal a dépassé pendant plus de 15 ans le niveau de 1 % des prénoms.

Pascal avait atteint son sommet en France en 1962, avec 1 garçon sur 20, soit dix ans avant qu'il ne débute ici, où son succès fut beaucoup moindre.

Il est malheureux que Pascal n'ait pas réveillé Blaise qui est pourtant un joli prénom.

Patrice

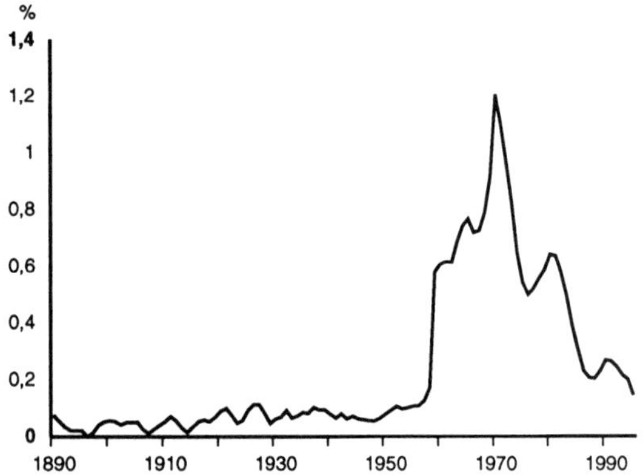

Patrice, qui est resté plus rare que Patrick depuis le début du siècle, démarre en 1959, soit avant Patrick, mais se fait supplanter six ans plus tard. Il ne réussit qu'à se rendre à un sommet beaucoup plus modeste de 1 garçon sur 83 en 1970. Depuis le milieu des années 80, il n'est choisi que pour 1 garçon sur 500 environ.

Patrick

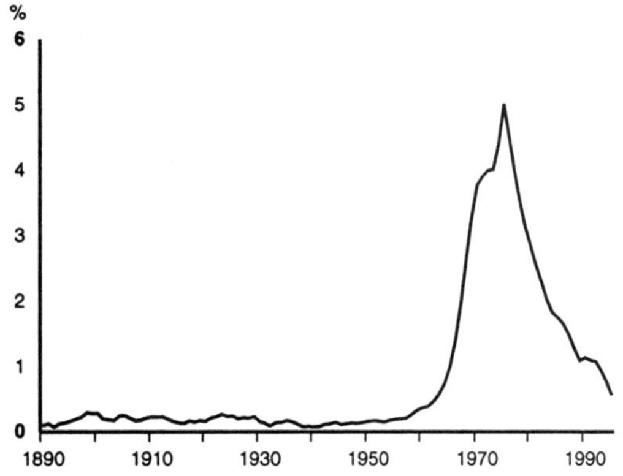

Bon an, mal an, de 1890 jusqu'au milieu des années 30, Patrick atteint environ 1 garçon sur 500, puis ensuite seulement 1 sur 1 000 jusqu'au milieu des années 50. Il amorce alors une petite croissance, qui s'accélère vers le milieu des années 60. En 1975, 1 garçon sur 20 reçoit le prénom Patrick, qui est alors à son sommet. La descente est assez lisse et ce n'est qu'au début des années 90 que Patrick descend sous la barre de 1 % des prénoms, après l'avoir dépassée pendant plus de 25 ans.

Patrick Zabé adopte son nouveau nom en 1966 (au lieu de Jean-Marie Rusk), à la suggestion de son agent Guy Cloutier. Il ne connaît ses premiers succès que deux ans plus tard. Patrick est déjà un prénom très populaire. Zabé s'est servi d'un prénom montant, mais il a peut-être à son tour contribué à le rendre encore plus populaire.

Paul

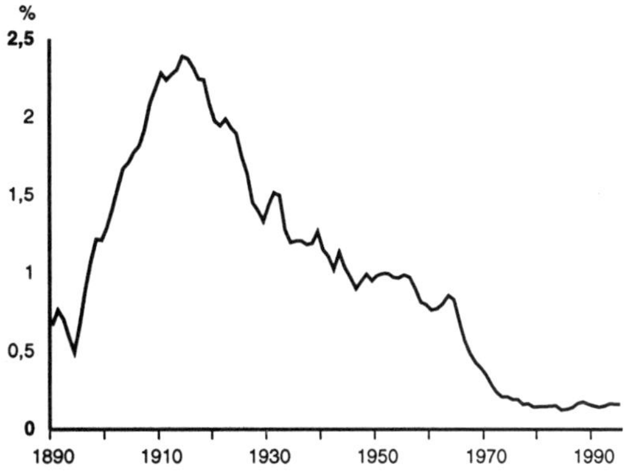

Au milieu des années 1890, Paul est porté par environ 1 garçon sur 200 depuis quelques années. Il amorce une croissance lente qui l'amène à son sommet en 1914-15, alors qu'il atteint près de 1 garçon sur 40. Ce n'est pas très haut, mais il descend si lentement qu'il restera au-dessus du seuil de 1 % des prénoms pendant plus de 50 ans. Il a une faiblesse dans les années 60 et, depuis le début des années 70, il est donné à moins de 1 garçon sur 500, ce qui est menaçant, mais il n'est pas encore totalement abandonné.

Paul est parfois composé : Paul-Henri a eu une certaine popularité dans les années 10 et 20 (1 sur 500), Paul-André à la fin des années 30 et au début des années 40, et Paul-Émile, celui qui a eu le plus de succès. Il ne faut pas oublier Jean-Paul, qui a connu son heure de gloire dans les années 20.

Paul-Émile

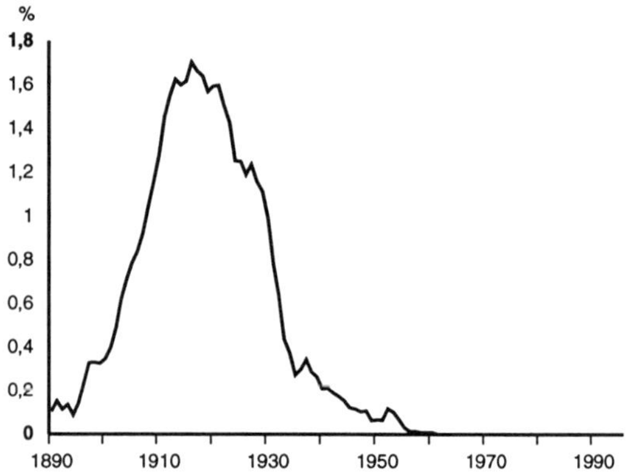

Comme Émile est en déclin depuis le début du siècle, Paul-Émile suit plutôt Paul. Il commence comme lui dans les années 1890 et plafonne autour de 1 garçon sur 60 pendant les années 10. Il baisse beaucoup dans les années 20 et disparaît à la fin des années 40. Paul-Émile a quand même passé plus de 20 ans à atteindre au moins 1 % des garçons.

Philippe

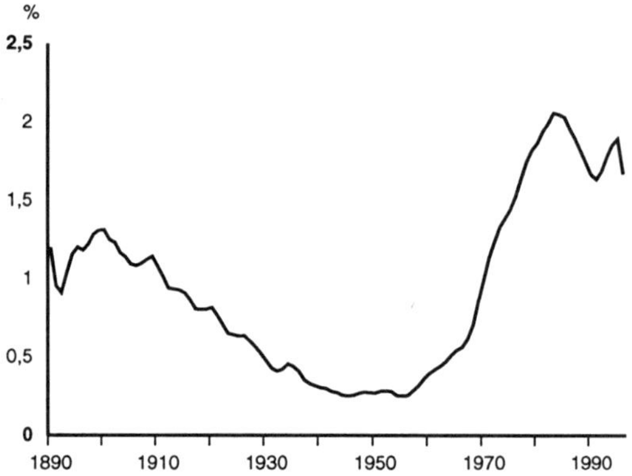

Philippe fait partie, avec André, Charles, Jean, François, Louis et Pierre, du petit groupe de prénoms exceptionnels qui sont présents pendant tout le siècle sans jamais être descendus plus bas que 1 sur 400, ce qui n'empêche pas les oscillations. Au tournant du siècle, environ 1 garçon sur 80 est baptisé du nom de Philippe. La fréquence du prénom diminue lentement et frôle à quelques occasions le niveau de 1 sur 400, dans les années 40 et 50, mais Philippe se ressaisit et se met à augmenter surtout dans les années 70. De 1983 à 1985, il culmine à 1 sur 47 et redescend ensuite, toujours aussi doucement. Curieusement, il a monté un peu au milieu des années 90.

Pierre

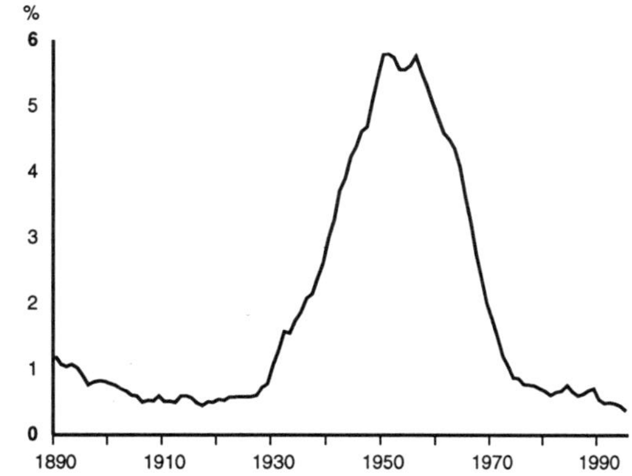

Pierre est un des grands prénoms du siècle ; il est, après Michel, le prénom le plus porté aujourd'hui. Il fait partie du petit groupe de prénoms exceptionnels qui n'ont jamais connu d'éclipse.

Vers 1890, Pierre est porté par environ 1 garçon sur 80, mais il est sur une pente descendante, très douce, qui l'amène au niveau d'environ 1 sur 170 pendant les années 20. Au début des années 30, Pierre se remet en marche et il atteint en 1949 un plateau où il restera pendant près de dix ans. Il atteindra alors environ 1 garçon sur 17. Il descend rapidement dans les années 60, puis doucement depuis le milieu des années 70. Il passe près de 50 ans au-dessus du niveau de 1 garçon sur 100.

Pierre a été le second prénom le plus populaire pendant une quinzaine d'années, mais il n'a jamais réussi à dépasser Michel.

Ce n'est pas d'aujourd'hui que Pierre est un prénom commun. Au début de la colonie, il est le plus fréquent, avec 12 % des garçons. On devine facilement l'origine de l'expression Pierre, Jean, Jacques (chose, machin, chouette) quand on constate qu'ils sont à cette époque les trois prénoms les plus donnés.

Parmi les prénoms composés avec Pierre, outre Pierre-Luc et Pierre-Olivier présentés ci-après, on note quelques Pierre-Paul, surtout dans les années 40 (1 sur 500). Il ne faut pas oublier non plus Jean-Pierre.

Pierre-Luc

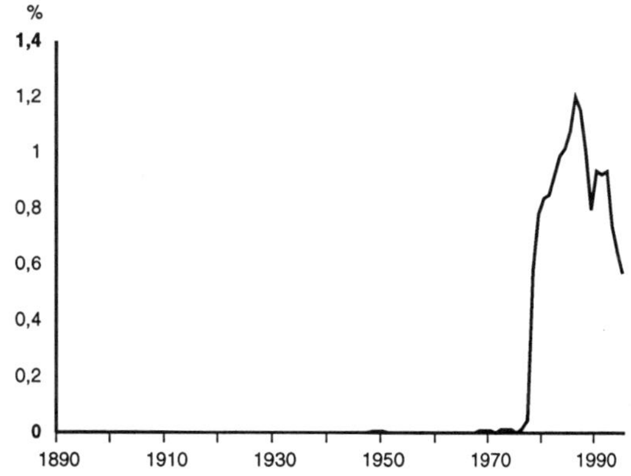

On peut compter sur les doigts de la main les Pierre-Luc en 1977, puis soudainement, l'année suivante, 1 garçon sur 150 s'appelle Pierre-Luc, et le prénom poursuit sur sa lancée et réussit à atteindre 1 garçon sur 75 en 1987 et en 1988. Il n'ira pas plus loin et passera quelques années autour de 1 sur 125.

Il faut noter que pendant ces années, Luc continue à décliner et qu'il est à la fin de son cycle.

Pierre-Olivier

Contrairement à Pierre-Luc, qui croît alors que Luc est de plus en plus faible, Pierre-Olivier parasite la carrière d'Olivier, mais il ne réussit qu'à atteindre 1 garçon sur 200 autour de 1990.

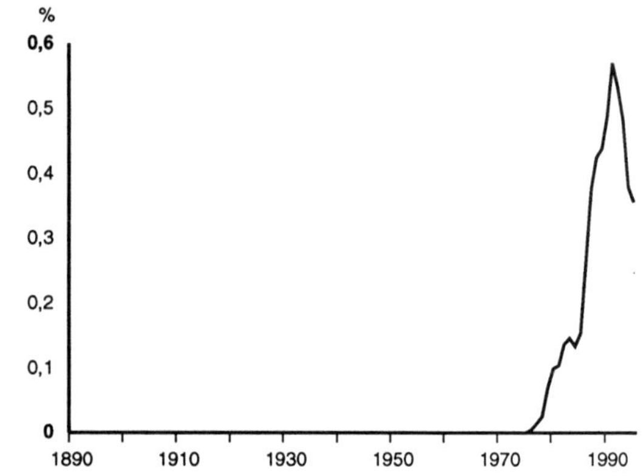

Raoul

Raoul plafonne au début du siècle en étant porté par environ 1 garçon sur 125. Sa fréquence diminue ensuite jusque dans les années 40.

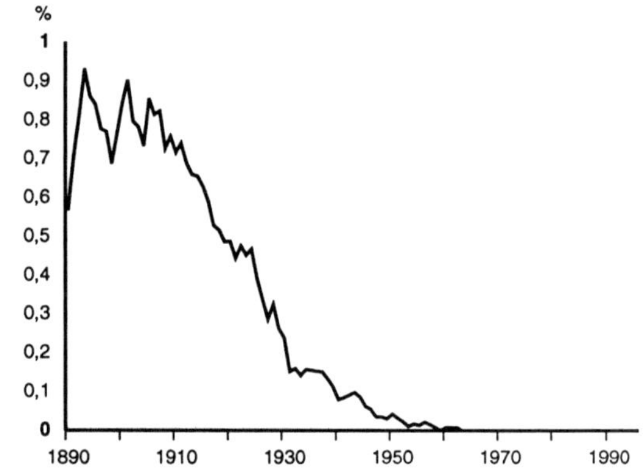

Raphaël

L'envol récent de Raphaël suit exactement celui de Gabriel, un autre archange, mais Gabriel est beaucoup plus populaire. Raphaël est très rare au début du siècle et absent dans les années 50 et 60. Réapparu au milieu des années 70, il augmente régulièrement et atteint près de 1 garçon sur 80 en 1996.

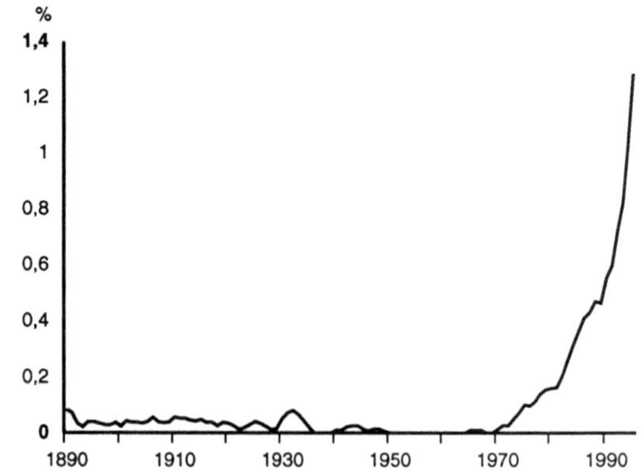

Raymond

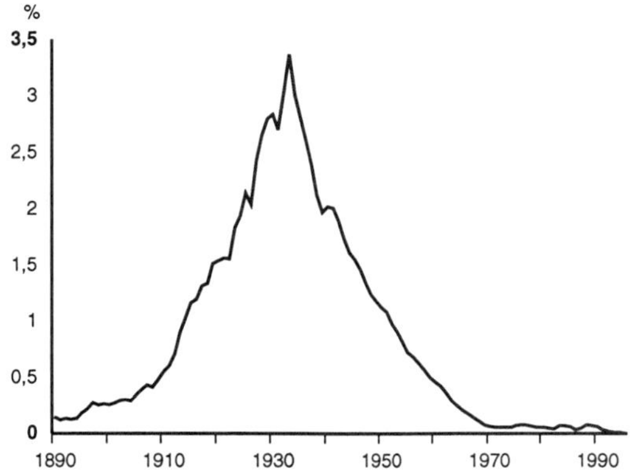

Vers 1890, Raymond est un prénom assez rare. Il se met à augmenter très lentement, atteint 1 % en 1914 et se rend à son sommet en 1933, alors qu'il est porté par 1 garçon sur 30. Il redescend tout aussi doucement jusqu'à la fin des années 60. La base de Raymond est très large puisqu'il a passé près de 40 ans au-dessus du niveau de 1 % des prénoms.

Raynald

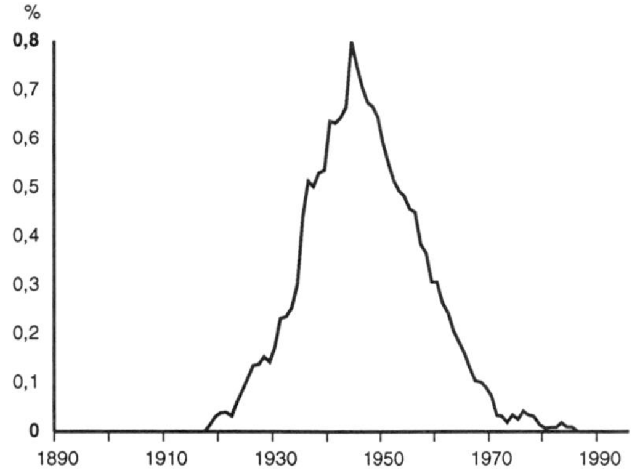

Entre 1920 et 1970, la fréquence de Raynald forme un triangle dont le sommet est en 1944-45, alors qu'il atteint 1 garçon sur 125. Il s'écrit aussi Rénald et Reynald. Raynald est inconnu en France et aux États-Unis.

Réal

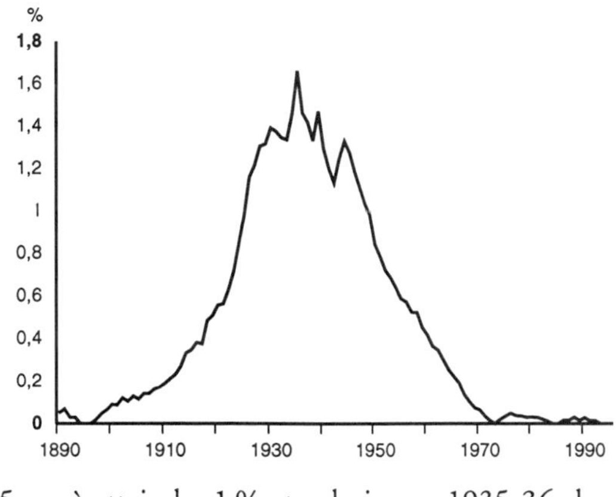

Réal et Rhéal sont des curiosités : on les cherche en vain dans une liste de 6 000 prénoms français et une autre de 15 000 prénoms proposés aux parents américains. Réal veut bien dire royal comme dans Montréal, mais ce n'est certainement pas le sentiment monarchiste qui amena tant de parents à choisir ce prénom.

Réal naît avec le siècle et progresse très lentement : il met 25 ans à atteindre 1 % et culmine en 1935-36 alors qu'il atteint 1 garçon sur 60. Il descend tout aussi lentement et est délaissé depuis 1970. Même s'il n'est pas monté très haut, Réal a passé près de 25 ans au-dessus du seuil de 1 % des prénoms, ce qui lui permet de faire partie des 100 prénoms les plus portés aujourd'hui.

Régis est le génitif de rex ; Réal est donc peut-être la francisation du prénom Régis. Régis est un prénom qui est resté très discret, entre 1 et 2 pour 1 000, des années 30 aux années 80.

Réjean

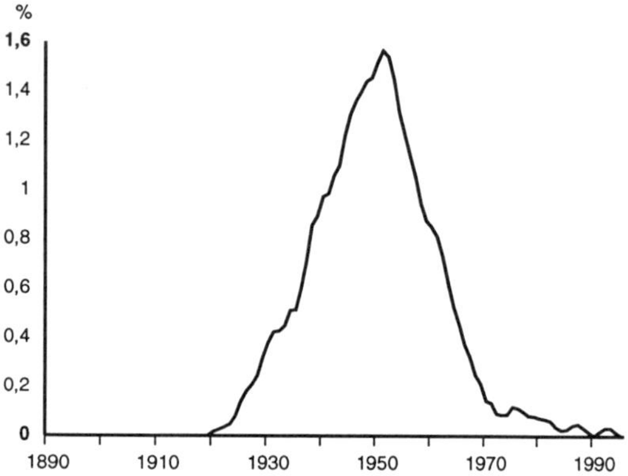

Tout comme Réal, Réjean semble être une création locale, dérivée de Réjeanne. Les premiers Réjean du monde seraient nés au début des années 20, et sans hésiter le prénom a gagné assez rapidement en popularité. À son sommet, en 1951-52, Réjean est choisi pour 1 garçon sur 63. La descente est régulière et Réjean se raréfie dans les années 70. Il dépasse pendant une quinzaine d'années le niveau de 1 prénom sur 100.

Réjean n'est pas un prénom composé, mais il fait évidemment partie de la famille des prénoms formés avec Jean.

Rémi

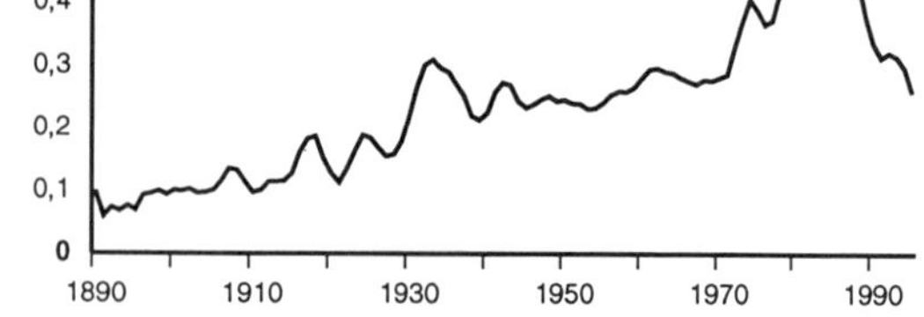

Rémi ou Rémy est un prénom étonnant par sa constance et sa détermination. Sa variation est une des plus faibles. Il augmente à peu près constamment pendant tout le siècle, mais de 1 pour 1 000 à seulement 4 pour 1 000 dans les années 80. Il y a bien une petite exception en 1984, alors qu'il est porté par 1 garçon sur 120, mais il paye cette escapade par une diminution ultérieure. Rémi est un des rares prénoms qui n'est pas daté ; on ne peut deviner l'année de naissance d'un Rémi.

Renaud

Tout comme Rémi et Roch, Renaud est toujours là depuis les années 10, mais à une fréquence très discrète, autour de 1 pour 1 000. En général, nous ne présentons pas de graphiques pour des prénoms si rares, mais il faut récompenser sa durée exemplaire

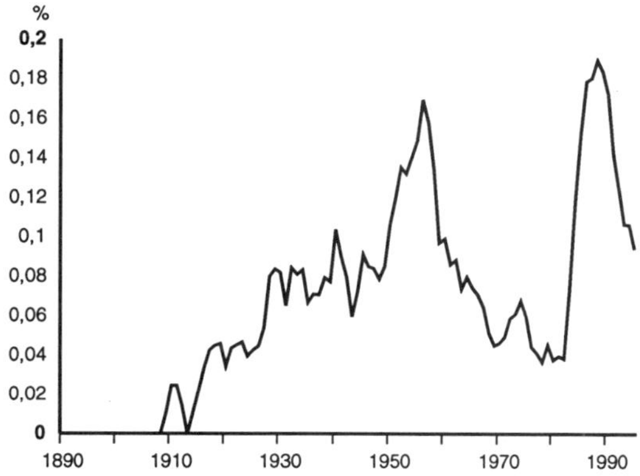

René

La longue carrière de René est déjà commencée en 1890 ; en 1901, il est rendu à 1 %. Son sommet est très large et sa meilleure année est 1920, alors qu'il atteint 1 garçon sur 43. Du début des années 30 au début des années 60, il reste sur un plateau un peu supérieur à 1 %, puis il diminue rapidement et devient rare dans les années 80. René n'est pas monté très haut, mais il a passé 60 ans au-dessus du seuil de 1 % des prénoms, soit la deuxième durée la plus longue à ce niveau après Jean.

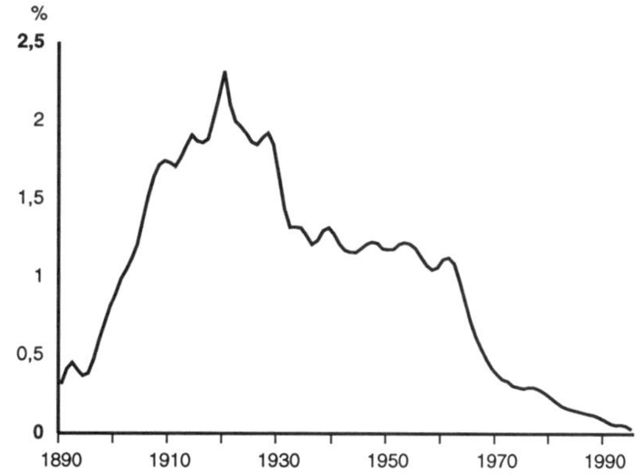

Richard

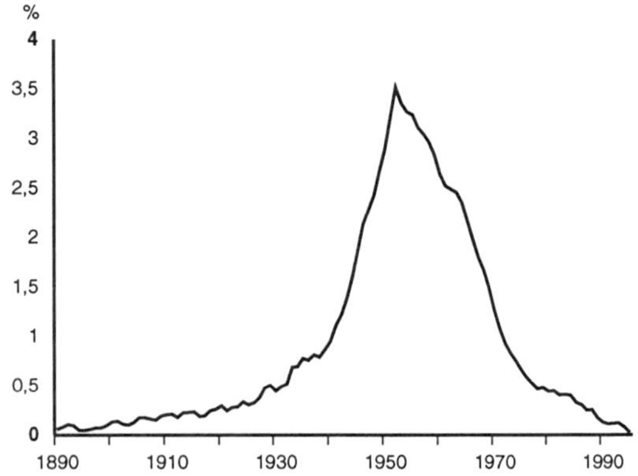

Richard a été très patient avant de connaître le succès. Il est rare au tournant du siècle (1 pour 1 000) et il augmente très lentement, si bien qu'il n'atteint 1 % qu'en 1940. Là, il se met à grimper et il se rend à son apogée en 1952, alors qu'il atteint 1 garçon sur 29. Il descend plus lentement, mais n'est plus très donné dans les années 80. Les générations d'après-guerre sont nombreuses et Richard a passé plus de 30 ans au-dessus de la barre de 1 %, si bien que c'est un des 20 prénoms les plus portés aujourd'hui.

Robert

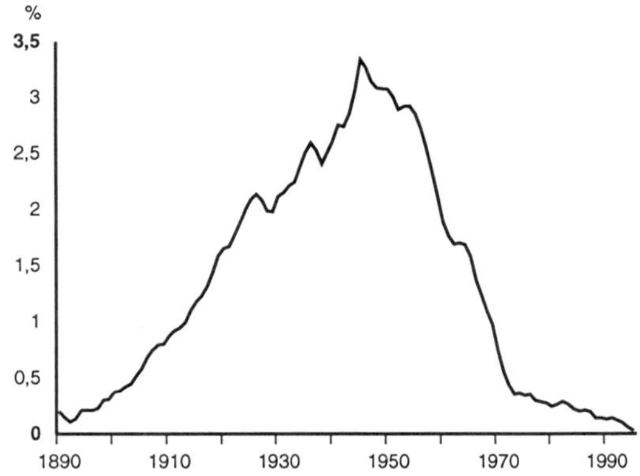

C'est un curieux destin que celui de Robert. Parti de peu en 1890, il gravit régulièrement tous les échelons et à son sommet, en 1945-46, il est choisi pour 1 garçon sur 30. Après une si belle et longue ascension, la descente des années 50 et 60 a l'air d'une chute, et sa carrière s'achève dans les années 80. Robert affiche une des plus remarquables longévités, demeurant au-dessus du seuil de 1 %, pendant près de 60 ans.

Roch

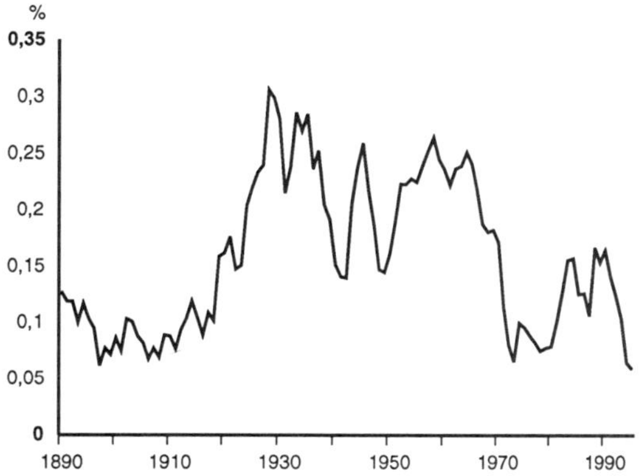

Roch (parfois Rock) a, comme Rémi, une carrière exceptionnelle par sa discrétion et sa constance. Au tournant du siècle, il est à moins de 1 pour 1 000 ; des années 30 aux années 60, il oscille autour de 2 pour 1 000, et il est descendu un peu depuis. Le chanteur populaire Roch Voisine n'a pas réussi à réveiller son prénom, non plus que celui d'Hélène, titre de sa chanson la plus connue.

Roger

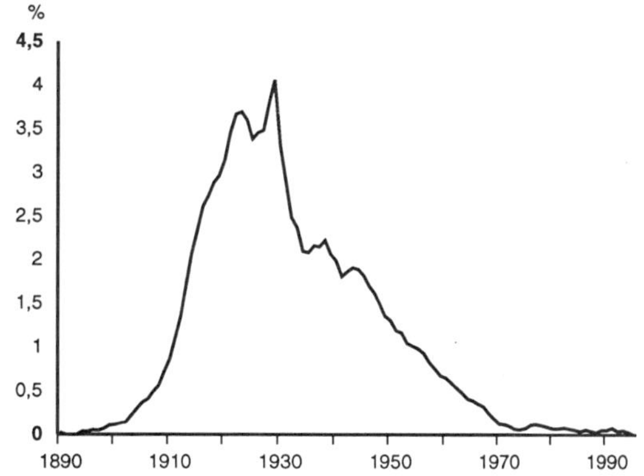

Inconnu à la fin du siècle dernier, Roger monte rapidement pendant les années 10, si bien qu'il atteint un plateau de 1922 à 1929, avec un sommet de 1 garçon sur 25 en 1929. En 1923, il est le prénom masculin le plus donné. Il descend d'abord rapidement, puis très lentement jusqu'à la fin des années 60. Roger a duré longtemps ; il a passé 45 ans au-dessus de la barre de 1 % des prénoms.

Roland

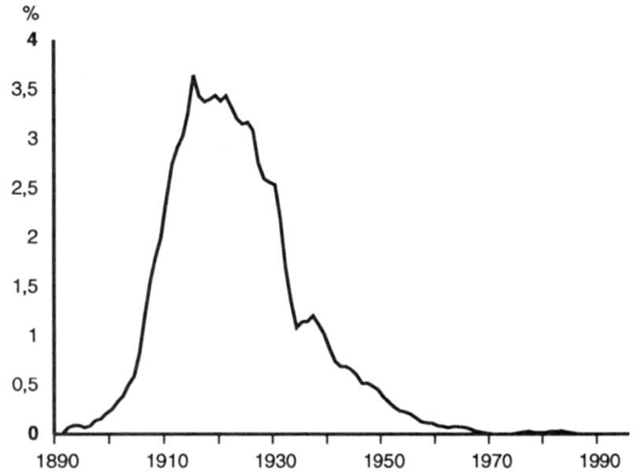

Il est toujours étonnant de constater que plusieurs des prénoms de nos pères ou de nos grands-pères étaient à peu près inconnus à la fin du siècle dernier. Roland apparaît au tournant du siècle et il connaît une croissance impressionnante surtout à partir de 1905, si bien qu'il atteint son sommet en 1915, alors qu'il est porté par 1 garçon sur 27. Il reste à ce niveau pendant quelques années, et ce n'est qu'à partir des années 20 qu'il se met à descendre, très rapidement, puis lentement dans les années 30. Depuis les années 60, il n'y a plus d'enfant qui reçoit ce nom. En 1919 et 1920, Roland a été le prénom le plus donné et il a été second pendant sept ans, à partir de 1911. C'est un bon exemple de la rapidité de la diffusion des prénoms ; une douzaine d'années à peine après ses débuts, il était déjà au second rang. Son histoire est identique à celle de Gérard.

Roméo

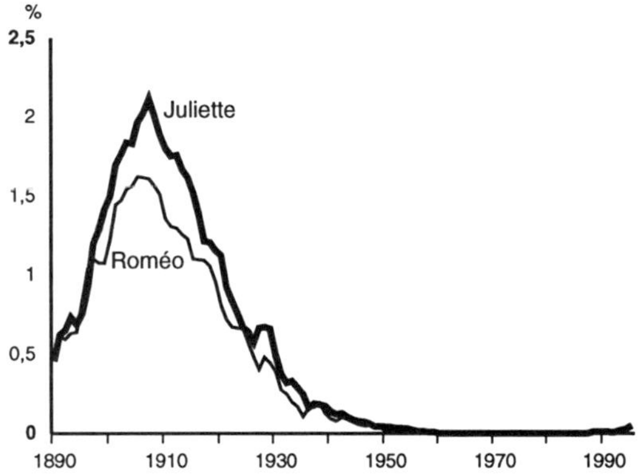

C'est une surprise bouleversante de constater que Roméo et Juliette sont unis jusque dans leur destin statistique…

Curieuse histoire que celle de Roméo et Juliette ; ils se sont rencontrés à la fin du siècle dernier. Ils ont gravi ensemble la route vers le sommet, qu'ils atteignent au même moment, en 1905-06, mais Juliette est monté un peu plus haut. Ce n'est pas la fin tragique habituelle, mais après une paisible descente, ils finissent par mourir ensemble dans les années 40.

Roméo a passé 22 ans au-dessus du seuil de 1 % des naissances et Juliette, 23 ans, mais Juliette a atteint 1 fille sur 45 alors que Roméo s'est contenté de 1 garçon sur 58.

Cette réunion de Roméo et Juliette est l'événement le plus inattendu de cette recherche sur l'histoire des prénoms.

Ronald

Sans les comparer à Roméo et Juliette, Ronald et Donald ont la même histoire, sauf pour la pointe de Donald dans les années 60. Encore très discret vers 1920, Ronald croît lentement et plafonne au début des années 40, avec moins de 1 garçon sur 200. Il diminue ensuite et devient désuet vers 1970.

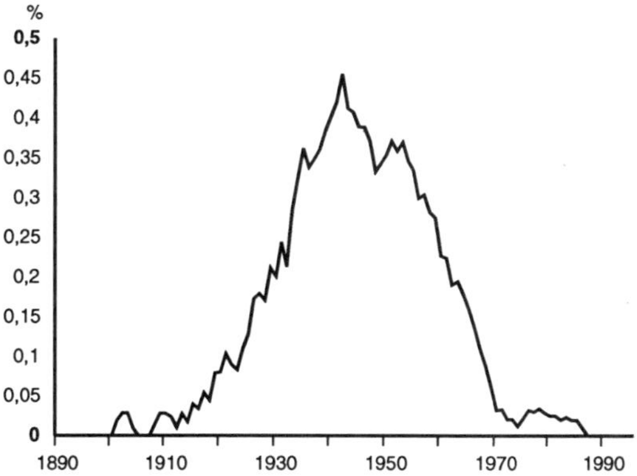

Rosaire

Rosaire est un prénom tout neuf en 1890; il se rend graduellement à son sommet vers 1920, alors qu'il est porté par environ 1 garçon sur 110. Il décline ensuite pour être totalement absent depuis la fin des années 50.

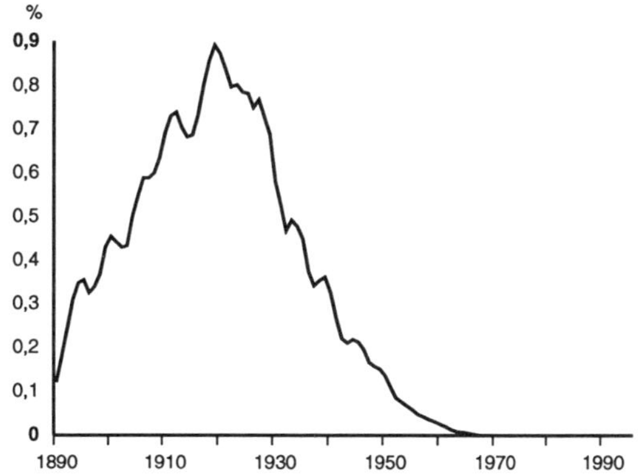

Rosario

Rosario, qui est à la fois italien et espagnol, apparaît en même temps que Rosaire et le dépasse même légèrement au début. Il plafonne cependant au début du siècle, avec environ 1 garçon sur 150, et disparaît dans les années 30.

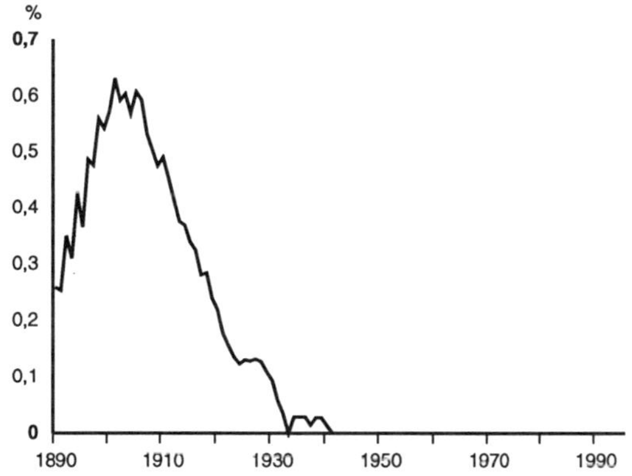

Samuel

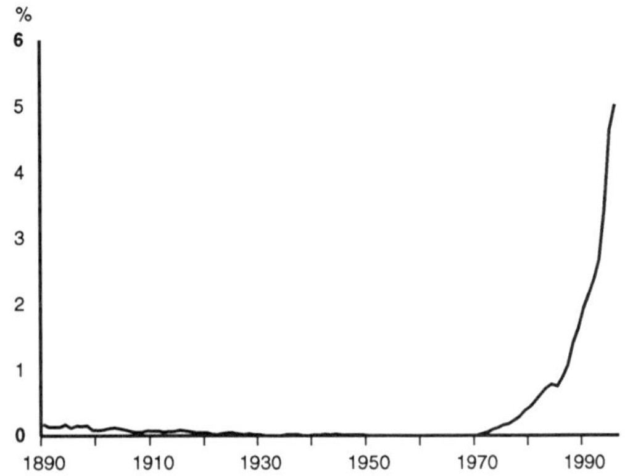

Samuel de Champlain, le fondateur de Québec, aura attendu près de quatre siècles avant de voir son prénom jouir d'une grande notoriété. Au tournant du siècle, c'est tout juste s'il y a 1 garçon sur 1 000 qui reçoit ce prénom. Après une longue éclipse, Samuel réapparaît dans les années 70 et grimpe résolument jusqu'à atteindre la première position en 1995 ; en 1996 il est choisi pour 1 garçon sur 20 (voir David).

Sébastien

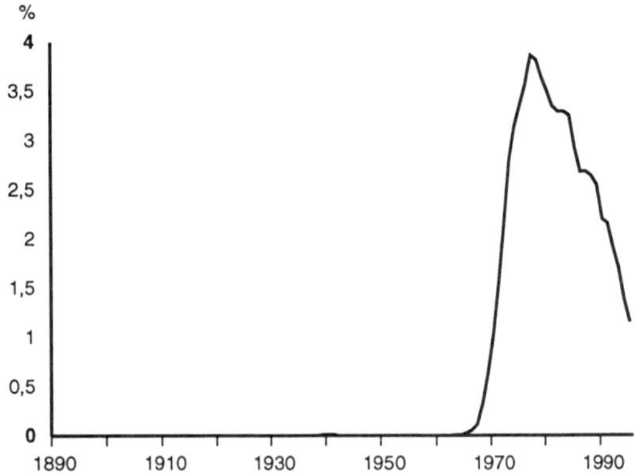

Sébastien est tout à fait inconnu jusqu'en 1965. Il ne traîne pas et dès 1970, il est porté par 1 garçon sur 100. Il poursuit son ascension rapide et atteint en dix ans à peine son sommet en 1977-78, avec 1 garçon sur 26. Il devra cependant se contenter du deuxième rang, derrière Éric et ensuite Jonathan. Malgré son succès instantané, Sébastien n'est pas du tout une étoile filante puisqu'il est, depuis 25 ans, au-dessus du seuil de 1 % des prénoms.

Serge

Après avoir été à peine murmuré dans les années 20, et être resté discret dans les années 30, Serge augmente rapidement jusqu'à atteindre son apogée en 1952, avec 1 garçon sur 33. Sa baisse est importante dans les années 60, et il s'étiole peu à peu ensuite. Serge a passé une trentaine d'années au-dessus du seuil de 1 % des prénoms, et ce, pendant les années du *baby boom*, si bien qu'il est aujourd'hui parmi les 25 prénoms les plus portés.

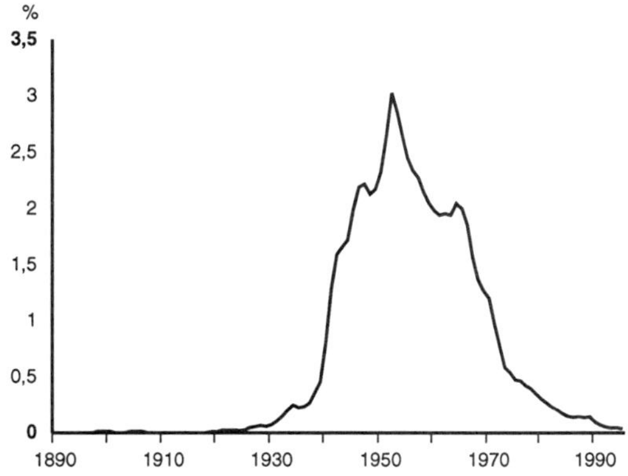

Simon

Jusqu'aux années 60, Simon était choisi pour seulement 1 ou 2 garçons sur 1000. Même la grande popularité de Simone, vers 1910, n'avait pas réussi à le faire bouger. Sa croissance est assez lente. Sa meilleure année est en 1986, alors qu'il atteint 1 garçon sur 33. Il fait partie des dix prénoms les plus populaires pendant la période 1985-1989.

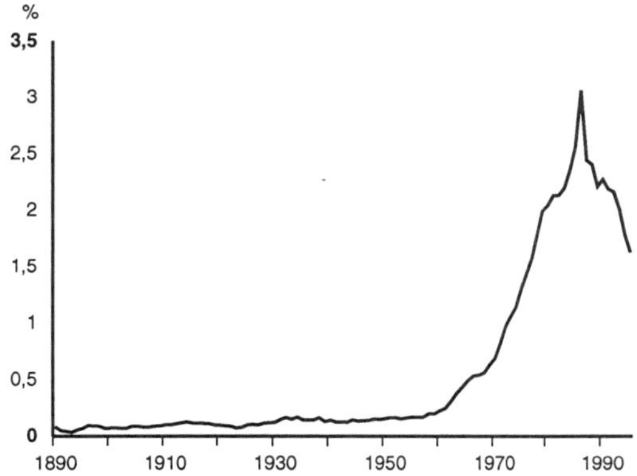

Stanislas

Ce prénom, qui pourrait pourtant plaire, est oublié depuis les années 20. Vers 1890, près de 1 garçon sur 200 s'appelait Stanislas.

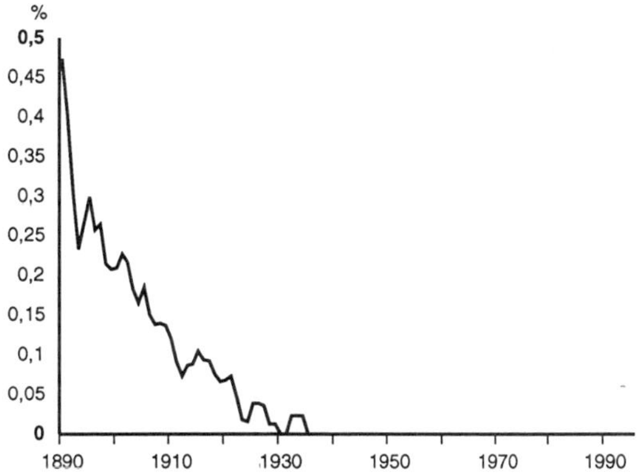

Stéphane

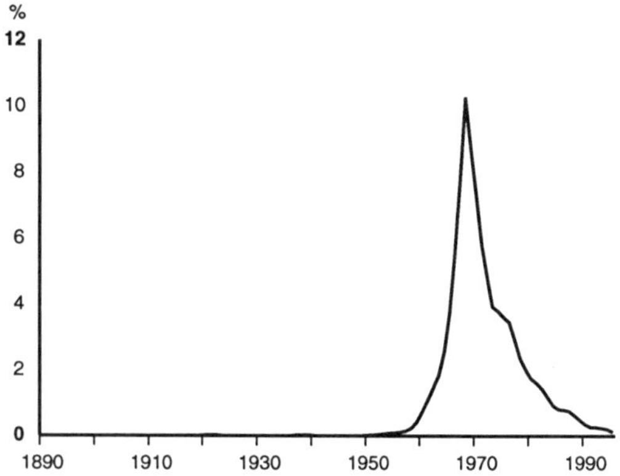

Il fallait réserver les qualificatifs pour la carrière fulgurante de Stéphane, qui domine chez les hommes. Stéphane, inconnu jusque-là, apparaît au début des années 50 et reste tranquille durant cette décennie. Puis il démarre en 1960 et monte en flèche jusqu'au pinacle de 1968, alors que 10,3 % des garçons reçoivent ce nom. La progression mérite d'être détaillée : il est à 1,1 % en 1961, à 3,5 % en 1965, à 5,3 % en 1966 et à 7,7 % en 1967. C'est donc une augmentation de 5 % au cours des deux ans entre 1966 et 1968. La descente est rapide, mais un peu plus lente, et ce n'est qu'en 1984 que Stéphane passera sous la barre de 1 % des prénoms qu'il aura dépassée pendant 23 ans, ce qui est peu pour un prénom monté si haut. Évidemment, Stéphane sera le prénom le plus donné, mais pendant seulement cinq ans, de 1966 à 1970.

Il faut noter que le chanteur Stéphane, qui débute sa carrière solo en 1967, connaît un immense succès en 1968 et fait pleurer dans les chaumières avec *Sèche tes larmes*. Le prénom était déjà très répandu, mais le chanteur peut avoir donné le coup de pouce qui manquait pour dépasser le niveau de 10 %.

Stéphane entraîne dans son sillage, non seulement Stéphanie, mais aussi Steve, Steven et même Étienne, qui est la forme française du latinisant Stéphane.

Steve

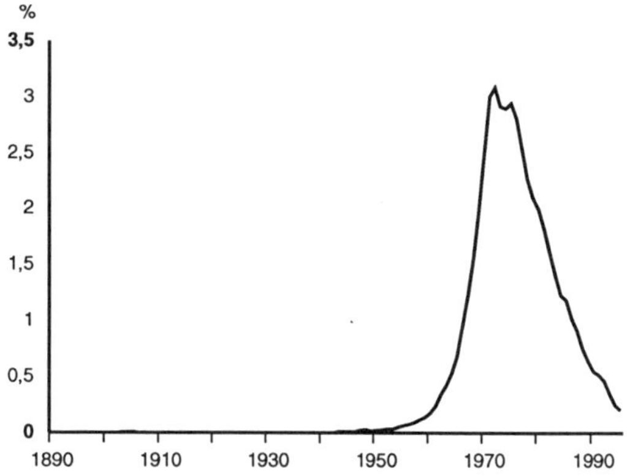

La carrière de Steve est assez impressionnante, mais il est dans l'ombre de Stéphane et il passera toujours pour un diminutif. Il apparaît au même moment que Stéphane et atteint son sommet seulement trois ans plus tard, avec, en 1971 et en 1972, 1 garçon sur 30, ce qui est pas mal, mais peu par rapport au score de Stéphane. Steve a passé 20 ans au-dessus de la barre de 1 % des prénoms, soit presque la même durée que Stéphane, et il peut donc figurer parmi les 50 prénoms les plus portés aujourd'hui. Steve s'écrit parfois Steeve ; il peut se prononcer Stive, à l'anglaise, ou peut-être encore Stève, mais nous ne pouvons pas les distinguer.

Steven

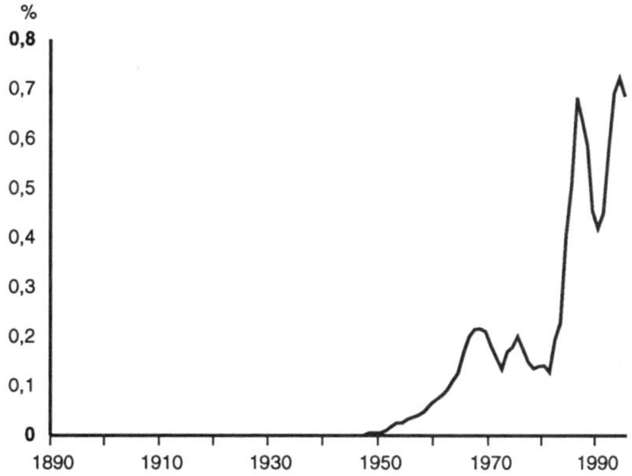

Pendant les années 80, Steven s'est approché du niveau de 1 sur 150, mais il a moins bien réussi qu'Étienne comme porteur du témoin de Stéphane.

On note dans les années 60 quelques Stephen. En anglais, Stephen et Steven se prononcent curieusement de la même façon, avec un *v*, mais il y a fort à parier que plusieurs parents l'ignorent et prononcent le premier avec un *f*. De toute façon, il y en a très peu et encore moins à partir de 1970.

Sylvain

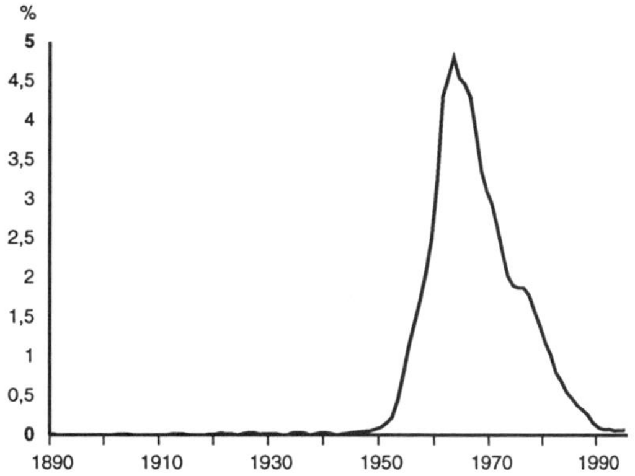

Très rare jusque-là, Sylvain débute en même temps que Sylvie, au début des années 50. Il gagne rapidement en popularité, si bien qu'à son sommet, en 1963, il atteint 1 garçon sur 21. Il descend assez lentement et n'a plus cours dans les années 90. Sylvain a réussi à se faufiler au premier rang des prénoms masculins, entre Michel et Stéphane, en 1963 et en 1965. Sylvain a passé un quart de siècle au-dessus du seuil de 1 % des prénoms.

Sylvio

Au début du siècle, Sylvio était choisi pour environ 1 garçon sur 400, mais à partir des années 30, il est devenu rare. Il n'a donc pas vraiment de relation avec Sylvain ou Sylvie.

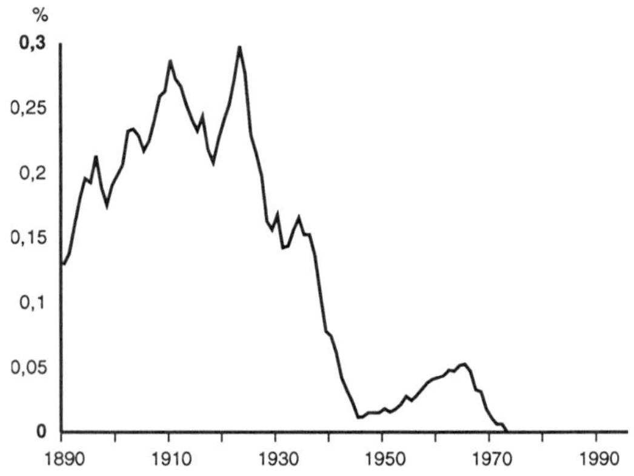

Thierry

Thierry, qui fut le premier prénom en France en 1964 et en 1965, n'a vraiment pas eu de succès ici. Au début des années 70, il n'est choisi que pour environ 1 garçon sur 500.

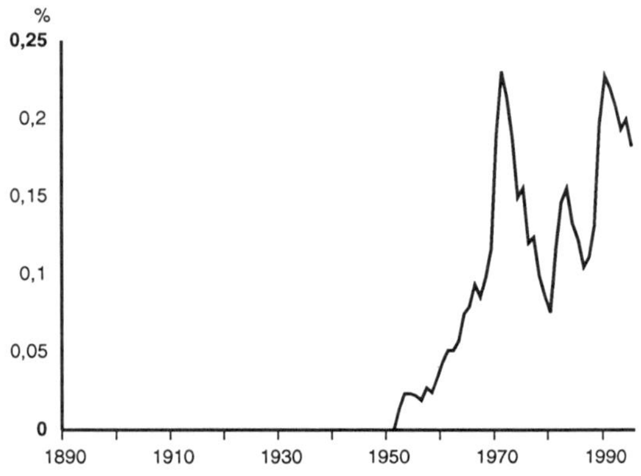

Thomas

À la fin du siècle dernier, un peu plus de 1 garçon sur 200 reçoit le nom de Thomas. Il est toutefois en déclin et devient très rare à partir des années 30 jusqu'aux années 70. Au milieu des années 90, il n'atteint encore que 1 garçon sur 200, mais c'est un prénom qui monte.

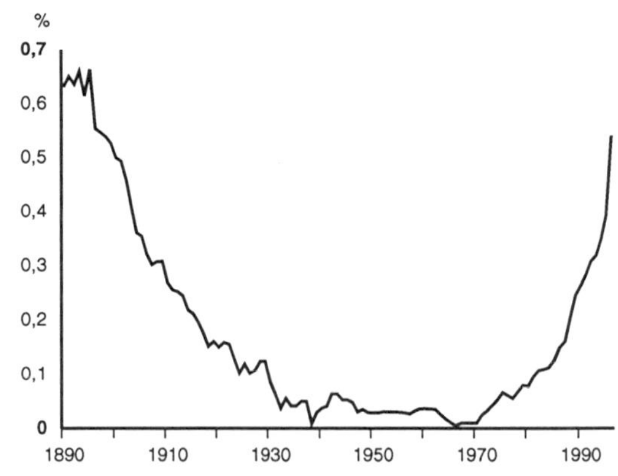

Tommy

Tommy apparaît en 1970 et augmente lentement depuis pour atteindre le niveau de 1 garçon sur 100 en 1995, ce qui est beaucoup plus que Thomas.

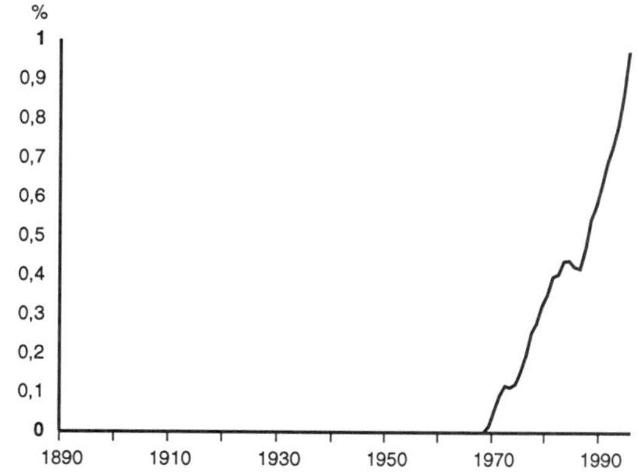

Tristan

Apparu il y a une dizaine d'années seulement, Tristan atteint au milieu des années 90 près de 1 garçon sur 200. C'est un début prometteur. On a vu Roméo et Juliette ensemble au début du siècle, mais on ne rencontre pas encore de petites Yseult.

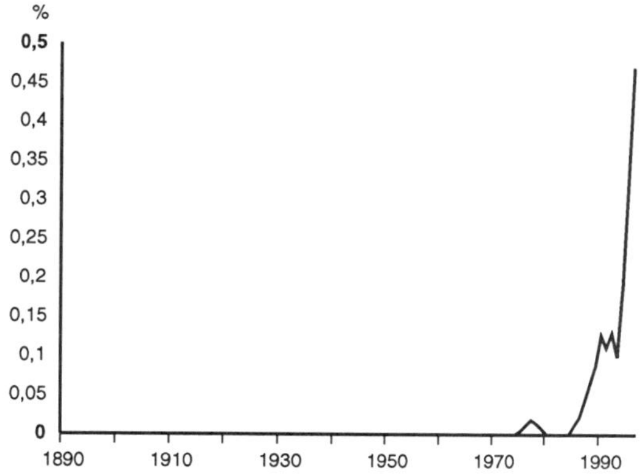

Victor

La notoriété (relative) d'Hugo dans les années 70 n'a pas ramené Victor, qui reste totalement oublié pendant ces années. Au début du siècle, Victor était choisi pour environ 1 garçon sur 200 ; son déclin est très lent. Ces dernières années, Victor réapparaît, mais reste encore à un niveau très discret.

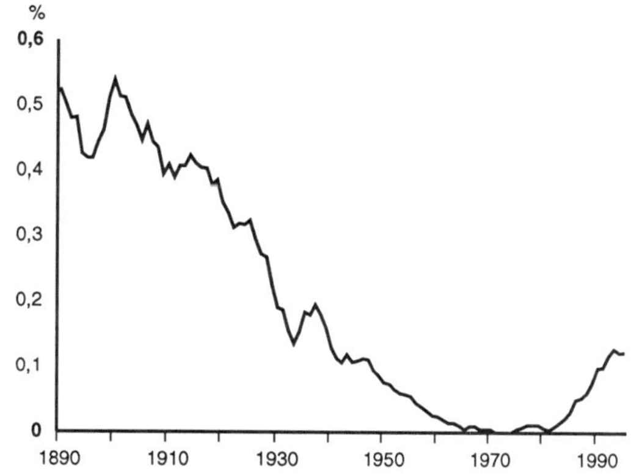

Vincent

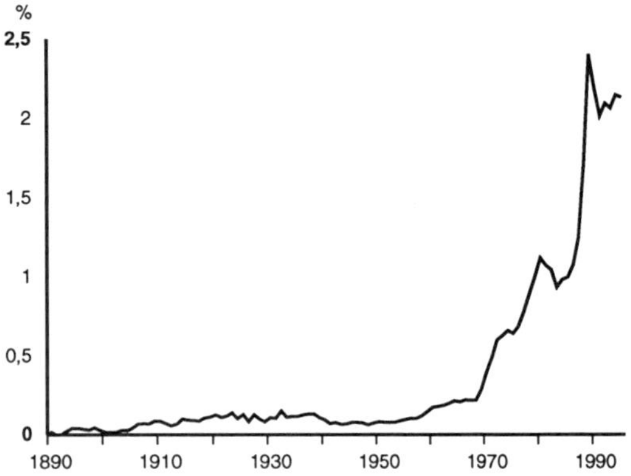

Vincent est présent, mais rare depuis le début du siècle ; puis, dans les années 60, il bouge un peu. Il démarre pour de bon au début des années 70 et se rend à son sommet en 1989, alors qu'il atteint 1 garçon sur 42. Au milieu des années 90, il est encore donné à plus de 1 garçon sur 50.

Wilfrid

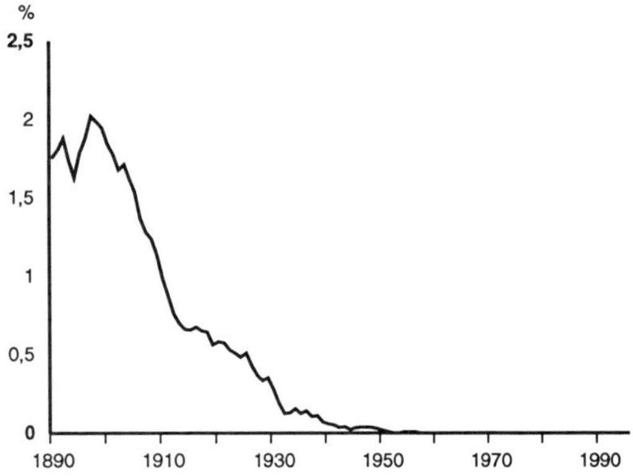

Rappelons pour mémoire que Wilfrid Laurier fut premier ministre du Canada de 1896 à 1911. Wilfrid était déjà un prénom à la mode, donné à près de 1 garçon sur 50, mais on remarque que 1896 fut sa meilleure année. Wilfrid décline assez rapidement et passe sous la barre de 1 % des prénoms en 1911, puis il continue à baisser plus lentement jusque dans les années 30. Faut-il attribuer à Wilfrid Laurier le début du prénom Laurier en 1900 ? Laurier est présent longtemps, mais reste rare ; ses meilleures années sont au début des années 30, avec environ 1 garçon sur 400.

William

Le prénom du plus célèbre des Anglais est donné à environ 1 garçon sur 200 à la fin du siècle dernier. Il a failli être totalement oublié à partir des années 50 tellement il est rare, mais il renaît au début des années 80, lors du sommet de Guillaume. Il connaît un certain succès qui s'accélère en 1993, et William atteint en 1996 près de 1 garçon sur 40, ce qui le hisse au 6e rang des prénoms masculins.

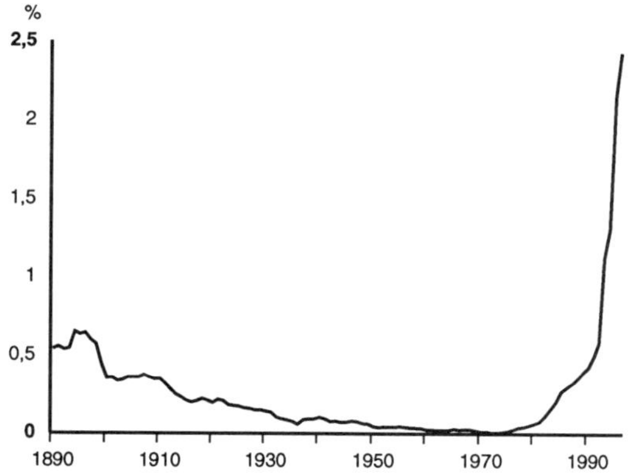

Willie

Le diminutif de William le dépasse un peu au tournant du siècle, alors qu'il est choisi pour environ 1 garçon sur 150. Willie diminue cependant plus rapidement et s'éteint totalement dans les années 30. Il s'écrit parfois Wellie. Les succès récents de William n'ont pas encore ramené Willie.

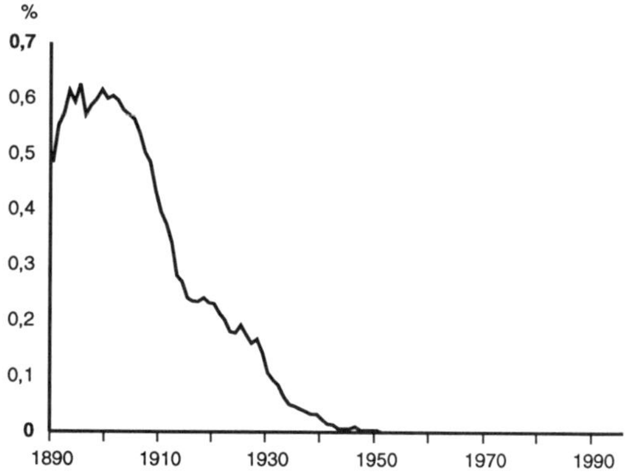

Xavier

Au début du siècle, Xavier est porté par à peine 1 garçon sur 500. Silencieux pendant des décennies, il réapparaît dans les années 70. Il augmente lentement et est choisi au milieu des années 90 pour environ 1 garçon sur 150.

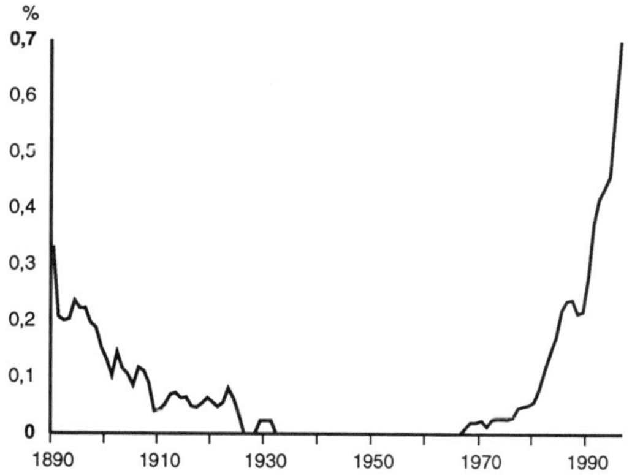

Yann

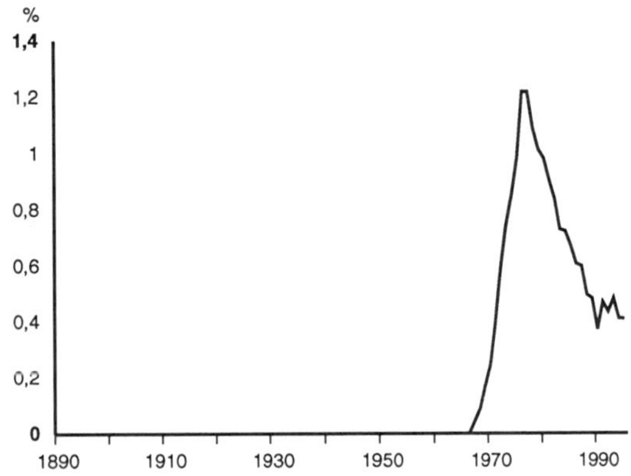

Yann a moins de succès que Yannick, son exact contemporain, et leurs courbes se ressemblent. Les premiers Yann naissent au milieu des années 60 et le succès est immédiat, si bien qu'il atteint son sommet en 1976-77, avec 1 garçon sur 82. Au milieu des années 90, il n'atteint plus que 1 garçon sur 250.

Yannick

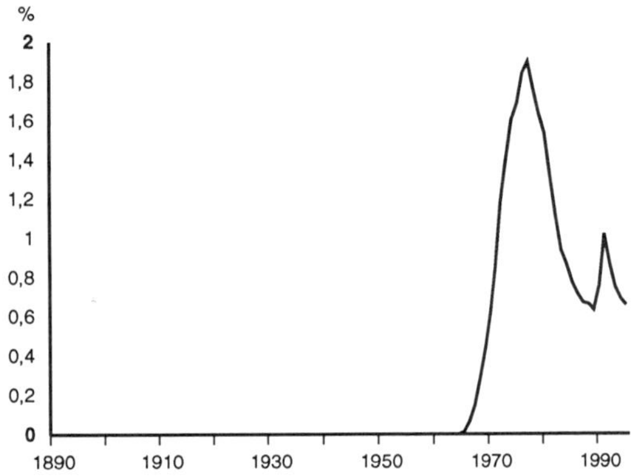

Apparu comme Yann au milieu des années 60, Yannick est plus populaire et culmine en même temps, en 1977, et à un niveau plus élevé, soit 1 garçon sur 53. Dans son reflux, on remarque une pause depuis 1986, au niveau de 1 sur 150, et même une légère remontée. En 1996, 1 bébé sur 160 s'appelle Yannick.

Si Yannick et Yann avaient uni leurs efforts plutôt que de se diviser, ils auraient fait partie des premiers prénoms à la fin des années 70.

Yvan

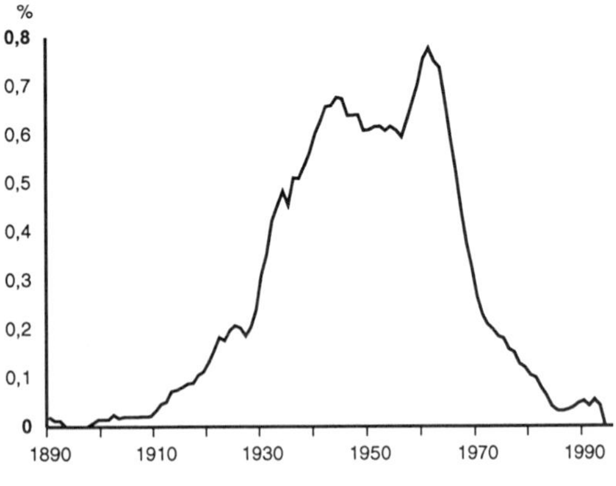

Yvan croît très lentement depuis le début du siècle, jusqu'à un plateau maintenu pendant les années 40 et 50 à un niveau d'environ 1 sur 150, pour chuter ensuite dans les années 60, sans être tout à fait oublié, sauf ces dernières années.

Il faut croire que le breton Yann a eu plus de succès que le russe Yvan. Le germanique Yohann, aux multiples graphies, tente sa chance depuis la fin des années 70, mais encore sans trop de succès.

Yves

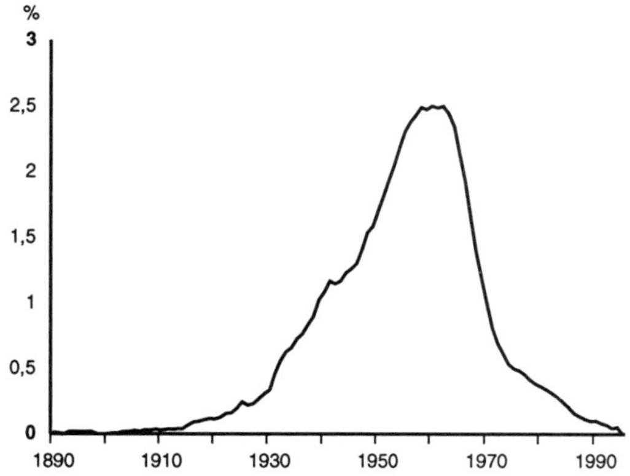

Yves est un vieux prénom médiéval, et c'est aussi un prénom populaire en Bretagne à cause de saint Yves. Yves fait moins breton que Yannick, et n'a rien à voir avec la mode bretonnante des années 70. Il est aussi indépendant de son féminin Yvette, dont l'heure de gloire arriva dans les années 10.

Yves est inconnu au début du siècle ; il commence dans les années 20 une croissance lente, mais longue et régulière, qui l'amène à un plateau de 1956 à 1964, alors qu'il atteint 1 garçon sur 40. La chute rapide contraste avec la montée patiente. Yves est resté pendant 30 ans au-dessus du seuil de 1 % des naissances, et ce, pendant les générations nombreuses du *baby boom.*

Yvon

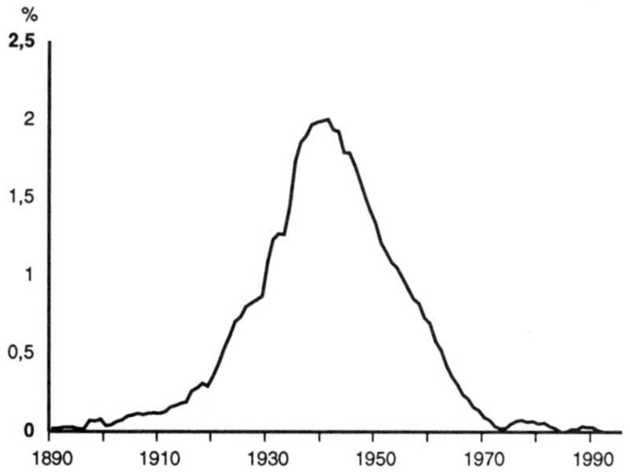

Au tournant du siècle, Yvon balbutie à peine alors qu'Yvonne est à sa maturité. Il augmente lentement et plafonne à la fin des années 30, alors qu'il atteint, de 1936 à 1942, 1 garçon sur 50. Il diminue ensuite lentement jusque dans les années 70.

Prénoms féminins

Adèle

Malgré la popularité d'Adélard, le prénom Adèle, qui apparaît pourtant plus joli, est peu utilisé : à la fin du siècle dernier, seulement 3 filles sur 1 000 reçoivent ce prénom, et depuis 1910, la fréquence ne dépasse plus 1 fille sur 1 000.

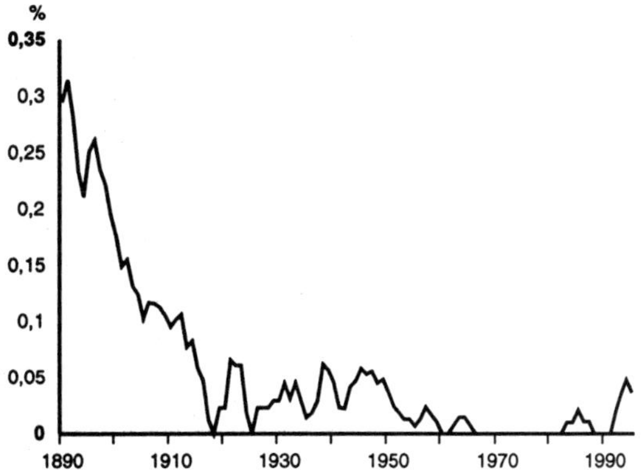

Adrienne

Un peu moins populaire qu'Adrien, ce prénom affiche la même courbe. Partie d'un niveau très faible en 1890, la fréquence augmente jusqu'à un maximum de près de 1 % vers 1910, et puis diminue jusqu'à disparaître à la fin des années 40.

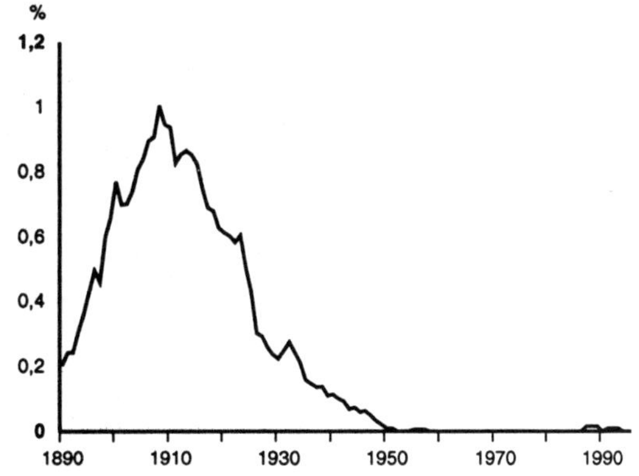

Agathe

Prénom rare, Agathe n'a été donné qu'à 2 ou 3 filles sur 1 000 dans les années 20, 30 et 40.

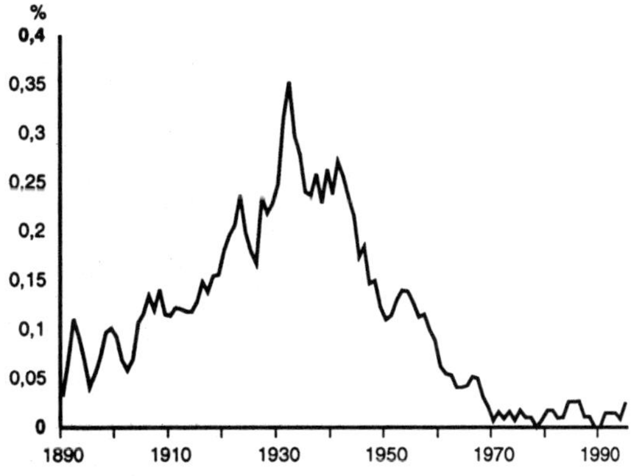

Agnès

Déjà rare à la fin du siècle dernier, avec environ 1 fille sur 250, la fréquence d'Agnès diminue tout au long de la première moitié du siècle.

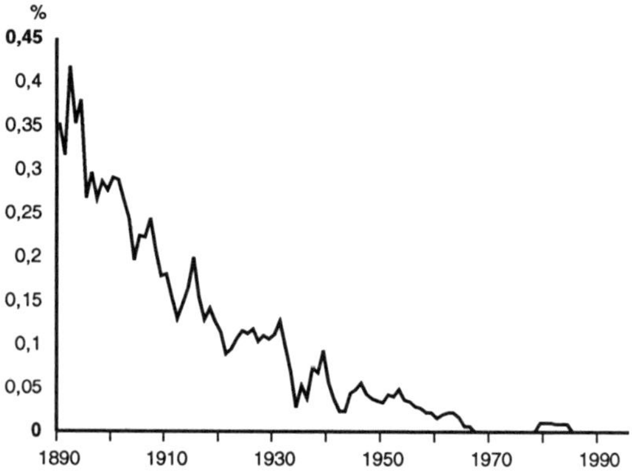

Alberta

Curieux féminin d'Albert, et moins populaire qu'Albertine, ce prénom est donné à environ 1 fille sur 200 à la fin du siècle, mais il diminue et disparaît vers le milieu des années 20.

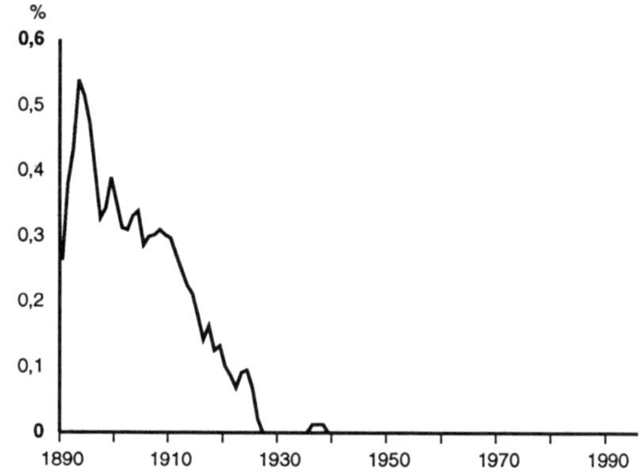

Albertine

Un autre féminin plus connu d'Albert, Albertine est porté par plus de 1 % des filles au tournant du siècle, mais la vague diminue et le prénom disparaît dans les années 30.

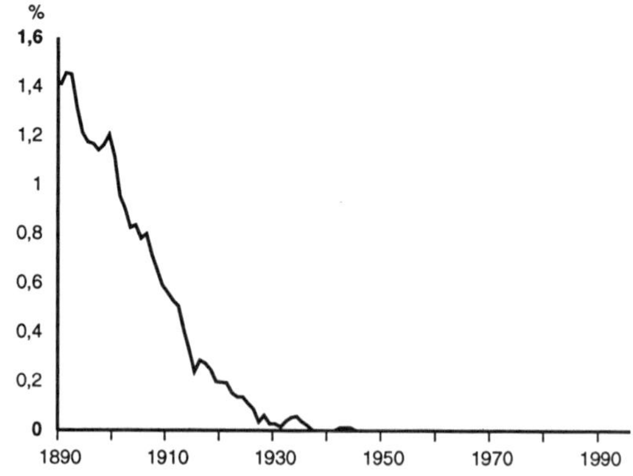

Albina

Alors qu'Albin est tout à fait rarissime, 1 fille sur 200 née au tournant du siècle porte ce prénom, qui ne dépasse pas les années 20.

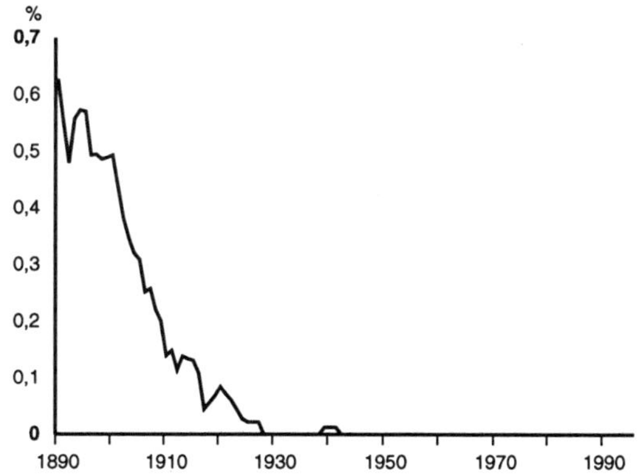

Alexandra

Avec beaucoup de retard sur Alexandre, ce prénom monte en flèche dans les années 80. Il atteint le niveau de 1 fille sur 40 en 1993, et le second rang des prénoms les plus donnés aux filles, mais il commence à descendre.

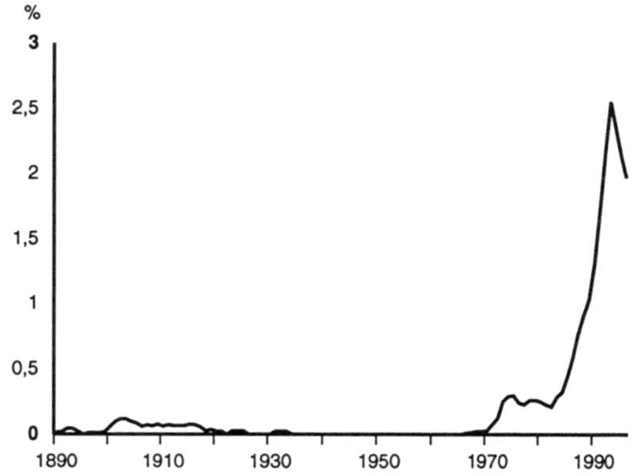

Alexina

Alexina fait partie des prénoms en *a* qui disparaissent dans les années 20. Plus populaire qu'Alexis au tournant du siècle, Alexina est donné à environ 1 fille sur 200.

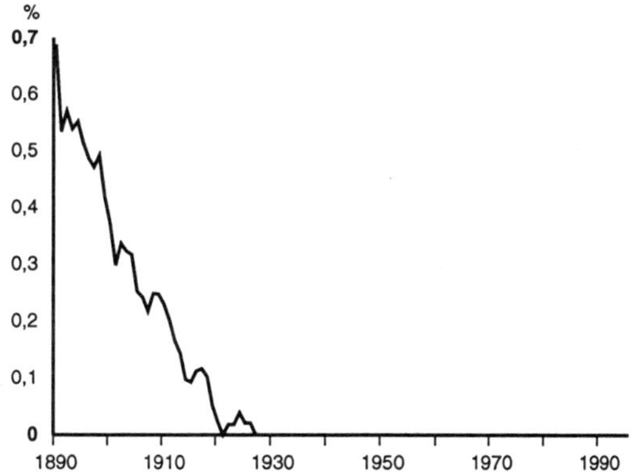

Alice

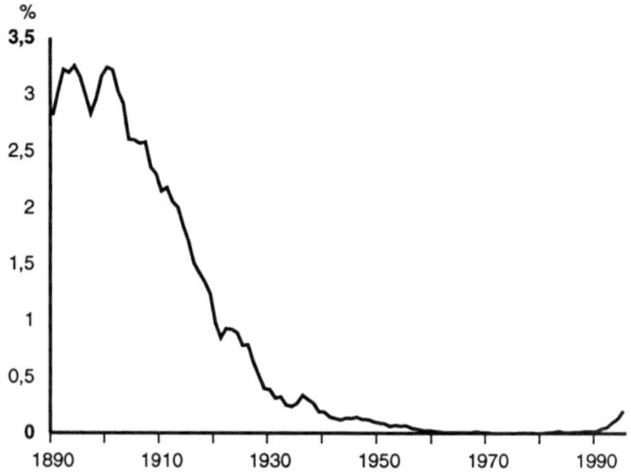

À la fin du XIXe siècle, Alice est donné à 1 fille sur 29 à son maximum en 1899. Sa fréquence diminue régulièrement, à moins de 1 % au début des années 20, puis ce prénom tombe dans l'oubli. Il réapparaît ces dernières années, à un niveau très faible, soit 1 fille sur 500, si bien qu'il est encore trop tôt pour prédire le retour de ce joli prénom. Alice a remplacé Marie au premier rang des prénoms en 1892 et en 1895, mais a tout de suite cédé la place à Yvonne.

Aline

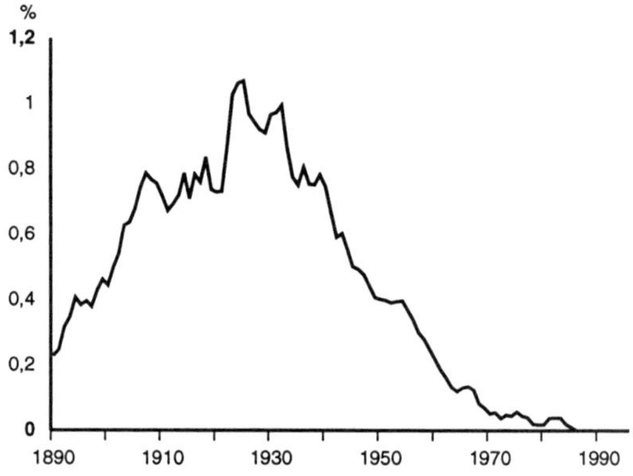

Rare en 1890, avec 1 fille sur 500 seulement, Aline augmente lentement jusqu'à atteindre 1 % à la fin des années 20, puis sa fréquence descend doucement jusqu'à disparaître à la fin des années 70. La mode des Line et des Caroline n'a pas réveillé la carrière d'Aline.

Alison

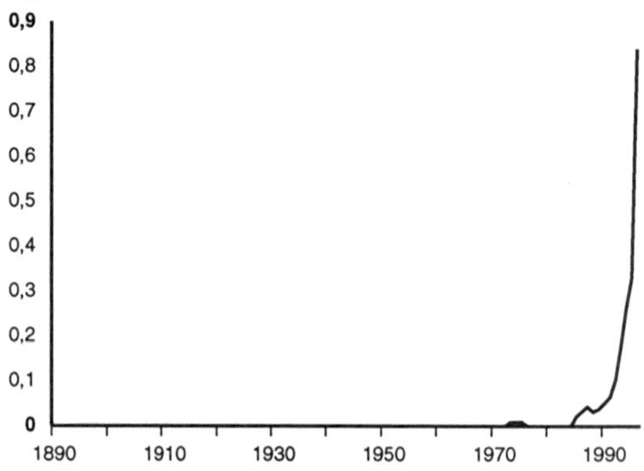

Alors qu'Alice est endormi depuis longtemps, Alison apparaît à la fin des années 80 et augmente de façon intéressante jusqu'à nommer 1 fille sur 120 en 1996. Alison est un vieux prénom français, diminutif d'Alice, mais il est maintenant plus souvent prononcé à l'anglaise.

Alma

Un peu plus de 1 fille sur 100 née à la fin du siècle dernier porte ce prénom, qui est un adjectif latin se traduisant par aimable, belle ou nourricière. Mais y a-t-il un rapport avec la ville d'Alma, nommée ainsi en l'honneur d'une victoire franco-anglaise sur les Russes ? La fréquence d'Alma diminue rapidement et devient nulle dans les années 30. Alma est inconnu en France.

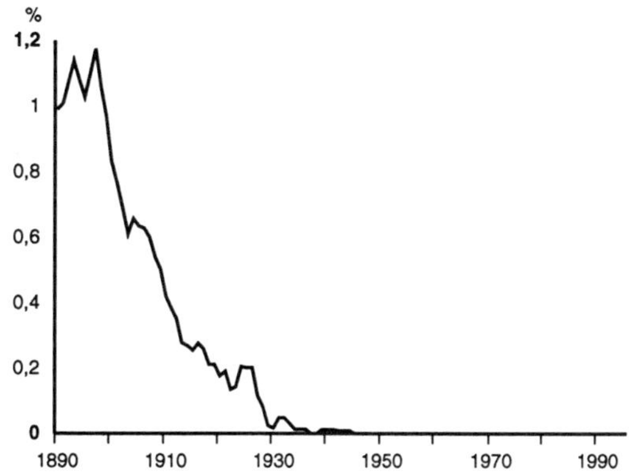

Alphonsine

Beaucoup moins fréquent qu'Alphonse, on trouve quand même plus de 1 fille sur 200 qui porte ce prénom à la fin du XIXe siècle, mais depuis le début des années 20, le prénom n'est plus donné.

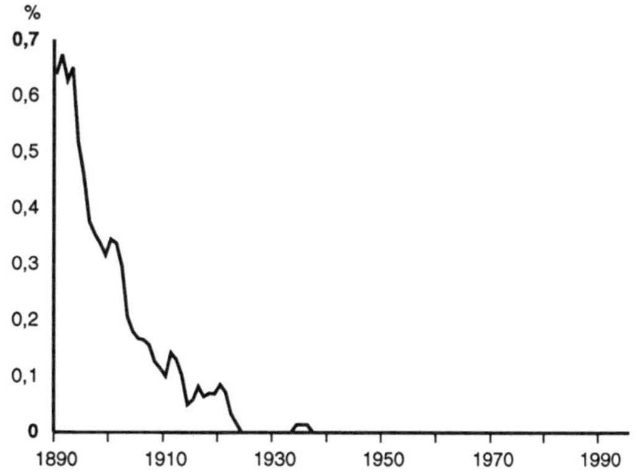

Amanda

À la fin des années 1880, 1 fille sur 100 reçoit ce prénom, dont la popularité diminue très rapidement, jusqu'à disparaître au début des années 20. Cependant, depuis quelques années, avec le retour des prénoms en *a*, le prénom de maman Plouffe réapparaît, mais à des fréquences encore très rares. En Ontario, ce prénom est parmi les dix premiers ces dernières années.

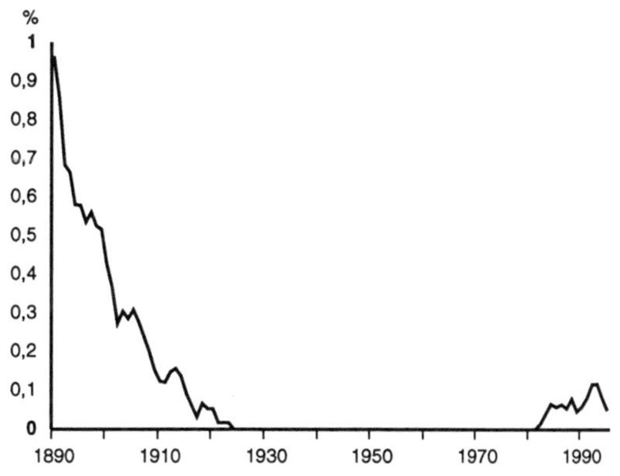

Amélie

Le prénom Amélie, oublié depuis au moins une centaine d'années, apparaît au début des années 70, augmente rapidement à près de 1,5 % au début des années 80, redescend un peu et semble vouloir prendre un nouvel essor. Parent d'Émilie, il l'a précédé de quelques années, mais est resté moins populaire.

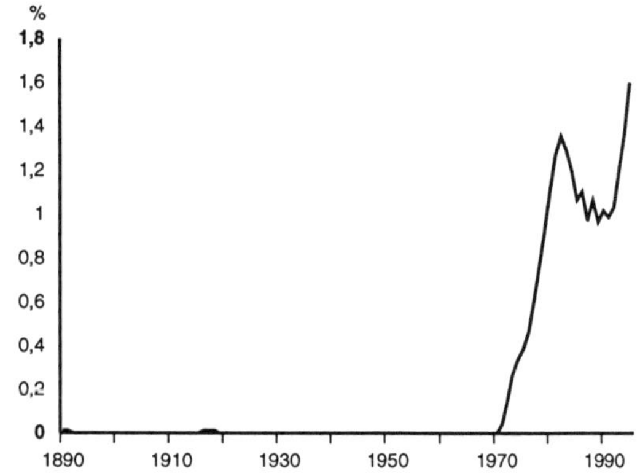

Amy

Ce prénom est assez populaire aux États-Unis. C'est en fait une tentative anglaise de prononcer le prénom français Aimée. Certains parents d'ici vont donc essayer de prononcer à l'anglaise un prénom qui est une déformation du français... Amy s'écrit de plusieurs façons, parfois avec un *e* ou avec deux *m*.

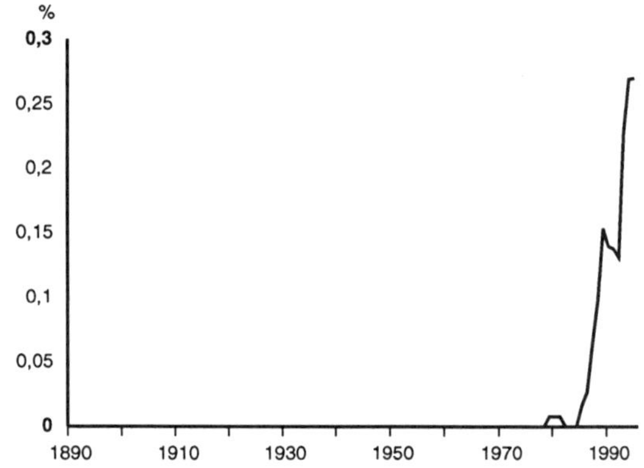

Andréanne

Alors qu'Andrée et Anne sont loin de leurs meilleures années, le prénom composé Andréanne surgit au cours des années 70 et atteint à la fin des années 80 une fréquence de plus de 1 fille sur 75. Le prénom commence à décliner.

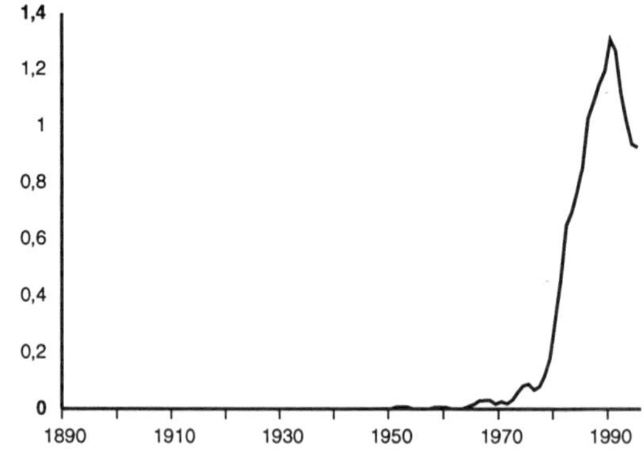

Andrée

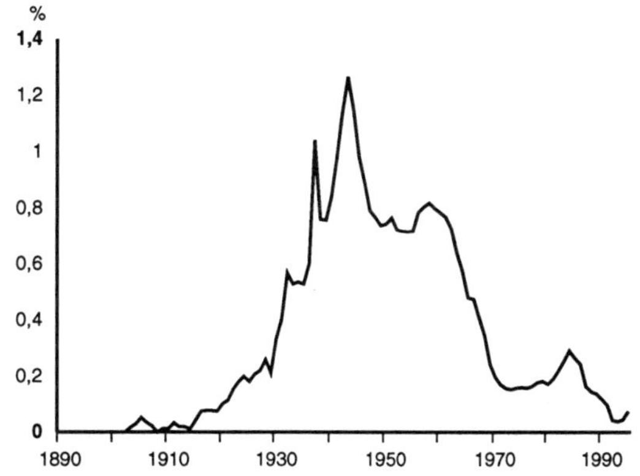

Ce prénom est la preuve, s'il en faut une, que l'étymologie des prénoms n'est pas importante puisqu'en grec ce mot signifie viril ou mâle. Carl, d'origine germanique, a la même signification, si bien que Charlotte, Carole et Caroline sont donc des synonymes d'Andrée… Ce prénom est loin d'avoir la popularité de son homonyme masculin, mais atteint son apogée vers les mêmes années, au début des années 40. Sa chute est lente et finit par survenir pendant les années 60, mais sa présence continue. Ce prénom était inconnu pour les femmes jusqu'au début de ce siècle. La pointe de 1937 est due au décès du frère André.

Angèle

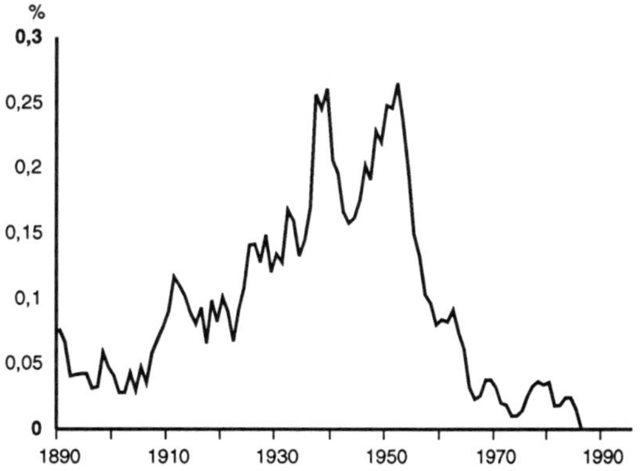

Pendant la première moitié du siècle, chaque année, entre 1 et 2 filles sur 1 000 reçoivent ce prénom qui devient plus rare par la suite. Angela est beaucoup plus rare, et on rencontre à l'occasion quelques Ange.

Angélina

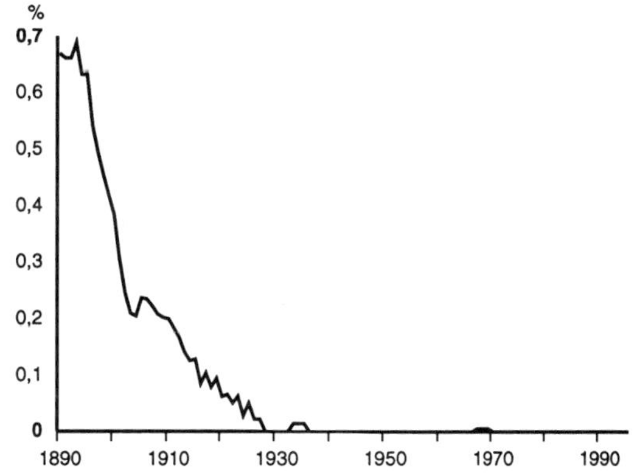

Parmi les prénoms formés à partir d'Ange, Angélina a atteint le plus haut niveau, dépassant 1 sur 200 pendant la dernière décennie du siècle dernier, mais il disparaît pendant les années 20.

Angéline

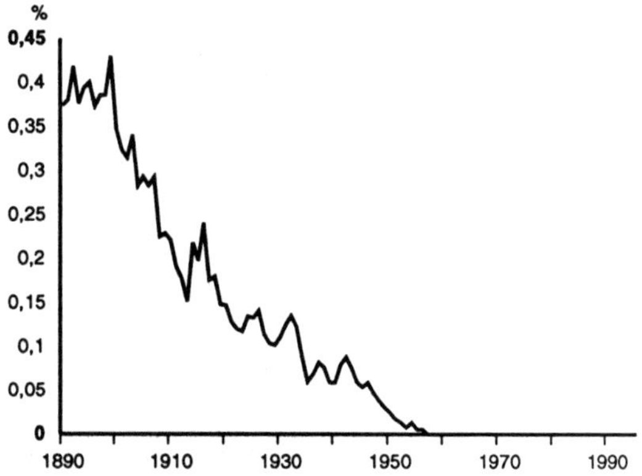

Angéline est moins populaire qu'Angélina, mais dure plus longtemps puisqu'il ne disparaît qu'au début des années 50. Pendant les années 80, on voit quelques Angélique, mais à une fréquence qui ne dépasse pas 1 pour 1 000.

Anita

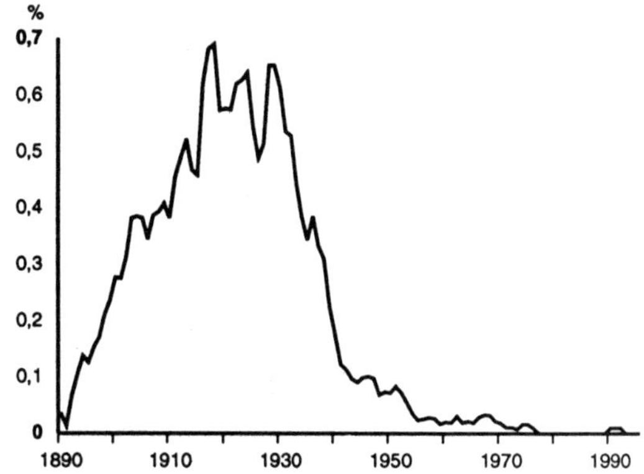

La carrière d'Anita débute vers 1890, culmine à un niveau assez faible, autour de 1 sur 150 dans les années 10, et devient très rare à partir des années 50.

Anna

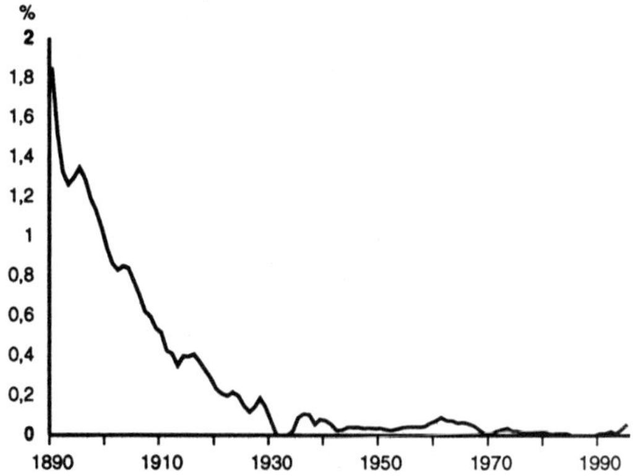

À la fin du siècle dernier, alors que le prénom Anne est peu diffusé, Anna est porté par plus de 1 fille sur 100, mais sa popularité est en baisse, et Anna devient très rare à partir des années 30.

Annabelle

Ce prénom, apparu au début des années 70, augmente peu à peu ; il se rapproche du niveau de 1 fille sur 150 au milieu des années 90.

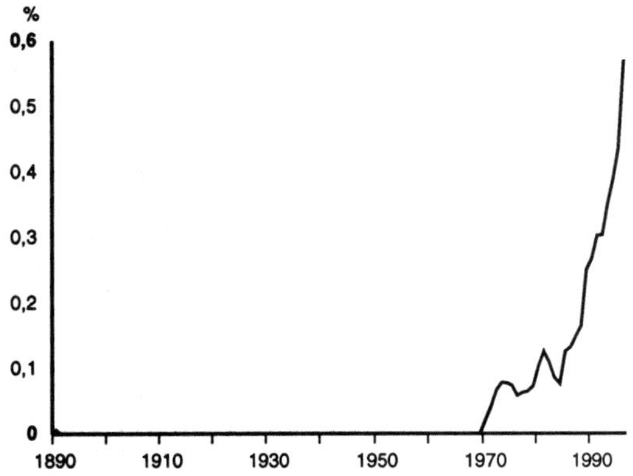

Anne

De 1890 à 1950, environ 1 fille sur 1 000 reçoit ce prénom, puis tout à coup sa fréquence croît rapidement si bien qu'elle dépasse 1 % à la fin des années 50 et au début des années 60. La chute s'est arrêtée à mi-chemin, si bien que depuis une bonne vingtaine d'années, à peu près 1 fille sur 250 reçoit encore ce prénom.

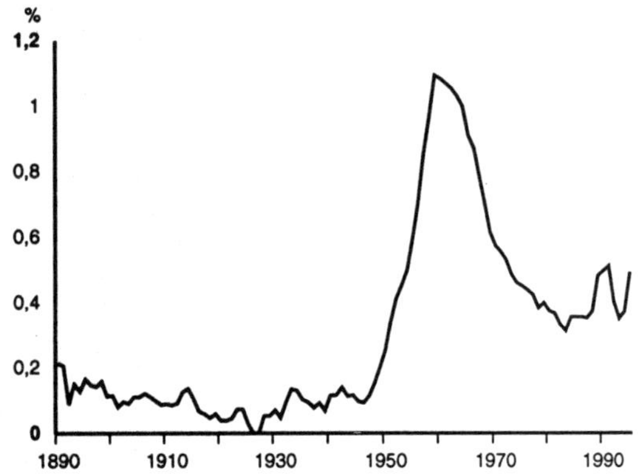

Anne-Marie

Ce prénom composé est remarquablement stable depuis une centaine d'années, et sa fréquence oscille entre 2 et 4 pour 1 000. Au début des années 80, Anne-Marie tente de percer et atteint 1 fille sur 250, avant de retrouver rapidement son niveau habituel. Comparé à Marie-Anne, Anne-Marie fait figure de parent pauvre.

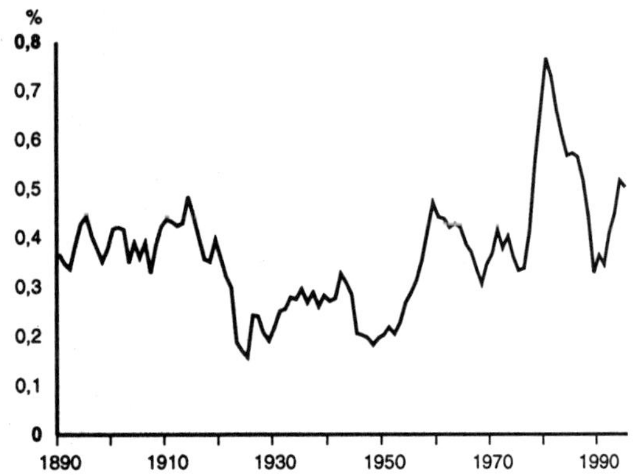

Anne-Sophie

Alors que Sophie diminue dans les années 80, Anne-Sophie démarre, et atteint le niveau de 1 fille sur 250 au milieu des années 90.

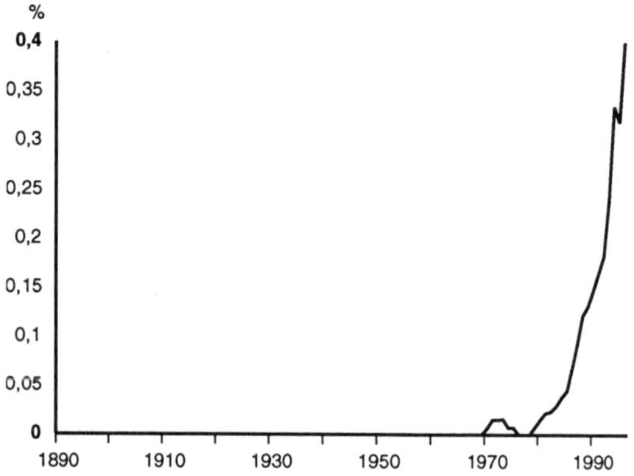

Annette

Alors qu'Anna était sur sa pente descendante dans la dernière décennie du XIXe, la popularité d'Annette est en pleine croissance et culmine dans les années 10, à environ 1 prénom sur 70. Puis la baisse est régulière et l'oubli survient dans les années 60. Annette dépasse pendant un peu moins de vingt ans le niveau de 1 % des prénoms féminins.

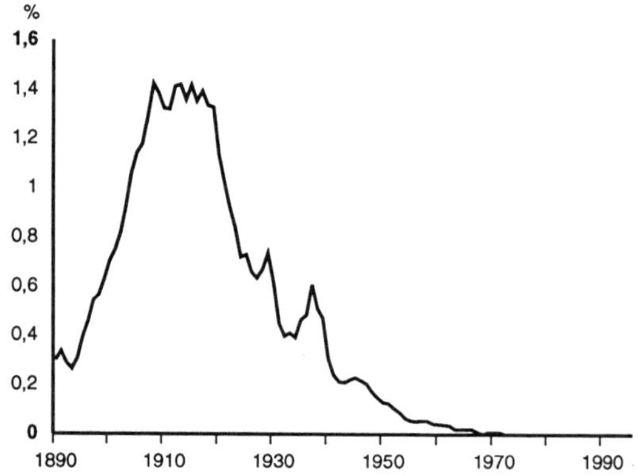

Annick

Annick, une variété bretonne d'Anne, est populaire pendant les mêmes années qu'Annie, mais n'atteint pas le même niveau. À son sommet, en 1975, ce prénom est donné à 1 fille sur 55.

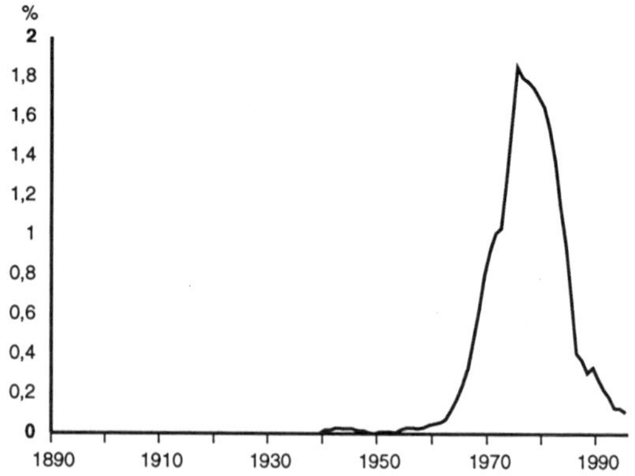

Annie

Prénom discret depuis le début du siècle, Annie prend son essor vers 1960, pour atteindre 5 % en 1974, soit 1 fille sur 20, et redescendre pendant une quinzaine d'années. C'est une carrière bien typée de 30 ans, dont 23 ans au-dessus du seuil de 1 %. Parmi les prénoms tirés d'Anne, Annie a eu, et de loin, le plus de succès.

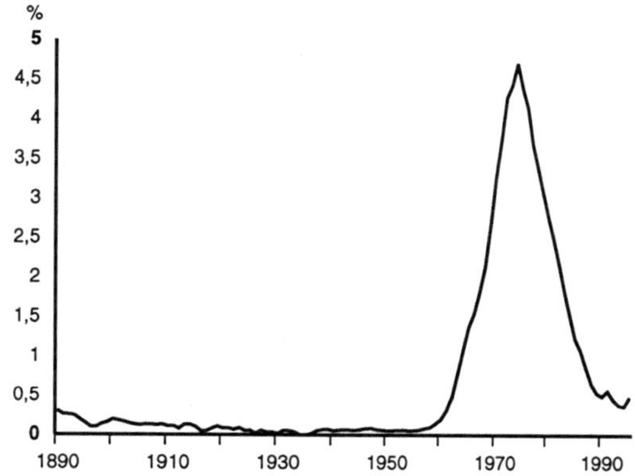

Antoinette

Prénom de la famille des *ette*, Antoinette fut populaire surtout pendant la première décennie du siècle, avec près de 1 fille sur 50. La source est à peu près éteinte depuis les années 40. L'essor récent d'Antoine et d'Anthony n'a eu aucun effet sur Antoinette, à cause bien sûr de sa terminaison. Marie-Antoinette, qui est pourtant un prénom célèbre dans l'histoire, n'est à peu près pas porté.

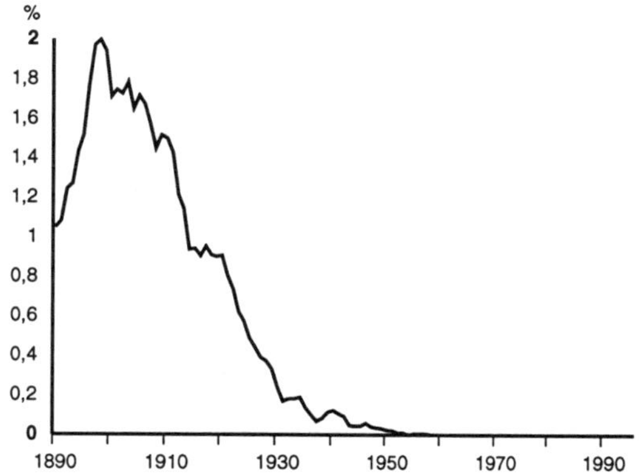

Ariane

Ce n'est pas un départ de fusée que connaît ce prénom. Ariane débute au commencement des années 70 et sa progression est lente, si bien qu'il n'atteint qu'en 1996 1 % des prénoms. Marie-Anne le dépasse un peu ces dernières années, sauf en 1996.

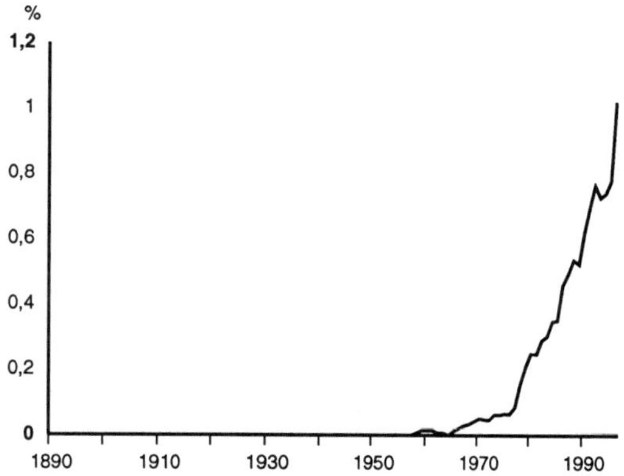

Armande

Prénom de la famille des *ande*, le féminin d'Armand est peu populaire et seulement entre 1 et 2 filles sur 1 000, nées pendant la première moitié du siècle, le portent.

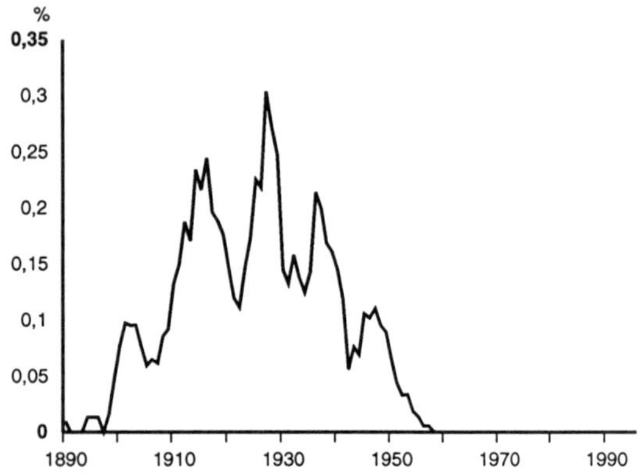

Audrey

Apparu à la fin des années 60, ce prénom continue de croître et atteint ces dernières années près de 1 fille sur 40, si bien qu'il est au deuxième rang des prénoms les plus attribués en 1996.

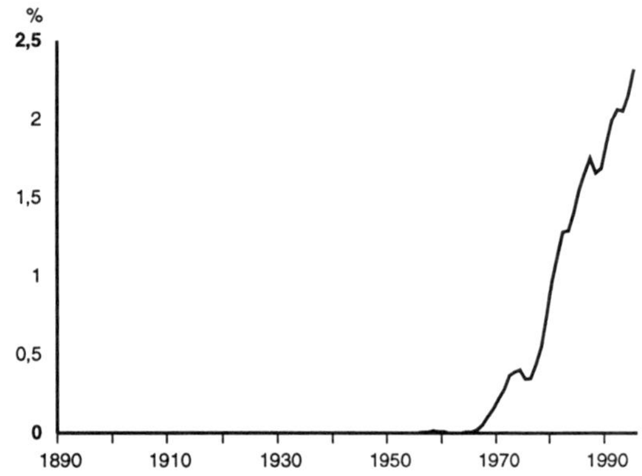

Audrey-Anne

Audrey-Anne s'écrit de plusieurs façons et ressemble à Andréanne, mais suit plutôt la popularité récente d'Audrey. Il apparaît au milieu des années 80 et atteint, en 1996, 1 fille sur 200.

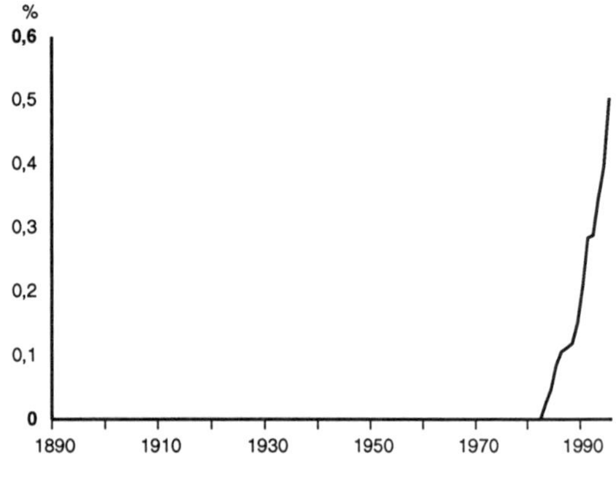

Aurore

Un peu plus de 1 fille sur 100 nées au tournant du siècle porte ce prénom si poétique, même s'il est irrémédiablement associé à une enfant martyre. Dans les années 10, sa fréquence chute beaucoup et le prénom disparaît dans les années 40.

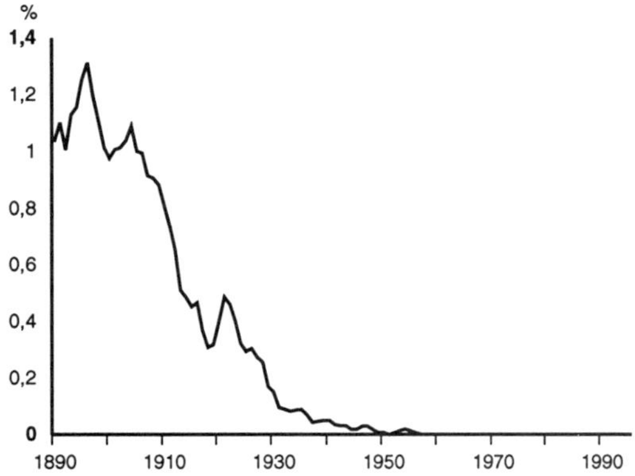

Béatrice

En hausse pendant la dernière décennie du siècle dernier, Béatrice atteint tout juste 1 % au début du siècle et diminue rapidement pour devenir très rare depuis les années 40, mais sans disparaître. Béatrice augmente un peu ces dernières années et pourrait revenir 100 ans plus tard.

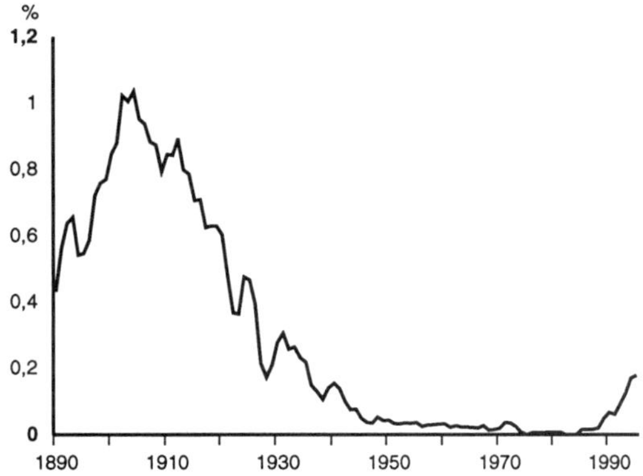

Bernadette

C'est un prénom assez populaire à la fin du XIXe jusqu'au début des années 10 ; pendant les années 1890-1894, il est au 12e rang des prénoms les plus communs. Près de 1 fille sur 75 née il y a 100 ans s'appelait Bernadette. La fréquence diminue à partir des années 10, mais la canonisation de Bernadette Soubirous en 1933 provoque une petite ferveur qui amène un soubresaut dans la courbe des fréquences (de 2 pour 1 000 en 1932 à 7 pour 1 000 en 1934), mais trois ans plus tard, on retrouve la tendance à la baisse.

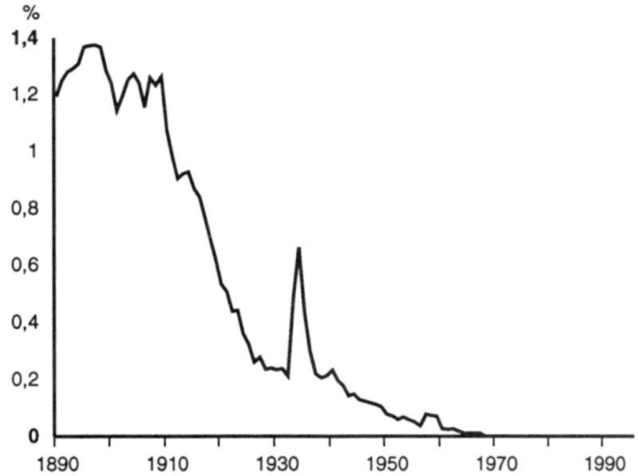

Bertha

Bertha connaît à peu près la même carrière qu'Alberta. À la fin du siècle dernier, environ 1 fille sur 200 reçoit ce prénom, qui suit sa pente vers l'oubli atteint à la fin des années 30.

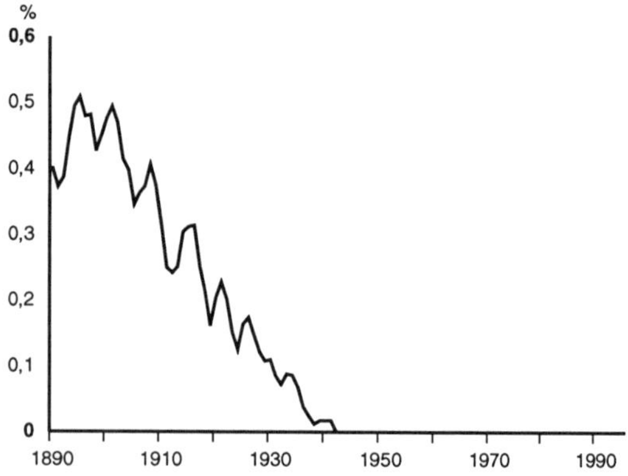

Berthe

Il y a 100 ans, Berthe était dans les 20 premiers prénoms, avec 1 fille sur 80, et talonnait de près Albertine lors de la grande période d'Albert chez les garçons. À partir du début des années 10, la chute est régulière et depuis la fin des années 50, le prénom est complètement abandonné pour les petites filles.

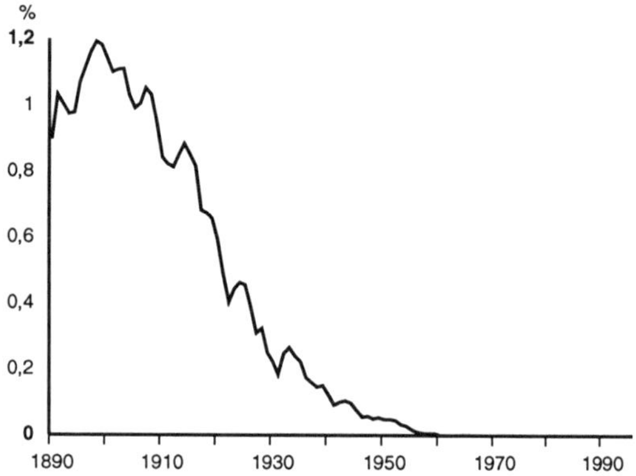

Bianca

Irrémédiablement associé à une célèbre cantatrice, plutôt qu'à un petit poupon, Bianca commence néanmoins à être donné dans les années 60. Son début de carrière est pénible et le prénom ne réussit, ces dernières années, qu'à nommer 1 fille sur 200.

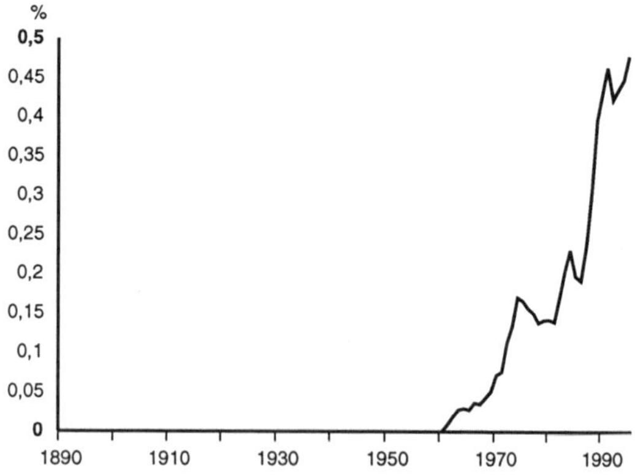

Blanche

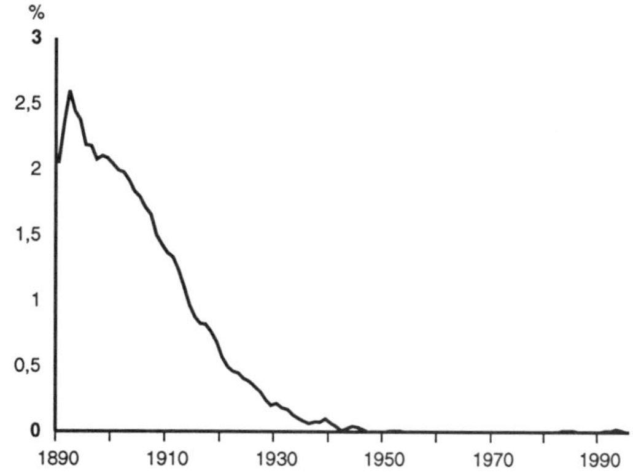

Dans les dernières années du siècle précédent, un peu plus de 1 fille sur 40 reçoit le prénom Blanche, mais la popularité de ce prénom baisse régulièrement, si bien qu'il n'est plus donné depuis le début des années 40. L'héroïne de la série télévisée *Blanche* n'a pas réussi à réveiller ce prénom qui attend encore son prince charmant. L'italianisant Bianca usurpe sa place depuis quelques années.

Blandine

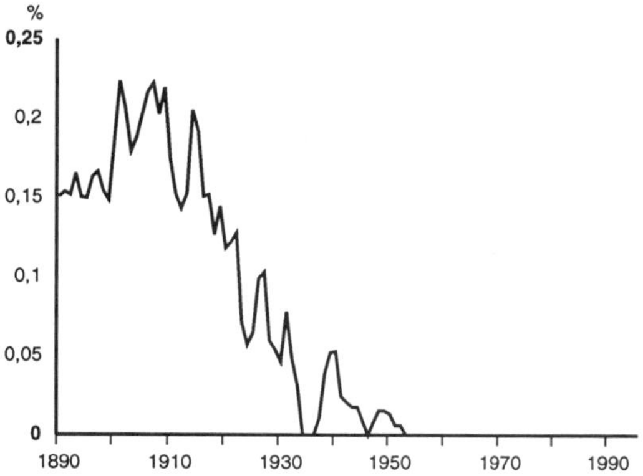

Au début du siècle et pendant une vingtaine d'années, environ 1 fille sur 500 se fait baptiser avec ce prénom.

Brigitte

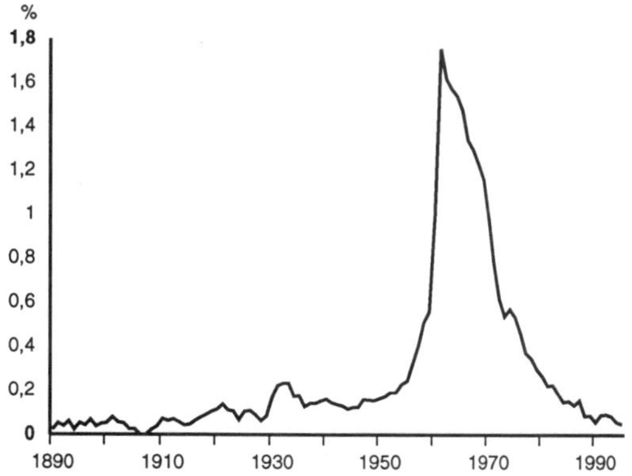

On ne peut résister à attribuer aux charmes de Brigitte Bardot d'avoir secoué à la fin des années 50 ce prénom qui piétinait depuis le début du siècle autour de 1 ou 2 pour 1 000. Entre 1959 et 1961, il augmente de 1,2 %, pour atteindre près de 1 fille sur 55. Mais le prénom redescend aussitôt et ne passe que dix ans au-dessus de 1 %. Il n'est pas encore oublié, mais est quand même assez rare ces dernières années. Brigitte a été beaucoup plus populaire en France, où il arrive au second rang en 1958-59.

Camille

Pour les filles, on trouve une Camille ici et là jusqu'au début des années 80. Le prénom démarre alors en flèche et atteint 1 % en 1993. En 1996, 1 fille sur 47 reçoit ce prénom, qui arrive au quatrième rang des prénoms les plus populaires.

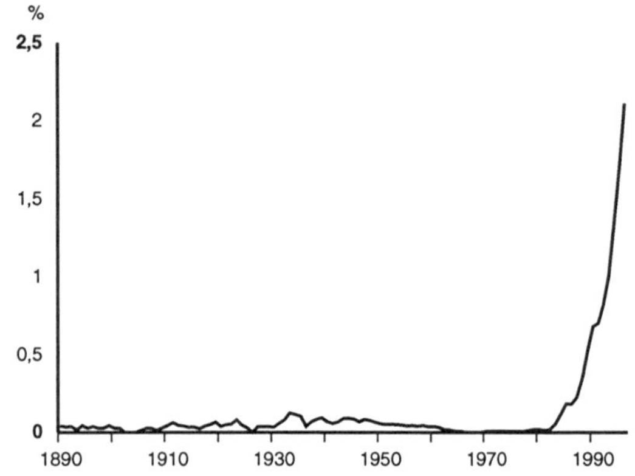

Carmelle

De 1915 à 1945, environ 1 fille sur 500 s'appelle Carmelle. On trouve à l'occasion un garçon portant le prénom de Carmel.

Carmen

Carmen fait ses débuts avec le siècle, mais sa carrière piétine et elle n'atteint 1 % que très brièvement, autour de 1930. La retraite est lente et dure jusqu'à la fin des années 60.

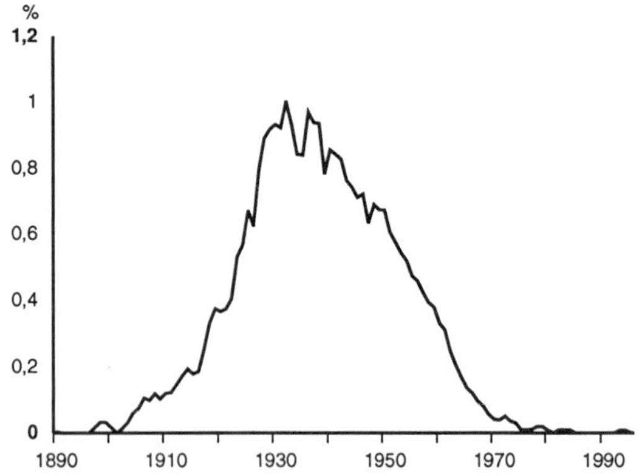

Carolane

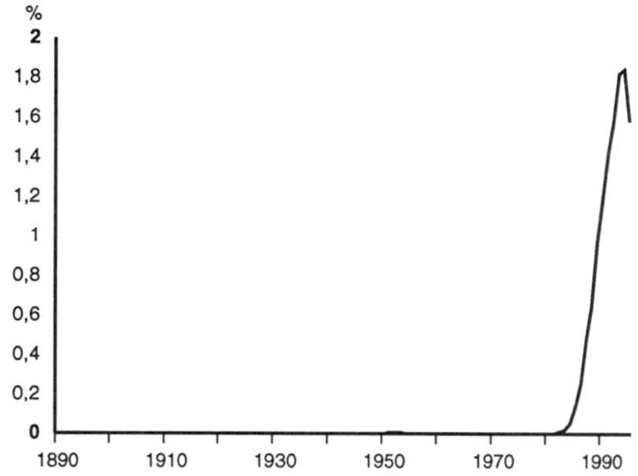

Ce prénom a le record des variations orthographiques : avec un *c* ou un *k*, un ou deux *l*, un ou deux *n*, avec ou sans *e* final, en un ou deux mots, Carole-Anne par exemple, etc. Il suit les vagues des Carole et Caroline qui ont préparé le terrain. Prénom qu'on peut considérer inventé vers 1983, Carolane monte en flèche et, en 1994, il arrive au huitième rang des prénoms les plus populaires, avec près de 1 fille sur 55, mais il diminue en 1995.

Carole

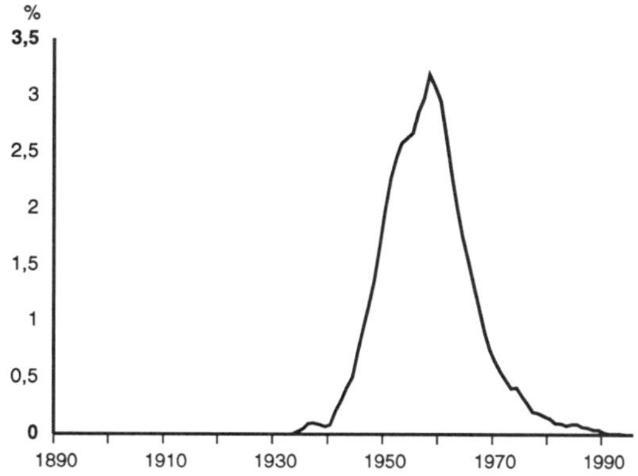

Carole dessine une belle courbe régulière. Le prénom, tout à fait inconnu jusque-là, apparaît dans les années 30, grimpe rapidement jusqu'à atteindre 1 fille sur 33 vers 1960, et redescend très rapidement pour retomber dans l'oubli à la fin des années 80. C'est une belle carrière d'une trentaine d'années, dont plus de 20 au-dessus de 1 %. Lui succèdent dans la même veine du prénom Charles (*Carolus* en latin) Caroline, et, plus récemment, Carolane.

Caroline

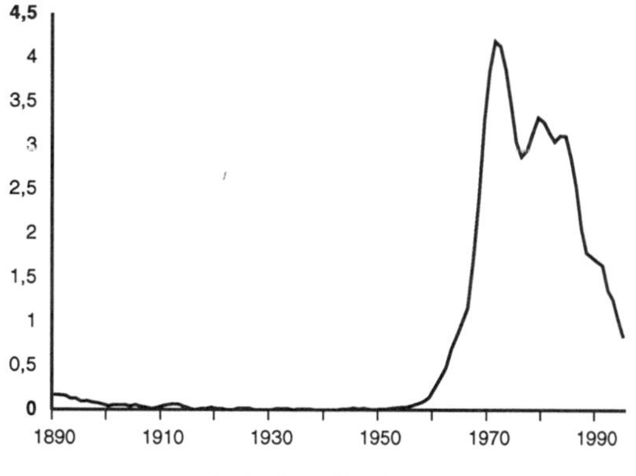

Caroline, qui a une présence discrète au début du siècle, démarre en 1960 pour dépasser le niveau de 1 fille sur 25 en 1970, effectuant une montée remarquable de 1966 (1,1 %) à 1970 (4,2 %). La popularité de ce prénom baisse lentement et en 1994, encore 1 % des filles le reçoivent. Line a précédé Caroline de dix ans et à un niveau aussi élevé au début des années 60. Caroline est un des principaux représentants de la famille des prénoms en *ine*.

On se souvient que Caroline de Monaco est née en 1957, et c'est peut-être l'étincelle qui a déclenché la vague. Un peu plus tard, en 1969, Pierre Lalonde chante *Caroline*, mais elle est déjà à la veille d'atteindre son sommet.

Cassandra

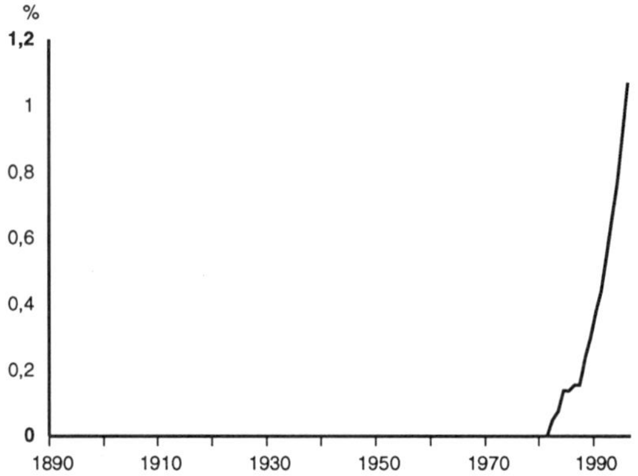

Si les parents ne craignent pas les lamentations de leurs Jérémie ces dernières années, ils n'écouteront pas non plus les prophéties de malheur de leurs Cassandra. Apparu pour la première fois il y a à peine dix ans, Cassandra, qui s'écrit parfois avec un *k*, a un début prometteur et atteint 1 % en 1996. On trouve depuis quelques années de très rares Cassandre.

Catherine

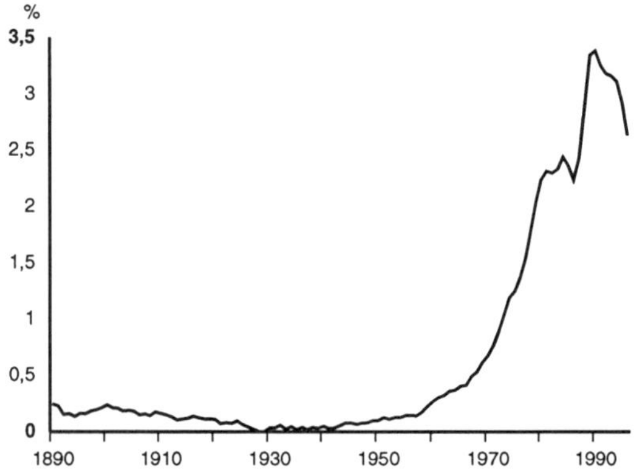

Prénom le plus populaire depuis 1991, Catherine n'a pas connu comme tant d'autres prénoms d'ascension fulgurante, mais plutôt une lente montée depuis le début des années 60. Le sommet n'est d'ailleurs pas très élevé, soit un peu plus de 1 fille sur 30 en 1989 et en 1990 ; depuis, la courbe amorce sa descente, qui sera probablement aussi lente que la montée. Un prénom qui dure longtemps finit par atteindre plus de personnes qu'un prénom qui croît et chute trop vite.

René Simard connaît un bon succès avec sa chanson *Catherine* en 1989, qui est la meilleure année du prénom.

Catherine est le plus récent des nombreux prénoms en *ine* observés depuis un siècle. Au début du siècle, Catherine était assez rare et atteignait seulement à peu près 1 fille sur 500.

Cathy

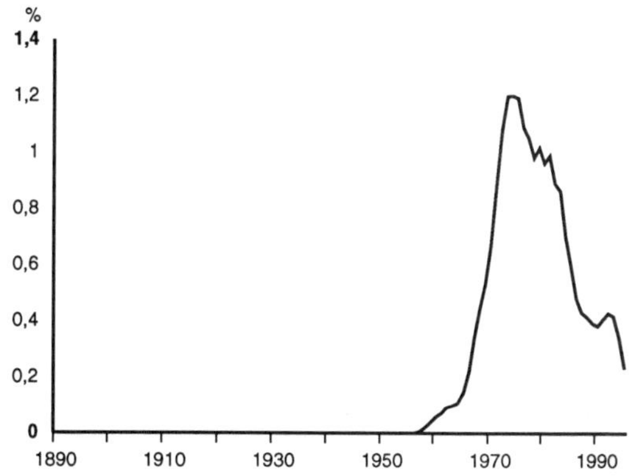

Cathy épaule la montée de Catherine dans les années 60. Au début des années 70, le prénom est même un peu plus fréquent, mais après son maximum, atteint en 1974, avec 1 fille sur 80, il laisse la place à Catherine et retraite. Ces dernières années, il n'y a plus que 1 fille sur 300 qui reçoit ce prénom. Cathy offre plusieurs variations, Katie par exemple.

Cécile

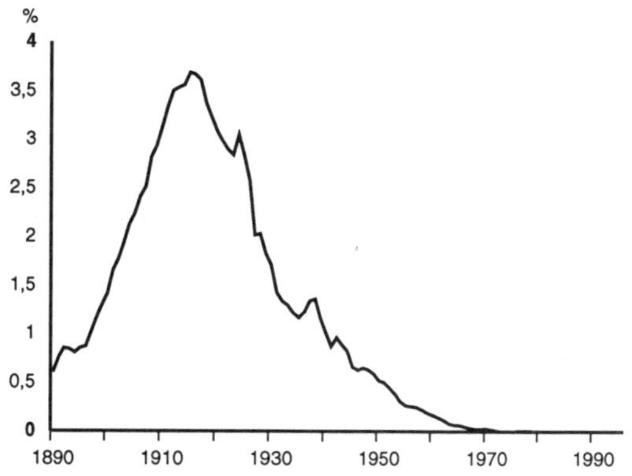

Un des grands prénoms de la première moitié du siècle, Cécile, qui a déjà franchi le 1 % en 1897, continue de croître jusqu'au milieu de la première guerre, alors que près de 1 fille sur 25 recevait ce prénom. C'est le prénom le plus populaire de 1915 à 1918. Le recul est lent et ce n'est qu'en 1940 que Cécile descendra sous le seuil de 1 %. Cécile a donc passé près de 45 belles années au-dessus de 1 %. Depuis la fin des années 60, Cécile disparaît du choix des parents.

Céline

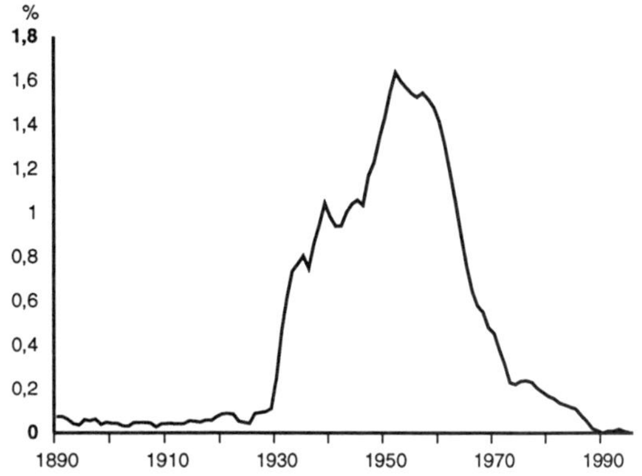

De 1890 jusqu'en 1929, Céline n'est porté que par 1 fille sur 1 000, et ce, dans les bonnes années. Au début des années 30, le choix de ce prénom augmente très rapidement, puis plus lentement jusqu'en 1953, alors que les parents de 1 fille sur 60 choisissent ce prénom. La descente est plus rapide que la montée, du moins jusqu'au début des années 70. Ces dernières années, Céline n'est plus utilisé, malgré la popularité de Céline Dion. Notons qu'en France, Céline est, autour de 1980, le prénom le plus populaire chez les filles.

Chanel

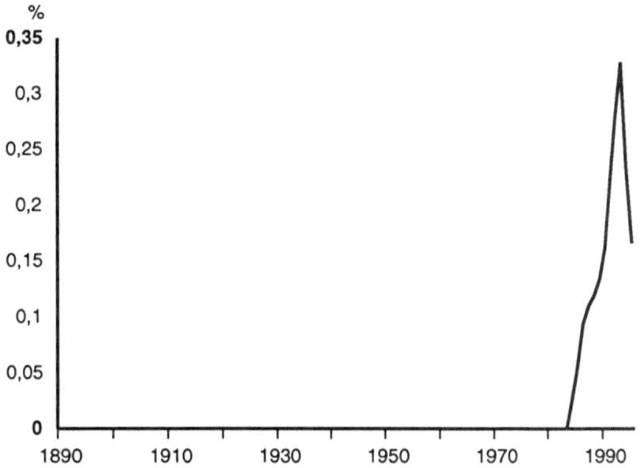

Chanel apparaît au milieu des années 80, mais ne réussit à atteindre qu'environ 1 fille sur 300 au début des années 90. Il abandonne déjà la partie.

Chantal

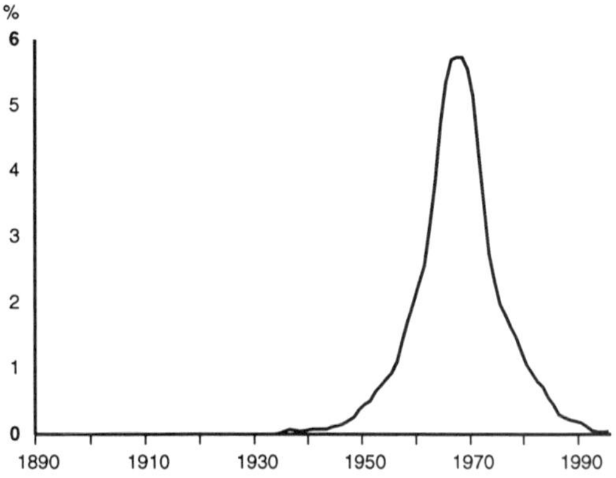

La fin des années 60 est témoin d'un grand enthousiasme pour Chantal, qui atteint 1 fille sur 17 en 1969. Le prénom, très discret dans les années 40, dépasse 1 % en 1956, puis explose littéralement entre 1960 et 1966. Ce n'est quand même pas le prénom le plus populaire, puisque ce sont aussi les années des Nathalie, qui ont un score démesuré. Après son sommet, la chute est parallèle à la montée, c'est-à-dire brutale, et le prénom est maintenant oublié. Ce n'est pas quand même une étoile filante puisque pendant un quart de siècle, il dépasse le niveau de 1 %. La courbe d'évolution de la fréquence de Chantal est remarquablement symétrique. Chantal a été le deuxième choix le plus fréquent de 1963 à 1969.

Charlotte

Peu nombreuses au début du siècle, avec seulement 1 fille sur 1 000, les Charlotte ne réussissent pas à gagner la faveur et, à leur maximum, le prénom n'atteint que 1 fille sur 300, dans les années 30. Après avoir été oublié pendant une vingtaine d'années, il refait surface et, depuis quelques années, 1 fille sur 500 se nomme Charlotte.

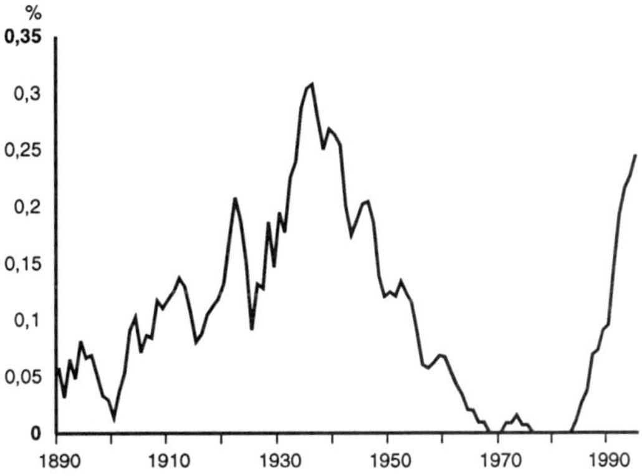

Chloé

Apparu au début des années 80, Chloé a beaucoup de succès, dépasse 1 % en 1993 et arrive au vingtième rang des prénoms les plus populaires en 1994, avec 1 fille sur 85, mais chute en 1995. Certains parents oublient le *h*, qui est par ailleurs inutile, et d'autres ajoutent un *e* final.

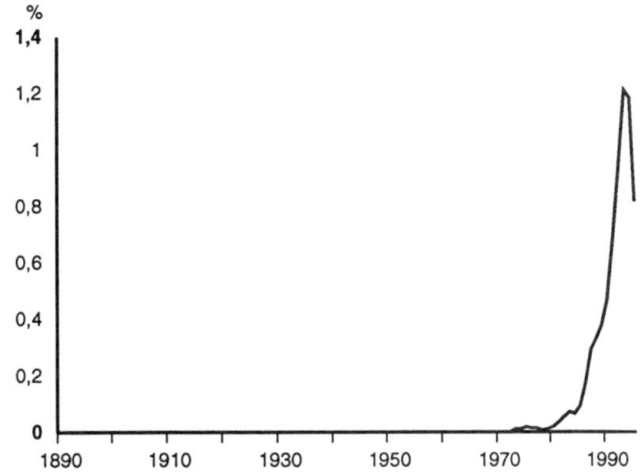

Christelle

Christelle est le prototype de l'étoile filante. En trois ans, le prénom grimpe à son sommet fort respectable de 1 fille sur 75, mais il chute aussi rapidement. Mille neuf cent quatre-vingt-cinq fut donc l'année des Christelle.

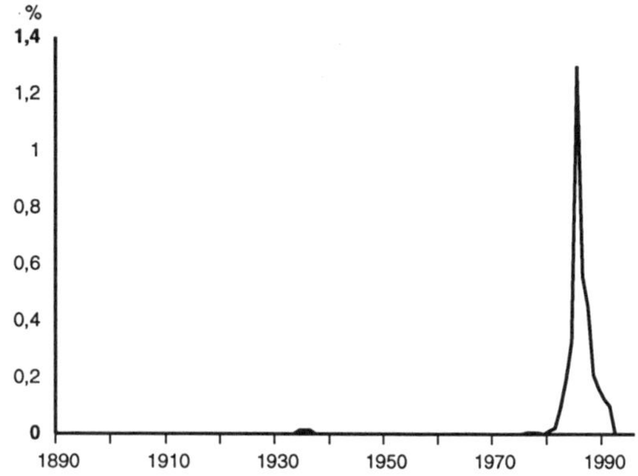

Christiane

Christiane est plus précoce que Christian, mais a eu moins de succès. Le prénom arrive dans les années 30, croît dans les années 40, jusqu'à son apogée en 1954, alors que 1 fille sur 70 reçoit ce prénom. Alors que Christian culmine au début des années 70, Christiane est alors désuet, mais Christine a pris le relais.

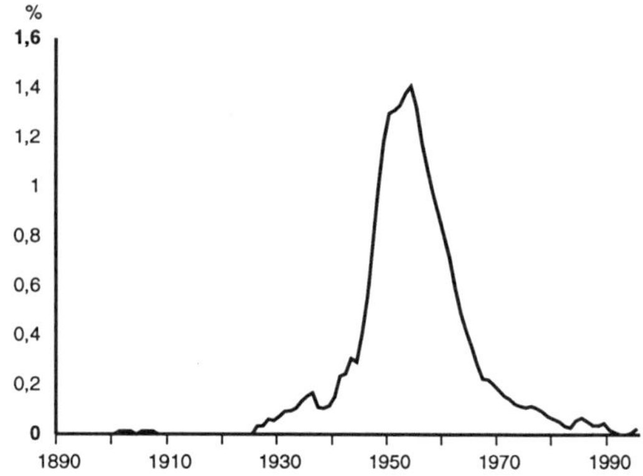

Christina

À la fin des années 80, Christina tente de remplacer les Christine en retraite, mais ne réussit qu'une seule année, en 1990, à atteindre au moins 1 fille sur 200. Après Christiane, Christine et Marie-Christine, Christina ferme l'épisode de cette famille de prénoms.

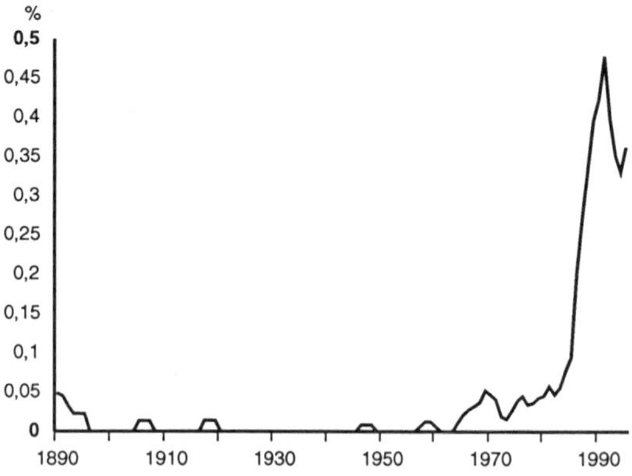

Christine

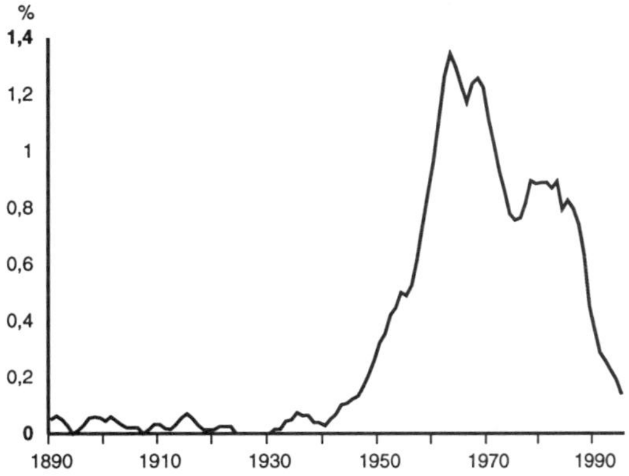

Contrairement à Christiane, qui est inconnu avant les années 30, on trouve ici et là des Christine, mais quand même, le prénom démarre au début des années 40, en même temps que Christiane. L'ascension est plus lente, si bien que le sommet est atteint dix ans plus tard, en 1963 et en 1964, avec 1 fille sur 75. La tendance est perturbée par la popularité des Marie-Christine à la fin des années 80. Puis, Christine décide d'abandonner le terrain, au profit par ailleurs de Christina.

Cindy

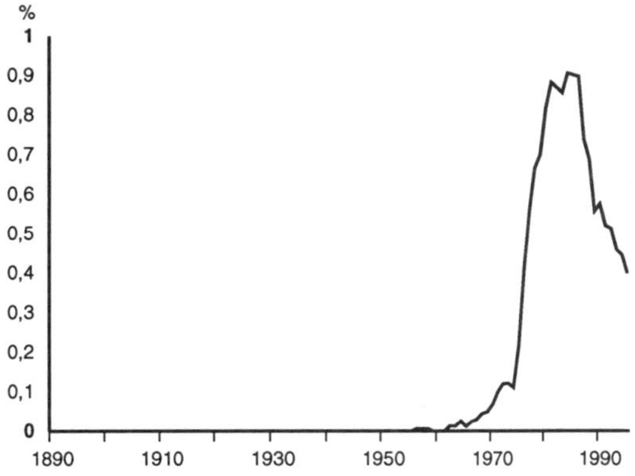

Après quelques murmures au début des années 70, la mode des Cindy démarre en 1976 et atteint dix ans plus tard son maximum avec près de 1 fille sur 100, en 1985. La chute est rapide et en 1996, seulement 1 fille sur 250 reçoit ce prénom.

Claire

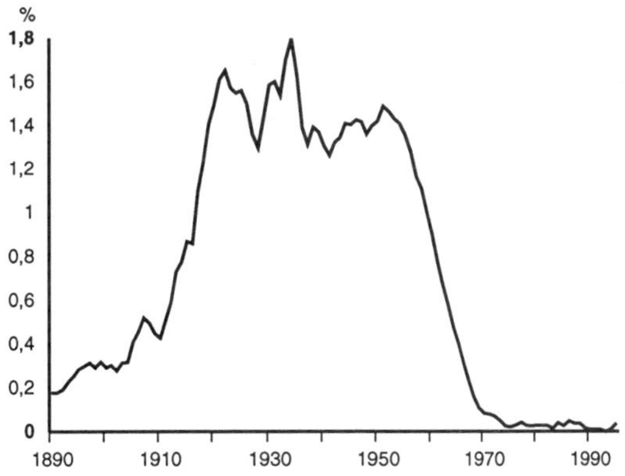

Prénom précédé par Clara, Claire est rare au début du siècle et augmente lentement ; puis, en 1918, survient une hausse importante. On observe un plateau exceptionnel qui durera une quarantaine d'années, jusqu'en 1955, au niveau d'environ 1 fille sur 70. Depuis le début des années 70, la source est tarie. On trouve quelques Marie-Claire, surtout pendant les années 20, mais avec seulement 1 fille sur 200 pendant quatre ou cinq ans.

Clara

Il y a 100 ans, près de 1 fille sur 100 répondait à ce prénom italianisant, mais il diminua rapidement et on n'en trouva plus beaucoup après 1920. Cependant, depuis quelques années, Clara réapparaît, mais de façon encore très discrète.

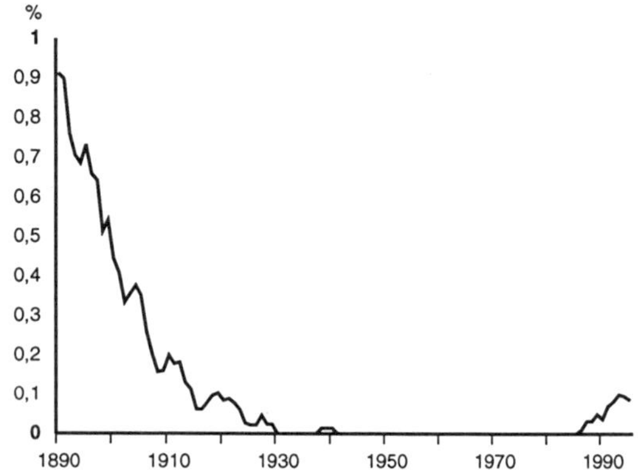

Claude

Claude est aussi un prénom féminin, mais les parents ont préféré, et de loin, Claudette, Claudine et Claudia. Depuis 60 ans, environ 1 fille sur 1 000 reçoit chaque année le prénom Claude.

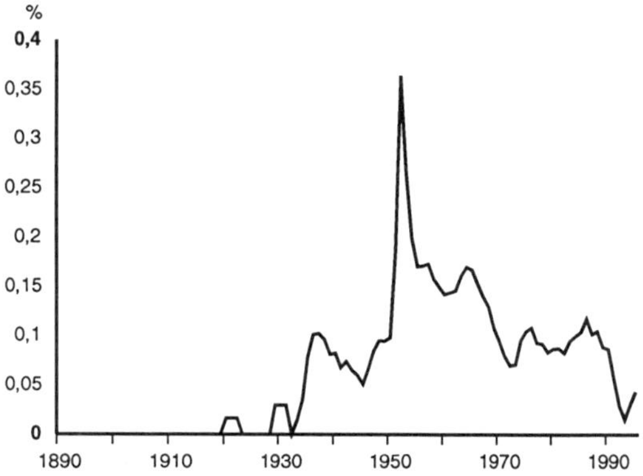

Claudette

Les premières Claudette voient le jour en 1930 et six ans plus tard, il y a déjà 1 fille sur 50 qui porte ce prénom. Le sommet est atteint dès 1940, avec 1 fille sur 35, puis la vague diminue, moins rapidement que la montée, et le prénom est abandonné à la fin des années 60.

Claudette est une bonne illustration du fait que les enthousiasmes soudains pour un prénom inconnu jusque-là ne datent pas d'hier.

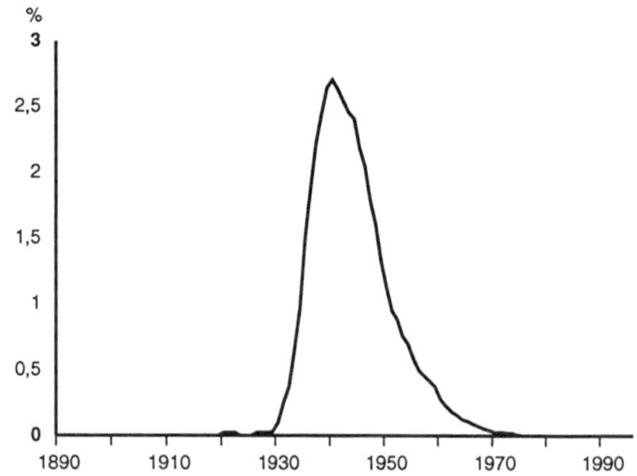

Claudia

Prénom italianisant qui n'était pas inconnu au début du siècle, Claudia, après une absence de 40 ans, réapparaît au début des années 60, atteint un premier plateau autour de 1 fille sur 200 pendant les années 70, et, à partir de 1986, prend un deuxième souffle qui l'amène tout près du 1 % raté de peu en 1987. Depuis, le prénom baisse, même s'il est encore parmi les 50 premiers prénoms de 1996.

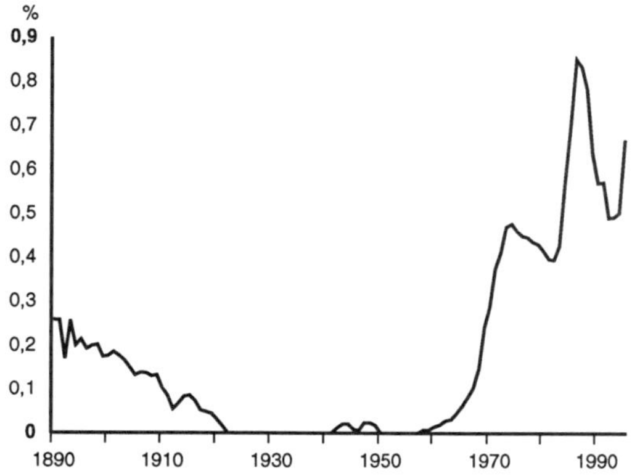

Claudine

Après avoir végété pendant une dizaine d'années, Claudine connaît un essor soudain en 1952, mais culmine dès 1954 avec seulement un peu plus de 1 fille sur 200. La retraite est quand même lente.

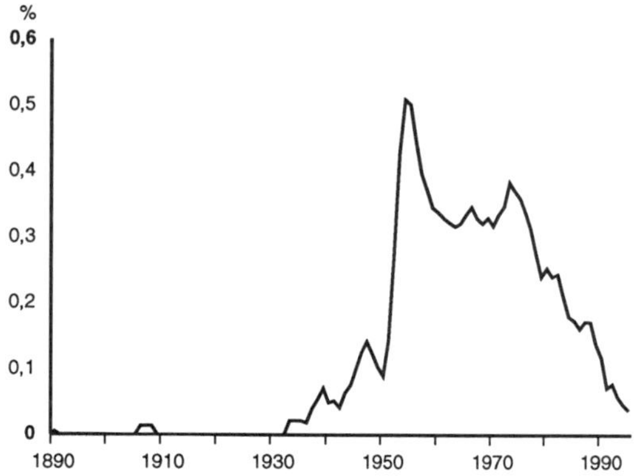

Clémence

Clémence a moins de succès que Clément ; tout au plus 1 fille sur 500 porte ce prénom pendant les années 30.

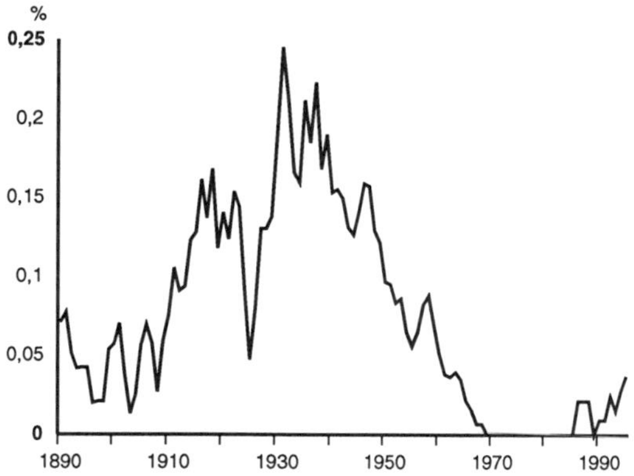

Colette

Colette démarre dans les années 10, atteint son sommet de près de 1 fille sur 75 au milieu des années 30, puis diminue lentement jusqu'au point zéro à la fin des années 60.

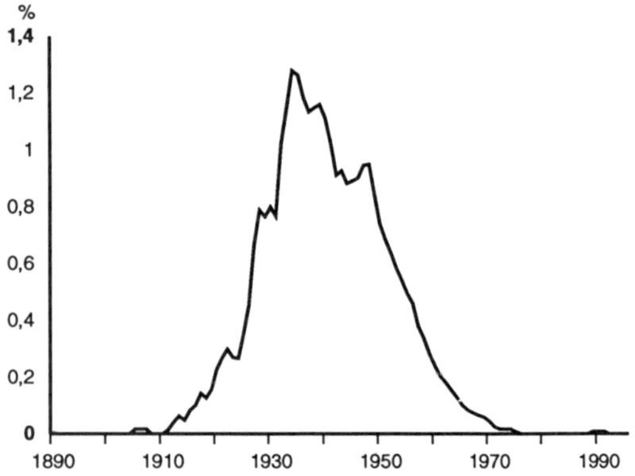

Corinne

À la fin du siècle dernier, 1 fille sur 200 était baptisée avec ce prénom, qui devient très rare après 1920. Le prénom Corinne réapparaît dans les années 60, mais reste jusqu'à aujourd'hui très discret, avec environ 1 fille sur 1 000 seulement.

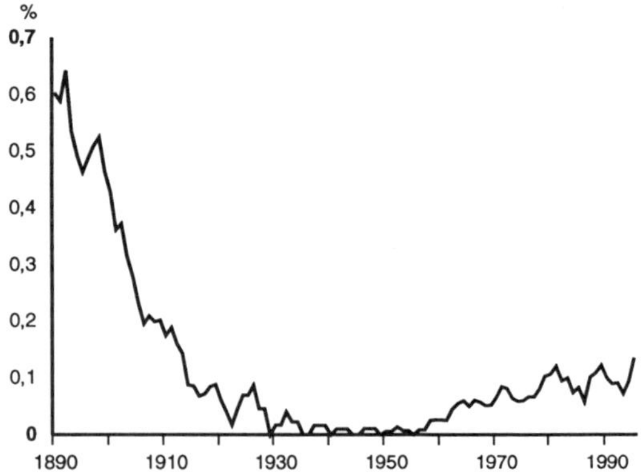

Cynthia

C'est un peu avant 1970 que débute la carrière de Cynthia, qui grimpe graduellement jusqu'à son sommet atteint en 1988, avec près de 1 fille sur 80. Depuis 1990, la descente apparaît assez rapide.

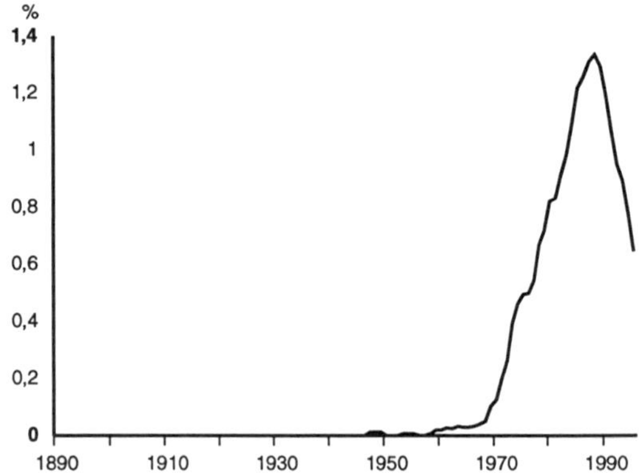

Danielle

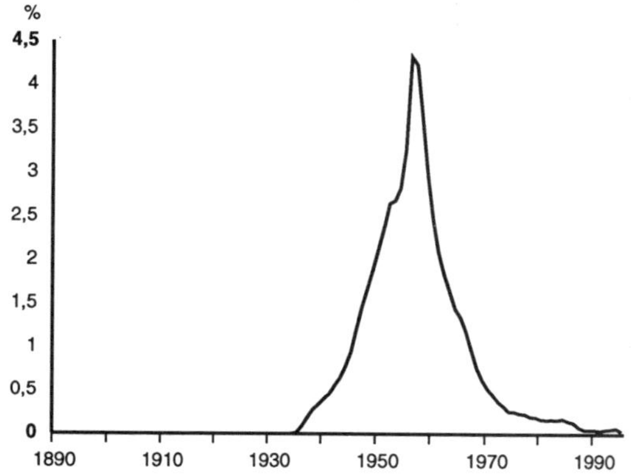

Le prénom Danielle, qui s'écrit aussi Danièle, n'est pas connu avant le milieu des années 30. Il monte en flèche en même temps que son pendant masculin, mais son sommet, atteint en 1956, avec près de 1 fille sur 23, est moins élevé que celui de Daniel. Sa descente est beaucoup plus rapide, si bien que Danielle devient assez rare à partir des années 70. Le synchronisme des deux prénoms est quand même remarquable.

Daphné

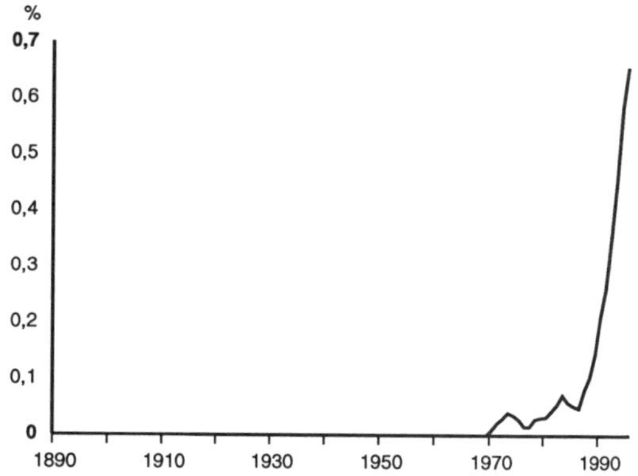

Le daphné est pourtant une plante du genre masculin, mais le prénom est plutôt donné aux filles. Dans la mythologie grecque, Daphné est une nymphe changée en laurier ; c'est par ailleurs le nom du laurier en grec. On trouve quelques Daphné (parfois *ée*) depuis les années 70, mais c'est à partir du milieu des années 80 que Daphné s'épanouit et atteint le niveau de 1 fille sur 150 en 1996.

Délia

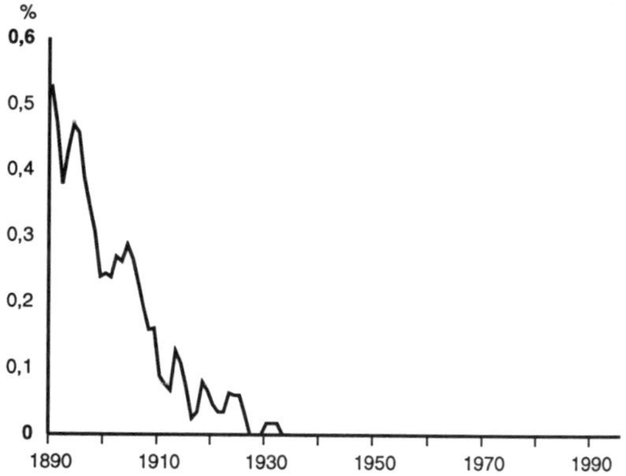

Une fille sur 200 recevait ce prénom à la fin du siècle dernier, mais Délia disparaît dans les années 20.

Denise

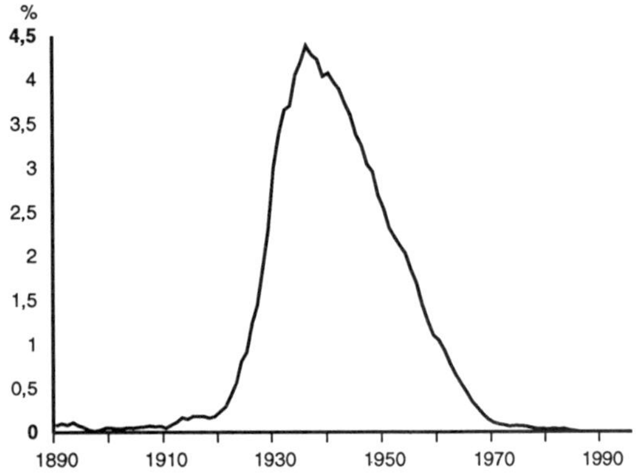

Prénom peu fréquent jusqu'en 1920, Denise atteint déjà 1 fille sur 100 en 1925, et connaît une ascension fulgurante pendant une dizaine d'années, ce qui l'amène à son sommet de 1937, alors qu'il est porté par 1 fille sur 22. De 1934 à 1937, Denise est le prénom le plus souvent donné aux petites filles. La descente est calme et depuis 1970, Denise se fait discret.

La comparaison de l'évolution de Denis et de Denise est intéressante. Les deux prénoms apparaissent en même temps, atteignent à peu près le même niveau, passent 35 et 38 ans au-dessus du seuil de 1 %, mais alors que Denise croît rapidement et décroît lentement, c'est le contraire pour Denis. En fait, les deux courbes sont symétriques si elles se regardent dans un miroir.

Denise est le dixième prénom le plus porté par l'ensemble des femmes, tout comme Denis est le dixième prénom chez les hommes.

Diana

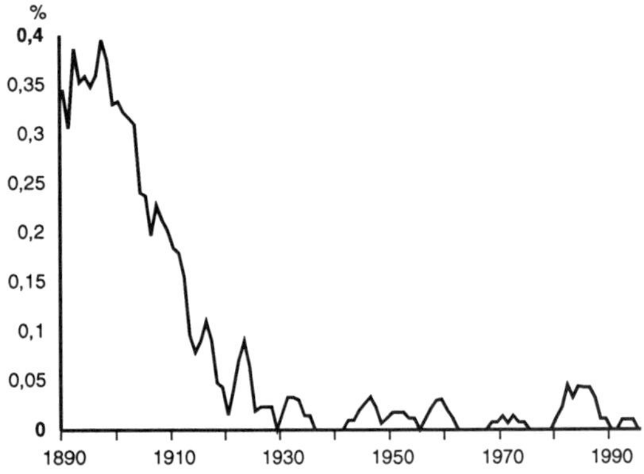

Au tournant du siècle, près de 1 fille sur 250 s'appelle Diana, mais le prénom est très rare depuis 1920. Les heurs et les malheurs de Lady Di, qui aurait pu devenir notre future reine, n'ont pas eu d'écho dans les berceaux.

Diane

Les années 40 sont témoins d'un essor fulgurant de Diane, qui commence la décennie avec seulement 1 fille sur 250 et atteint en 1950 1 fille sur 16. Diane est le premier prénom de 1949 à 1954. La pente descendante est un peu plus lente et à la fin des années 70, Diane termine sa brillante carrière. Il aura passé 25 ans au-dessus du niveau de 1 %.

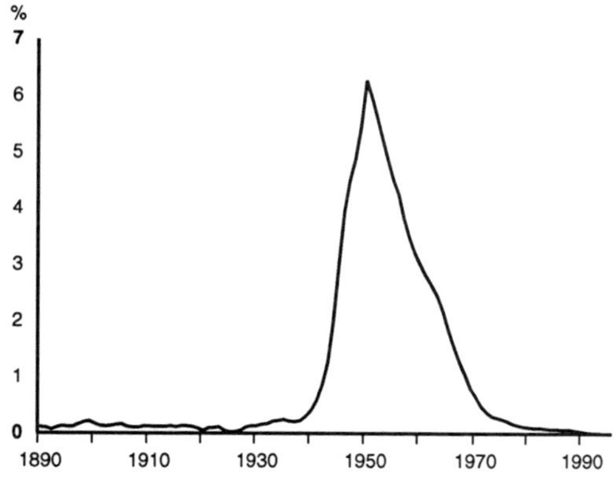

Parmi l'ensemble des femmes, Diane est le quatrième prénom et 1 femme sur 65 le porte. Il est intéressant de noter que le prénom Diane est inusité en France.

Dolorès

Après avoir augmenté légèrement depuis la fin du siècle dernier, Dolorès est porté par 1 fille sur 250 au début des années 30, puis chute rapidement jusqu'à devenir très rare après 1940. Ce prénom d'origine espagnole culmine à peu près en même temps que celui de Carmen.

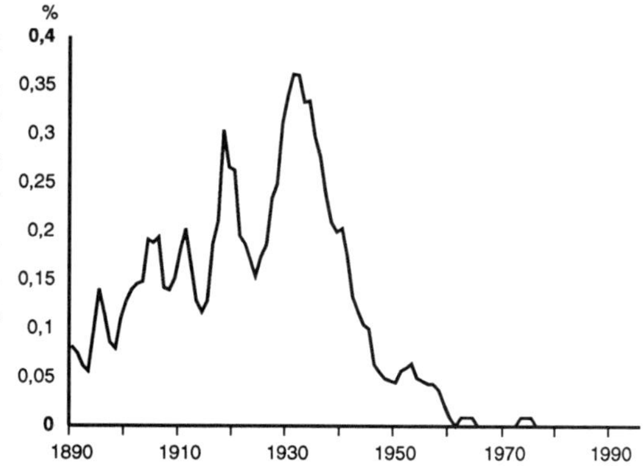

Dominique

Dominique est apparu chez les filles avec plus de vigueur que chez les garçons, dans les années 50, mais finit par avoir beaucoup moins de succès. Dominique est attribué à plus de 1 % des filles une seule année, en 1964. C'est l'année du succès de sœur Sourire, *Dominique-nique-nique...*, à l'époque où les religieuses portaient encore des cornettes. Jusqu'au milieu des années 80, Dominique est porté par au moins 1 fille sur 500.

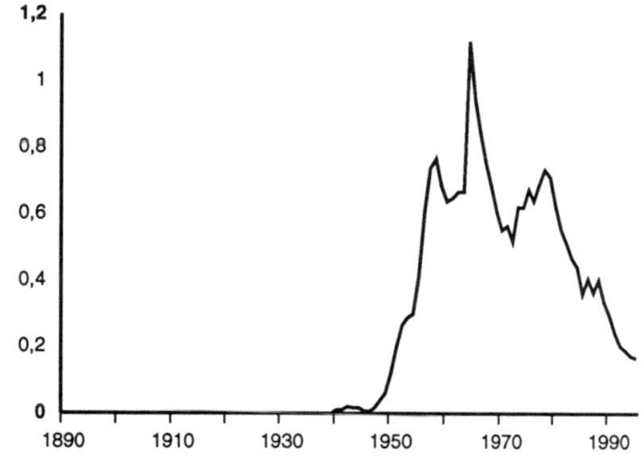

Doris

Doris augmente trop lentement à partir des années 20 et ne parvient à rejoindre que 1 fille sur 200 au début des années 50, avant de tomber dans l'oubli.

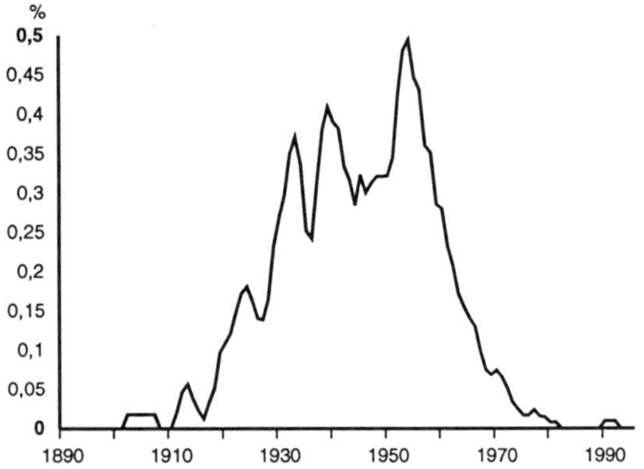

Édith

Édith est présente depuis 100 ans, mais n'a jamais percé ; pendant les années 60 et 70, il atteint environ 1 fille sur 300.

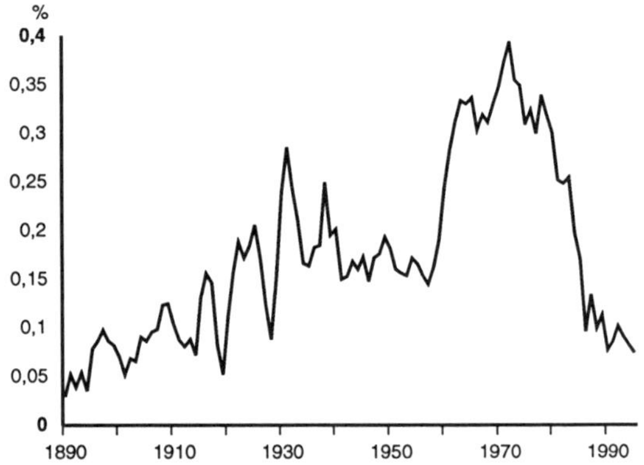

Éliane

Au début du siècle, Éliane est choisi pour 1 fille sur 400 environ, mais le prénom recule à partir des années 20, sans disparaître toutefois. Au début des années 80, il amorce une légère remontée qui l'amène à atteindre un peu moins de 1 fille sur 500 au milieu des années 90.

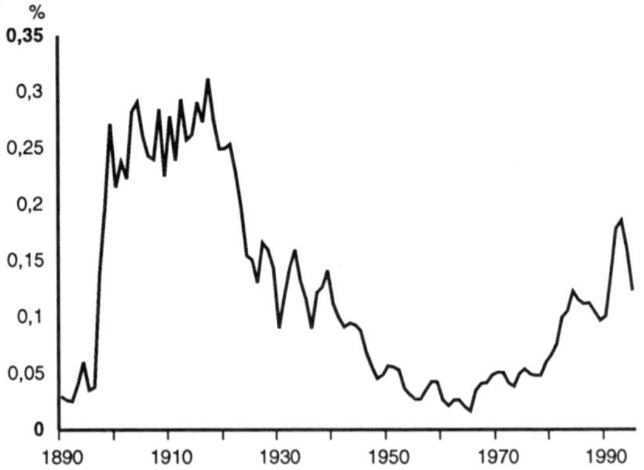

Élisabeth

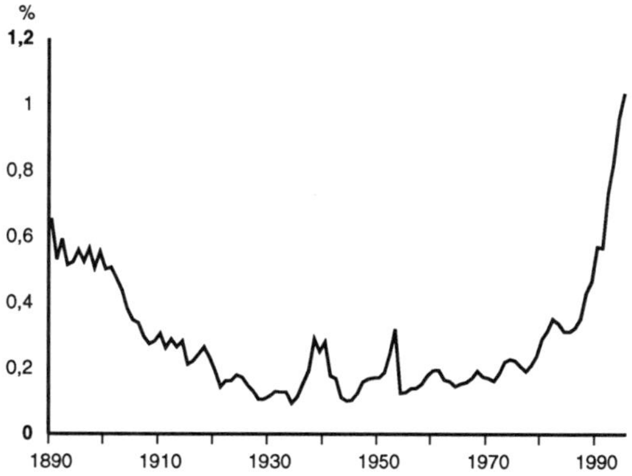

Élisabeth, qui s'écrit assez souvent avec un *z*, était porté à la fin du siècle dernier par environ 1 fille sur 200, puis a traversé le siècle de façon très discrète, sans toutefois descendre en bas de 1 fille sur 1 000. Le prénom se met à progresser dans les années 80 et atteint 1 % en 1995.

C'est évidemment un prénom très connu, puisqu'il figure sur toutes nos pièces de monnaie depuis plus de 40 ans. Le sacre de notre souveraine en 1952 n'a eu qu'un impact minime sur l'évolution du prénom. Peut-être est-ce le déclin d'Isabelle qui a amené un transfert vers Élisabeth ces dernières années ?

Élise

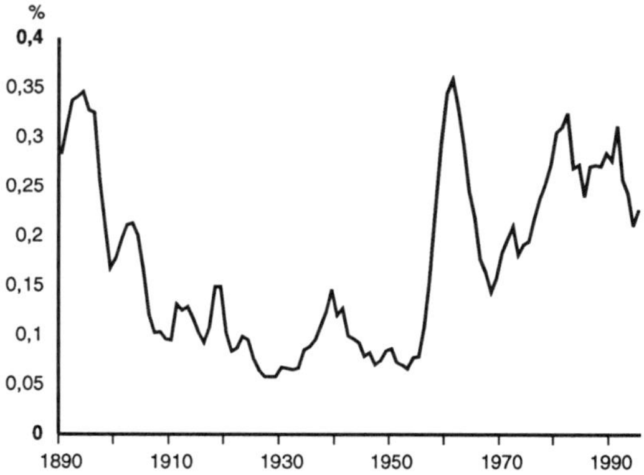

Élise termine ce siècle comme le précédent, de façon fort discrète, en étant choisi pour environ 1 fille sur 400. Après avoir végété pendant un demi-siècle, il prend son élan à la fin des années 50, mais ne fait pas long feu et n'arrive pas à dépasser 1 fille sur 250 en 1961. C'est quand même un bel exemple de vaguelette. Notons que la prépondérance de Lise dans les années 40 n'a pas eu d'impact sur la courbe d'Élise.

Élodie

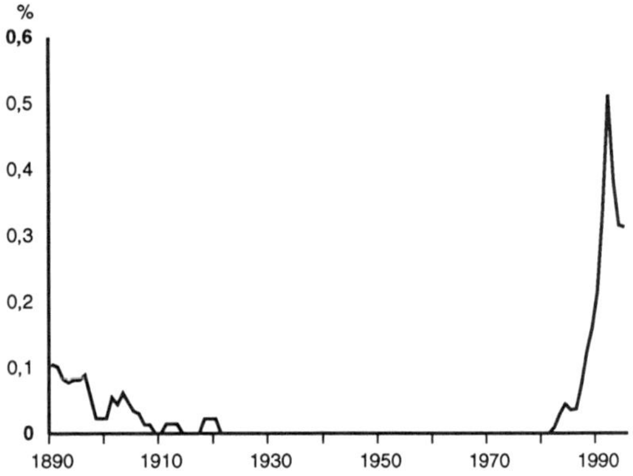

Élodie est le premier prénom féminin en France à la fin des années 80, mais il n'a pas connu le succès ici. Il arrive quelques années après Mélodie, mais finit par le dépasser un peu. Ces dernières années, il semble se résigner à diminuer. On note qu'il y avait quelques Élodie à la fin du siècle dernier.

Émilia

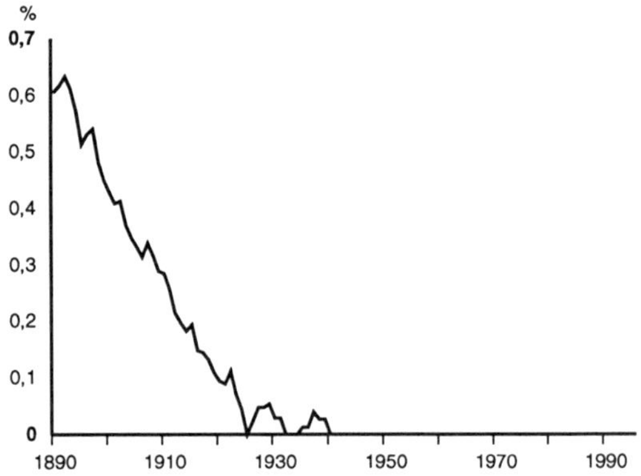

Plus fréquent qu'Émilie au tournant du siècle, Émilia, qui est donné à environ 1 fille sur 200, est déjà sur la pente qui le mène vers l'oubli atteint dans les années 20.

Émilie

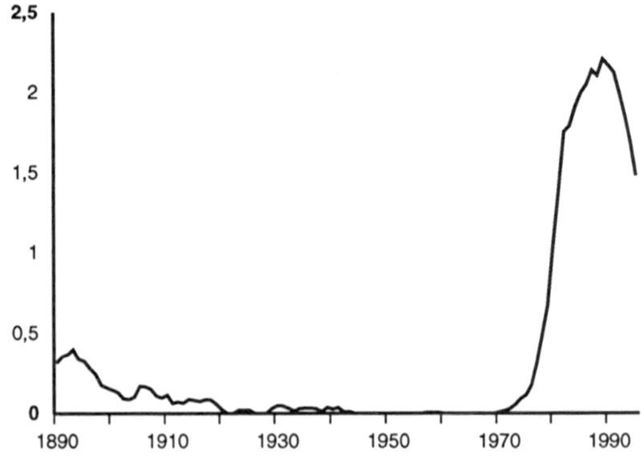

Peu fréquent il y a 100 ans et absent jusqu'au milieu des années 70, le prénom Émilie monte en flèche jusqu'à son sommet, atteint en 1990, alors qu'il est choisi pour 1 fille sur 44. Il est alors dans le peloton des prénoms les plus populaires. Notons qu'en Ontario aussi, Emily figure ces dernières années parmi les prénoms préférés. Amélie a une carrière parallèle, mais un peu moins bien réussie.

Émilienne

La carrière d'Émilienne ressemble beaucoup à celle de son pendant masculin et les deux courbes se confondent. Émilienne atteint, à son sommet dans les années 10, environ 1 fille sur 250.

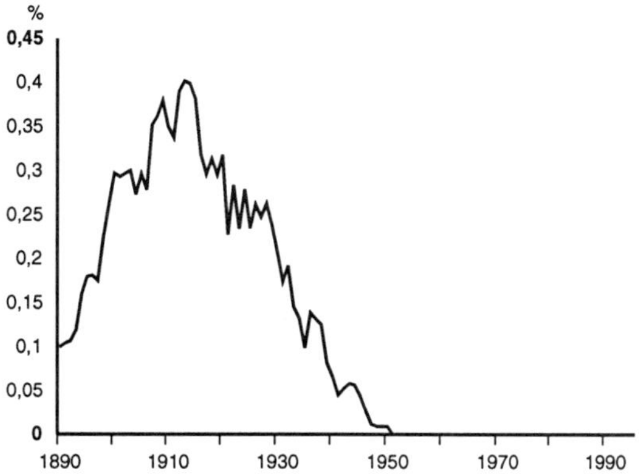

Emma

Il y a 100 ans, Emma était un prénom choisi pour 1 fille sur 100, mais il décline rapidement et disparaît dans les années 20. On note quelques Emma ces dernières années.

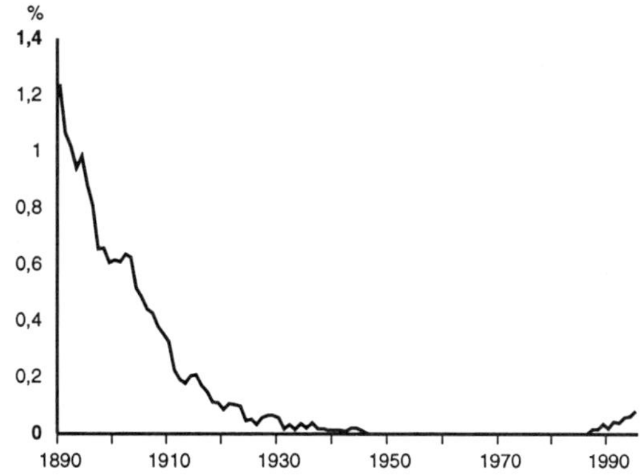

Emmanuelle

Contrairement à Emmanuel pour les garçons, le prénom Emmanuelle n'est pas donné aux filles avant la fin des années 60. Il progresse alors lentement, et à son sommet du milieu des années 80, il ne réussit qu'à atteindre 1 fille sur 250. Au milieu des années 90, il n'est plus qu'à 1 fille sur 400.

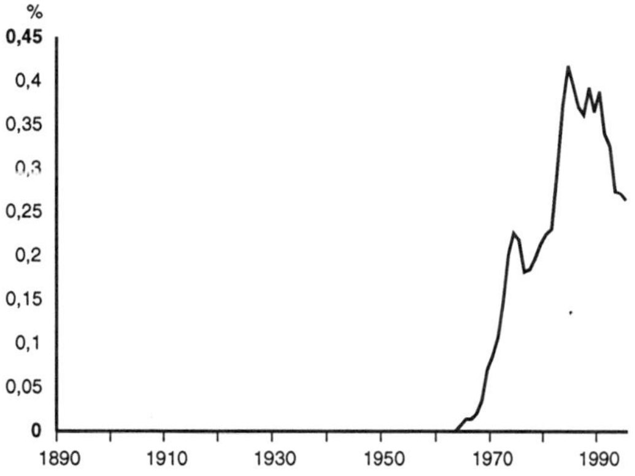

Érika

La grande vogue des Éric dans les années 70 n'amène que de rares Érica, et ce n'est que depuis le milieu des années 80 qu'Érika grandit. Dix ans plus tard, le prénom n'est choisi encore que pour 1 fille sur 225.

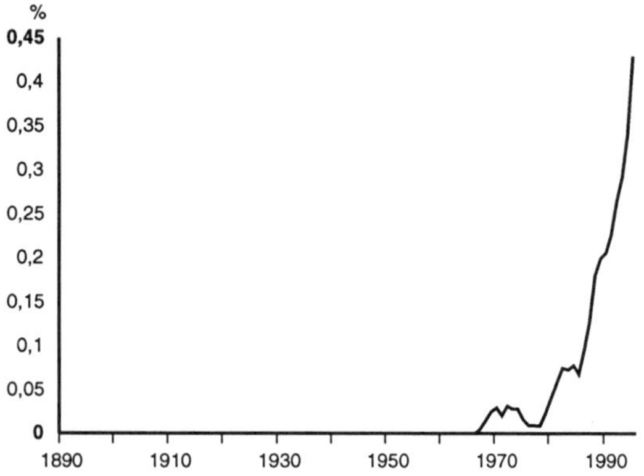

Ernestine

Beaucoup moins présent qu'Ernest, le prénom Ernestine est choisi pour environ 1 fille sur 200 à la fin du siècle dernier. Après quelques années de baisse régulière, Ernestine disparaît dans les années 20.

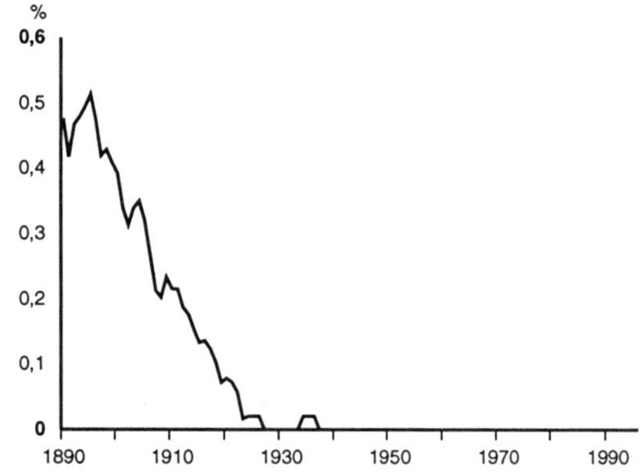

Estelle

Estelle est un exemple de prénom qui est présent pendant un siècle, sans avoir connu un soupçon de popularité. C'est à peine 1 fille sur 350 qui porte ce prénom jusque dans les années 40, alors que l'appellation devient très rare sans jamais disparaître.

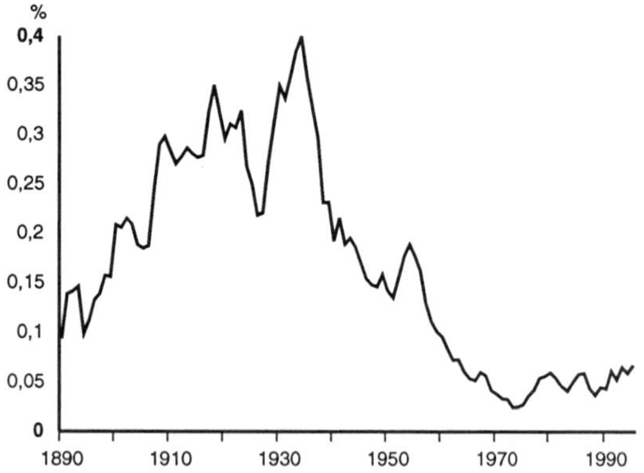

Esther

Esther passe le siècle à atteindre entre 1 fille sur 1 000 et 1 fille sur 2 000, ce qui en fait un prénom discret, mais très persévérant.

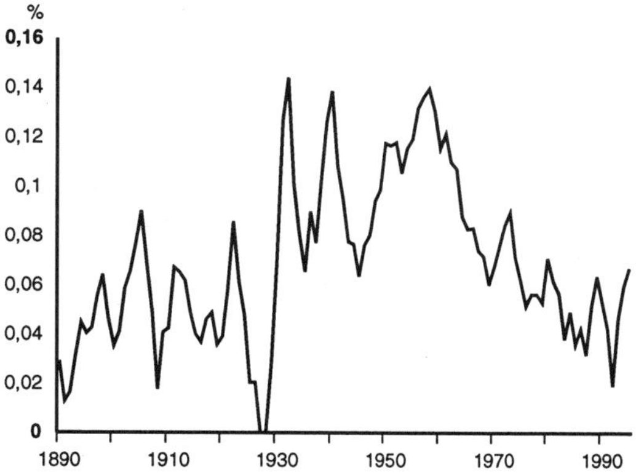

Eugénie

Une fille sur 90 née pendant les années 1890-1894 recevait ce prénom. Eugénie décline rapidement et n'est plus en usage à partir des années 30, mais on en note quelques-unes ces dernières années.

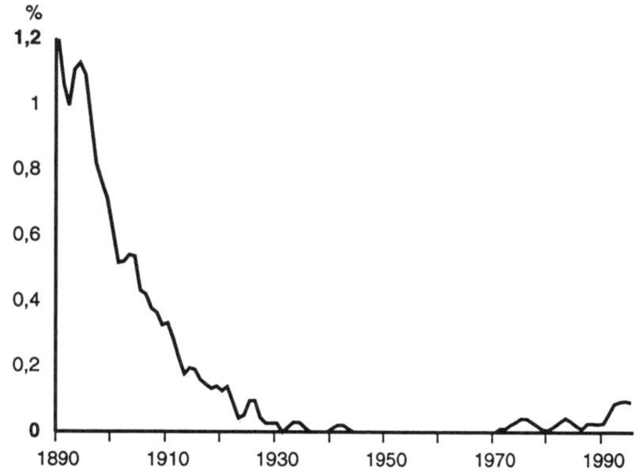

Éva

Éva est un des prénoms préférés à la fin du siècle dernier ; il est au troisième rang pendant les années 1890-1894 et est porté alors par 1 fille sur 38. Éva était déjà sur la pente descendante ; le prénom passe sous le niveau de 1 % en 1909 et devient très rare pendant les années 30. On ne connaît pas son histoire avant 1890, mais depuis cette année, Éva a le mérite d'avoir passé 20 ans au-dessus du seuil de 1 % des prénoms féminins.

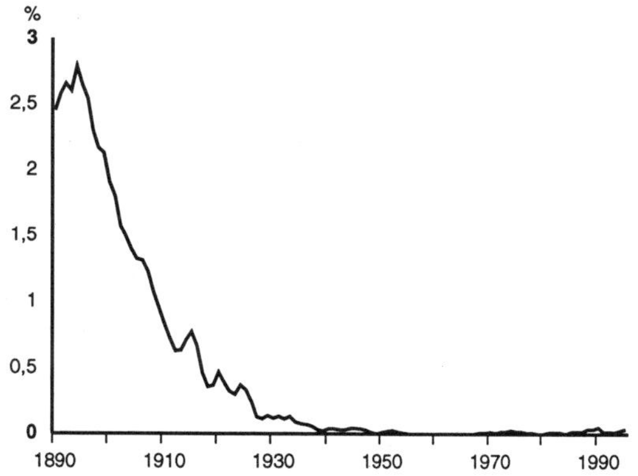

Ève

Contrairement à Éva, le prénom Ève est tout à fait inconnu avant les années 50. Ève monte au début des années 70, mais ne réussit à atteindre que 1 fille sur 300 à la fin de la décennie. Par ailleurs, il repart ces dernières années. En fait, il laisse la place à Marie-Ève, qui se hisse aux premiers rangs dans les années 80.

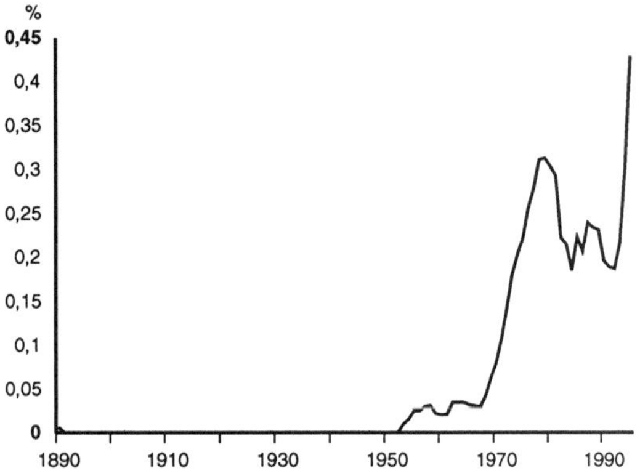

Évelyne

Évelyne est présent tout au long du siècle, mais à un niveau assez rare, avec près de 1 fille sur 300 au début et seulement 1 sur 1 000 au milieu. La popularité de Marie-Ève amène une petite vague d'Évelyne autour de 1980, mais elle n'atteint pas 1 fille sur 250.

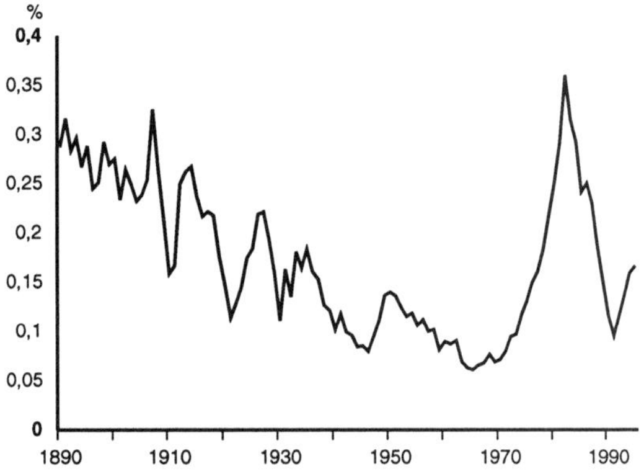

Fabiola

Fabiola est un prénom italien du tournant du siècle qui est choisi pour environ 1 fille sur 500. Fabiola s'éteint dans les années 20.

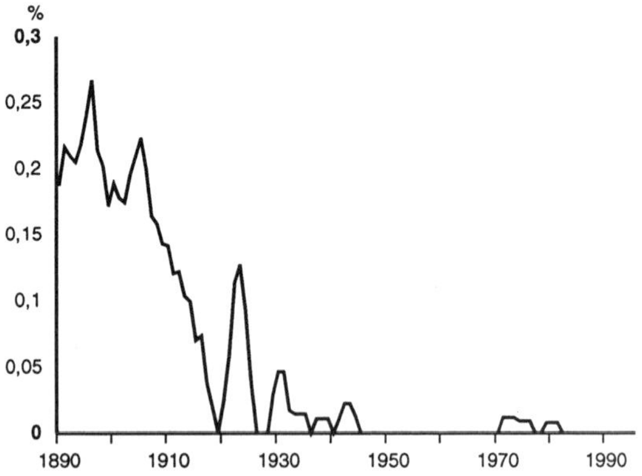

Fanny

La courbe dessinée par l'évolution de la fréquence de Fanny est identique à celle de Stéphanie, mais à un niveau beaucoup moins élevé. Fanny apparaît au début des années 70, tente de percer à la fin des années 80, mais rate de beaucoup la barre du 1 % en 1991 et se replie depuis.

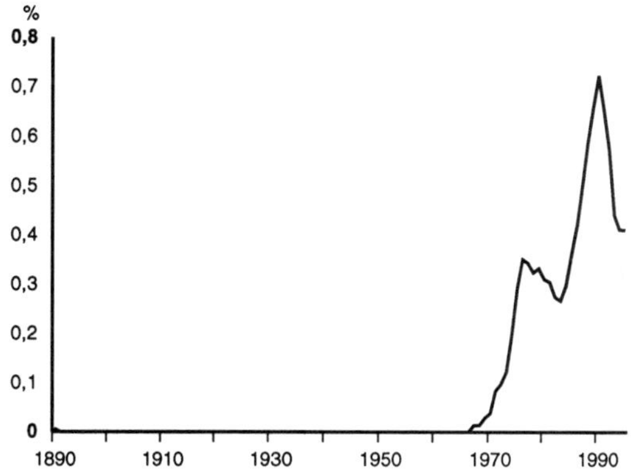

Fernande

Fernande, comme Fernand, apparaît avec le siècle, et connaît un essor assez vigoureux qui l'amène à un sommet de 1 fille sur 50 en 1922. Le déclin est à peine un peu plus long que la montée, et le prénom disparaît dans les années 50. Fernande a passé un peu plus de 15 ans au-dessus du seuil de 1 % des prénoms.

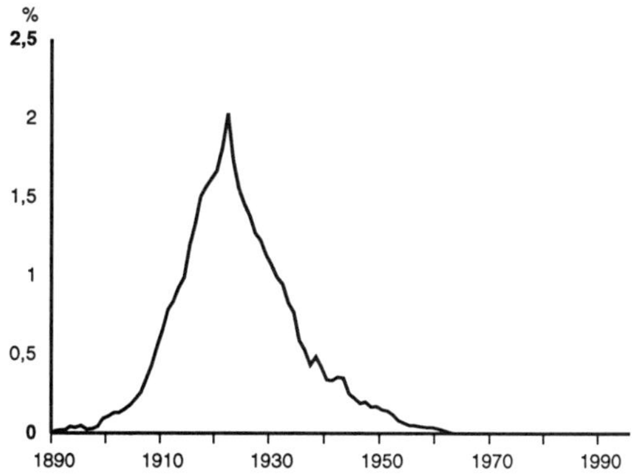

Fernande était un des prénoms préférés de Brassens, mais sa chanson date des années 50 et il faut croire que, depuis, ce prénom n'inspire plus les poètes…

Fleurette

C'est dommage que ce prénom si évocateur de la vie amoureuse n'ait pas eu plus de succès. Il éclôt au début du siècle, pousse tout doucement jusqu'au milieu des années 20, alors qu'il séduit un couple sur 150, et puis se fane. À partir des années 50, ce n'est plus qu'un souvenir.

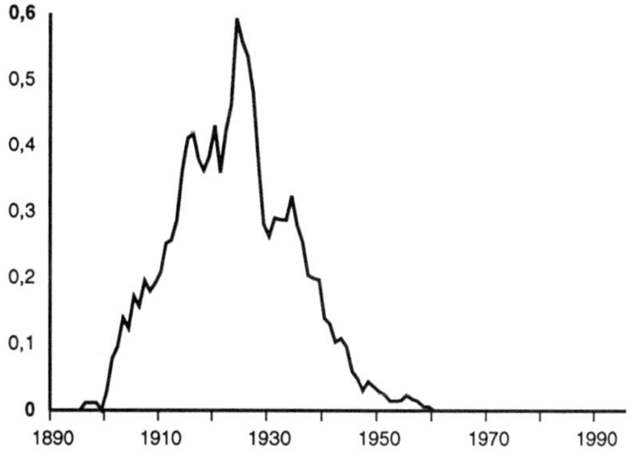

Flore

Prénom botanique par excellence, Flore n'a pas eu le succès de Marguerite. À la fin du siècle dernier, environ 1 fille sur 250 recevait ce prénom. La récolte se fait de plus en plus rare et la terre n'est plus féconde à la fin des années 30. On cueille à la fin du siècle dernier quelques Flora.

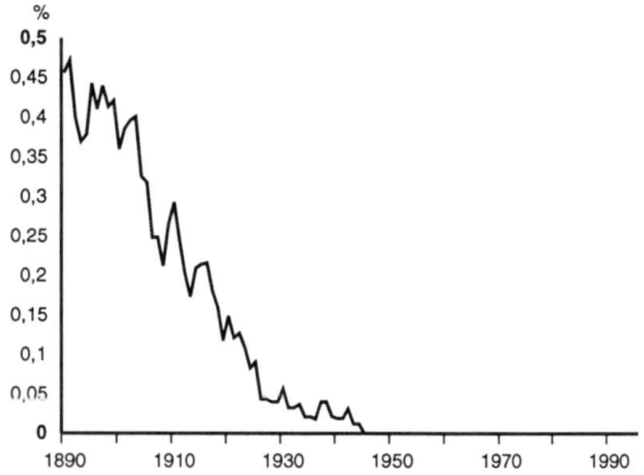

Florence

Florence croît lentement du début des années 1890 jusqu'à la fin des années 10, alors qu'il atteint près de 1 fille sur 100. Malheureusement, le prénom s'étiole, mais la source ne se tarit pas complètement. Après quelques décennies de dormance, un nouveau cycle commence dans les années 90, et la pousse est vigoureuse, soit 1 fille sur 160 en 1996. Dans les variétés de la même famille, on déniche à la fin du siècle dernier quelques Florentine et de plus rares Florestine.

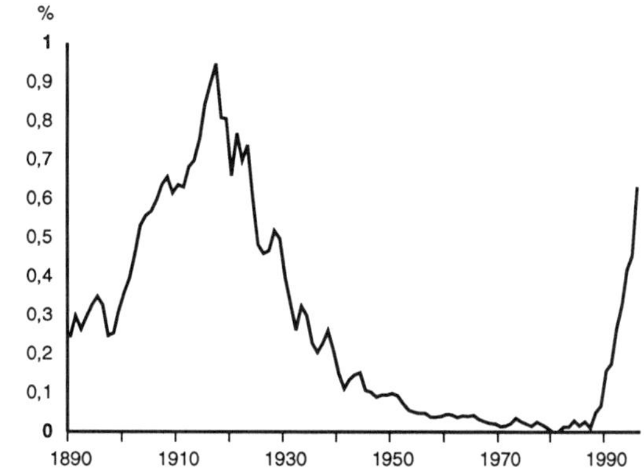

Florida

Adjectif espagnol qui se traduit par fleurie, Florida est porté par 1 fille sur 100 il y a 100 ans. Il tombe rapidement en désuétude et c'est une espèce disparue dans les années 20.

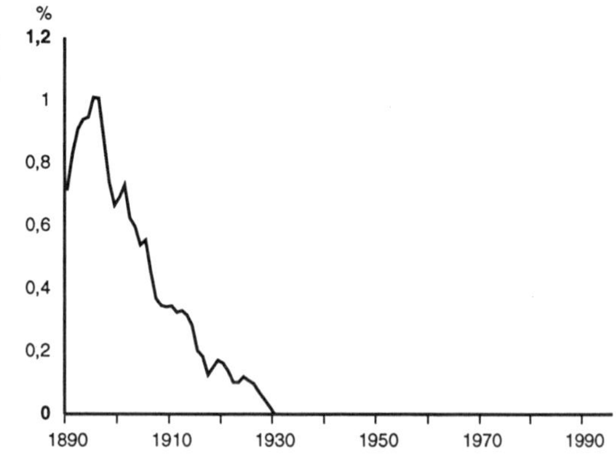

France

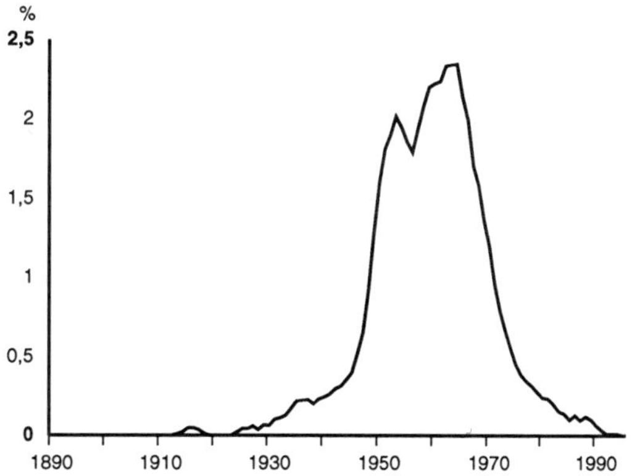

France et Francine naissent quand Françoise commence à décliner, soit au début des années 30. France augmente lentement, puis connaît une poussée remarquable à la fin de la guerre, ce qui l'amène à atteindre 1 fille sur 50 dès 1953. Après quelques hésitations, il se dirige vers un nouveau sommet, atteint en 1963, avec 1 fille sur 40. La descente est assez rapide et à la fin des années 80, le prénom France n'est plus choisi. France a passé 22 ans au-dessus de la barre du 1 %. Marie-France apparaît en 1940, mais n'a pas le même succès puisqu'il n'atteint à son sommet que 1 fille sur 200. On peut noter que France est parfois un prénom masculin, mais c'est très exceptionnel. Par ailleurs, France est un prénom très rare en France.

Francine

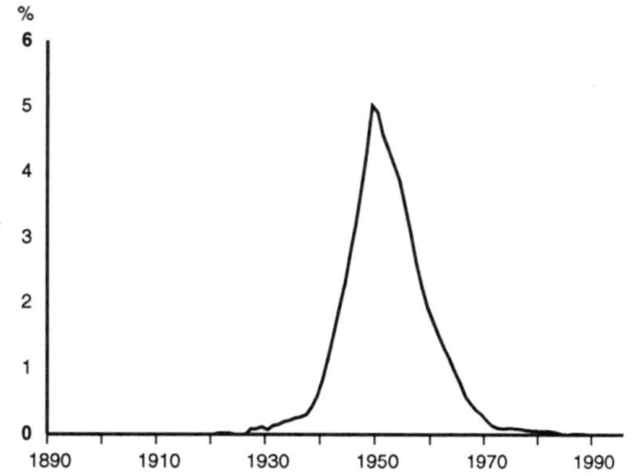

Francine dessine une pyramide des plus parfaites. À partir de 1938, il progresse à pas réguliers vers le sommet, atteint en dix ans, et prénomme 1 fille sur 20 en 1949. La descente est à peine un peu plus lente que la montée et, à partir de 1970, le prénom Francine n'est plus choisi. Malgré son sommet élevé, la base est solide puisque Francine passe 24 ans au-dessus du niveau de 1 %. Pendant les années 1950-54, Francine est le troisième prénom, précédé par Diane et Louise.

Françoise

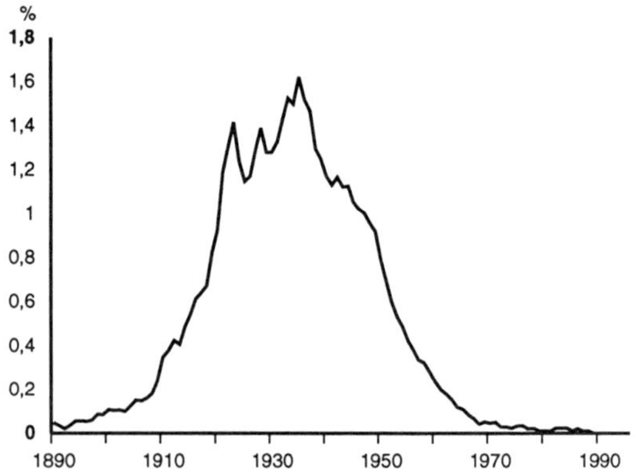

Contrairement à François, Françoise était très rare au début du siècle et l'est de nouveau depuis la fin des années 60. Il augmente lentement dans les années 10, mais plafonne dans les années 20 jusqu'au milieu des années 30, avec autour de 1 fille sur 60. La vogue des Françoise précède donc d'une trentaine d'années celle des François. Françoise, qui n'a pas atteint les sommets de Francine et de France, a quand même passé un plus grand nombre d'années au-dessus du seuil de 1 %, soit 26 ans en regard de 24 pour Francine.

Frédérique

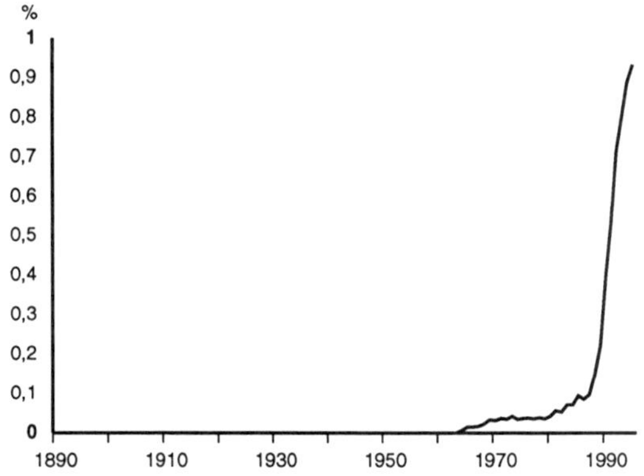

Malgré une sonorité peu douce, Frédéric devient un prénom féminin avec la terminaison en *que*. Le prénom apparaît suite à la vague des Frédéric des années 70, mais reste alors très rare. Ce n'est qu'en 1989 que Frédérique démarre, et de belle manière, puisqu'il se rapproche du 1 % au milieu des années 90.

Gabrielle

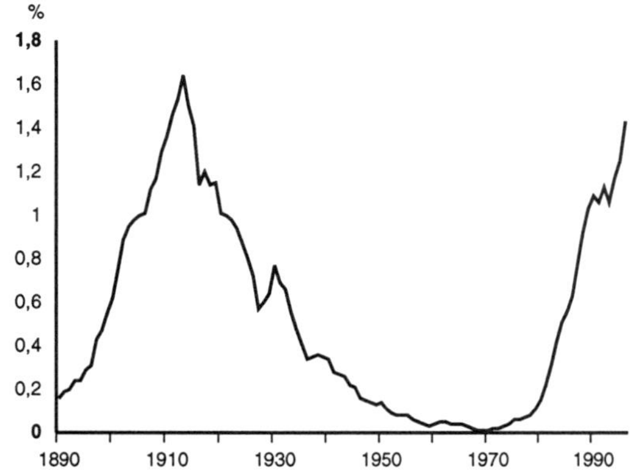

Gabrielle a plus de succès que son homologue masculin au début du siècle. De 1890 à 1914, la poussée est régulière et à son sommet, il atteint 1 fille sur 56. Il décline ensuite, d'abord rapidement, puis plus lentement, et c'est presque l'éclipse dans les années 60. Il connaît, à partir de la fin des années 70, une nouvelle vague, mais cette fois-ci à la remorque de Gabriel. Il franchit en 1988 le seuil de 1 %, et atteint 1 fille sur 70 en 1996.

C'est le cas rare d'un prénom qui revient quatre-vingts ans plus tard.

On découvre quelques Gaby dans les années 30 et 40.

Gaétane

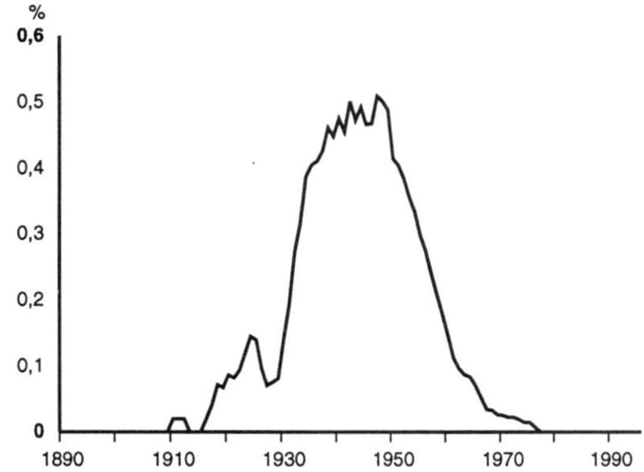

La courte carrière de Gaétane débute vers 1930, mais plafonne à environ 1 fille sur 200 dans les années 40, et redescend pour être abandonné à la fin des années 60.

Gemma

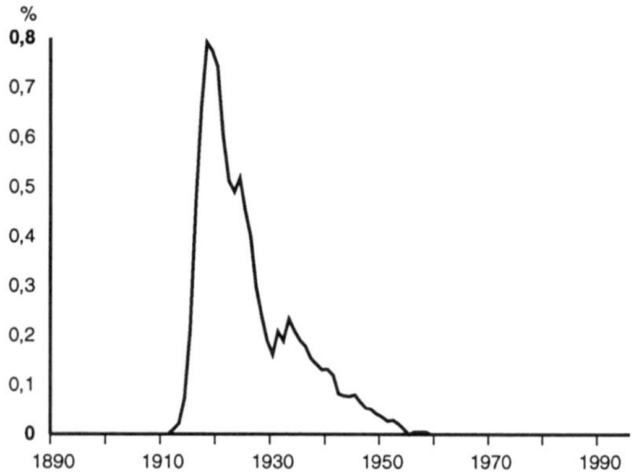

Un engouement subit s'empare des parents pour Gemma en 1915, si bien que deux ans plus tard, 1 fille sur 125 porte ce prénom, mais ce n'était qu'une toquade. Dès 1920, le prénom se met à descendre et il termine la décennie en faisant peu de bruit.

Geneviève

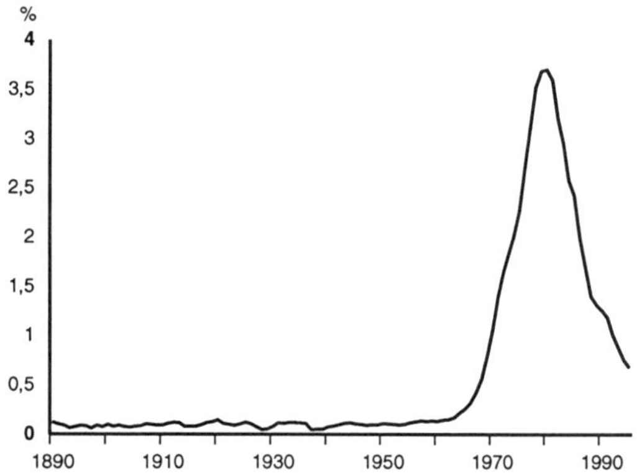

Bon an, mal an, le prénom Geneviève est choisi pour environ 1 fille sur 1 000 de 1890 jusqu'au milieu des années 60. Tant de patience est récompensée par une brillante carrière dans les années 70 et 80. À son apogée, en 1979-80, il atteint 1 fille sur 26. Ce n'est qu'en 1993 qu'il descend sous la barre du 1 %, niveau qu'il aura dépassé pendant 23 ans.

Georgette

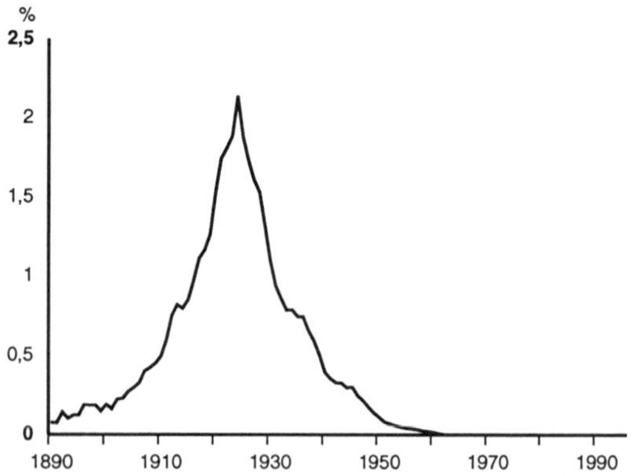

La vie de Georgette est tout à fait indépendante de celle de Georges. Le prénom entreprend une lente montée à la fin du siècle dernier, dépasse 1 % au milieu des années 10, et atteint son sommet dix ans plus tard, en 1924, alors qu'il est porté par plus de 1 fille sur 50. S'ensuit une chute assez rapide et Georgette s'efface dans les années 50. Il a quand même passé 15 ans au-dessus du seuil de 1 % des prénoms.

Georgianna

Vers 1890, près de 1 fille sur 125 s'appelait Georgianna, mais le prénom était déjà en grande perte de vitesse, et il s'est éteint dans les années 10.

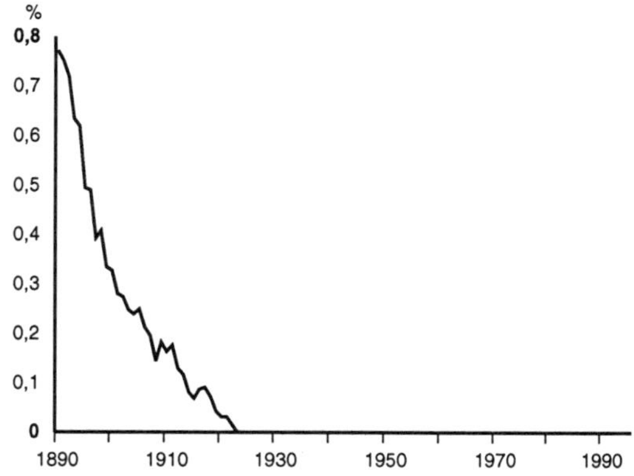

Germaine

À partir de 1890, Germaine monte en flèche et culmine 15 ans plus tard en atteignant plus de 1 fille sur 30. Le déclin est rapide dans les années 10, puis Germaine s'étiole et meurt dans les années 50. Pendant 31 ans, le prénom Germaine a été choisi pour au moins 1 fille sur 100. Germaine est plus précoce et a beaucoup plus de succès que Germain.

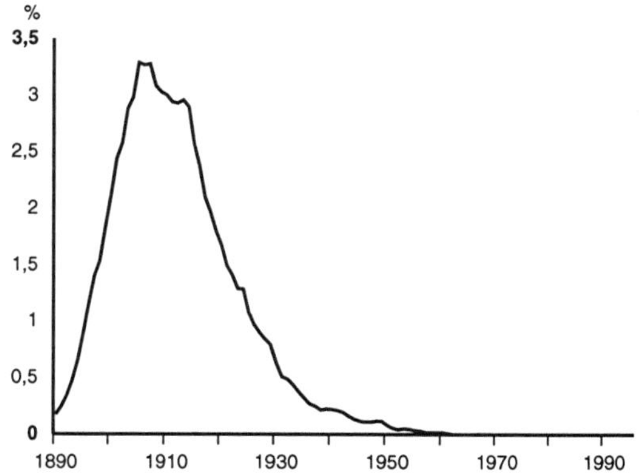

Gertrude

Apparu lui aussi vers 1890, le prénom Gertrude pousse lentement et plafonne à un peu plus de 1 % pendant les années 10 et le début des années 20. Il régresse ensuite rapidement.

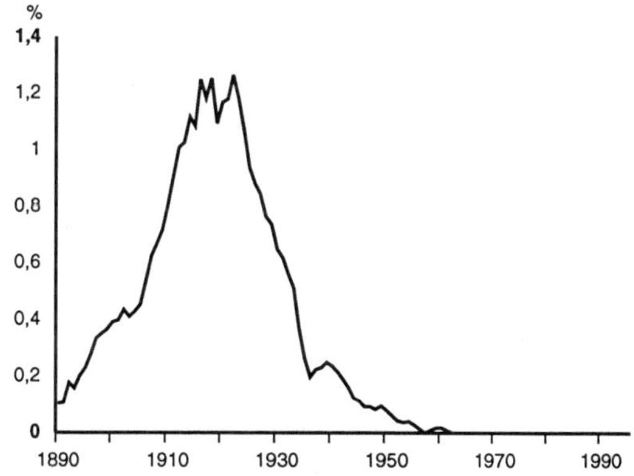

Ghislaine

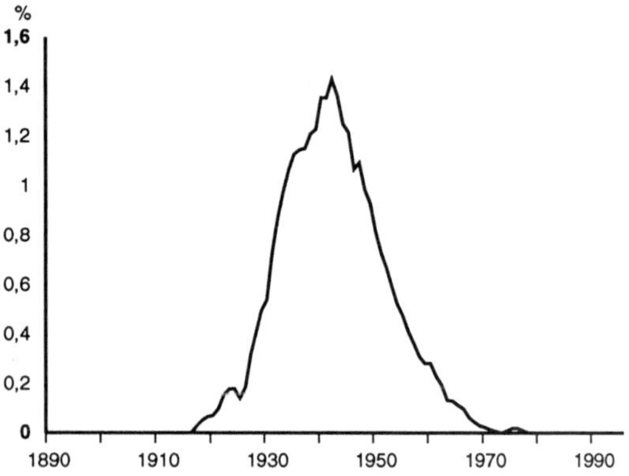

Ghislaine se prononce en France de deux façons ; chez les snobs, on dit Guylaine, alors que la prononciation populaire débute par *j* et ajoute le *s*. Ici, Ghislaine et Guylaine ne sont jamais confondus et les deux courbes montrent bien qu'il s'agit de deux prénoms différents.

Ghislaine apparaît dans les années 20, atteint assez rapidement 1 %, mais plafonne au début des années 40 autour de 1 prénom sur 75. Il reste pendant 14 ans au-dessus du seuil de 1 %. La descente est normale et le prénom n'est plus utilisé dans les années 70.

Gilberte

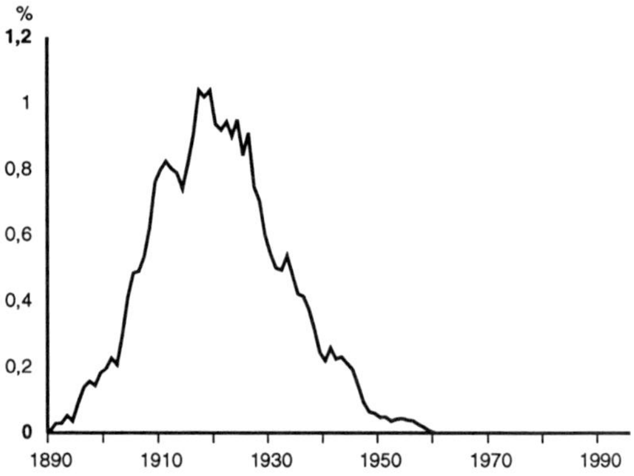

La vie de Gilberte ressemble à celle de Gertrude, mais est un peu plus discrète. Il naît à la fin du siècle dernier, augmente à seulement 1 % vers 1920, puis descend lentement jusqu'à la fin, survenue dans les années 50. Gilberte est donc plus précoce que Gilbert et a plus de succès.

Ginette

Ginette surgit dans les années 30, monte en flèche dans les années 40 et atteint son sommet en 1951, alors que le prénom est choisi pour 1 fille sur 23. La descente est encore plus rapide et, 20 ans après son sommet, Ginette n'est plus du tout dans le coup. Il a passé 20 ans au-dessus du niveau de 1 % des prénoms. Ginette est le dernier des prénoms en *ette*.

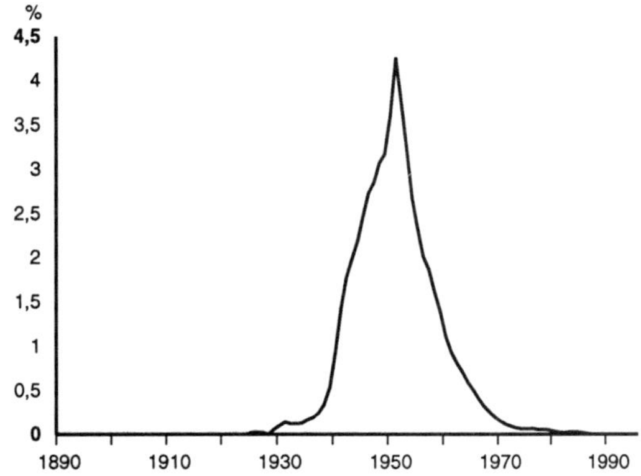

On découvre quelques Gina, surtout dans les années 60.

Gisèle

Prénom inconnu avant 1910, Gisèle démarre au milieu des années 10 et culmine rapidement en 1931. Il est alors porté par 1 fille sur 33. La pente du déclin est un peu plus lente et ce n'est qu'à la fin des années 60 que les dernières Gisèle voient le jour. Gisèle a établi une base solide et, pendant 27 ans, il atteint au moins 1 % des filles.

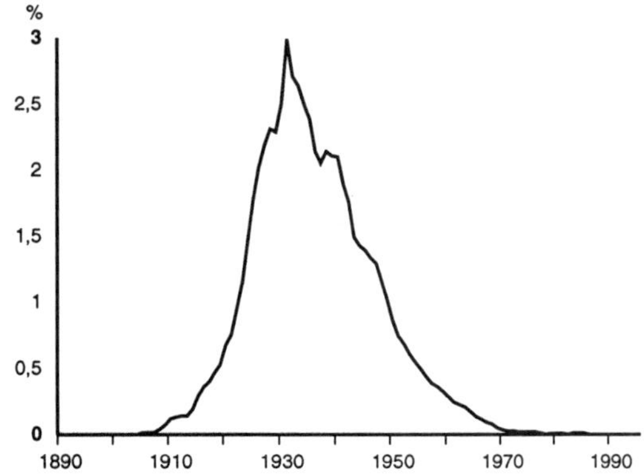

Gracia

Au tournant du siècle, près de 1 femme sur 400 s'appelle Gracia et on note aussi quelques Graziella.

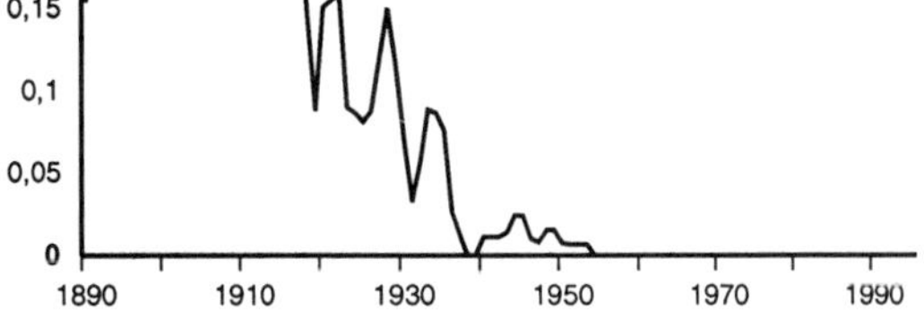

Guylaine

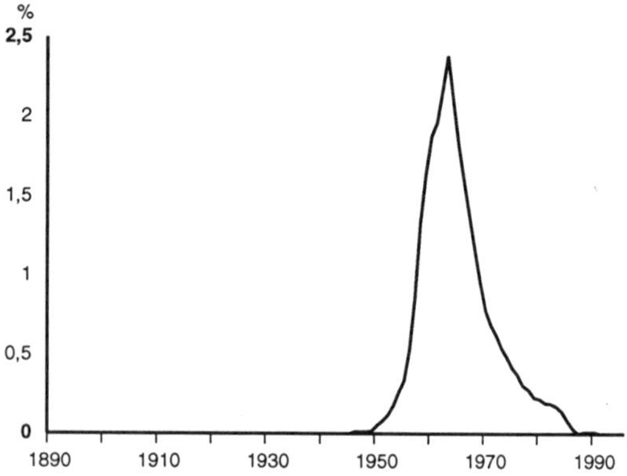

Prénom tout à fait distinct de Ghislaine, la vie de Guylaine est aussi indépendante de celle de Guy. Né au début des années 50, son succès est immédiat et il culmine en 1963 en atteignant 1 fille sur 42. Mais il descend tout aussi rapidement et sa base manque de profondeur; il ne passe qu'une dizaine d'années au-dessus du seuil de 1 %.

Hélène

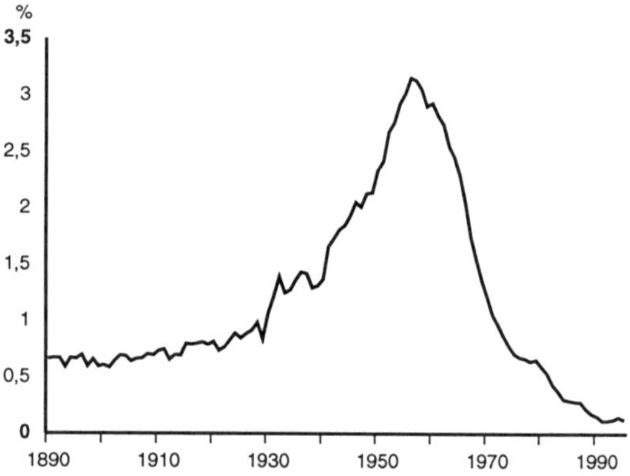

Hélène est le prénom qui a le record de longévité chez les femmes. Depuis 1890, il a passé 98 ans au-dessus du niveau de 1 fille sur 400 et 91 ans au-dessus de 1 fille sur 200. Ceci contraste avec la plupart des prénoms plus populaires, qui ont passé de nombreuses années totalement invisibles. En fait, ce n'est que depuis quelques années qu'Hélène frôle dangereusement l'oubli.

Au tournant du siècle, le prénom Hélène est choisi pour 1 fille sur 150. Il progresse très lentement et ce n'est qu'en 1930 qu'il franchit le niveau de 1 % qu'il gardera pendant 43 ans. C'est seulement au milieu des années 50 qu'Hélène atteint son sommet: 1 fille sur 31 en 1956 et en 1957. Les années 60 lui font preuve d'impatience et les dernières années sont ingrates.

Henriette

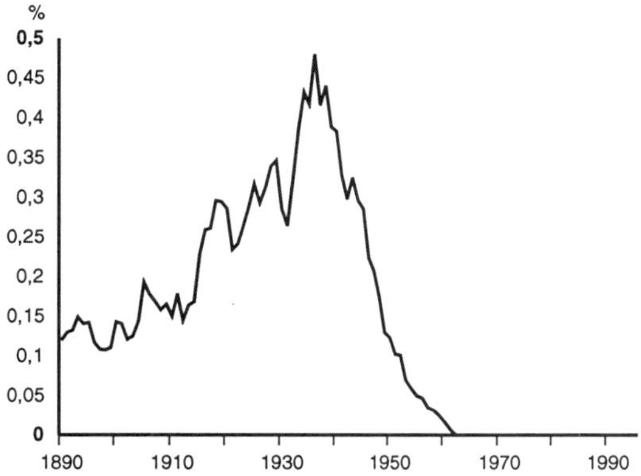

Henriette est loin d'avoir le règne de son pendant masculin. Il débute le siècle avec seulement 1 fille sur 1 000 et plafonne dans les années 30 autour de 1 fille sur 250. Sa fortune s'évanouit dans les années 40.

Huguette

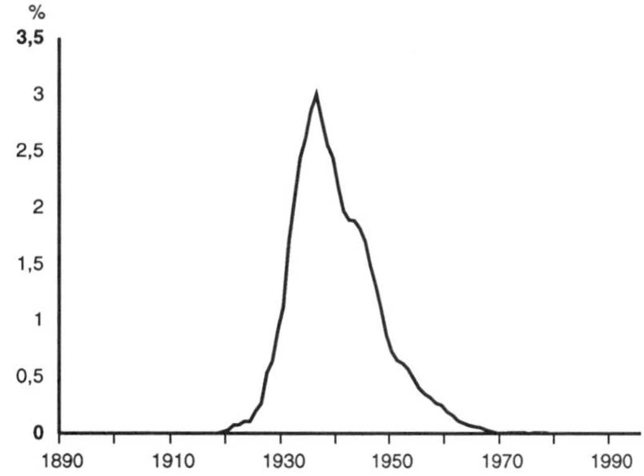

Huguette apparaît dans les années 20 et connaît une ascension fulgurante dans les années 30, ce qui l'amène à son zénith en 1936. Une fille sur 33 reçoit alors ce prénom. La descente est plus lente et Huguette dure jusqu'aux années 60. Huguette a passé 19 ans au-dessus du seuil de 1 %.

Ida

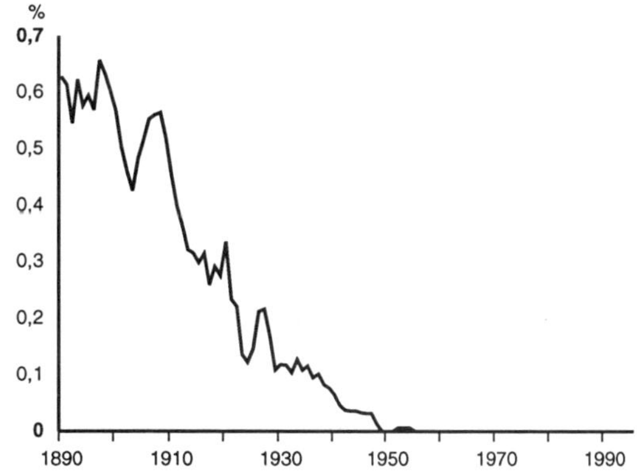

À la fin du siècle dernier, environ 1 fille sur 175 portait ce prénom. Ida diminue lentement et ne disparaît que dans les années 40.

Imelda

Au tournant du siècle, environ 1 fille sur 250 recevait ce prénom qui fut oublié dans les années 20.

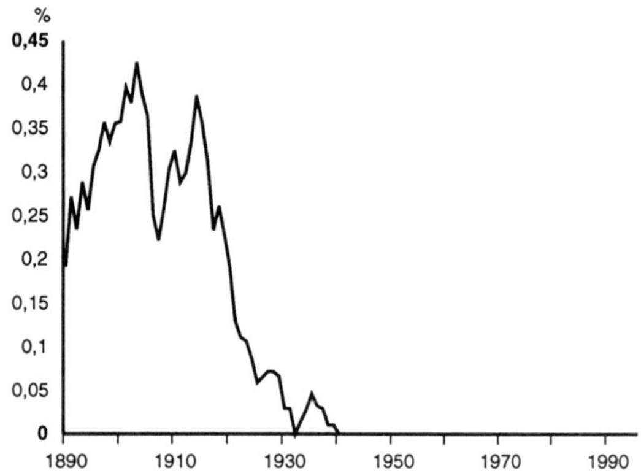

Irène

En nette progression depuis 1890, Irène culmine vers 1910 et atteint alors près de 1 fille sur 50. Le déclin est d'abord rapide, puis plus lent, et Irène dure jusque dans les années 60.

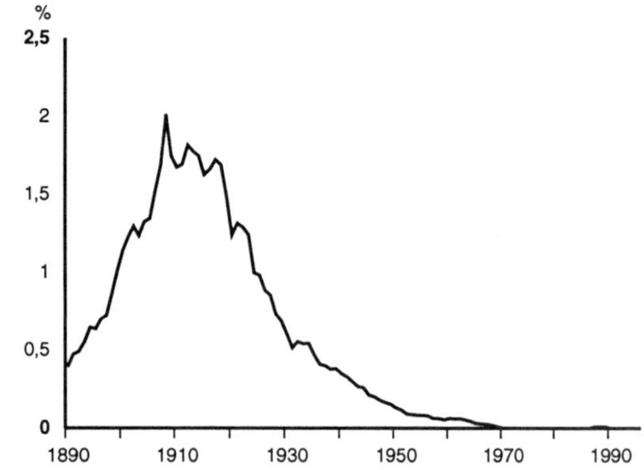

Isabelle

Isabelle passe très discrètement la première moitié du siècle, puis augmente légèrement dans les années 50. Les années 60 sont témoins d'une explosion et Isabelle atteint 1 fille sur 15 en 1971-72. C'est le prénom le plus choisi de 1971 à 1975, après les années Nathalie et avant la période Mélanie. La descente est plus lente que la montée et ce n'est qu'en 1992 qu'Isabelle passe sous la barre de 1 %, après avoir dépassé ce niveau pendant 26 ans.

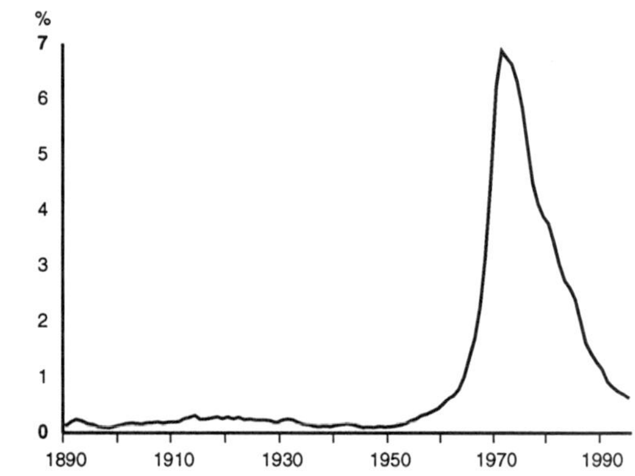

Isabelle est le neuvième prénom le plus porté aujourd'hui par l'ensemble des femmes.

Isabelle a une certaine parenté avec Élisabeth, mais l'examen de leur évolution en fait des prénoms bien distincts. Élisabeth, qui a connu récemment une vogue, dépasse Isabelle au milieu des années 90.

Jacinthe

Prénom inconnu jusqu'alors, Jacinthe apparaît après la guerre et réussit à atteindre près de 1 fille sur 100 en 1954, mais diminue tout de suite. À la fin des années 70, il tente un retour, mais ne réussit qu'à rejoindre 1 fille sur 200. Notons que Jacinthe est un prénom inconnu en France et aux États-Unis.

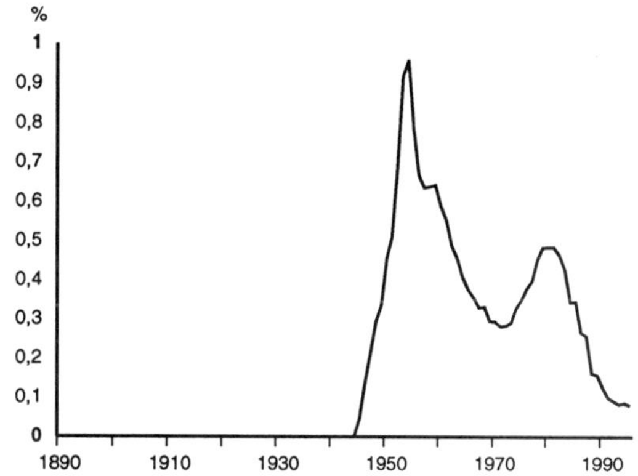

Jacqueline

La mode des Jacqueline précède celle des Jacques. Les deux démarrent dans les années 10, mais dès 1919, Jacqueline est porté par 1 fille sur 100, et le prénom atteint son sommet en 1924, avec près de 1 fille sur 25. Cette année-là, Jacques n'en est encore qu'à 1 garçon sur 75. Jacqueline descend lentement, mais il passe 29 ans au-dessus du seuil de 1 %, et il disparaît dans les années 60.

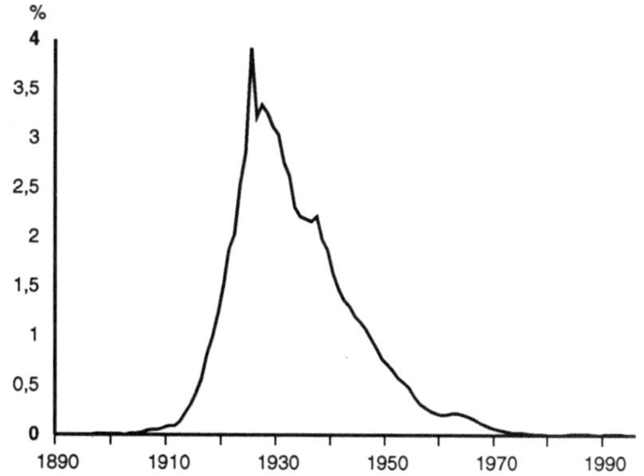

Jade

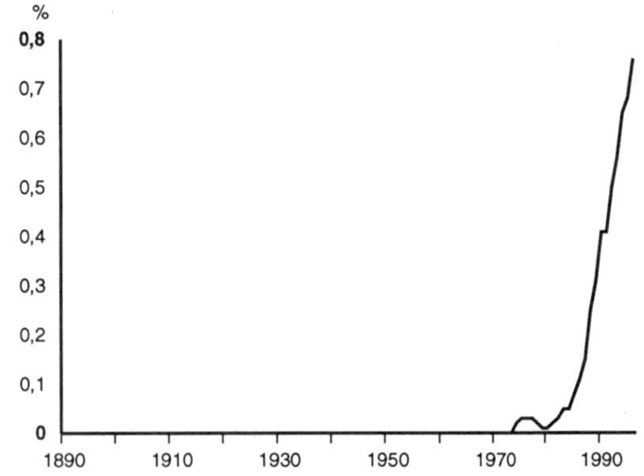

Ce joli petit prénom minéral perce dans les années 80 et augmente peu à peu jusqu'à être choisi pour environ 1 fille sur 125 au milieu des années 90.

Jeanne

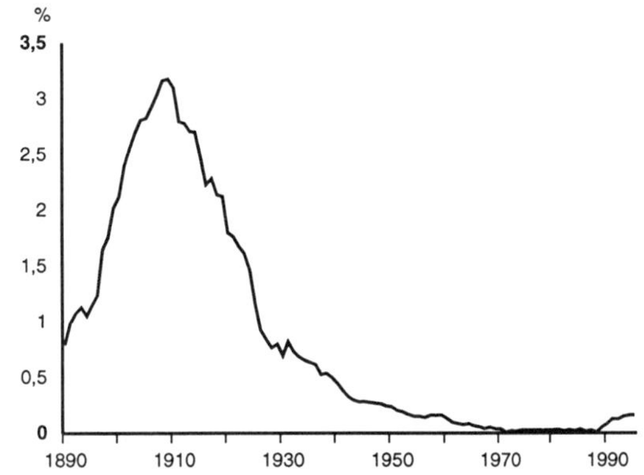

Tout comme Jacqueline en regard de Jacques, Jeanne a une carrière plus précoce que celle de Jean au XXe siècle. Dès 1890, le prénom est porté par 1 % des filles et est en pleine ascension. Ceci l'amène à son plus haut niveau, en 1909, alors qu'il est choisi pour 1 fille sur 30. C'est alors le prénom féminin le plus donné, tout comme en 1908. La descente se poursuit normalement, d'abord rapidement jusqu'à la fin des années 20, puis plus lentement. On n'en trouve à peu près plus à partir des années 60. Jeanne a passé 34 ans au-dessus du seuil de 1 %, ce qui en fait un des prénoms féminins qui a duré le plus longtemps.

Jeanne n'est pas seul, mais est à la tête d'un cortège composé principalement, par ordre d'apparition, de Jeannette, Jeanne d'Arc, Jeannine, Johanne et Joanie. On remarque aussi quelques Janie ces dernières années, et quelques Jeanne-Mance dans les années 30. Jeanne-Mance est un prénom bien particulier puisqu'il fait référence à un personnage historique qui n'a pas été béatifié.

Jeanne d'Arc

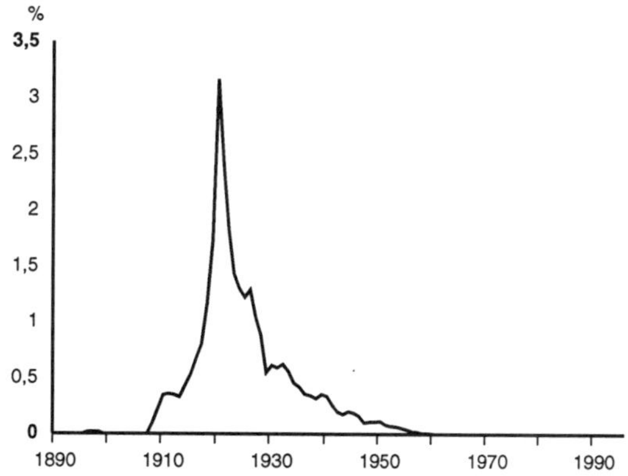

Jeanne d'Arc est béatifiée en 1909 et la même année, on voit pour la première fois de petites Jeanne d'Arc. Leur nombre augmente pendant la première guerre, si bien qu'en 1918, 1 fille sur 100 reçoit ce prénom. En 1920, Jeanne d'Arc est canonisée et la ferveur amène à baptiser 1 fille sur 32 de ce nom. En 1920 et 1921, Jeanne d'Arc est le deuxième prénom le plus donné aux petites filles après Rita. La conquête n'est pas durable et Jeanne d'Arc cède du terrain rapidement. Il a quand même résisté pendant dix ans au-dessus du seuil de 1 %. La deuxième guerre n'amène pas de regain « patriotard » et dans les années 50, il rejoint l'histoire.

Jeanne d'Arc est un des rares prénoms dont on peut expliquer la naissance. Son succès ici est d'autant plus remarquable que le prénom Jeanne d'Arc est inusité en France. À titre de curiosité, on trouve même de très rares Jean d'Arc.

Jeannette

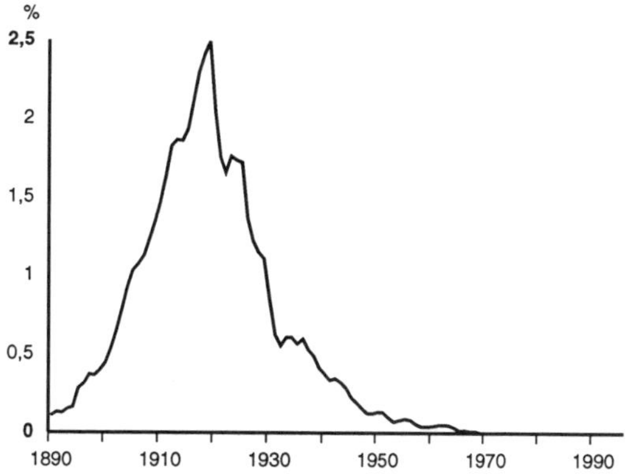

La montée de Jeannette suit celle de Jeanne, avec un décalage d'environ dix ans. Il débute vers 1895 et atteint son sommet en 1919, alors qu'il est donné à une 1 fille sur 40. Il descend en même temps et au même niveau que Jeanne. On ne trouve plus de Jeannette depuis les années 50. Il a passé 25 ans au-dessus du seuil de 1 %.

Jeannine

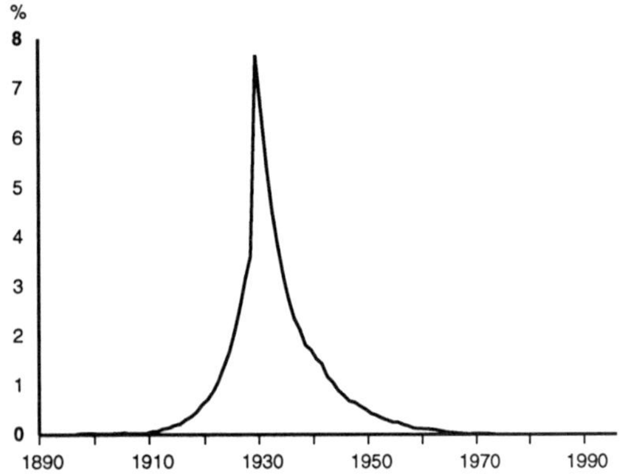

Les années 20, qui commencent avec un engouement pour Jeanne d'Arc, se terminent avec un déferlement de Jeannine, prénom qui est choisi pour 1 fille sur 13 en 1929. Pourtant inconnu jusque dans les années 10, Jeannine atteint le niveau de 1 % en 1922 avant de monter en flèche. La descente est à peine moins rapide, et Jeannine restera 21 ans au-dessus du seuil de 1 %. Il est le premier prénom féminin de 1931 à 1933, mais en 1929, il n'a pas réussi à détrôner Thérèse, qui arrivait à atteindre 1 fille sur 10.

Jennifer

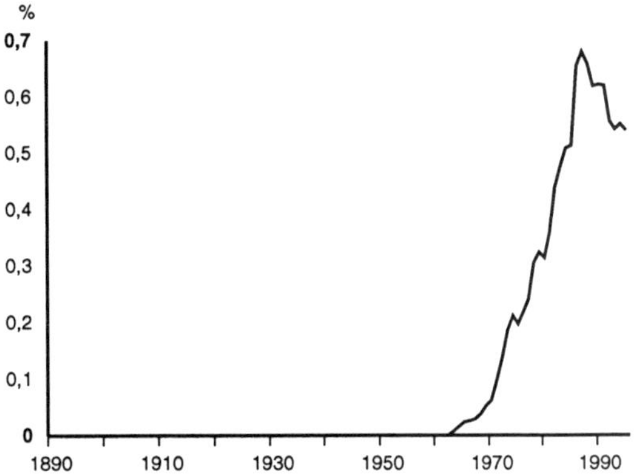

Entre 1970 et 1985, Jennifer est le prénom féminin le plus populaire aux États-Unis. Il est loin d'avoir eu du succès ici puisqu'il plafonne autour de 1 fille sur 150 à la fin des années 80.

Jessica

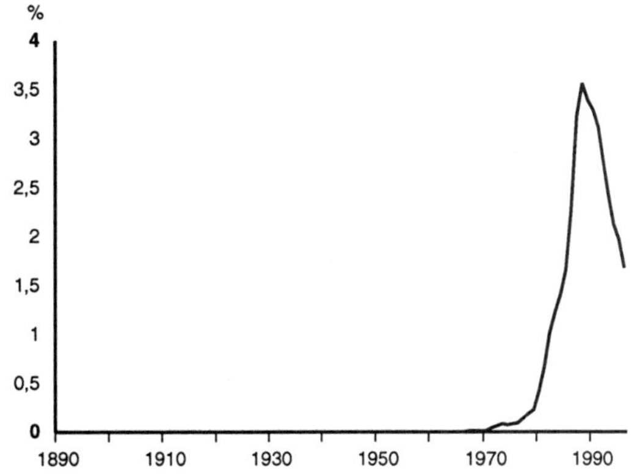

Jessica, qui est le prénom le plus commun aux États-Unis pendant la période 1985-89, a plus de succès ici que Jennifer. Inconnu avant les années 70, il monte en flèche dans les années 80 pour réussir à atteindre 1 fille sur 28 dans sa meilleure année, en 1988. Pendant la période 1985-89, il est au deuxième rang, après Stéphanie, et au troisième rang pendant les années 1990-1994.

Il est curieux de remarquer qu'en France, Jennifer a eu plus de succès que Jessica, alors que Jessica a connu un échec ici.

Jessie

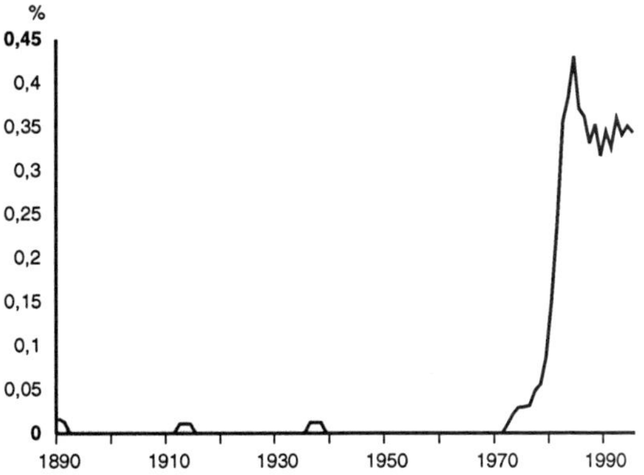

Ce diminutif de Jessica plafonne autour de 1 fille sur 250 dans les années 80.

Joanie

C'est un exemple de génération spontanée suivie d'une épidémie : les premières Joanie, sorties on ne sait d'où, voient le jour à la fin des années 70, et quelques années plus tard, 1 fille sur 67 porte ce prénom. Après quelques hésitations, Joanie semble vouloir diminuer depuis quelques années. On ne peut rattacher Joanie à la vague des Johanne ni à celle des Annie.

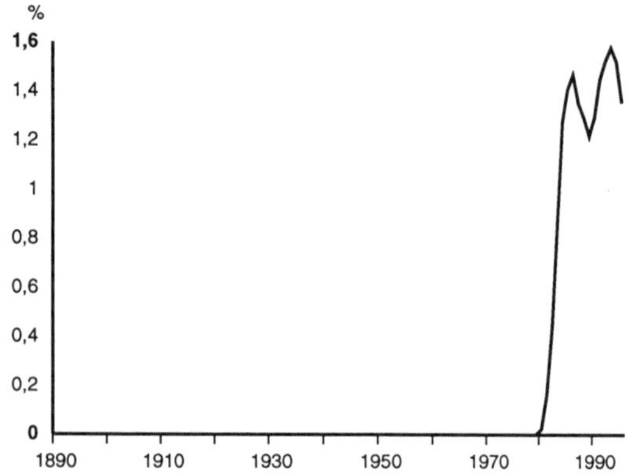

Jocelyne

Jocelyne apparaît au début des années 30 et grimpe dans les années 40 jusqu'à son sommet en 1947, alors que le prénom est choisi pour 1 fille sur 42. Il diminue ensuite régulièrement et devient très rare dans les années 70. Il dépasse 1 % pendant 17 ans ; sa carrière est donc beaucoup plus fructueuse que celle de Jocelyn. Il est vrai que le prénom participe à la famille des prénoms en *ine.*

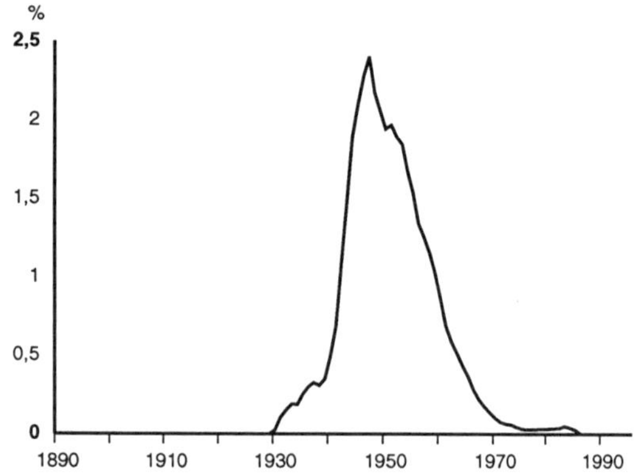

Joëlle

Joëlle est encore plus discret que Joël. Il apparaît dans les années 50 et, dans ses meilleures années, au milieu des années 80, ne réussit à atteindre que 1 fille sur 250.

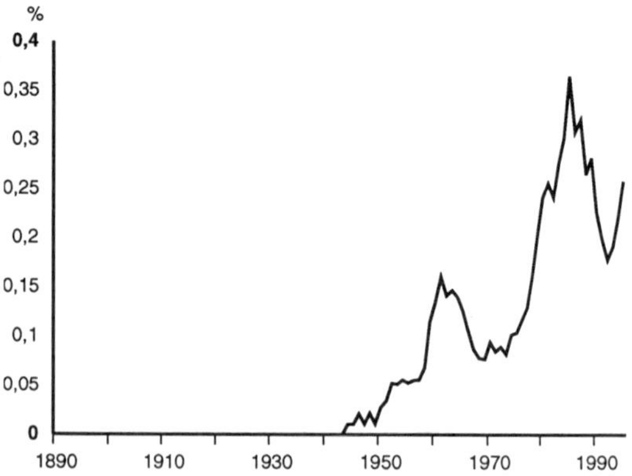

Johanne

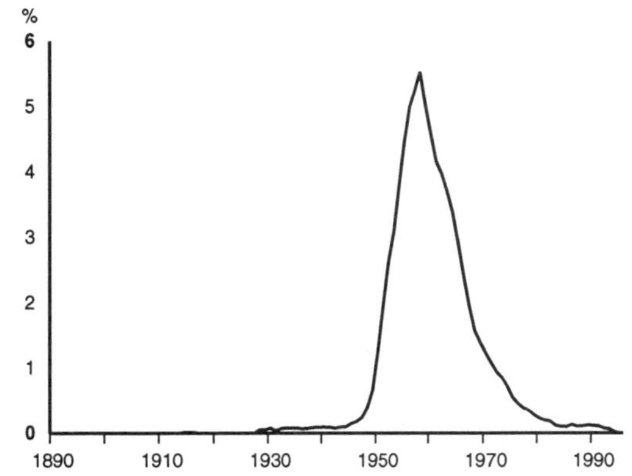

Ce n'est qu'après la guerre que Johanne débute son ascension rapide qui l'amène en une dizaine d'années seulement à son sommet en 1958, alors que le prénom est donné à 1 fille sur 18. La pente descendante est évidemment assez raide, et le prénom devient inusité dans les années 80. Malgré son sommet élevé, sa base est étroite puisqu'elle n'a passé que 21 ans au-dessus du seuil de 1 %. C'est quand même un des 15 prénoms les plus portés aujourd'hui puisque les générations des années 50 sont très nombreuses. Johanne est un prénom à peu près inconnu en France et aux États-Unis.

Josée

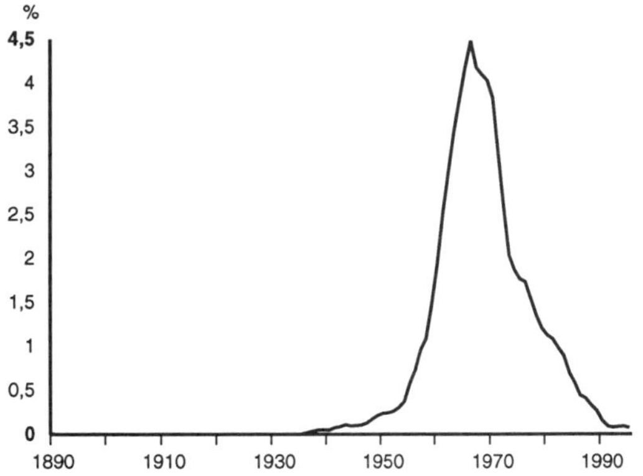

La courbe de Josée est semblable à celle de Johanne, mais elle a dix ans de moins. Josée, très discret dans les années 40, commence son ascension au milieu des années 50 et atteint son sommet en 1966. Une fille sur 22 est alors baptisée de ce prénom. La descente est assez raide jusqu'au milieu des années 70, puis plus lente, et se termine à la fin des années 80. Pendant les années 1965-69, Josée est le troisième prénom, derrière Nathalie et Chantal; il passe 25 ans au-dessus du seuil de 1 %. Marie-Josée (*voir ce nom*) a aussi été très populaire à la même époque.

José est une forme populaire ancienne de Joseph; Marie-Josèphe était le prénom le plus fréquent donné aux filles pendant le régime français. Par ailleurs, Josée est inconnue en France, sauf dans Marie-Josée.

Joséphine

Vers 1890, Joséphine sert encore de nom de baptême à 1 % des filles, mais est bien engagé sur la pente descendante. Le prénom s'éteint dans les années 20.

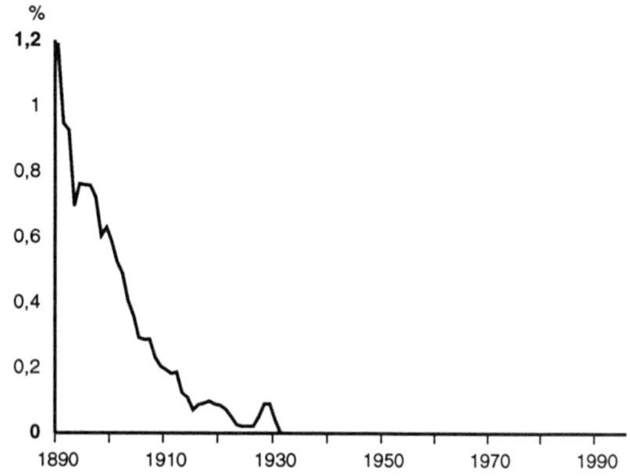

Josiane

Une petite vague de Josiane commence avec les années 70, mais le prénom plafonne autour de 1 fille sur 130 au milieu des années 80.

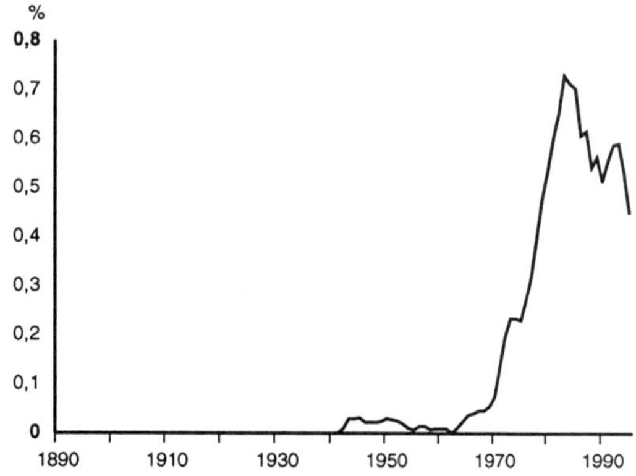

Judith

Présente tout au long du siècle, Judith a toujours été assez rare ; dans les années 60 et 70, le prénom est choisi pour environ 1 fille sur 400.

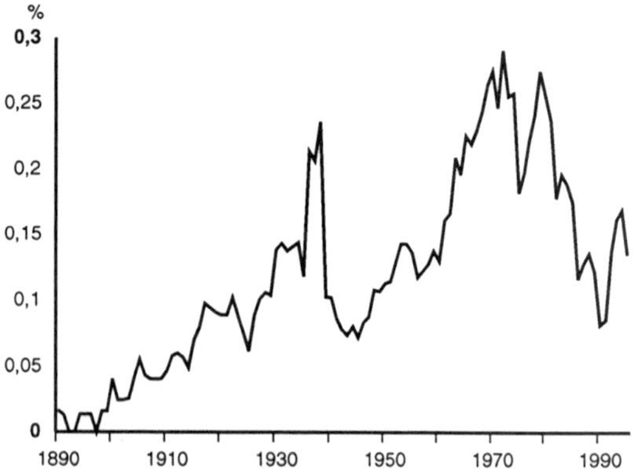

Julie

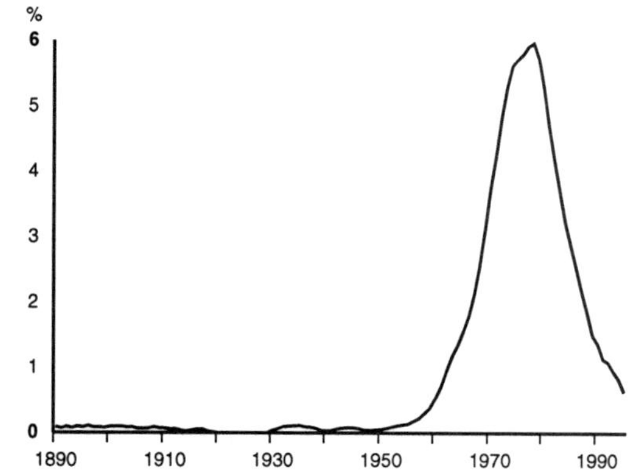

La fréquence du prénom Julie dessine une courbe des plus jolies. Discret tout au long du siècle, il démarre à la fin des années 50 et monte régulièrement jusqu'à son zénith en 1977 et 1978, alors que plus de 1 fille sur 17 est baptisée de ce nom. La descente encore normale est un peu plus rapide que la montée et ce n'est qu'en 1994 que Julie descend sous la barre du 1 %, niveau qu'il aura dépassé pendant 30 ans. De 1979 à 1984, Julie est le premier prénom donné aux petites filles. Dans l'ensemble de la population féminine, Julie arrive au septième rang des prénoms les plus portés aujourd'hui.

Au tournant du siècle, on trouvait quelques Julia (environ 1 fille sur 500), mais il n'y en a plus à partir des années 20 jusque dans les années 80. Ils demeurent très rares ces dernières années.

Des deux diminutifs de Julie, seulement Juliette a eu du succès et Julienne reste discrète.

Julienne

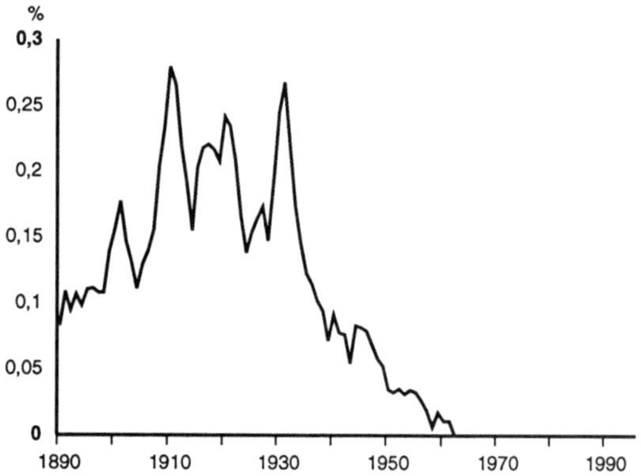

Vers 1900, seulement 1 fille sur 1 000 s'appelait Julienne, prénom qui, dans ses meilleures années, au début des années 10, est choisi pour environ 1 fille sur 400. Le prénom Julienne n'est plus utilisé depuis les années 50. Les succès récents de Julien n'ont pas réveillé Julienne.

Juliette

Juliette est une des premières vagues du siècle. Déjà, en 1890, le prénom est attribué à environ 1 fille sur 200. Il progresse jusqu'en 1908, alors que 1 fille sur 45 est baptisée de ce prénom. La vague descend ensuite lentement et s'éteint dans les années 40. Juliette a passé 23 ans au-dessus du niveau de 1 % (*voir Roméo*).

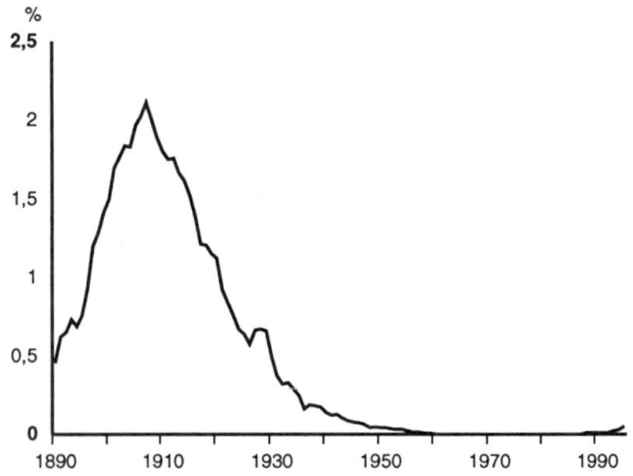

Justine

Justine apparaît un peu plus tard que Justin, à la fin des années 70, mais a un peu plus de succès. Comme une petite fille vertueuse, elle grandit lentement et atteint, au milieu des années 90, 1 fille sur 170. Il y a 100 ans, on trouvait déjà quelques Justine, mais seulement environ 1 fille sur 1 000.

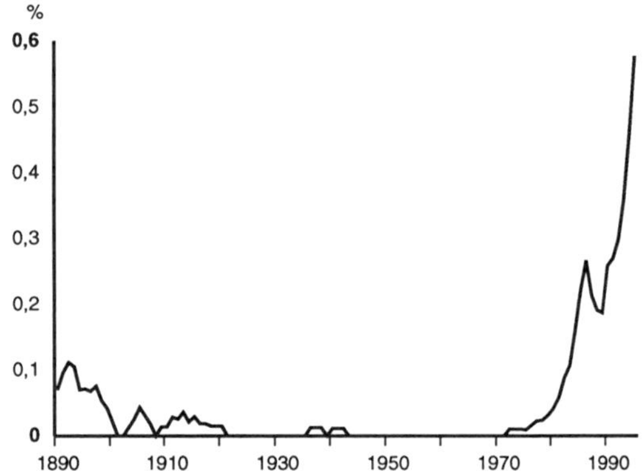

Karianne

Karianne est un bon exemple d'un feu de paille. On le voit pour la première fois en 1990 et l'année suivante, 1 fille sur 200 reçoit ce nom, qui diminue par la suite.

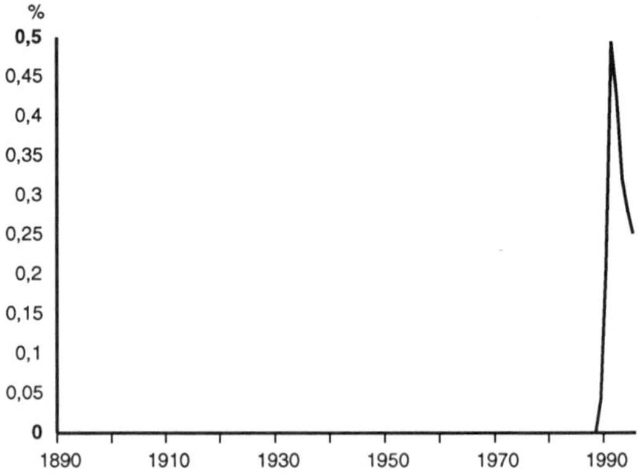

Karina

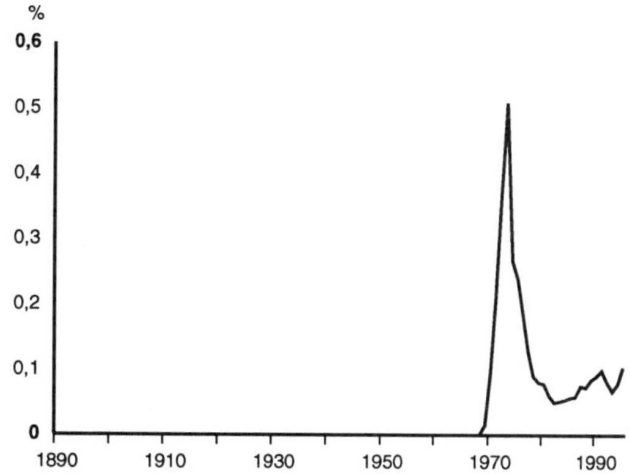

Karina débute très rapidement au début des années 70. Le prénom réussit à atteindre 1 fille sur 200 dès 1973, mais il cède tout de suite la place à Karine, qui connaîtra un grand succès.

La chanson *Karina*, de Michel Louvain, populaire en 1979, arrive plutôt en même temps que le sommet de Karine et ne fait pas bouger Karina.

Karine

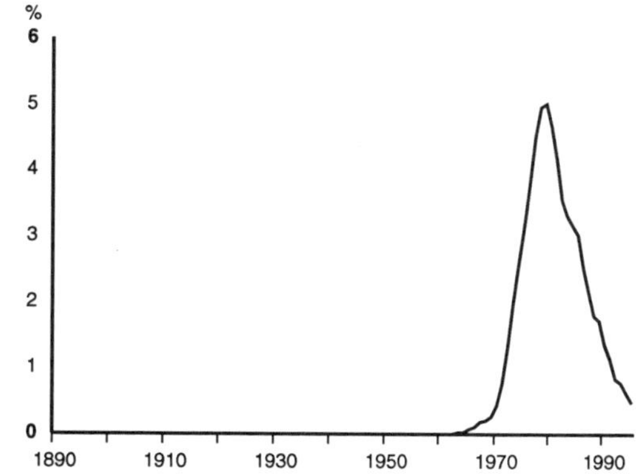

Alors que Catherine augmente lentement dans les années 60, Karine, prénom inconnu jusque-là, s'élance au début des années 70 avec une telle vivacité qu'il réussit, à son sommet de 1978 et 1979, à être choisi pour 1 fille sur 20. Malgré son niveau élevé, il est loin d'être le premier puisque ce sont les années de Mélanie et de Julie. Cependant, en 1984, il est au premier rang, *ex æquo* avec Julie ; les deux sont alors choisis pour 1 fille sur 30. La baisse est rapide et dès 1991, le prénom descend sous le seuil de 1 %, qu'il aura dépassé pendant 19 ans. Pendant ce temps, Catherine continue d'augmenter jusqu'à la fin des années 80.

Kathleen

Contrairement aux autres prénoms débutant par un *K*, Kathleen est un nom connu depuis longtemps, même s'il reste très rare. Au début des années 70, environ 1 fille sur 250 recevait ce prénom.

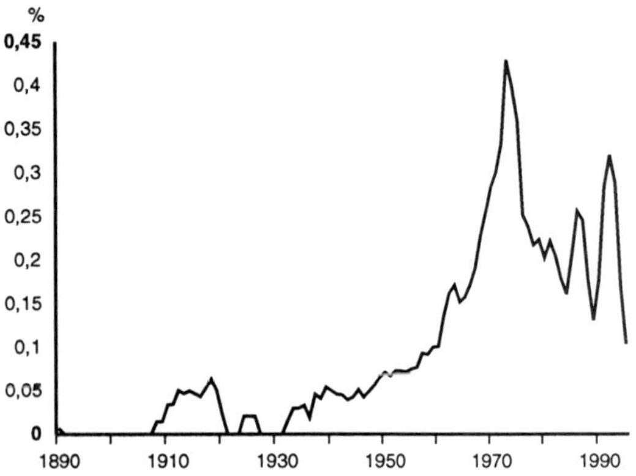

Katia

Après des débuts prometteurs à la fin des années 60, Katia ne réussit qu'à dessiner une vaguelette qui culmine en 1973-74, avec seulement 1 fille sur 300. Il redescend aussi rapidement, mais ne disparaît pas.

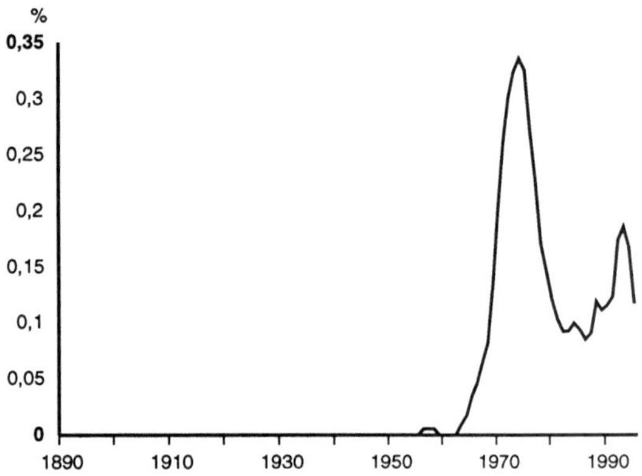

Kelly

On voit quelques Kelly dans les années 80 et un peu plus ces dernières années, si bien que près de 1 fille sur 200 est prénommée ainsi en 1994.

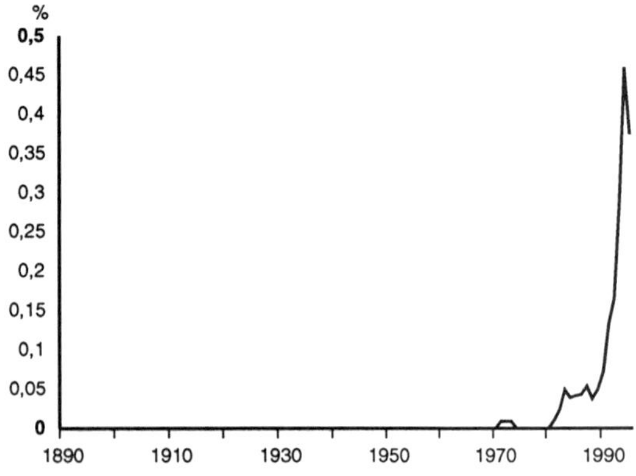

Kim

Malgré Kipling, Kim est maintenant un prénom féminin, et on ne trouve ces dernières années que de rares petits garçons portant ce prénom. Les premières Kim naissent pendant les années 60 et le prénom progresse lentement. En 1996, 1 fille sur 100 est appelée Kim.

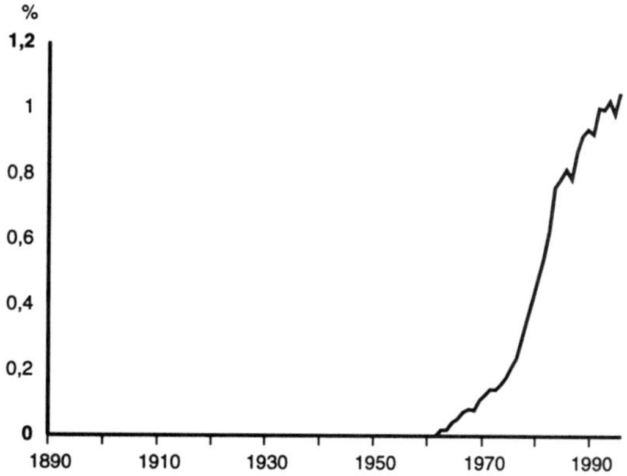

Laura

Laura est, depuis Pétrarque, un des grands prénoms romantiques ; on trouve dans la même famille Laurence, Laurette et Laurie. La forme italienne Laura a eu plus de succès que Laure, qui se manifeste discrètement à la fin du siècle dernier. En 1890, 1 fille sur 75 s'appelle Laura, mais le prénom baisse lentement jusqu'à une éclipse qui dure des années 20 jusqu'aux années 80. Elle laisse cependant la place à Laurie et Laurence, et atteint au milieu des années 90 à peine 1 fille sur 300. Ajoutons que Laura est le prénom le plus donné en France en 1993 et en 1994.

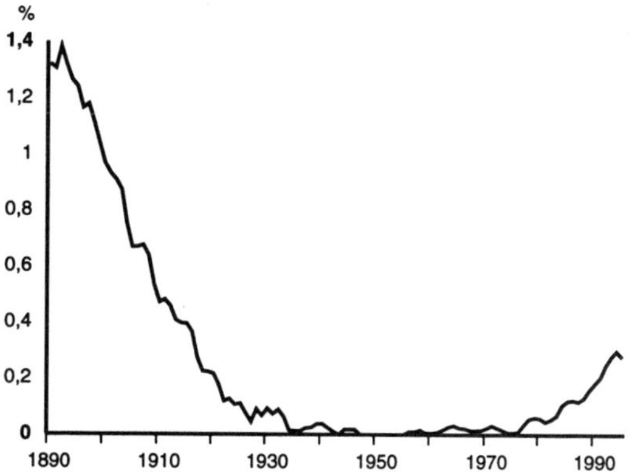

Laurence

Très discret au début du siècle, Laurence ne réussit pas à suivre Laurent dans les années 20 et plafonne à seulement 1 sur 350 dans les meilleures années. Il renaît dans les années 80 et 1 fille sur 65 reçoit ce prénom en 1996. Laurent n'a pas suivi du tout.

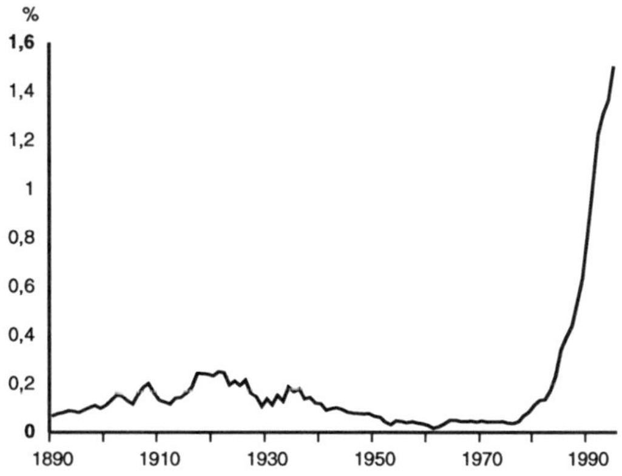

Laurette

Parti de zéro en 1890, Laurette voit la chance lui sourire au début du siècle. À son apogée, en 1913, 1 fille sur 45 est baptisée de ce nom, qui fait partie de la famille des prénoms en *ette* en plus de celle des dérivés de Laure. Laurette, qui restera pendant près de 25 ans au-dessus de la barre de 1 %, devient rare dans les années 40, et disparaît dans les années 50. On trouve aussi au début du siècle quelques Lauretta et Loretta. Laurette est un prénom très rare en France.

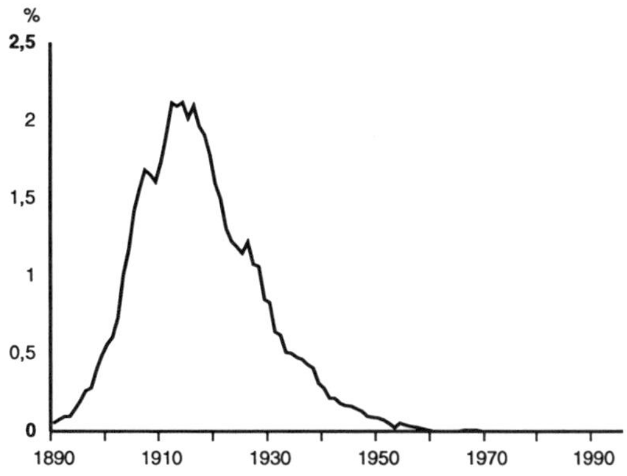

Laurianne

On trouve quelques Laurianne ici et là au début du siècle, mais Laurie le ramène ces dernières années. Il est rendu au niveau de 1 fille sur 200 en 1996. Le prénom s'écrit parfois Laurie-Anne.

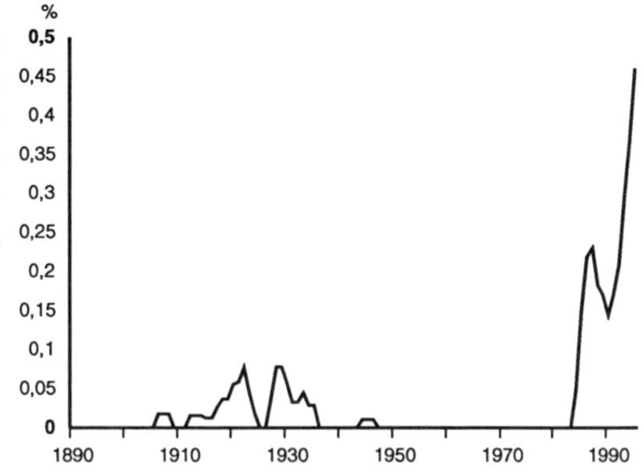

Laurie

On ne trouve pas de trace de Laurie avant les années 70. Il n'a pas encore le succès de Laurence, mais il est en pleine ascension. Il atteint près de 1 fille sur 80 en 1995.

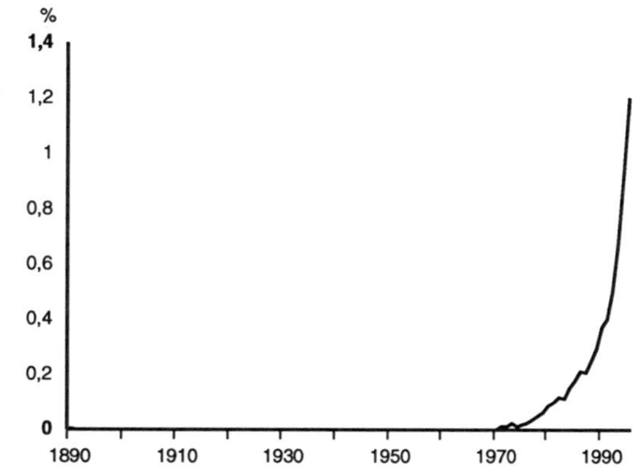

Léa

À la fin du siècle dernier, près de 1 fille sur 200 était baptisée de ce nom que l'on oublie des années 30 aux années 80. La remontée est encore bien faible, puisque Léa n'est porté que par environ 1 fille sur 350 au milieu des années 90.

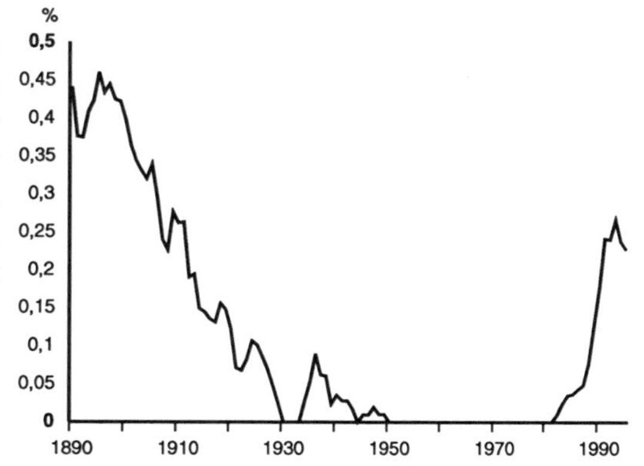

Léda

Complètement tombé dans l'oubli depuis les années 20, Léda atteignait à la fin du siècle dernier environ 1 fille sur 300.

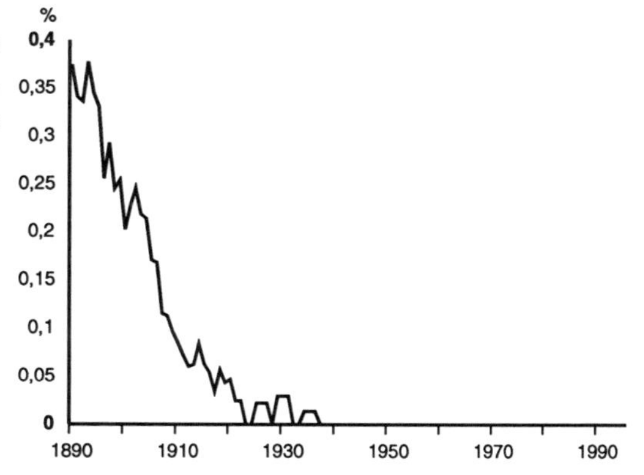

Léonie

À la fin du siècle dernier, environ 1 fille sur 250 s'appelait Léonie, mais déjà au début du siècle, le prénom était moins donné et il devint très rare dans les années 30. Curieusement, on trouve quelques Léonie depuis le milieu des années 80. Encore au début du siècle, environ 1 fille sur 500 s'appelait Léona.

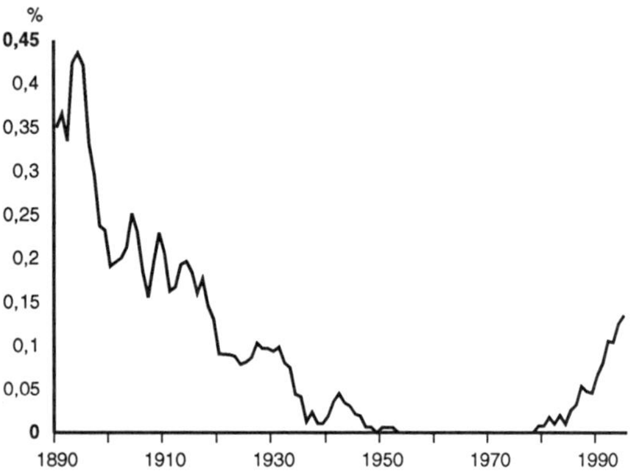

Léontine

Ce curieux prénom, inconnu depuis les années 20, fut donné à près de 1 fille sur 250 à la fin du siècle dernier.

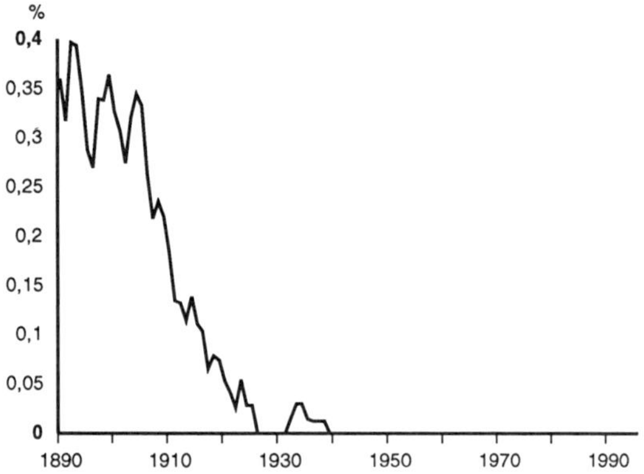

Liette

Liette a une courte histoire dont on ne parlerait pas si ce n'est de la tentative d'échappée qui débute en 1960 et qui l'amène, en 1961 et en 1962, à atteindre 1 fille sur 200.

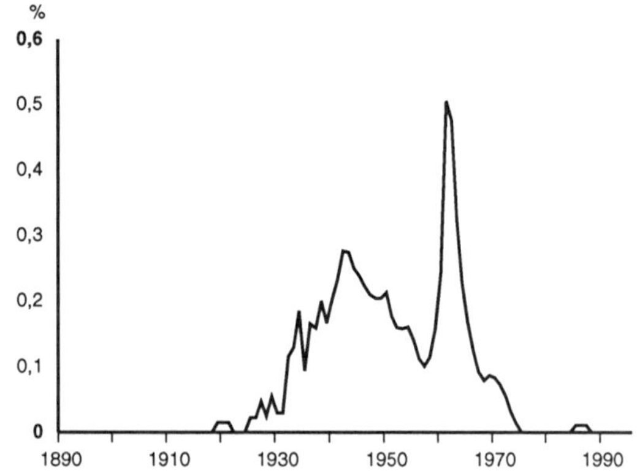

Liliane

Liliane peut être considéré comme un prénom composé. Très rare au début du siècle, il plafonne dans les années 20 et n'atteint pas plus de 1 fille sur 150. Liliane devient de plus en plus discret, mais ne disparaît pas complètement.

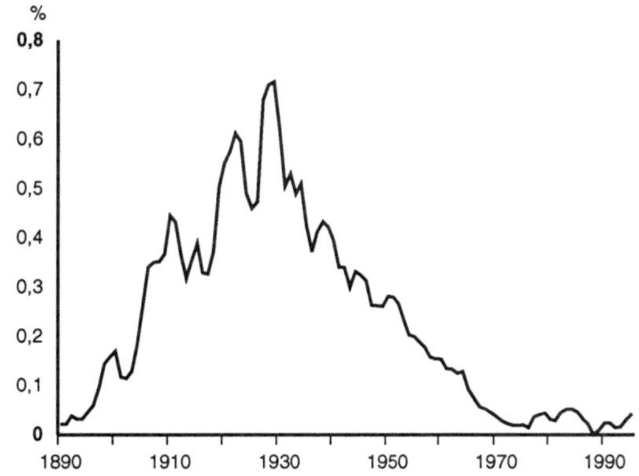

Lina

On trouve quelques Lina tout au long du siècle, mais leur fréquence oscille le plus souvent entre 1 et 2 pour 1 000, et ils deviennent encore plus rares après 1970.

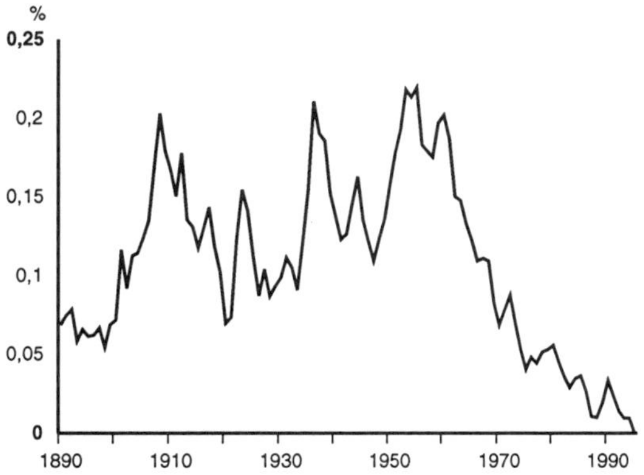

Linda

Les premières Linda naissent dans les années 40. La progression est remarquable dans les années 50, et on peut parler d'une crête en 1960, alors que le prénom Linda est choisi pour 1 fille sur 23. Dix ans plus tard, il descend sous la barre de 1 %, niveau dépassé pendant 16 ans. Dans les années 80, le prénom se tait.

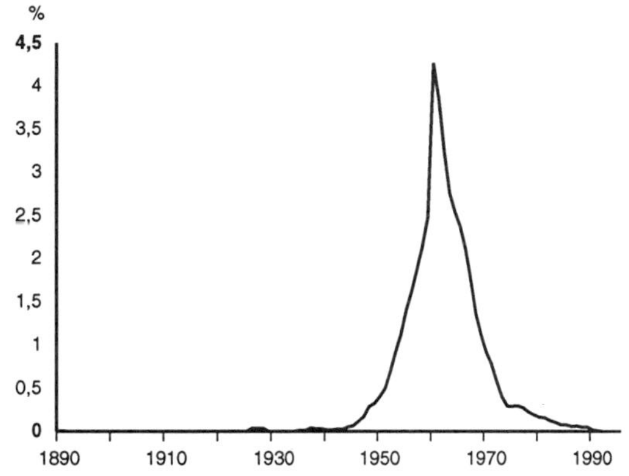

En 1960, deux chansons intitulées *Linda* ont du succès, celle de Marc Gélinas, et surtout celle de Michel Louvain.

Line

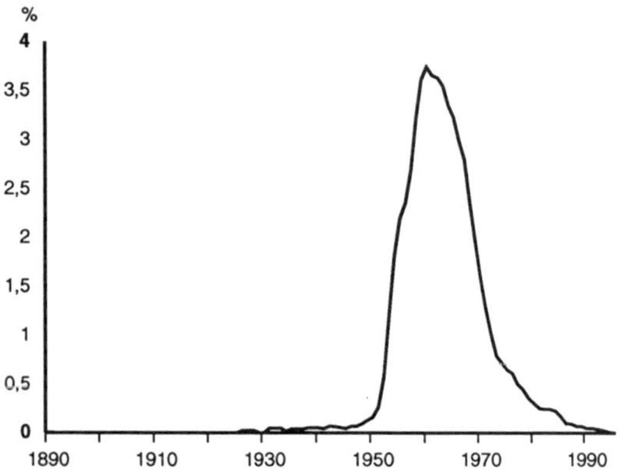

Line, parfois Lyne, prénom qui est tout à fait inhabituel dans les années 40, monte en flèche dans les années 50 et atteint son sommet en 1959, alors qu'il atteint 1 fille sur 26. Il reste quelques années assez haut avant de descendre, d'abord rapidement, puis plus lentement, et il disparaît à la fin des années 80. Line est monté moins haut que Linda, mais a un sommet moins pointu, si bien que dans les années 1960-1964, les Line sont plus nombreuses que les Linda ; elles occupent les troisième et quatrième rangs derrière Sylvie et Johanne. Line a passé près de 20 ans au-dessus du seuil de 1 % des prénoms. Notons qu'en France, Line est un prénom à peu près inconnu.

Lise

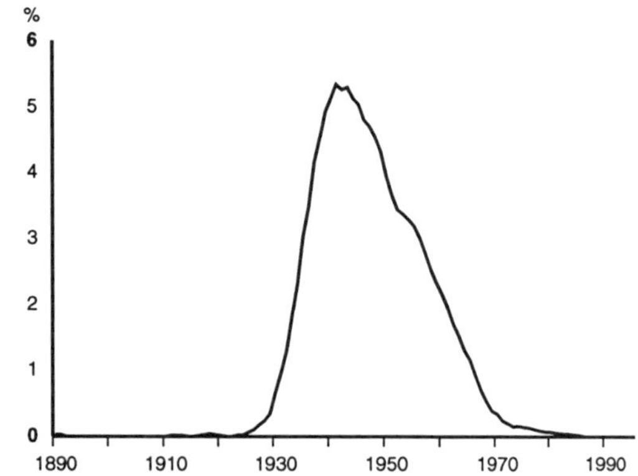

C'est un nouveau prénom qui perce à la fin des années 20, puis connaît une ruée dans les années 30, si bien qu'à partir de 1938, Lise devient pendant quatre ans le prénom le plus populaire. À son sommet, qui dure cinq ans, de 1940 à 1944, Lise atteint 1 fille sur 19. Lise descend assez lentement et ce n'est que dans les années 70 qu'il devient négligée. La base de Lise est assez solide, puisqu'elle dépasse 1 % pendant 35 ans, ce qui contraste avec d'autres nouveautés qui sont plus éphémères. Lise est un prénom à peu près ignoré en France et aux États-Unis. On se demande bien d'où vient l'engouement pour Lise ; c'est, comme Élise, un diminutif d'Élisabeth, mais ces deux prénoms n'ont pas été populaires.

Lise est le troisième prénom le plus porté par l'ensemble des femmes aujourd'hui, après Louise et Sylvie ; 1 femme sur 60 s'appelle Lise.

Lisette

Lisette grandit dans le sillage de Lise et connaît en 1943 sa meilleure année, alors que 1 fille sur 63 reçoit ce prénom. On ne trouve pas de Lisette avant 1930 ni depuis 1970.

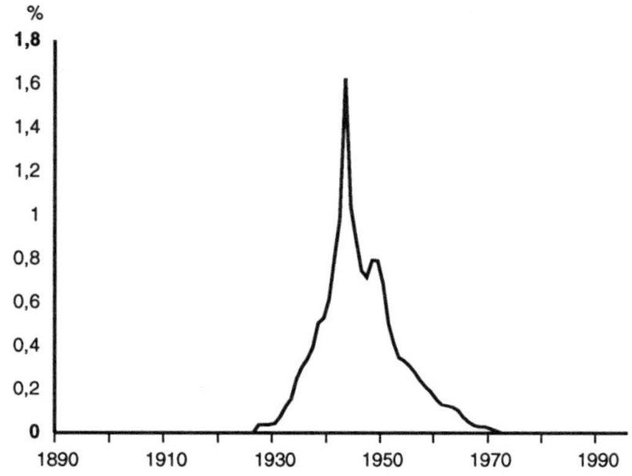

Lorraine

Lorraine, qui s'écrit de plusieurs façons, débute dans les années 10, mais ne réussit à dépasser 1 % qu'une seule année, en 1944. Il reste près de ce niveau jusqu'en 1951, puis dégringole et tombe dans l'oubli dans les années 70.

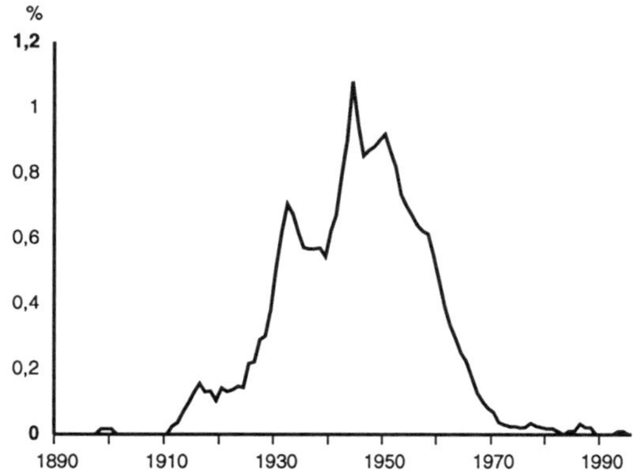

Louise

La notoriété de Louise est telle que c'est le prénom le plus porté par l'ensemble des femmes vivantes actuellement ; près d'une femme sur 50 s'appelle Louise.

Au tournant du siècle et jusque dans les années 20, environ 1 fille sur 200 reçoit ce prénom. Les années 30 et 40 voient une progression lente et régulière de Louise qui, à son apogée en 1951, atteint 1 fille sur 19.

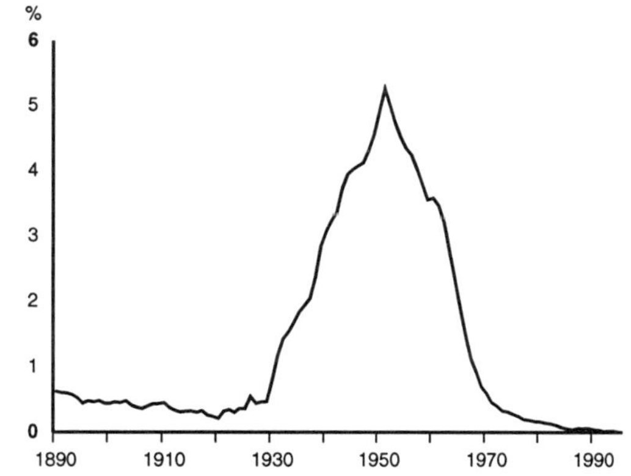

La descente est plus rapide que la montée et, en 1968, il descend sous la barre du

1 %, niveau qu'il a dépassé pendant 37 ans. À la fin des années 80, le prénom est à peu près abandonné.

Louise est un prénom ancien ; il y a deux siècles, pendant les années 1730-1765, 1 fille sur 15 le portait sous la forme de Marie-Louise. Il faudrait voir s'il y eut, au milieu du XIXe siècle, une autre vague de Louise.

Louisette

Ce diminutif de Louise réussit à atteindre environ 1 fille sur 125 en 1940.

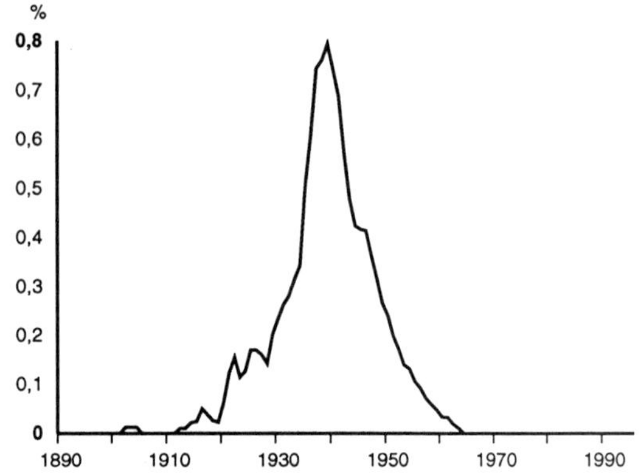

Luce

Luce, qui suit Lucette de 20 ans, n'atteint dans ses meilleures années, autour de 1960, que 1 fille sur 300, et le prénom disparaît très rapidement.

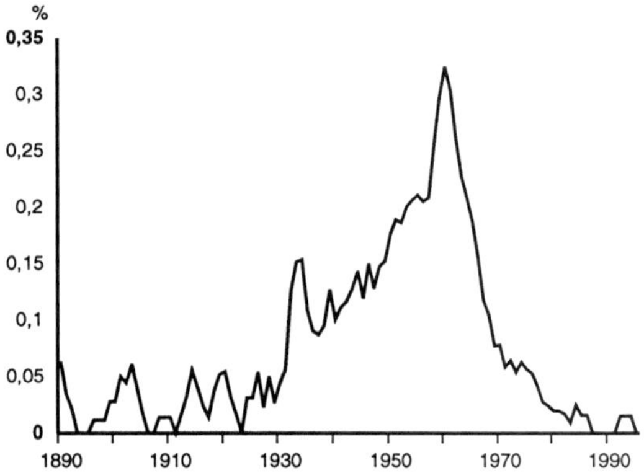

Lucette

Lucette, qui s'affirme au début du siècle, plafonne à la fin des années 30 en atteignant un peu plus de 1 fille sur 200. Après 1960, on n'en trouve plus, alors que ce sont les bonnes années de Luce et surtout de Lucie.

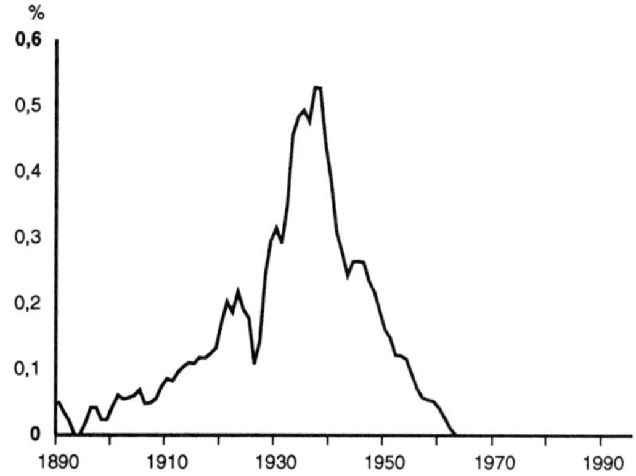

Lucia

Au tournant du siècle, un peu plus de 1 fille sur 500 s'appelle Lucia, mais le prénom ne fait pas long feu.

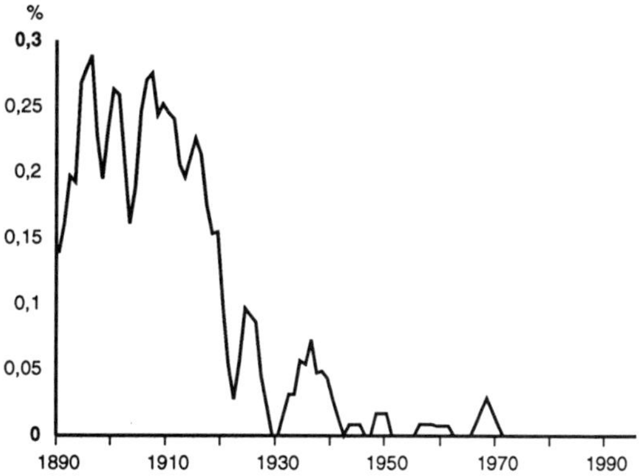

Lucie

De 1890 au début des années 30, Lucie oscille autour de 1 sur 400. Il croît si lentement qu'il semble piétiner et ce n'est qu'en 1948 qu'il dépasse 1 %, niveau qu'il conservera pendant 21 ans. On assiste à l'éclosion dans les années 50 et à son sommet en 1960, avec près de 1 fille sur 35 qui reçoit ce prénom. La descente est assez abrupte jusqu'au début des années 70, mais malheureusement Lucie n'a pu retrouver son équilibre comme au début du siècle, et il s'éteint.

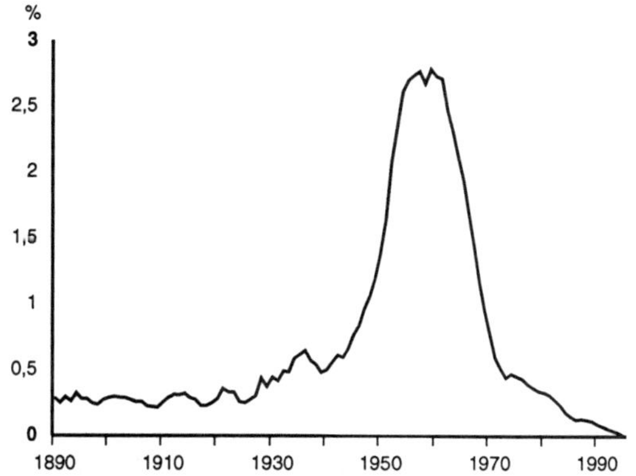

Lucienne

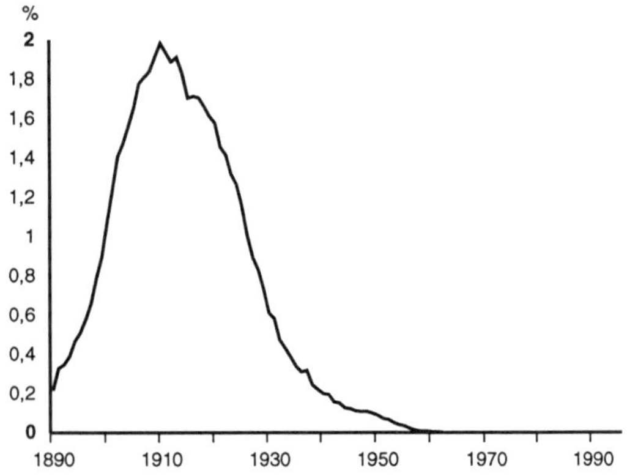

Lucienne dessine la même courbe que Lucien, mais le prénom est un peu moins fréquent. Il a déjà démarré en 1890 et atteint son apogée vers 1910, en étant porté par un peu plus de 1 fille sur 50. S'il ne monte pas très haut, sa base est quand même large puisqu'il sera pendant près de 30 ans au-dessus du seuil de 1 %. Depuis les années 50, il ne naît plus de petites Lucienne.

Lucille

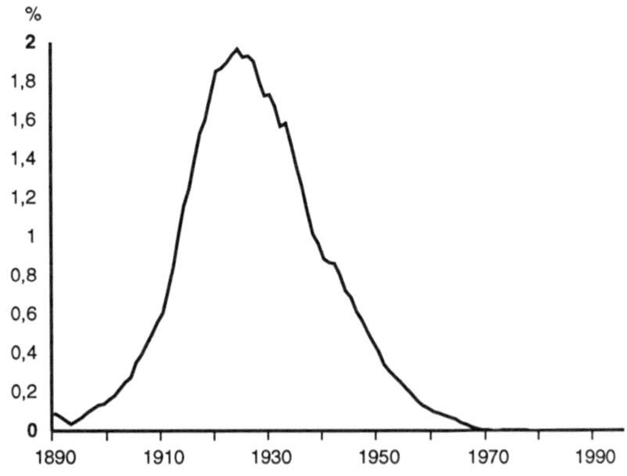

Lucille a eu beaucoup plus de succès que Lucette; avec Lucienne, qu'il suit d'une douzaine d'années, et Lucie, il est un des trois grands prénoms féminins débutant par *luc*. Elle voit le jour à la fin du siècle dernier, croît lentement d'abord, puis les années 10 l'amènent à un sommet assez large. En 1926, 1 fille sur 50 est baptisée de ce nom. La descente est tranquille et ce n'est que dans les années 60 que Lucille est oublié.

Lydia

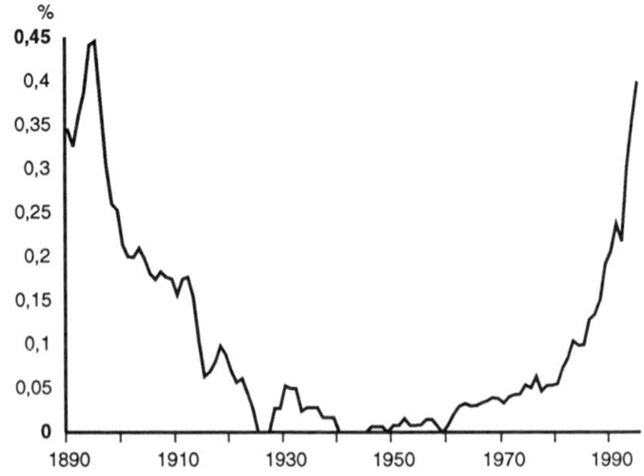

C'est un prénom qui retrouve ces dernières années son niveau d'il y a 100 ans. Dans les années 1890, environ 1 fille sur 250 recevait ce prénom, que l'on n'entendra presque plus sur les fonds baptismaux entre 1920 et 1960. Puis il réapparaît, mais n'augmente que très lentement.

Madeleine

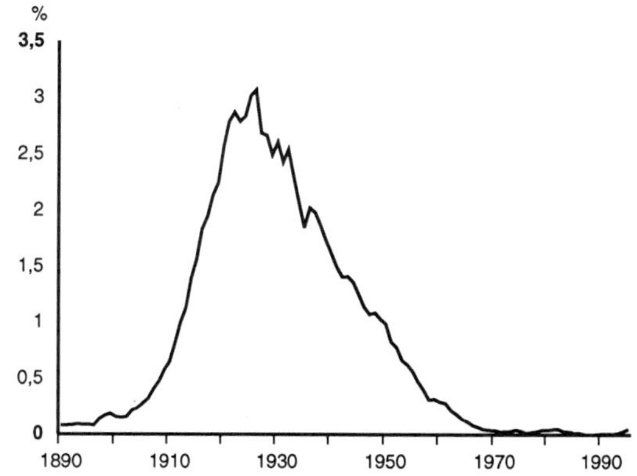

Très discret à la fin du siècle dernier, Madeleine démarre au début de notre siècle et atteint son sommet en 1925, alors qu'il atteint un peu plus de 1 fille sur 33. Il descend ensuite lentement et n'a plus cours à la fin des années 60. Madeleine n'a pas atteint un sommet très haut, mais sa base est parmi les plus larges : pendant près de 40 ans, plus de 1 fille sur 100 reçoit ce prénom.

Magalie

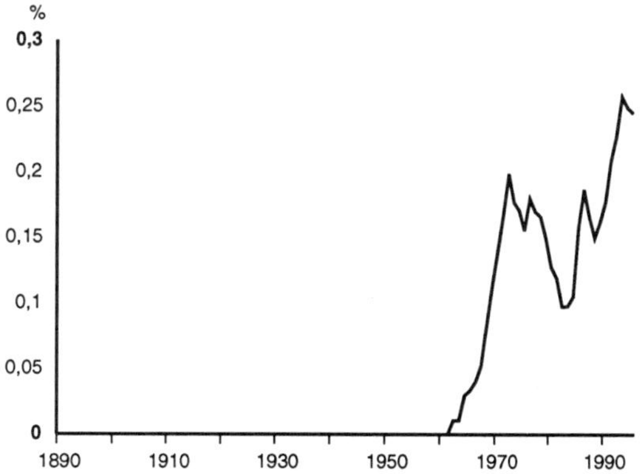

Magalie, qui devrait plutôt s'écrire sans *e*, apparaît dans les années 60, mais ne fait qu'osciller autour de 1 fille sur 500.

Manon

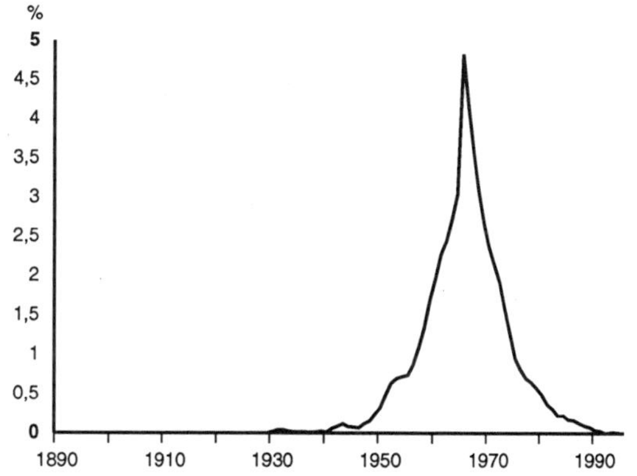

Manon est un bon exemple de l'indépendance fréquente entre les évolutions d'un prénom en France et au Québec. Pendant les années 80, alors que Manon termine ici sa carrière, il la commence en France où il devient, au milieu des années 90, le prénom le plus donné, 30 ans après son sommet ici.

Tout à fait inconnu jusque-là, Manon apparaît dans les

années 40 et augmente rapidement dans les années 50 pour culminer en 1965, alors que le prénom est porté par 1 fille sur 21. La descente est symétrique à la montée et à fin des années 80, la source de Manon se tarit. Il a passé près de 20 ans à un niveau de plus de 1 % des filles.

Manon a sûrement reçu un coup de pouce en 1965 avec la chanson de Donald Lautrec, *Manon, viens danser le ska,* mais il descend tout de suite en 1966.

Le prénom Manon, combiné au nom de famille Ouimet, forme un nom qui convient bien au caractère normand de plusieurs Québécoises.

Marcelle

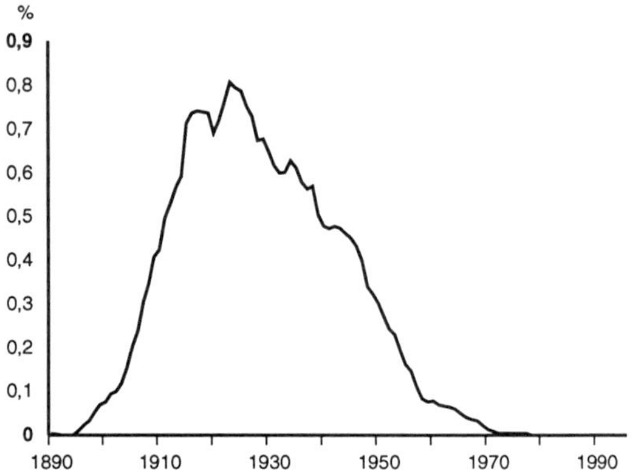

Marcelle vit à l'ombre de son homonyme masculin qui prend toute la place. Il naît au début du siècle, mais plafonne dans les années 20, alors qu'il atteint environ 1 fille sur 120, ce qui est peu en regard des succès de Marcel. Il patiente quand même jusqu'à la fin des années 60.

Soulignons quelques Marcella, quelques Marcelline et l'apparition de quelques Marcienne qui, heureusement, ne s'écrivent pas avec un *t.* Céline, qui débute vers 1930, aura plus de chance.

Marguerite

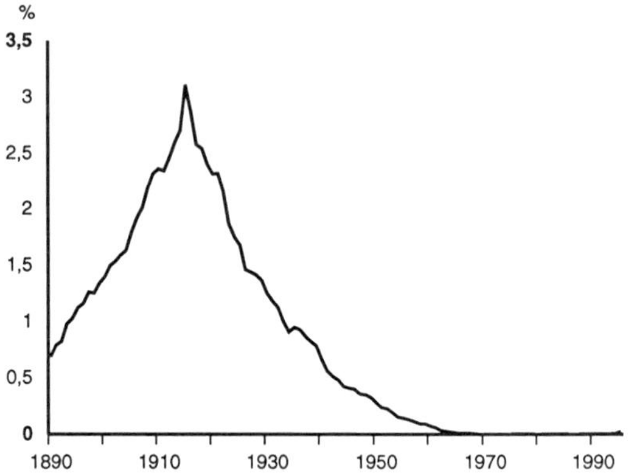

Il vaut la peine de citer Marguerite Yourcenar, qui parle de son prénom dans *Les Yeux ouverts,* puisqu'il est rare d'entendre de grands écrivains commenter leur prénom : « Marguerite me plaisait assez; c'est un nom de fleur(…), un prénom mystique(…) C'est un nom qui me plaît, parce qu'il n'est d'aucune époque et d'aucune classe. C'était un nom de reine, c'est aussi un nom de paysanne. » Elle se trompait évidemment puisqu'il n'y a pas vraiment de prénom d'aucune époque et qu'au moment où elle disait cela, vers 1980, il n'y avait plus de bébés recevant ce prénom depuis des lustres, ni en France ni au Québec.

Dans la dernière décennie du siècle dernier, Marguerite est déjà en plein essor, lequel se poursuit jusqu'à son sommet en 1915, alors que 1 fille sur 32 reçoit ce prénom. Marguerite diminue ensuite lentement jusqu'à disparaître à la fin des années 50. Même si la cime n'est pas très haute, la base est très large et Marguerite a prénommé au moins 1 % des filles pendant 41 ans, ce qui est une des durées les plus longues.

Des débuts du Canada jusqu'en 1680, Marguerite est le deuxième prénom après Marie, et 1 fille sur 12 le reçoit.

Maria

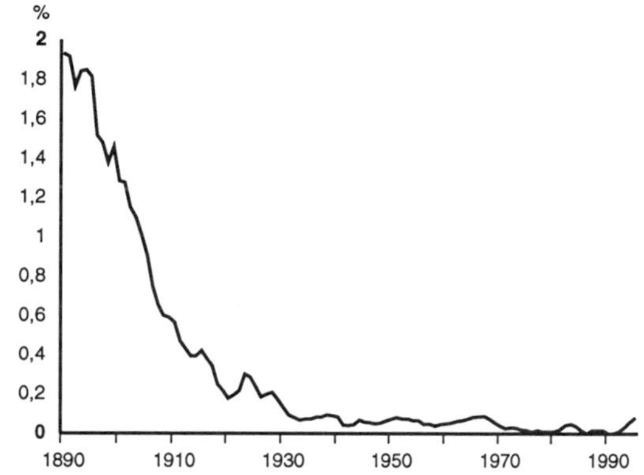

Louis Hémon, qui fait dire à Maria Chapdelaine que rien ne doit changer, n'a pas perçu les variations des prénoms déjà présentes. Au début des années 10, alors qu'il écrit son roman, le prénom Maria n'est déjà plus donné qu'à 1 fille sur 200, en regard de 1 sur 50, 20 ans plus tôt. À partir de 1930, Maria est très rare, mais pas inexistant. Maria pourrait faire partie des prénoms italianisants, mais c'est plutôt un prénom qui vient directement du latin.

Marie

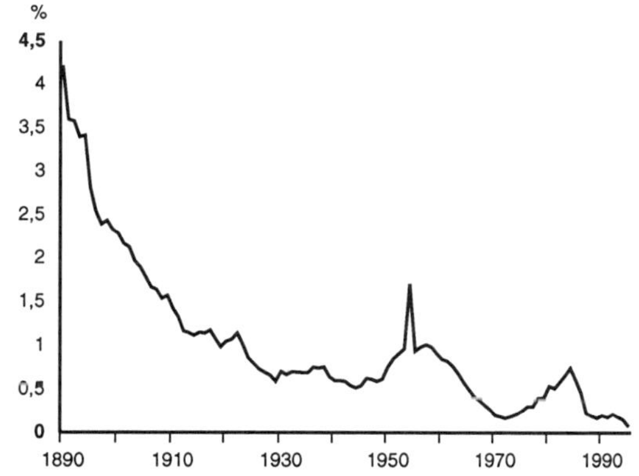

À peu près toutes les filles ont Marie parmi leurs prénoms, mais pour certaines, il s'agit du prénom usuel. Elles sont encore plus nombreuses à s'appeler Marie-quelque-chose, car Marie est le principal pivot des prénoms composés chez les filles, comme Jean chez les garçons.

Vers 1890, plus de 1 fille sur 25 s'appelle Marie, mais au tournant du siècle, la fréquence est déjà descendue à 1 sur 50. De 1910 au début des années 60, Marie oscille autour de 1 sur 150. En 1954, on voit l'impact de l'année mariale, qui est quand même modéré : Marie passe de 1 % à 1,7 %. Après avoir tenu le même niveau si longtemps, Marie tout court faiblit dans les années 60 et le prénom reste discret depuis les années 70, ce qui n'empêche pas l'éclosion de quelques Marie-quelque-chose.

Il faut mentionner que Marie est un des prénoms les plus difficiles à mesurer : les prénoms composés ne sont pas toujours écrits avec un trait d'union, et ce problème se pose surtout dans le fichier des naissances utilisé depuis 1975.

Au début de la colonie, Marie est le prénom le plus fréquent et 1 fille sur 8 est baptisée de ce nom. Pendant la première moitié du XVIIIe, Marie-Josèphe domine aisément la liste des prénoms avec 1 fille sur 10. Il est intéressant de noter que Marie-Josèphe est un prénom beaucoup plus rare en France et qu'il contrevenait aux « règles » religieuses qui ne permettaient pas d'attribuer un prénom d'un saint du sexe opposé (Ribordy 1995, p. 64). Avec Jean-Baptiste, aussi très rare en France et premier ici, on peut constater que les divergences avec la France sont apparues très tôt. Au début de notre siècle, Marie atteint en France 1 fille sur 10, ce qui est cinq fois plus fréquent qu'ici.

Nous présentons à la suite une vingtaine de prénoms composés débutant par Marie et deux hypocoristiques, Marielle et Mariette. Le plus souvent, Marie-quelque-chose accompagne la vie du quelque chose, mais ce n'est pas toujours le cas : Marie-Anne, par exemple, n'est pas populaire pendant les mêmes années qu'Anne.

Marie-Andrée

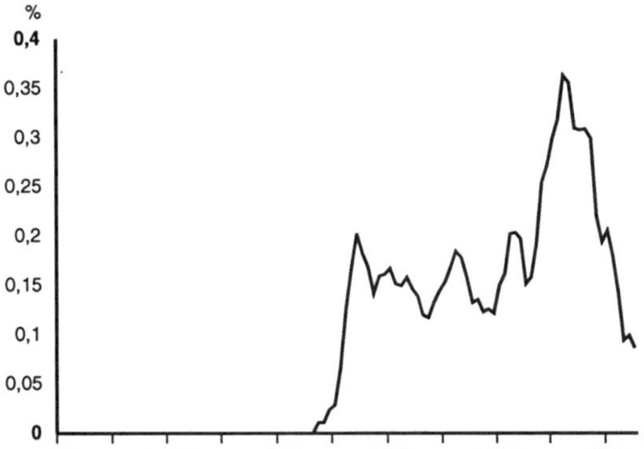

Alors qu'Andrée atteint son sommet, peu élevé par ailleurs, au début des années 40, Marie-Andrée débute à la même période et reste pendant près de 40 ans au niveau de 1 fille sur 500. Puis survient au début des années 80 une petite vogue, et Marie-Andrée double sa fréquence, ce qui ne fait tout de même que 1 fille sur 250. Marie-Andrée a plutôt été influencée par Andréanne que par Andrée.

Marie-Ange

Alors qu'Angélina et Angéline sont en pleine décroissance dans la dernière décennie du siècle passé, Marie-Ange prend le relais et réussit à atteindre 1 fille sur 80 en 1909, sa meilleure année, avant de descendre assez rapidement.

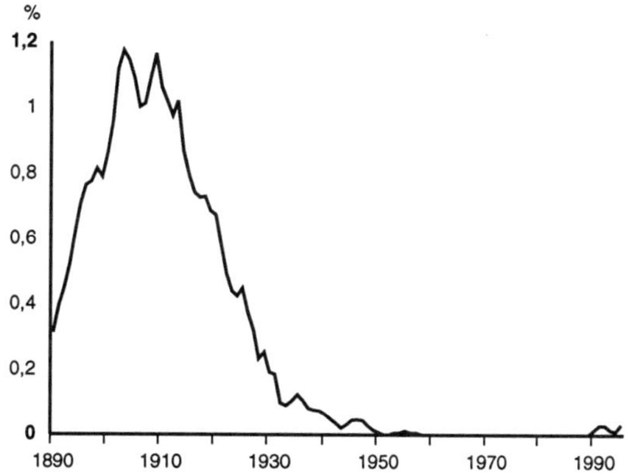

Marie-Anna

Vers 1890, Anna est plus populaire que Marie-Anna, mais les deux se rejoignent vers 1900, au niveau d'environ 1 sur 110, et leur fréquence baisse ensemble. Marie-Anna disparaît dans les années 30, mais on trouve de rares Anna tout au long du siècle.

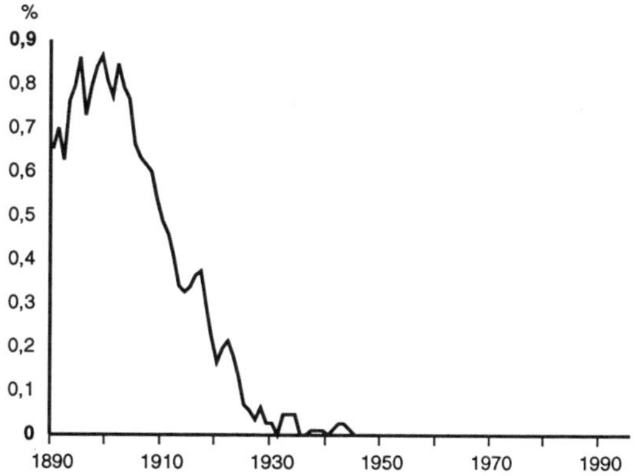

Marie-Anne

Marie-Anne, aussi écrit parfois Marianne, atteint vers 1890 plus de 1 fille sur 40, mais est déjà en perte de vitesse et devient très rare dans les années 20 jusqu'au milieu des années 70, alors qu'il renaît. En fait, ces dernières années, il semble accompagner Ariane. En 1996, il atteint 1 fille sur 100.

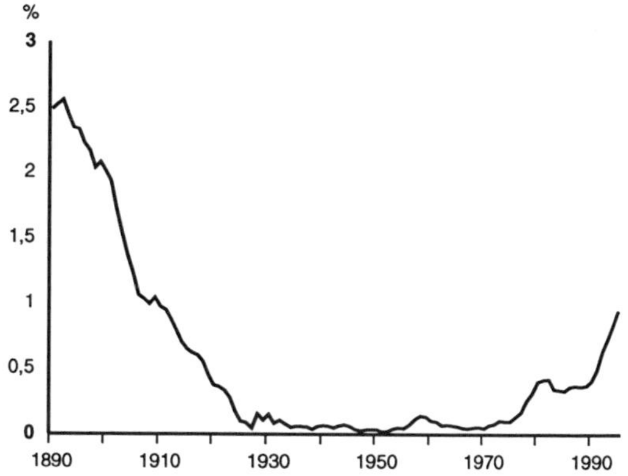

Marie-Anne n'a pas ici de connotation cocardière comme il peut l'avoir en France, et rien n'empêche donc un niveau plus important encore pour les années à venir.

Les variations de Marie-Anne contrastent avec la régularité centenaire et exceptionnelle d'Anne-Marie. Par ailleurs, la petite vague d'Anne vers 1960 n'a pas influencé Marie-Anne.

Marie-Blanche

Dans le sillage de Blanche, dont la popularité est pourtant en baisse, on assiste à un petit sommet de Marie-Blanche en 1904-1905, alors que le prénom est choisi pour un peu moins de 1 fille sur 150.

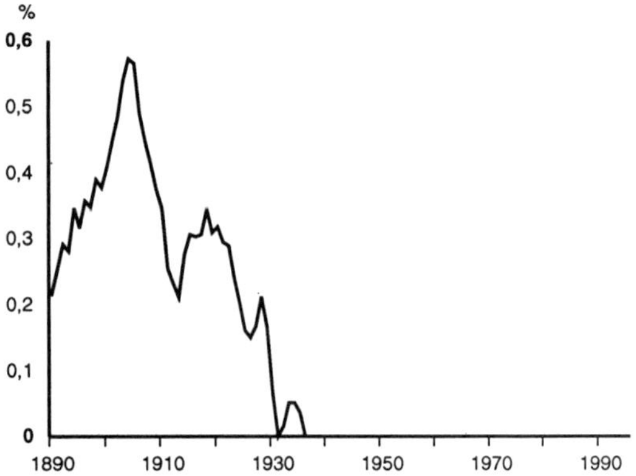

Marie-Christine

Alors que Christine est un prénom des années 60, Marie-Christine est un prénom de la fin des années 80. Marie-Christine ne réussit qu'à atteindre 1 fille sur 150 en 1988 et en 1989, ses deux meilleures années.

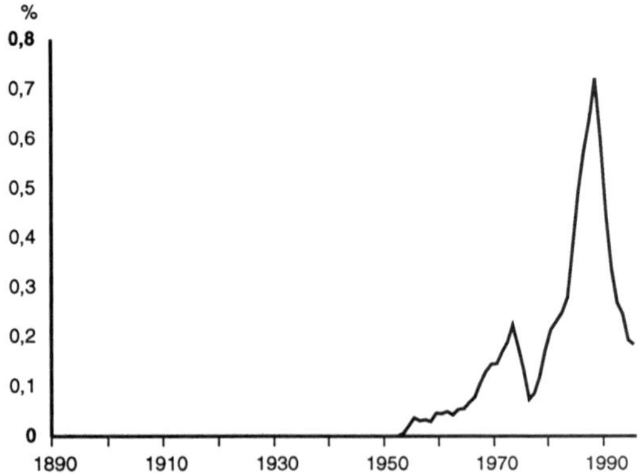

Marie-Claire

Marie-Claire, qui est quand même présent tout au long du siècle, n'a connu qu'une petite poussée dans les années 20, qui s'est limitée au niveau de 1 fille sur 200.

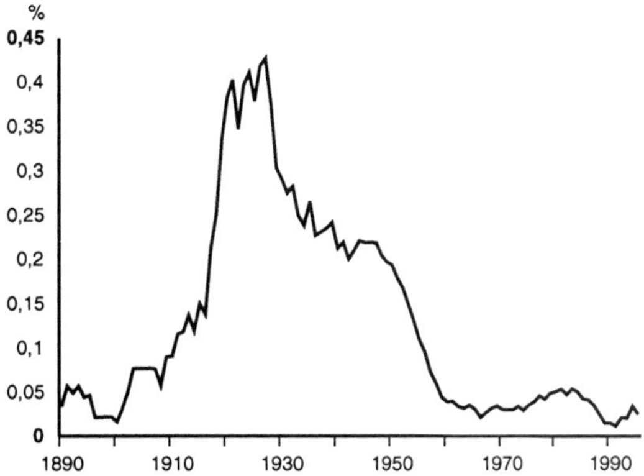

Marie-Claude

Alors que Claude décline abruptement chez les garçons dans les années 60, Marie-Claude prend le relais du prénom chez les filles. Il culmine au début des années 70 et atteint alors un peu moins de 1 fille sur 60. C'est beaucoup moins haut que Claude, qui avait dépassé 1 garçon sur 25, mais Marie-Claude est quand même resté au-dessus du seuil de 1 % pendant près de 20 ans. Claude tout court pour les filles est un prénom peu fréquent.

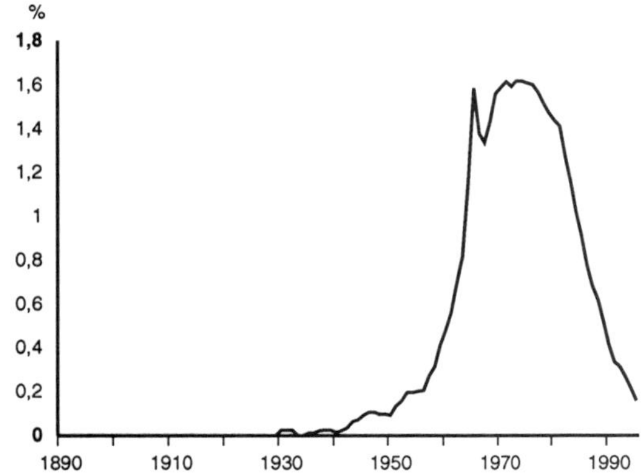

Marie-Ève

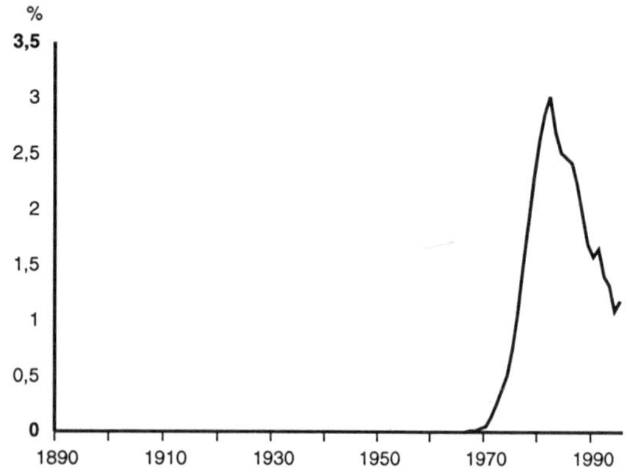

Ce prénom apparaît si soudainement qu'on pourrait, avec un peu de patience, découvrir qui le conçut au début des années 70. Le succès est immédiat et dix ans plus tard, en 1981 et en 1982, 1 fille sur 33 s'appelle Marie-Ève. Sa fréquence diminue par la suite, mais au milieu des années 90, il est encore au-dessus du seuil de 1 %, et ce, depuis près de 20 ans.

Des prénoms composés avec Marie, seul Marie-Josée est monté plus haut, mais sa carrière fut plus éphémère.

Marie-France

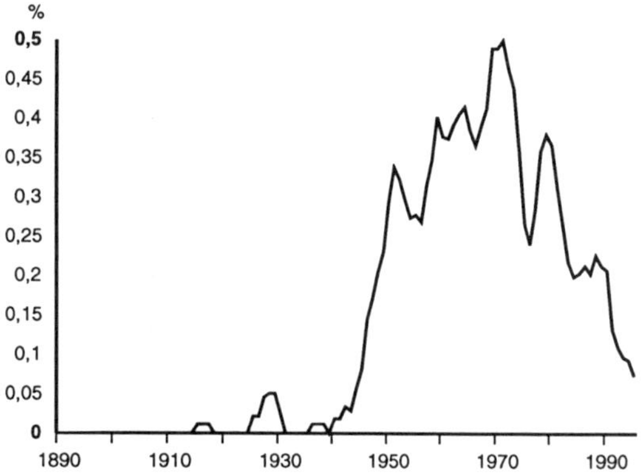

On trouve des Marie-France depuis la fin de la guerre, mais le prénom est resté dans l'ombre de celui de France. Pendant ses meilleures années, à la fin des années 60, près de 1 fille sur 200 le reçoit.

Marie-Hélène

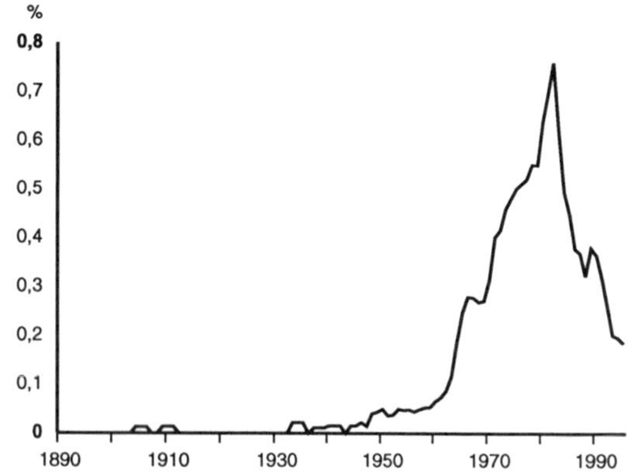

Marie-Hélène apparaît dans les années 50, lors des meilleures années d'Hélène. Il ne réussit pas à prendre le relais et n'atteint que 1 fille sur 150 au début des années 80.

Marie-Jeanne

Marie-Jeanne suit pas à pas Jeanne, mais a moins de succès. Son élan est déjà pris en 1890, et il atteint son sommet en 1910 et en 1911, avec un peu plus de 1 fille sur 75. Il décline rapidement et n'a plus cours depuis les années 40. Il a passé près de 20 ans au-dessus du seuil de 1 % des prénoms.

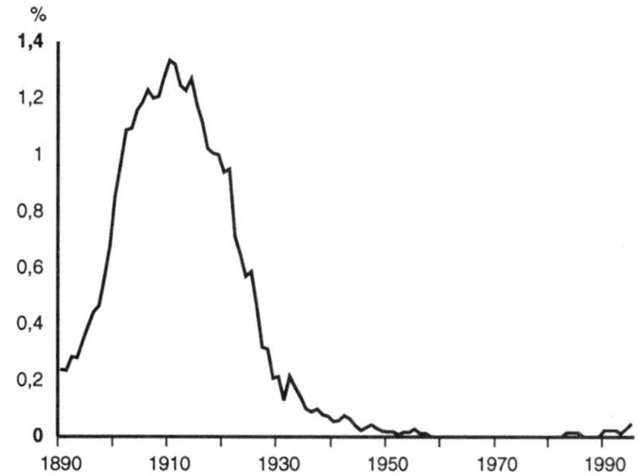

Marie-Josée

Josée connaît une grande popularité dans les années 60 et Marie-Josée en profite. Après quelques années de croissance lente, il s'élance en 1968 en prenant le relais de Josée, et fait un sprint qui l'amène en 1971 à être le prénom choisi pour 1 fille sur 30, mais il s'essouffle et tombe à seulement 1 % en 1974. Il n'a passé que dix ans au-dessus du seuil de 1 %.

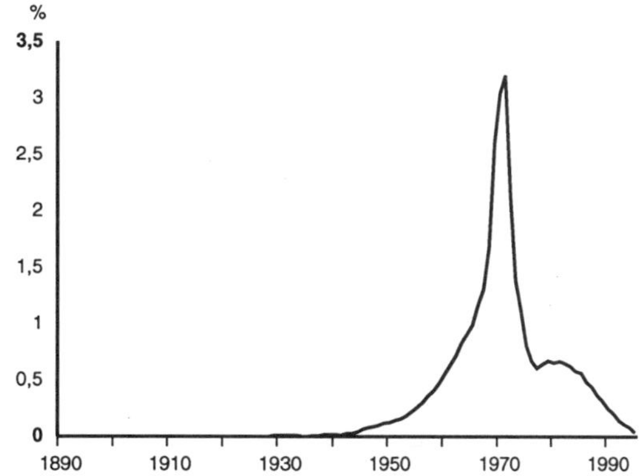

José est une forme populaire ancienne de Joseph. Marie-Josèphe fut chez nos ancêtres du XVIIIe le principal prénom féminin et 1 fille sur 10 le reçut au baptême. Avec Jean-Baptiste, Marie-Josèphe singularise les prénoms des premiers Canadiens, puisque ces prénoms étaient rares en France. Jean-Baptiste est resté présent dans la mémoire populaire, mais le prénom Marie-Josèphe a été oublié.

Marie-Louise

Parmi les femmes nées vers 1885-1889, Marie-Louise est le deuxième prénom, après Marie, et 1 fille sur 37 le porte. Louise à la même époque est bien tranquille et Louis, qui atteint 1 garçon sur 55, est bien moins fréquent. La cote de Marie-Louise chute rapidement et tombe à zéro dans les années 20.

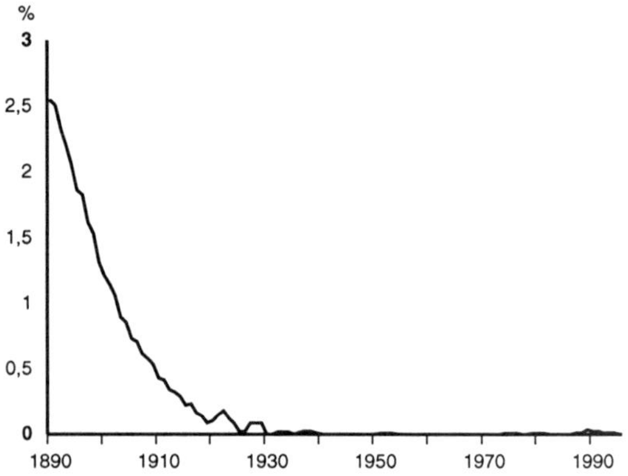

Marie-Michèle

C'est un fait curieux que la soudaine apparition de Marie-Michèle (et *elle*) vers 1980, puisque aussi bien Michelle que Michel sont à bout de souffle. Marie-Michèle parvient à atteindre plus de 1 fille sur 150 en 1986, mais retombe aussitôt. C'est une leçon à retenir quand on voit des prénoms partir en flèche : tous n'ont pas le succès assuré.

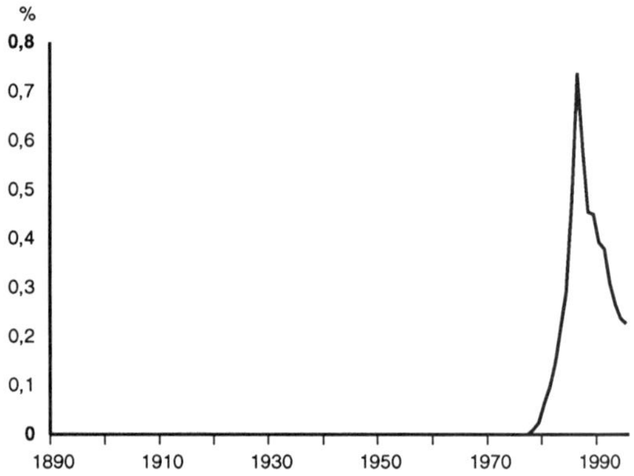

Marie-Paule

Alors que Paule, par ailleurs toujours rare, se prononce correctement Paule, Marie-Paule se prononce ici le plus souvent Marie-Paul. Il ne suit pas du tout la carrière de Paul, mais plutôt celle de Pauline. Marie-Paule apparaît en 1900, se rend à près de 1 % en 1929 et en 1930, puis redescend et tombe à zéro vers 1960, ce qui lui fait dessiner une courbe bien symétrique.

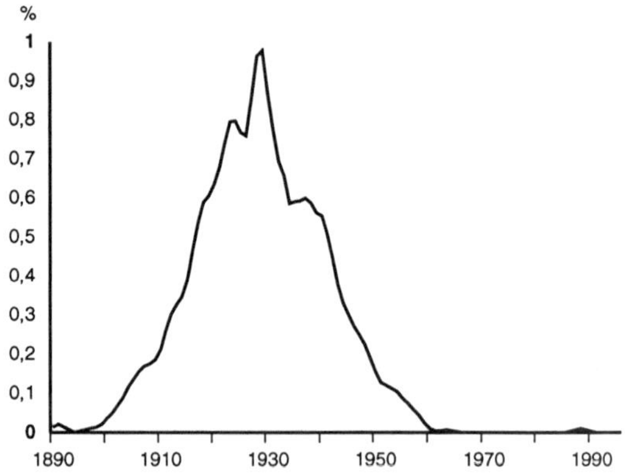

Marie-Pier

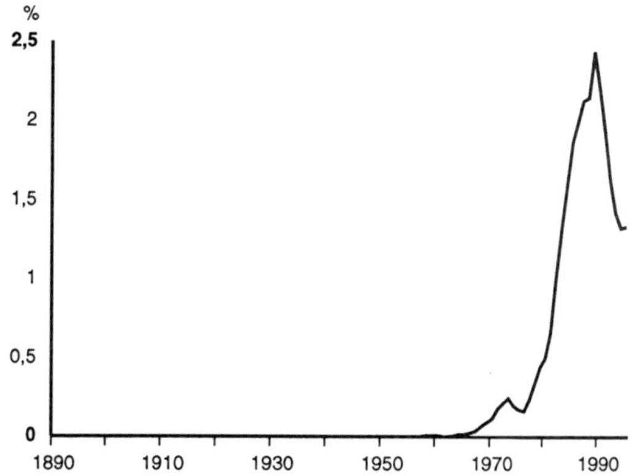

Si la prononciation de Marie-Paule ne suit pas les canons de la phonétique, Marie-Pier pèche par son orthographe qui peut être qualifiée pour le moins de curieuse, mais au moins on le prononce correctement (« pière », et non « pire »). Nous utilisons ici l'orthographe la plus commune, mais ce n'est pas une caution. C'est en 1980 que Marie-Pier dépasse Marie-Pierre.

À ses débuts, Marie-Pier est calme pendant une dizaine d'années. Ce n'est qu'au début des années 80 qu'il décolle. Il atteint son sommet en 1989, alors que le prénom est choisi pour près de 1 fille sur 40. Au milieu des années 90, il est encore au-dessus du seuil de 1 %. Le prénom semble suivre la carrière de la chanteuse Pier Béland, qui débute en 1982 et qui récolte un disque d'or en 1988, mais le prénom avait déjà établi les bases de sa croissance. On ne trouve pas de filles qui s'appellent Pier tout court, sauf la chanteuse, et il ne semble pas que ce soit un pseudonyme.

Les prénoms composés débutant par Marie sont donc loin de se perdre, avec, ces dernières années, Marie-Ève et Marie-Pier, qui sont des nouveautés et qui ont connu de grands succès.

Marie-Rose

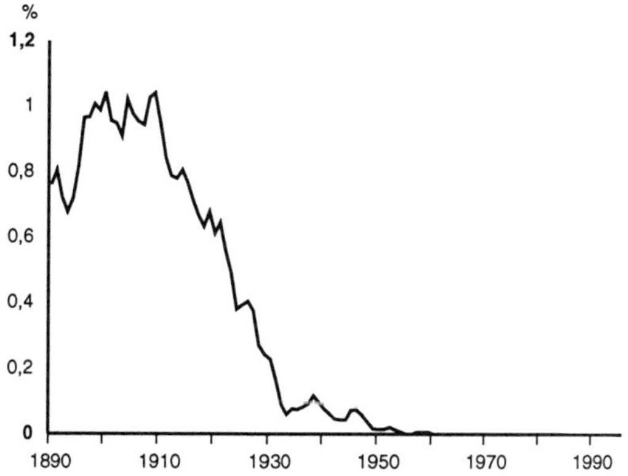

Marie-Rose suit exactement la trace de Rose, tout en étant un peu plus discret. À la fin du siècle dernier et pendant les dix premières années du nôtre, il atteint environ 1 fille sur 100, puis il se fane au début des années 30. On trouve quelques Rose-Marie, surtout dans les années 30 et 40.

Marie-Soleil

Marie-Soleil est, avec Marilou, une autre mutation curieuse récente de Marie, après Marie-Ève et Marie-Pier. Il n'a pas le même succès et semble plafonner autour de 1 fille sur 300 au début des années 90.

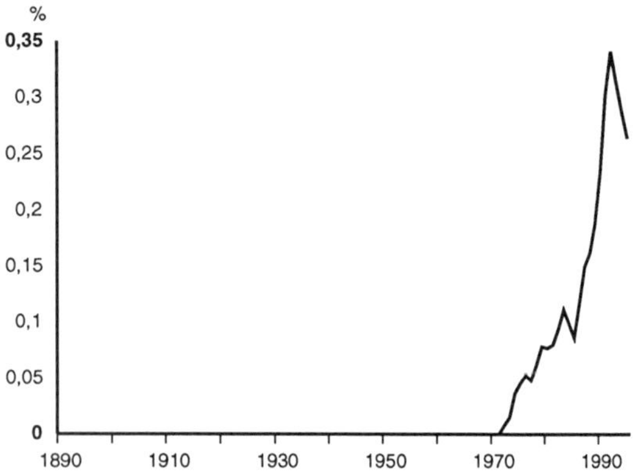

Marielle

Marielle forme une belle petite vague qui débute vers 1910 et se termine à la fin des années 60. Son sommet est atteint à la fin des années 30, alors qu'il atteint un peu plus de 1 fille sur 150. On note en 1954 la saillie provoquée par l'année mariale.

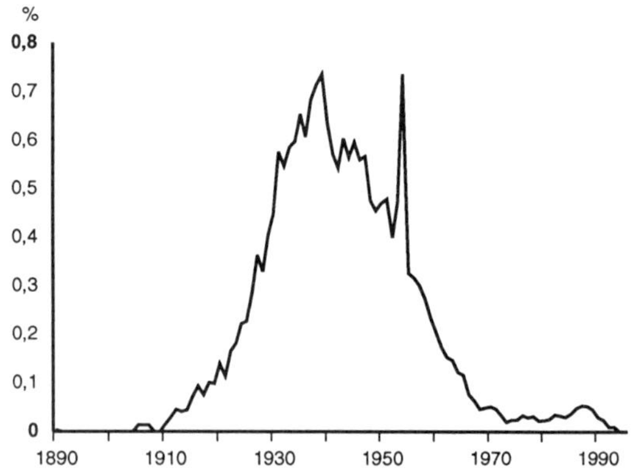

Mariette

Mariette précède Marielle d'une dizaine d'années et a eu un peu plus de succès. Né à la fin du siècle dernier, il atteint de justesse le 1 % vers 1930 et redescend pendant une trentaine d'années.

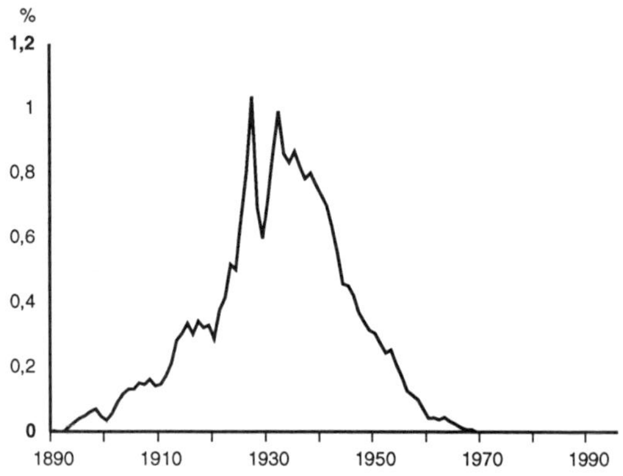

Marilène

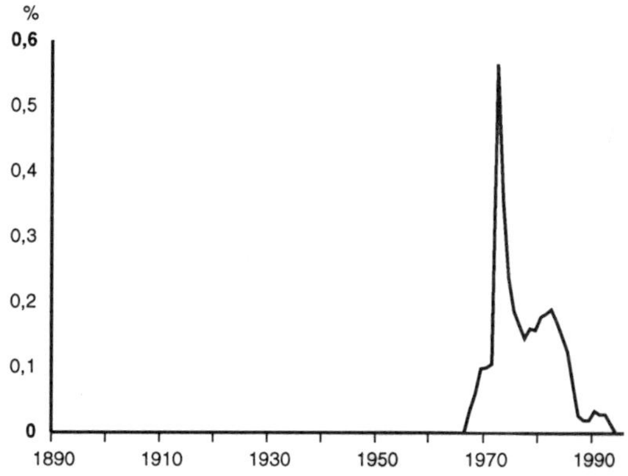

Ce prénom, apparu au milieu des années 60, ne connaît qu'une bonne année, en 1972, alors qu'il atteint plus de 1 fille sur 200. Cette année-là, Marilène dépasse même Marie-Hélène, mais lui cède aussitôt la place.

Marilou

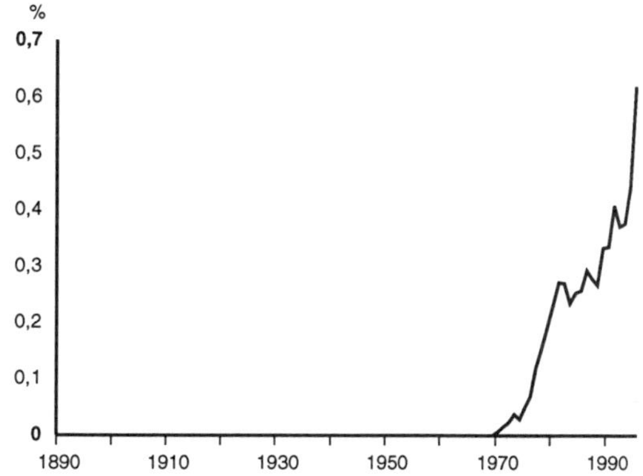

Décidément, Marie subit de curieuses mutations, avec Marilou qui s'ajoute à Marie-Soleil, Marie-Ève et Marie-Pier. Marilou, créé au début des années 70, atteint au milieu des années 90 le niveau de 1 fille sur 160. Prendre 20 ans pour si peu augure mal pour l'avenir.

Marilyn

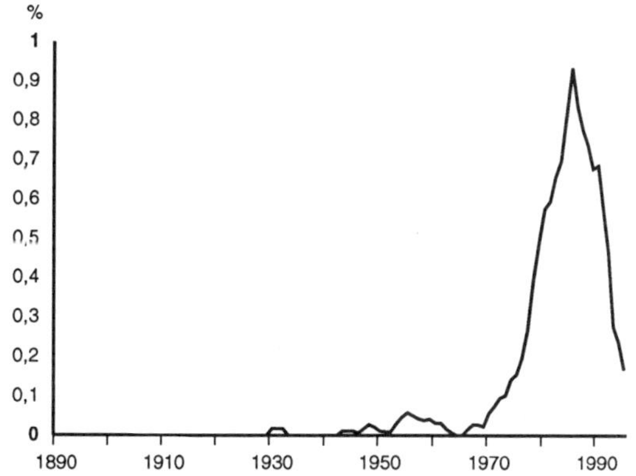

Marilyn s'écrit de multiples façons et peut même être considéré comme un composé de Marie, dans Marie-Line par exemple. Il n'y a que de rares Marilyn dans les années 50, lors de la grande popularité de Line. Marilyn perce vers 1970 et, à son sommet en 1985, rate de peu la barre de 1 %. Il se retire dans les années 90.

Ce prénom est associé à l'actrice Marilyn Monroe décédée en 1962, mais la vague de Marilyn des années 80 n'a pas de lien direct avec l'actrice.

Marjolaine

Ce joli prénom botanique émerge dans les années 40, mais ne réussit à atteindre, au cours des années 50, qu'environ 1 fille sur 250 dans ses meilleures années. Depuis le milieu des années 60, le prénom Marjolaine est choisi pour environ 1 fille sur 1 000.

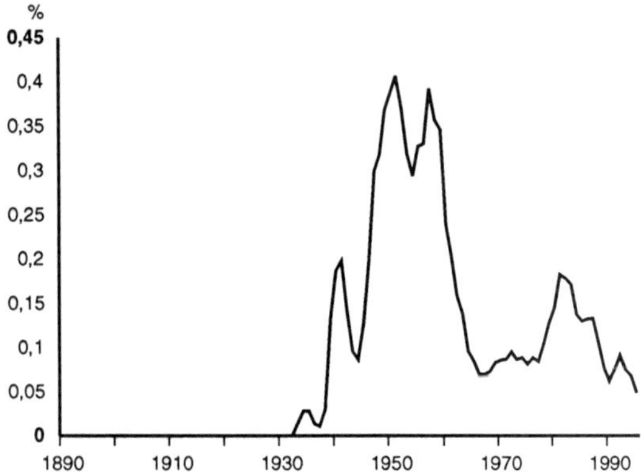

Marlène

Marlène, comme Marilyn, est le prénom d'une grande actrice, mais il ne semble pas y avoir de lien évident avec la carrière du prénom. C'est vers 1950 que Marlène commence à grimper, mais son sommet de 1962 est modeste, avec seulement 1 fille sur 200. Il diminue rapidement et est oublié ces dernières années

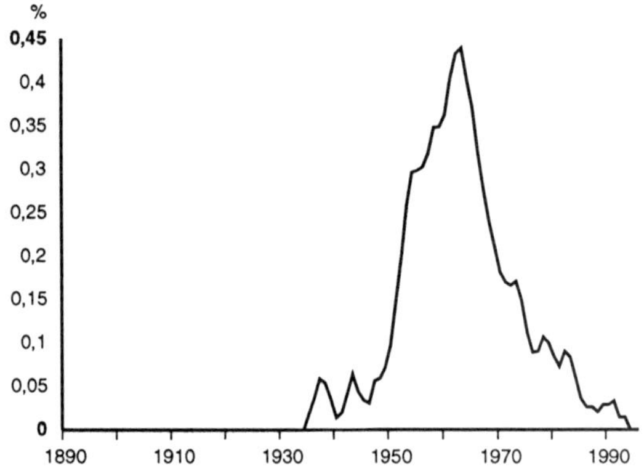

Marthe

Marthe est à peine perceptible au tournant du siècle; il augmente tout doucement et réussit à atteindre environ 1 fille sur 140 au début des années 30, avant de redescendre tout aussi lentement et de s'effacer à la fin des années 60.

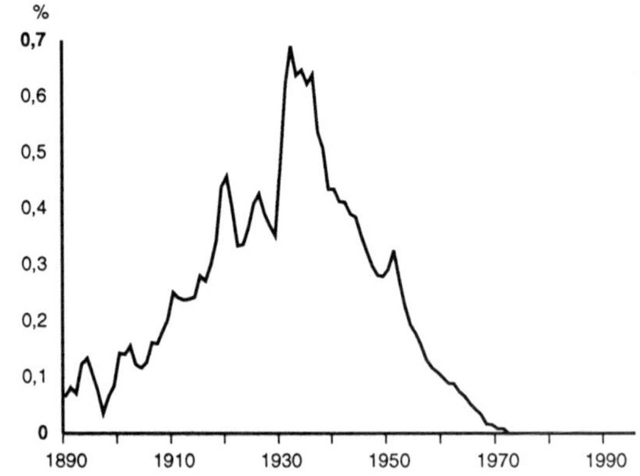

Martine

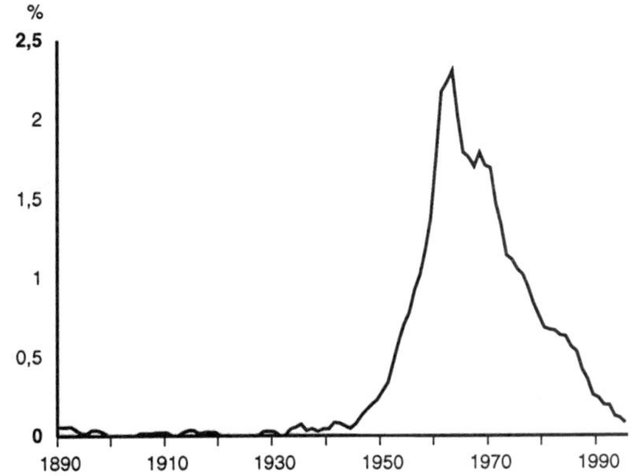

Martine précède Martin d'une dizaine d'années, mais n'a pas eu le même succès. Il démarre au début des années 40 et connaît une hausse intéressante dans les années 50, ce qui l'amène à son sommet des années 1961 à 1963, alors que 1 fille sur 45 reçoit ce prénom. Il diminue lentement par la suite et disparaît dans les années 90. Il est quand même resté au-dessus du seuil de 1 % pendant près de 20 ans.

Martine a été beaucoup plus populaire en France dans les années 50, alors que ce fut le prénom le plus donné pendant presque toute la décennie.

Maryse

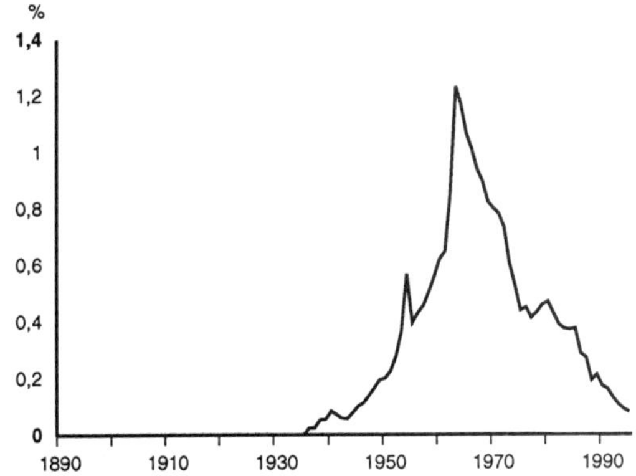

Né dans les années 40, Maryse va son train et connaît une envolée subite en 1963, qui fait doubler sa fréquence et l'amène à sa meilleure année alors qu'il est donné à 1 fille sur 80. Il diminue normalement et devient très rare dans les années 90. En 1954, on peut percevoir l'effet de l'année mariale.

Mathilde

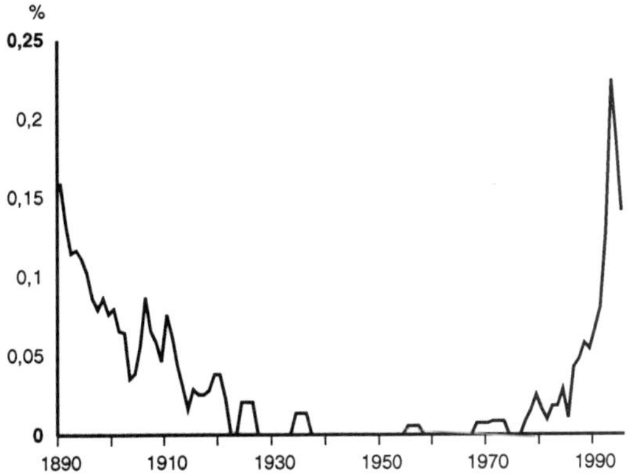

Il y a 100 ans, environ 1 fille sur 1 000 s'appelait Mathilde. On l'oublie pendant des années et Mathilde revient tout doucement dans les années 80, alors qu'il réussit à atteindre 1 fille sur 500 en 1994. À la fin du siècle dernier, on trouvait un peu plus de Mathilda, mais à peine.

Maude

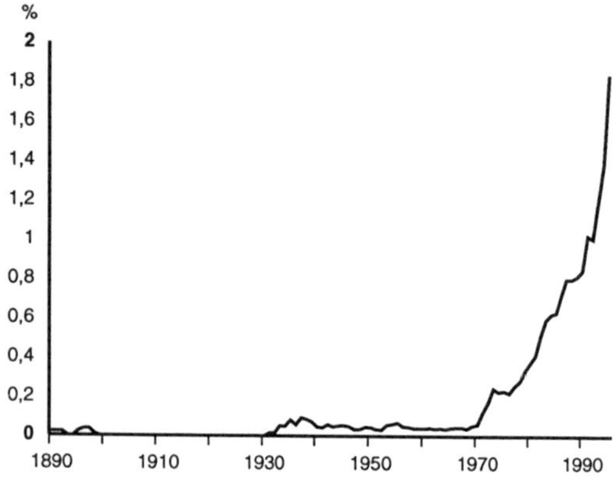

Le prénom Maud a été francisé et s'écrit presque toujours Maude. Après trois décennies de grande discrétion, Maude commence à grandir au début des années 70 et atteint environ 1 fille sur 55 au milieu des années 90. Il n'a pas commencé à fléchir, mais après 25 ans de hausse lente, il pourrait surprendre.

La chanteuse Joe Bocan chante *Maude* en 1991 et donne un coup de pouce à la carrière du prénom.

Mégane

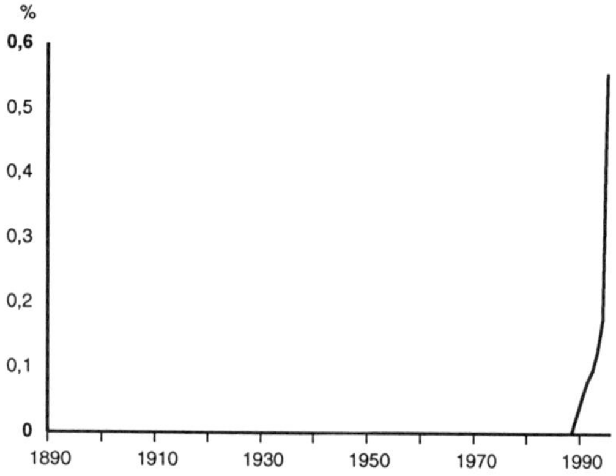

Mégane apparaît il y a cinq ans à peine et connaît en 1995 une excellente année, si bien qu'il dépasse déjà le niveau de 1 fille sur 200.

Mélanie

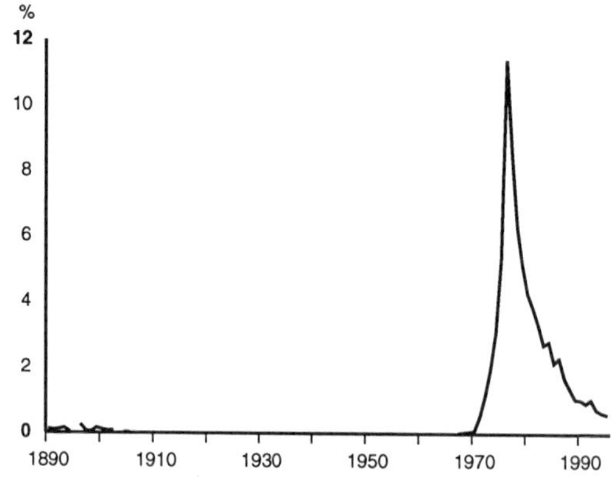

Si quelques-unes de nos grands-mères s'appelaient Mélanie, le prénom a été oublié jusqu'en 1970. On assiste alors à un raz-de-marée incroyable : la crête est atteinte six ans plus tard, à 11,4 %, c'est-à-dire qu'un peu plus de 1 fille sur 9 s'appelle Mélanie cette année-là. Il vaut la peine d'énumérer les scores annuels de 1970 à 1976 : 0,1 %, 0,5 %, 1,2 %, 2,0 %, 3,1 %,

5,3 % et 11,4 %. La descente est un peu moins raide, et malgré l'air étroit de la courbe de Mélanie, il passe 20 ans au-dessus du seuil de 1 %.

Mélanie est le deuxième plus haut sommet après celui de Nathalie qui, en 1967, atteignit 1 fille sur 7. Mélanie n'a été le premier choix que pendant trois ans, de 1976 à 1978, après Isabelle et avant Julie.

Il est bien difficile d'expliquer cette folie furieuse qui s'empara des parents. Chantal Pary a un bébé le 31 mars 1975 qu'elle appelle Mélanie, et elle écrit une chanson éponyme qui fut bien populaire en 1975, mais le prénom est déjà à la veille de son sommet. C'est plutôt la chanteuse qui a eu le flair de choisir un prénom irrésistible, mais sa chanson a sûrement aidé à propulser Mélanie vers un saut record de 6 points de 1975 à 1976. Pour relativiser l'impact des chansons, rappelons que la chanson *Emmanuella* de Pary, fort populaire en 1973, n'a pas eu d'effet sur le choix de ce prénom. On peut ajouter que Chantal Pary est un pseudonyme ; elle est née en 1950 et s'appelle Lucie Bernier. Au début de sa carrière, à la fin des années 60, Lucie achève ses beaux jours tandis que Chantal est au faîte de sa popularité et au deuxième rang des prénoms. Il est évident, dans ce cas, que c'est la chanteuse qui s'est servi du prénom comme outil de marketing.

Du point de vue étymologique, Mélanie vient du grec et signifie noire ou au teint foncé ; il est donc paradoxal de voir de petites têtes blondes porter ce prénom, mais c'est une autre preuve du peu d'importance de l'étymologie.

Mélina

Cette anagramme de Mélanie, qui par ailleurs signifie miel en grec, est encore bien discret avec environ 1 fille sur 250 au milieu des années 90, mais sa progression est prometteuse. Il y avait quelques Mélina à la fin du siècle dernier, et on les retrouve au début des années 80.

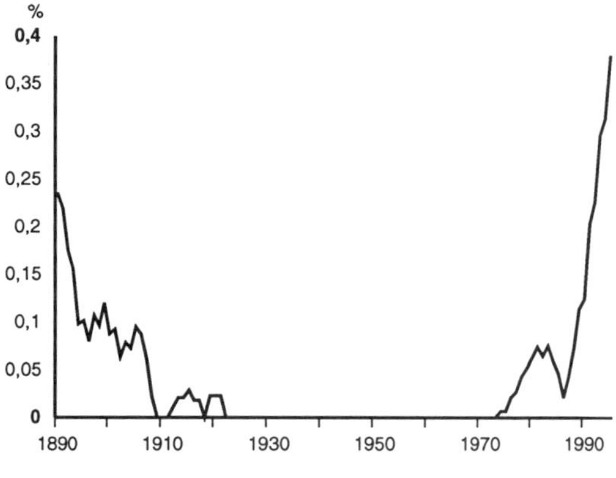

Mélissa

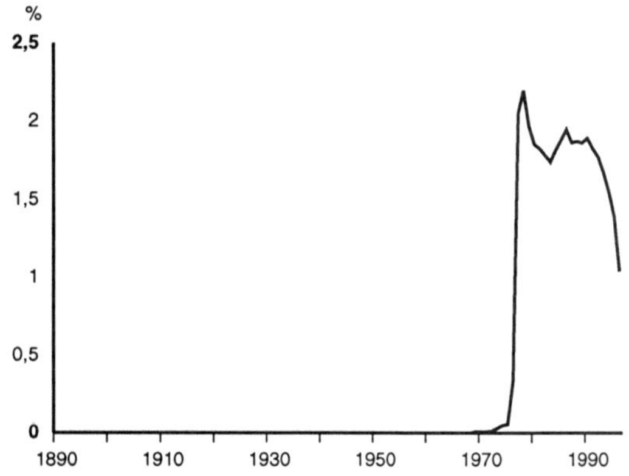

Après Mélina, qui veut dire miel en grec, voici un autre prénom grec qui se traduit par abeille.

Mélissa est un cas exceptionnel parmi les prénoms. Il est à peu près inconnu en 1975 (1 fille sur 2 000) et en 1976 (1 sur 300). Subitement, en 1977, le prénom est choisi pour 1 fille sur 50 et encore un peu plus en 1978 (1 sur 45). Il se tasse un peu, mais remonte en 1985 et reste sur un plateau atteignant environ 1 fille sur 50 pendant quelques années. En 1991, il est à 1 %.

Mélissa était, dans les années 1975-79, le deuxième prénom aux États-Unis, mais on peut se demander ce qui déclencha ici sa popularité. La Mélissa de Julien Clerc n'est arrivée qu'en 1984 et n'est donc pas responsable des performances de 1977, mais a peut-être aidé à la hausse observée en 1985. Il est possible que les comédiennes Melissa Gilbert et Melissa Sue Anderson, qui jouaient dans le téléroman *La Petite Maison dans la prairie,* soient à l'origine de cet engouement.

Mélodie

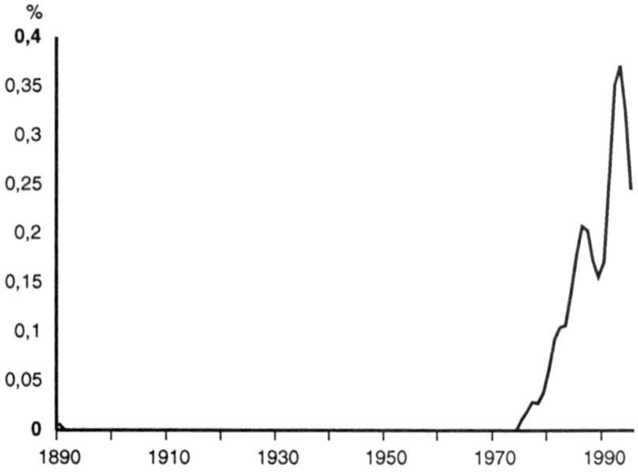

Mélodie démarre lentement au milieu des années 70 et monte ensuite jusqu'à un maximum modeste de 1 fille sur 250 atteint en 1993. Il est suivi d'Élodie, qui monte un peu plus haut, mais qui est aussi plutôt en perte de vitesse.

Micheline

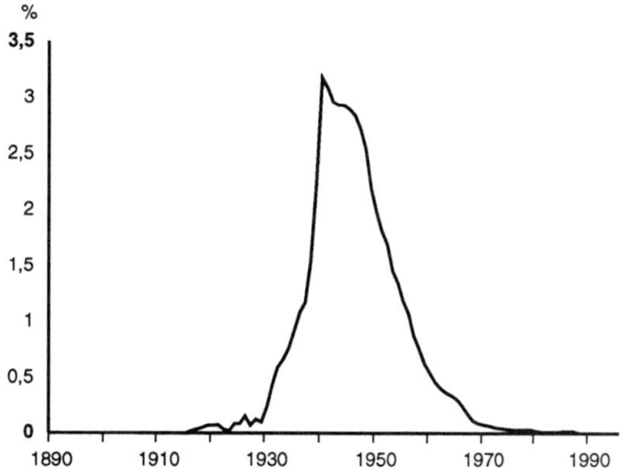

Micheline apparaît en même temps que Michelle, vers 1930, mais a beaucoup plus de succès. Il atteint son sommet dès 1940 et atteint alors plus de 1 fille sur 30, niveau qu'il garde pendant quelques années avant de descendre et d'être oublié à la fin des années 60.

Michelle

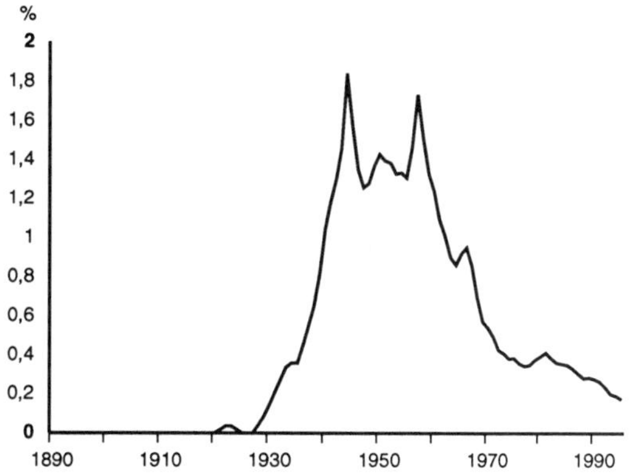

Michelle, et souvent Michèle, a moins de chance que sa jumelle Micheline. Son sommet plus tardif en 1944 n'est que de 1 fille sur 54, puis il atteint environ 1 fille sur 70 jusqu'à la fin des années 50. Il se démode donc moins vite que Micheline et garde une certaine présence (1 sur 300 environ dans les années 90), alors que Micheline est totalement absente. Marie-Michèle tente même sa chance dans les années 80.

Michelle a été plus populaire aux États-Unis : il occupe le deuxième rang au début des années 70. La chanson des Beatles n'a pas ranimé ici le prénom.

Mireille

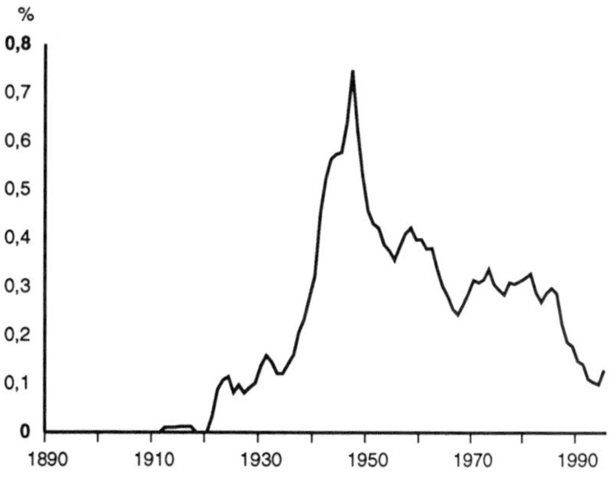

Le prénom Mireille démarre au milieu des années 30 et atteint son sommet, peu élevé, en 1947, alors qu'il est choisi pour 1 fille sur 135 environ. Par la suite, il reste quand même présent jusque dans les années 90.

Le succès de Mireille Mathieu n'a pas ravivé le prénom, et ceux qui ont fait campagne pour Clémence n'ont pas plus de succès.

Monique

Monique se prépare à son ascension dans les années 20, si bien qu'il atteint son apogée en 1930 et en 1931, alors qu'il atteint 1 fille sur 24. La descente est tout à fait linéaire, jusqu'en 1970. Monique a duré très longtemps: il est resté pendant 33 ans au-dessus du seuil de 1 % des prénoms. Il n'a pas atteint le premier rang cependant; Denise et Lise le dépassent dans les années 1935-39.

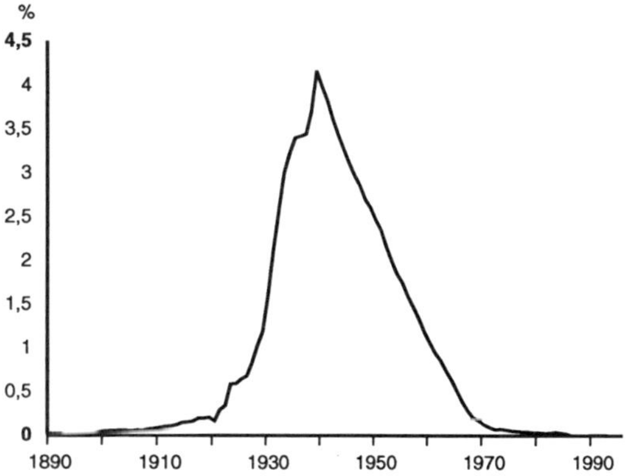

Murielle

Murielle, qui apparaît dans les années 20, rate de peu la barre du 1 % en 1942 et descend de façon symétrique jusqu'à la fin des années 60.

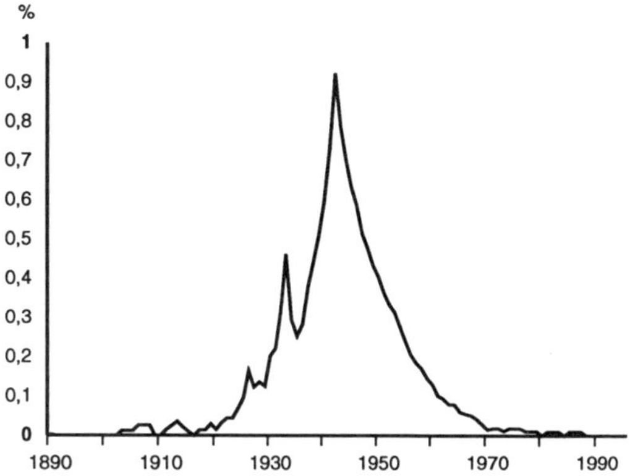

Mylène

Les premières Mylène voient le jour vers 1960 et le prénom gagne lentement du terrain, mais ne réussit à atteindre que 1 %, et une seule année, en 1984, avant d'abandonner la partie.

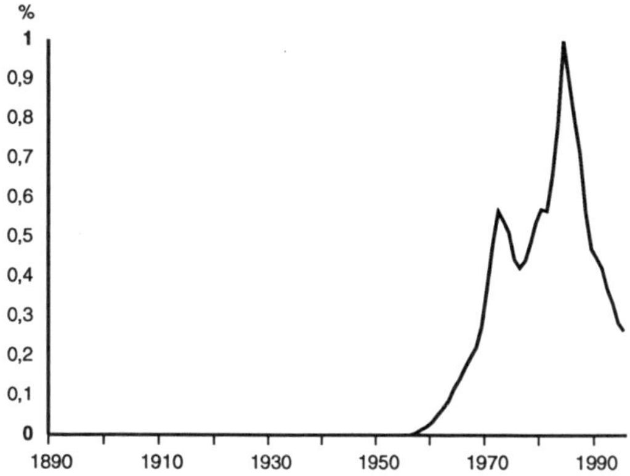

Myriam

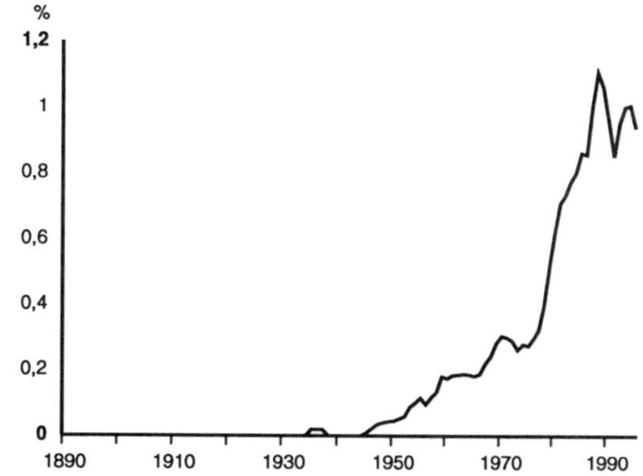

Myriam, qui est le nom de Marie en hébreu (en fait Miryam), apparaît pour la première fois au milieu des années 40 et augmente à très petits pas, mais régulièrement, si bien qu'il atteint le seuil de 1 % des prénoms à la fin des années 80. En 1988 et en 1989, 1 fille sur 80 reçoit ce prénom.

Nadia

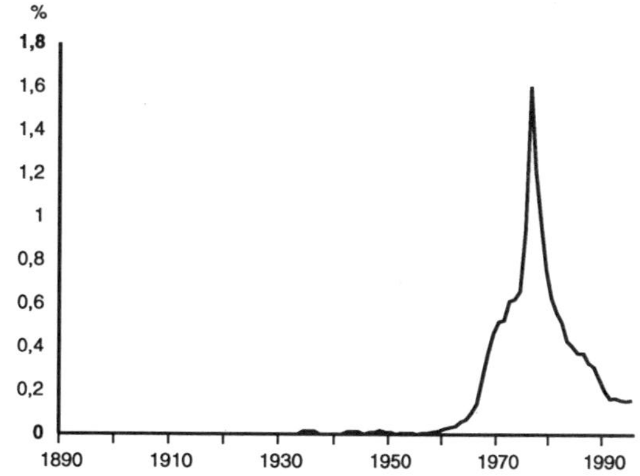

Nadia se réchauffe dans les années 60 et est prêt pour les Jeux olympiques de 1976 alors qu'il fait un saut remarquable et atteint 1 fille sur 62. C'est évidemment en hommage à la gymnaste Nadia Comaneci, la reine des Jeux de Montréal, que s'ajoute un surplus de Nadia d'environ 1 % des petites filles nées cette année-là. L'effet dure quelques années et Nadia n'a plus dans les années 90 la ferveur passée.

Nadine

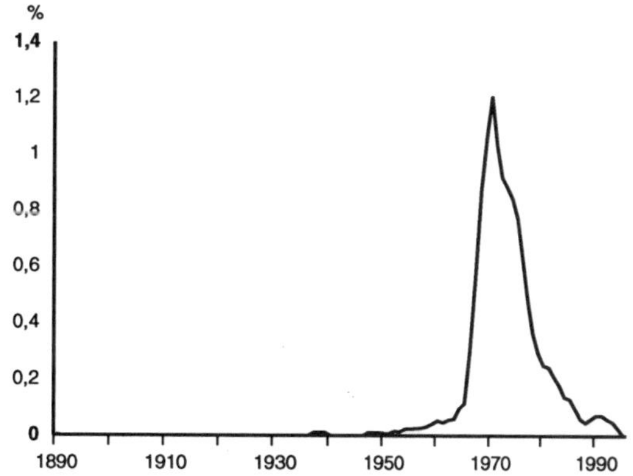

Nadine est à peine visible au début des années 60, puis il perce en 1967 et atteint son summum en 1970, alors qu'un peu moins de 1 fille sur 80 porte ce prénom. Malgré son départ fulgurant, il n'ira pas plus loin et dès le milieu des années 80, il tombe plus ou moins dans l'oubli.

Nancy

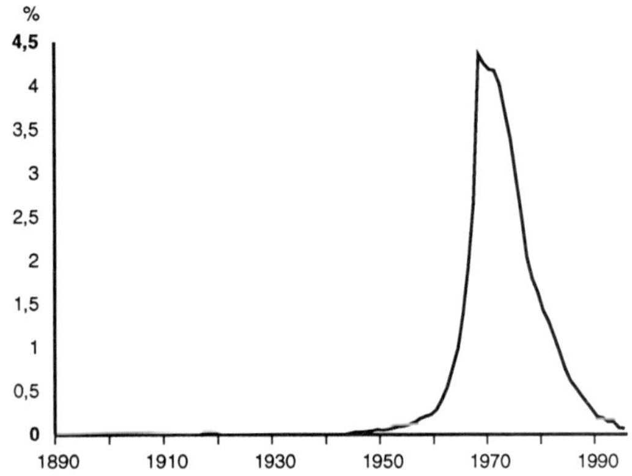

Au milieu des années 50, Nancy débute sa trajectoire qui l'amène en une dizaine d'années à son sommet, en 1968, alors que 1 fille sur 23 porte ce nom. Il reste au même niveau pendant cinq ans pour redescendre et tomber dans l'oubli dans les années 90. Nancy a passé près de 20 ans au-dessus du seuil de 1 % des prénoms. Dans ses meilleures années, il est parmi les prénoms les plus populaires, mais il est quand même loin des premières, Nathalie et Isabelle.

Nancy, qui est le nom d'une grande ville en France, y est évidemment inconnu comme prénom.

Natacha

Au lendemain du sommet de Nathalie apparaissent quelques Natacha. Pendant les années 70 et 80, environ 1 fille sur 250 est prénommée Natacha.

Nathalie

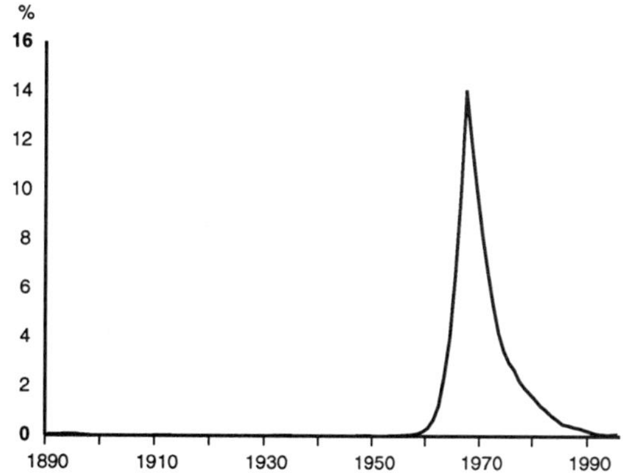

Nathalie est le prénom dont la cime est la plus haute : en 1967, 1 fille sur 7 (ou 14 % des filles) reçoit le prénom de Nathalie. Encore très rare en 1959, Nathalie démarre en 1960, atteint déjà 1 % en 1962, monte en flèche et explose alors qu'il passe de 6 % en 1965 à 10 % en 1966 et à 14 % en 1967. Rendu à une telle hauteur, on risque de tomber très vite, mais la descente de Nathalie est bien régulière et sa base mesurée au niveau de 1 % dure 21 ans, ce qui est quand même assez court. Depuis 1990, le prénom Nathalie n'est à peu près plus choisi. Nathalie est le premier prénom de 1965 à 1970. Parmi l'ensemble des femmes, il n'est qu'au sixième rang, à cause de l'étroitesse de sa base.

Pourquoi cette folie furieuse ? Il est bien embêtant de déceler l'élément déclencheur. Nathalie, qui s'écrit sans *h* en anglais, n'a jamais été parmi les prénoms les plus populaires aux États-Unis. La France cependant a connu un engouement inégalé pour ce prénom et au même moment qu'ici : le sommet y est de 1 fille sur 13 de 1966 à 1968, soit le niveau record en France, mais loin du score de Nathalie ici. Tout le monde connaît la romance de Gilbert Bécaud avec sa guide moscovite, mais elle date de 1964, alors que Nathalie était déjà à 1 fille sur 24. Il y a aussi une autre *Nathalie*, chantée par Éric, un grand succès de 1966. Comme dans le cas de Mélanie, ce sont plutôt les chansons qui profitent de la vague, mais elles peuvent l'amplifier.

Nicole

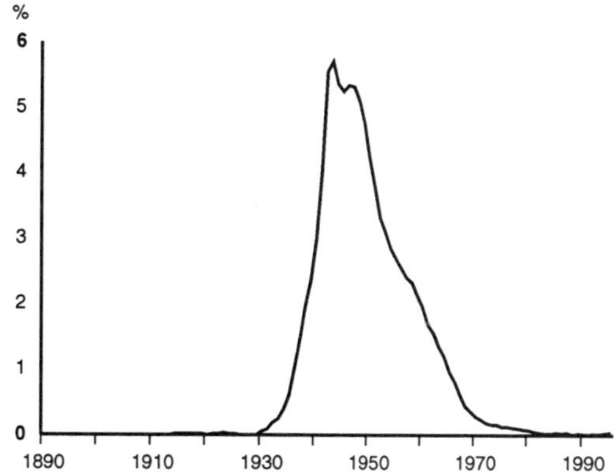

Inconnu avant 1930, Nicole connaît un succès immédiat, si bien que dès 1942 il est le prénom le plus populaire et le reste jusqu'en 1948, sauf en 1944. Son sommet est atteint justement en 1942-43, alors qu'il atteint 1 fille sur 18. Sa cote descend dans les années 50, mais pas trop vite, et ce n'est que dans les années 80 que le prénom est abandonné. Son ascension si rapide ne l'a pas empêché de rester pendant près de 30 ans au-dessus du seuil de 1 % des prénoms. Nicole est au huitième rang des prénoms les plus portés aujourd'hui par l'ensemble des femmes.

Nicole est encore un prénom très populaire en Amérique anglophone ; ainsi, c'est le quatrième prénom donné en Colombie-Britannique en 1994.

À titre de curiosité, mentionnons l'apparition de quelques Nicol masculins dans les années 40.

Noëlla

Noëlla dessine une belle petite vague qui débute avec le siècle et se termine à la fin des années 50. Pendant les années 20, il atteint un peu plus de 1 fille sur 150.

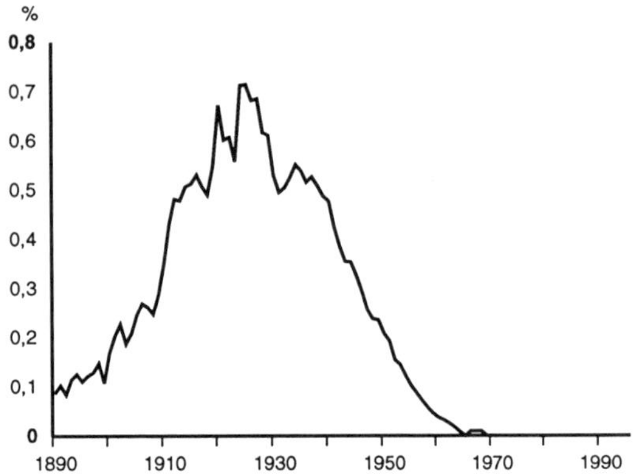

Noémie

Même si Noémie peut bien avoir l'air d'un prénom de grand-mère, celles qui le portent sont des fillettes. La croissance de Noémie reste bien tranquille dans les années 80 mais s'accélère dans les années 90. Il atteint 1 fille sur 70 en 1995. Il traîne dans son sillage quelques Naomie.

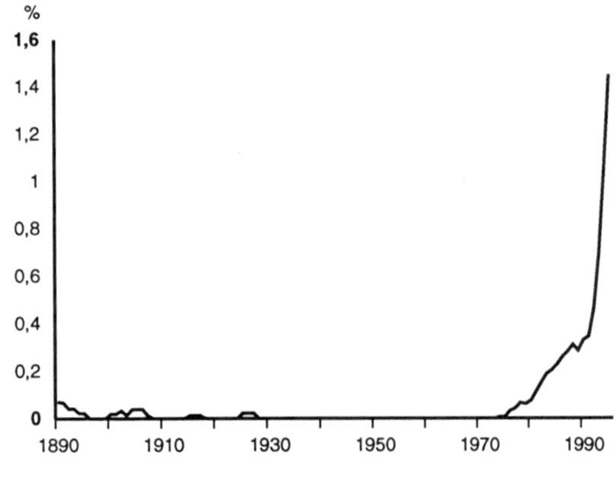

Odette

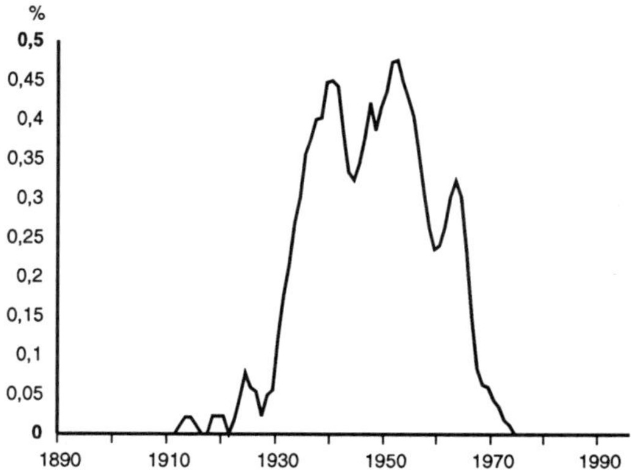

Très rare dans les années 20, le prénom Odette est choisi pour environ 1 fille sur 250 à partir du milieu des années 30, et ce, pendant une vingtaine d'années. Odette se retire complètement de la circulation à la fin des années 60.

Pamela

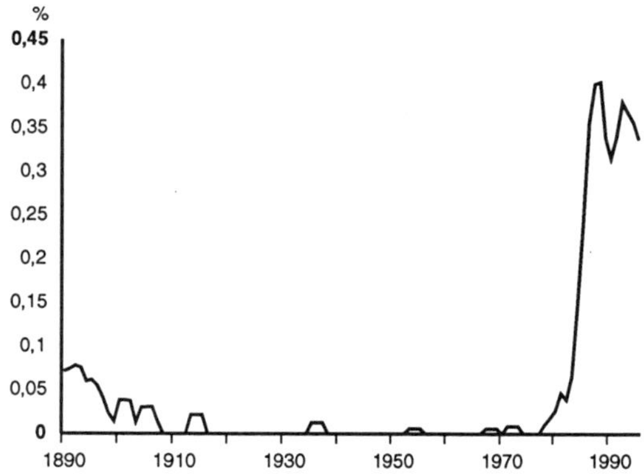

On trouve de rares Pamela à la fin du siècle dernier. Cent ans plus tard, il tente une sortie qui n'a pas eu trop de succès puisqu'il ne réussit à atteindre que le niveau de 1 fille sur 250 en 1987-88, ses meilleures années.

Pascale

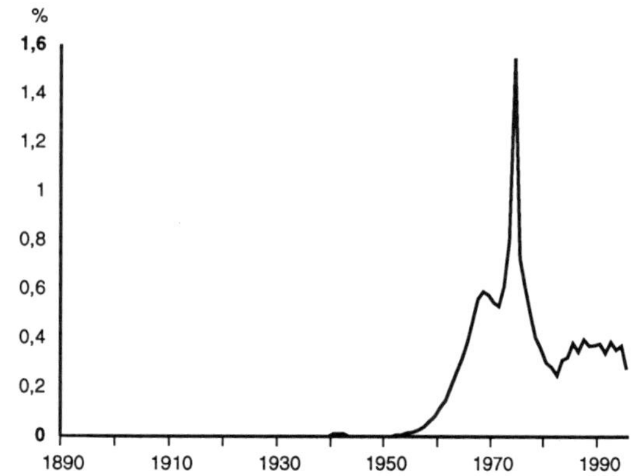

Pascale reste dans l'ombre de Pascal. Il débute comme lui dans les années 60 et semble vouloir se contenter du niveau de 1 sur 200. Il connaît cependant en 1974 son heure de gloire et le prénom est choisi pour 1 fille sur 65, mais ça ne dure qu'une année, celle du sommet de Pascal précisément, après quoi Pascale retombe vite. Depuis les années 80, il atteint environ 1 fille sur 300 de façon assez stable.

Patricia

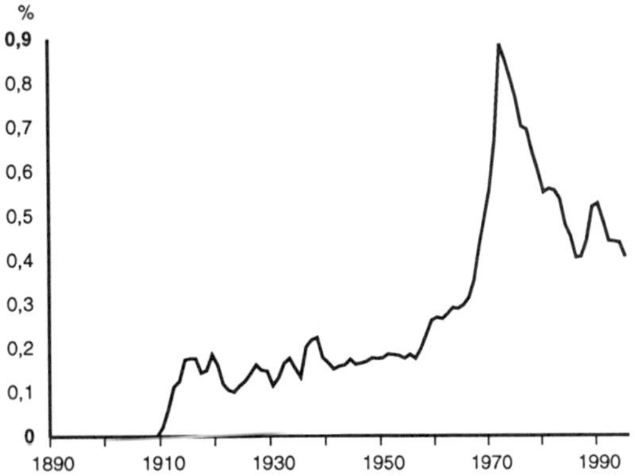

Assez curieusement, on découvre les premières Patricia vers 1910, et elles restent assez discrètes jusque dans les années 60, se contentant d'atteindre environ 1 fille sur 500, soit la même fréquence que Patrick. La vogue de Patrick amène Patricia à effectuer une petite remontée, mais il rate de peu le seuil de 1 % des prénoms en 1972. Il descend et depuis les années 80, atteint environ 1 fille sur 200.

Paulette

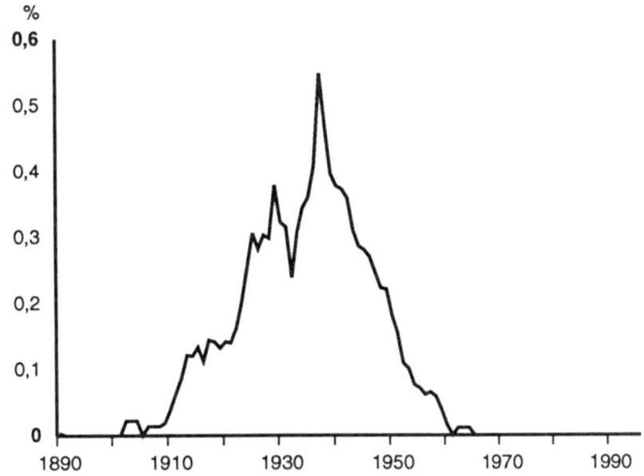

Paulette dessine une belle petite vague qui débute vers 1910, monte jusqu'à la fin des années 30, alors qu'il atteint environ 1 fille sur 200, et se termine à la fin des années 50.

Paule a tenté de prendre le relais, mais il ne réussit à atteindre qu'environ 1 fille sur 500 pendant une dizaine d'années à partir de 1956.

Pauline

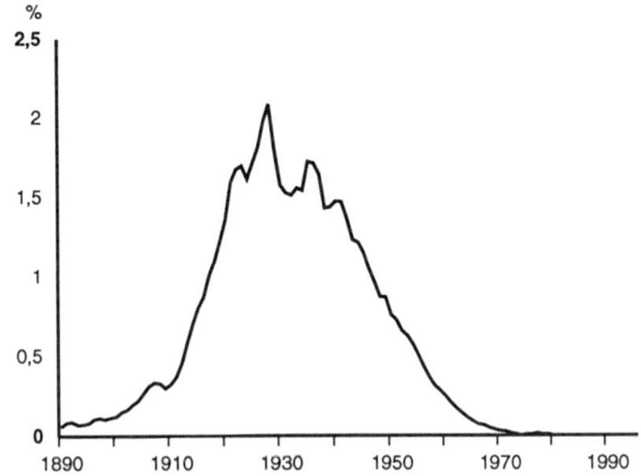

Contrairement à Paule et à Paulette, Pauline a connu une grande diffusion. Très rare à la fin du siècle dernier, il est plus tardif que Paul et ne démarre que très lentement au début du siècle. Sa croissance s'accélère dans les années 10 et elle atteint son sommet en 1928, avec un peu plus de 1 fille sur 50. C'est plus de 10 ans après le sommet de Paul. Il descend très lentement, si bien qu'il passe près de 30 ans au-dessus du niveau de 1 % des prénoms. Il n'y a plus de nouvelles Pauline depuis la fin des années 60.

Philomène

Philomène pourrait être un prénom choisi par les érudits puisqu'il signifie « aimée » en grec. Un peu avant 1890, 1 fille sur 160 le reçoit, mais la fréquence du prénom diminue lentement et on n'en trouve plus après les années 20.

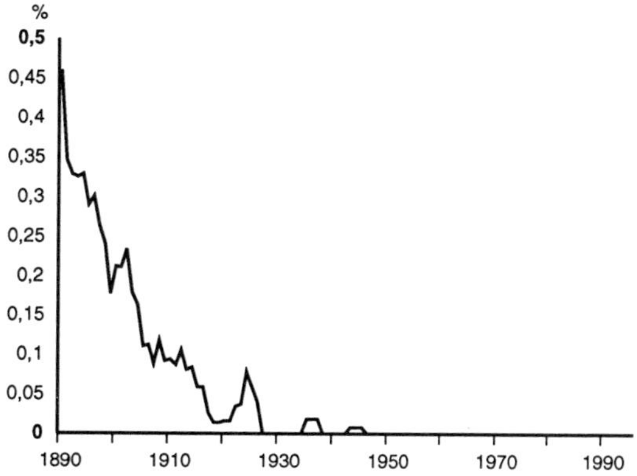

Pierrette

Il est intéressant de voir que c'est Pierrette qui semble avoir réveillé Pierre à la fin des années 20. Pierrette est un nouveau prénom qui démarre au milieu des années 10. Il atteint rapidement 1 % en 1925 et culmine en 1935 alors que 1 fille sur 38 est ainsi baptisée. Il diminue doucement et disparaît dans les années 60. Alors que Pierre était assez stable depuis le début du siècle, Pierrette le dépasse en 1924 ; Pierre se réveille quelques années plus tard et ce n'est qu'en 1938 qu'il reprendra le dessus et continuera jusqu'à son sommet, atteint une dizaine d'années après, et à un niveau beaucoup plus haut que celui de Pierrette. Pierrette a passé 25 ans au-dessus du seuil de 1 % des prénoms.

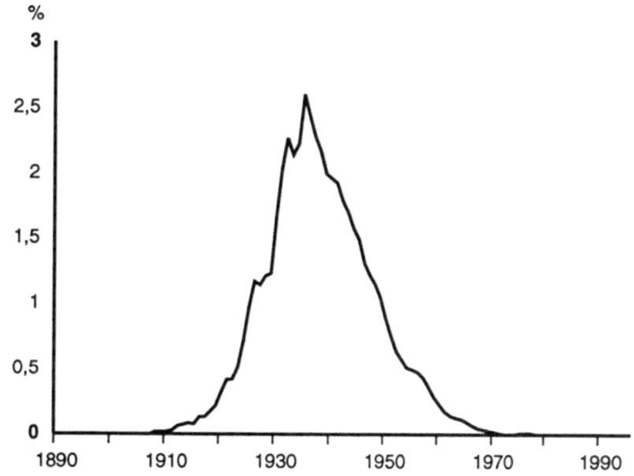

Rachel

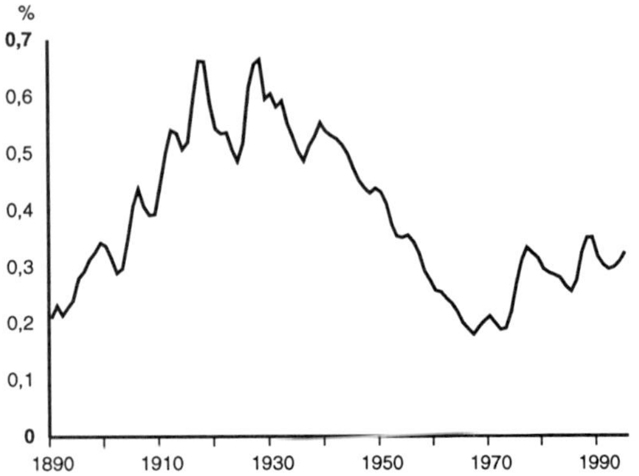

Rachel est un prénom exceptionnel par sa durée : il est présent tout au long du siècle et n'est presque pas descendu en bas de 1 fille sur 500. S'il n'a jamais été oublié, il n'a jamais non plus connu d'années très florissantes. Au tournant du siècle, il atteint environ 1 fille sur 300, puis, des années 20 aux années 40, un peu plus de 1 sur 200. Pendant les années 60, il n'est qu'à 1 fille sur 500, mais remonte un peu depuis le milieu des années 70 pour retrouver son niveau du début du siècle.

Raymonde

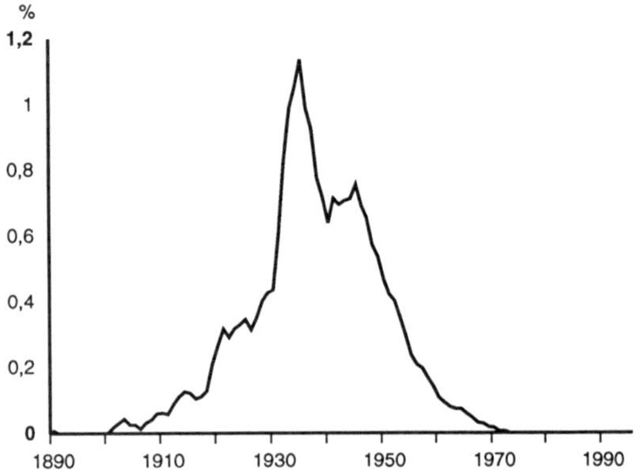

Raymonde a été beaucoup moins populaire que Raymond, mais il débute, culmine et s'éteint en même temps. Il n'augmente que très lentement à partir des années 10, mais en 1932 grimpe à près de 1 %, et atteint son maximum en 1935, avec plus de 1 fille sur 90. Il diminue ensuite jusqu'à la fin des années 60.

Rébecca

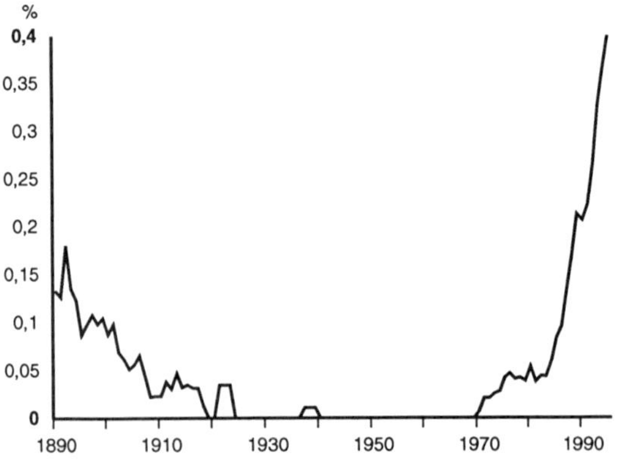

On observe quelques Rébecca à la fin du siècle dernier, et après une éclipse d'environ sept décennies, Rébecca réapparaît très discrètement dans les années 70. Depuis le milieu des années 80, le prénom se met à augmenter. Il n'atteint encore que 1 fille sur 250 au milieu des années 90, mais il pourrait augmenter encore, d'autant plus qu'il est populaire chez nos voisins.

Régina

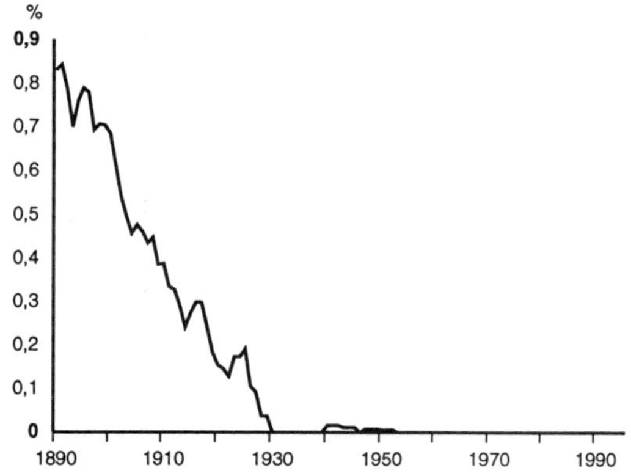

Régina, prénom latin, a été dix fois plus populaire que Régine, mais Reine n'a pas été oublié. Régina dérive du culte marial, de *Maria Regina Mundi*, que l'on retrouve plus directement dans Marie-Reine.

À la fin du siècle dernier, Régina est déjà en perte de vitesse et il disparaît dans les années 20.

Les quelques Régine sont concentrés dans les années 40 et 50, mais n'ont jamais approché le niveau de 1 sur 1 000. Reine est moins rare, surtout dans les années 40, mais n'atteint même pas 1 sur 500. Il est curieux de voir que Reine tout seul arrive beaucoup plus tard que les (rares) Marie-Reine observés entre 1900 et 1920.

Réjeanne

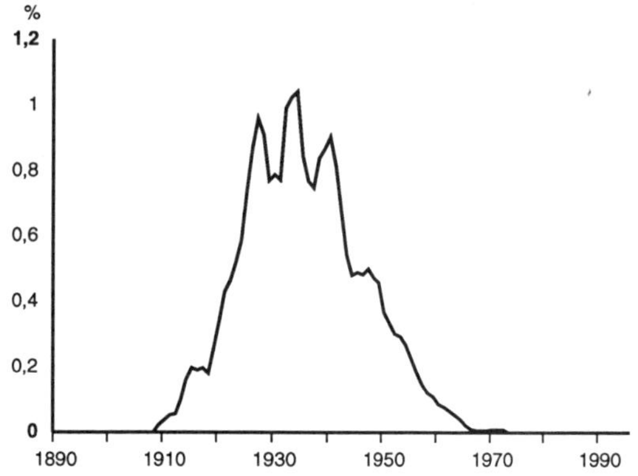

Réjeanne apparaît dix ans avant Réjean, vers 1910. Du milieu des années 20 jusqu'à la fin des années 30, ce prénom plafonne et atteint environ 1 fille sur 100. Il diminue rapidement et s'éteint dans les années 60. Tout comme Réjean, c'est un prénom inconnu en France.

Renée

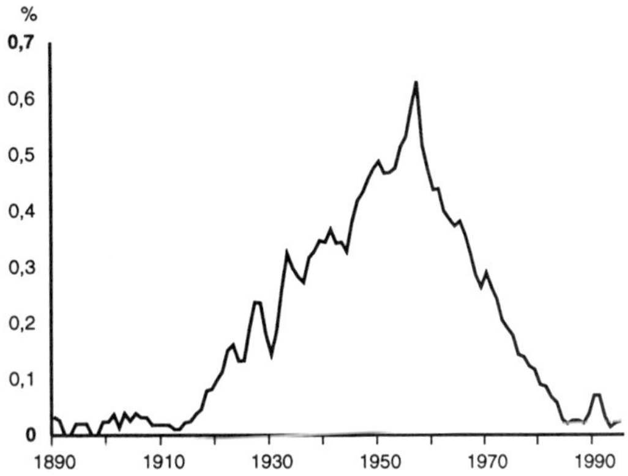

Renée a une existence assez indépendante de celle de René. Renée est à peine perceptible lors du sommet de René. Il monte lentement jusqu'à un sommet peu élevé en 1957, avec 1 fille sur 160. La pente descendante est régulière jusqu'au milieu des années 80.

Rita

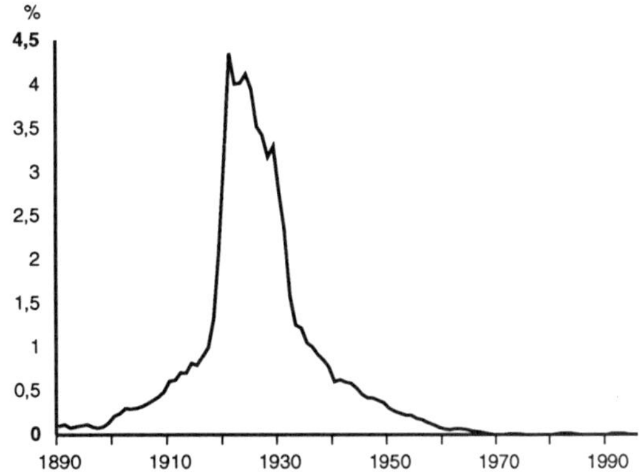

Rita perce vers 1890 et augmente d'abord assez lentement. Ce n'est qu'en 1917 que le prénom atteint 1 %. En 1918, il est saisi par la mode et monte en flèche jusqu'à son sommet, en 1921, alors que 1 fille sur 23 est baptisée du nom de Rita. À partir de 1925 cependant, Rita descend très vite et dix ans plus tard, il n'est plus qu'à 1 %. Il dure ensuite jusqu'à la fin des années 50. De 1920 à 1924, Rita a été le prénom le plus donné aux petites filles.

Rita appartiendrait à la famille des prénoms italianisants : le prénom serait l'abréviation de Margherita, mais il pourrait aussi être espagnol. De toute façon, Rita est très rare aux États-Unis et inconnu en France.

Rolande

Comme Roland, Rolande émerge en 1900, mais est moins rapide et moins populaire. Il augmente régulièrement vers son sommet, atteint en 1924, alors qu'il atteint 1 fille sur 54, puis diminue lentement et disparaît vers 1960.

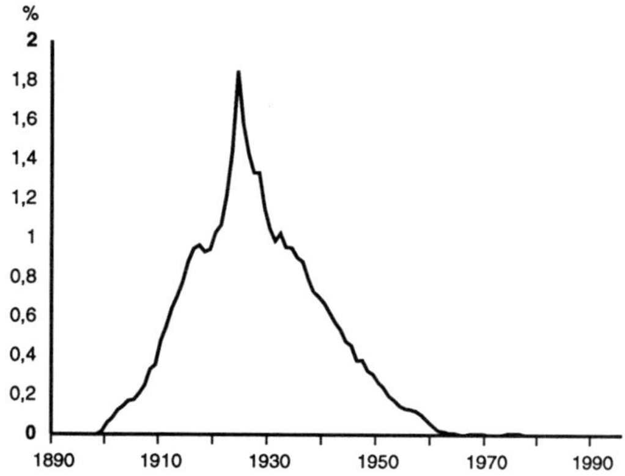

Rosa

À la fin du siècle dernier, environ 1 fille sur 200 recevait le prénom latin de Rosa. La mode s'achevait cependant, et on n'en trouve presque plus après les années 20.

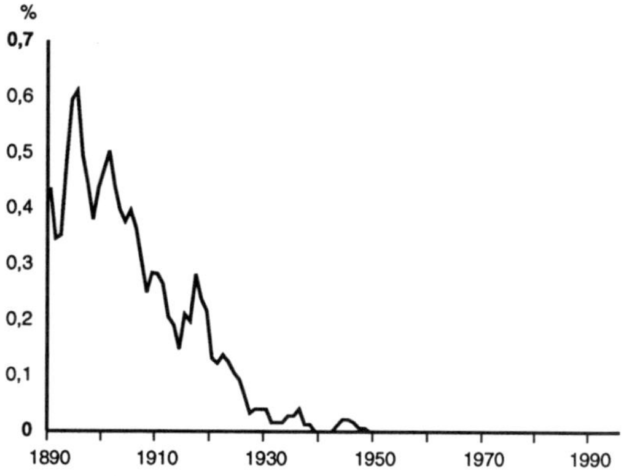

Rosalie

Il y a 100 ans, le prénom Rosalie était donné à environ 1 fille sur 500. Après des années d'oubli, Rosalie réapparaît de façon très discrète dans les années 70, mais bouge dans les années 90. Il n'atteint encore que 1 fille sur 175 en 1996, mais semble enthousiaste quant à son avenir.

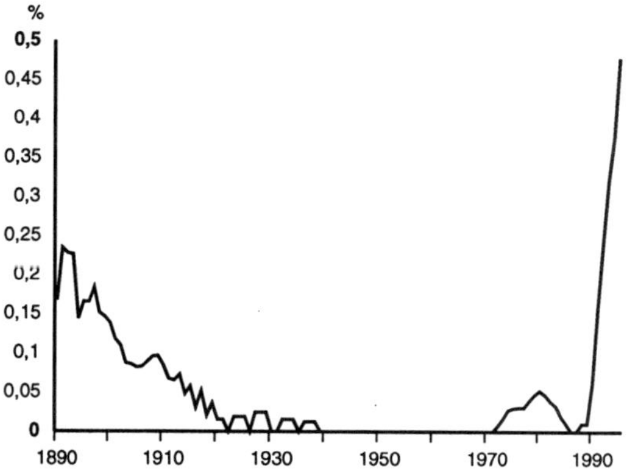

Rose

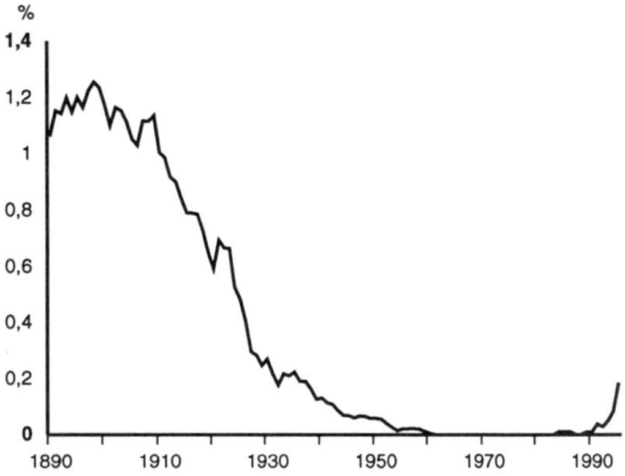

Le parfum de Rose est ancien et délicat. À la fin du siècle dernier, environ 1 fille sur 80 recevait ce prénom, qui a décliné lentement et s'est fané dans les années 50. Depuis quelques années, on note quelques Rose.

Rose est un des rares prénoms féminins qui sert de pivot à plusieurs prénoms composés. Les principaux sont Rose-Anna, Rose-Alma, Rose-Aimée, Rose-Delima, qui a donné Délima. Il y a aussi Rose-Marie, moins fréquent que Marie-Rose cependant.

Rose-Alma

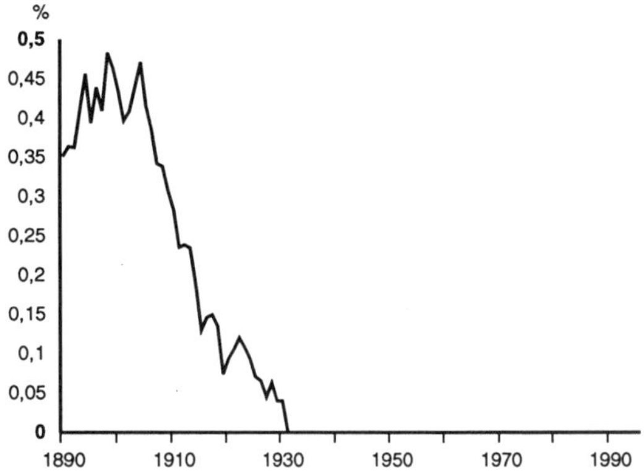

Le prénom Rose-Alma était donné au tournant du siècle à un peu moins de 1 fille sur 200, et Rose-Aimée à environ 1 fille sur 400 dans les années 10.

Rose-Anna

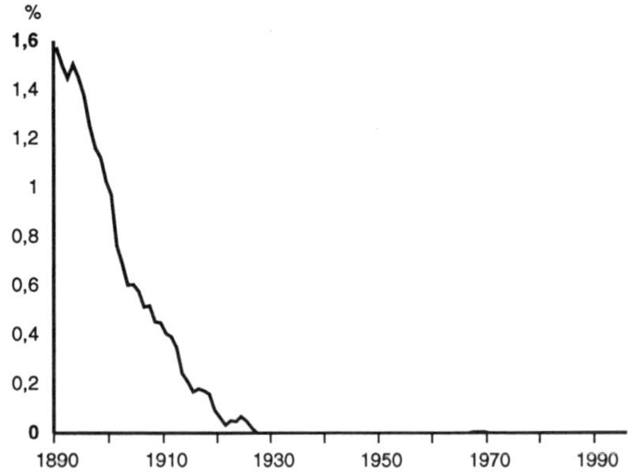

Rose-Anna, qui s'écrit aussi Rosanna, était plus populaire que Rose à la fin du siècle dernier. En fait, Rose-Anna fait partie des dix premiers prénoms en 1890-1894, et est donné à 1 fille sur 66. Sa popularité diminue rapidement, et on ne trouve plus de Rose-Anna chez les filles nées depuis les années 20.

Roxanne

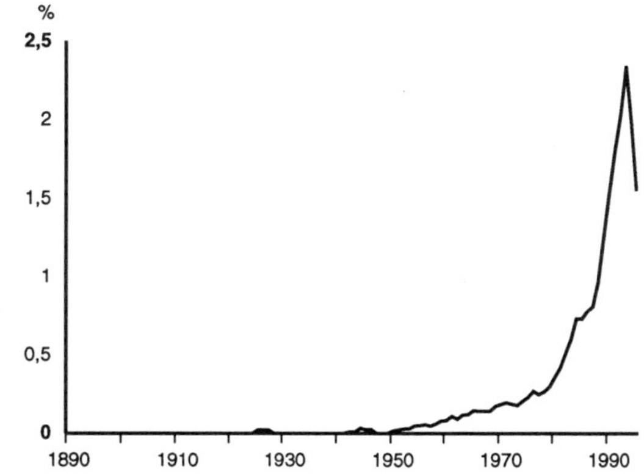

La Roxane de Cyrano n'a qu'un *n*, mais la parenté avec Anne lui en fait ajouter un deuxième ces dernières années. Le prénom Roxanne a été très patient avant de se rendre à l'avant-scène. Il naît dans les années 50 et progresse très lentement. Ce n'est qu'en 1988 qu'il réussit à atteindre 1 fille sur 100. Depuis, il s'est rendu à son sommet en 1993, avec 1 fille sur 45. Pendant les années 1990-94, il fait partie des dix principaux prénoms.

Sabrina

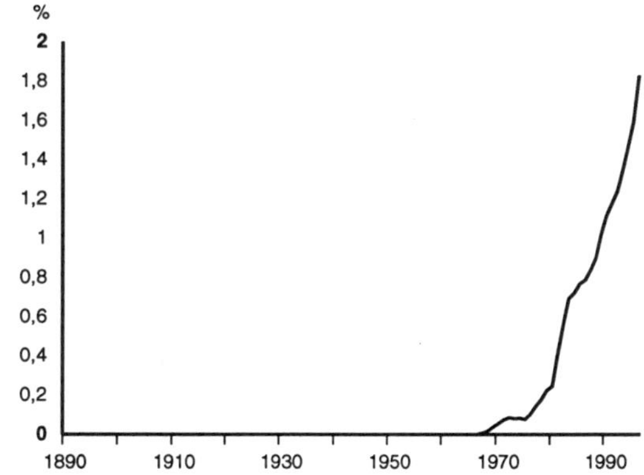

Surgi on ne sait d'où, Sabrina apparaît vers 1970, mais ce n'est qu'au début des années 80 qu'il démarre. Il atteint 1 % en 1989 et atteint 1 fille sur 55 en 1996, ce qui le place au sixième rang des prénoms les plus donnés.

Samantha

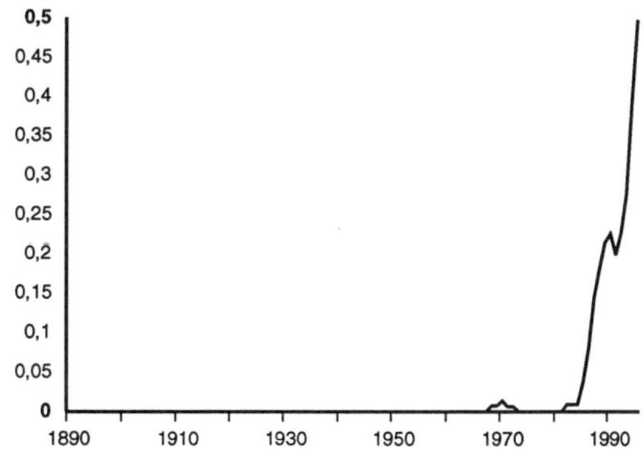

Apparu au milieu des années 80, Samantha atteint dix ans plus tard environ 1 fille sur 200. C'est un début très prometteur.

Sandra

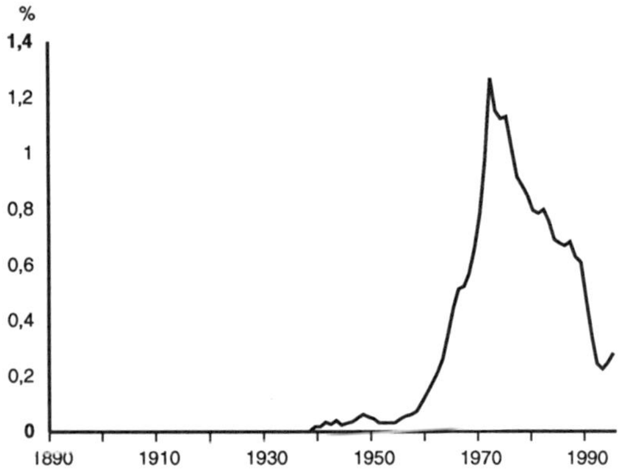

Alors qu'Alexandra est populaire ces dernières années, Sandra, qui est un diminutif d'Alessandra, a déjà une histoire à peu près terminée. Encore très discret dans les années 50, ce prénom débute sa croissance dans les années 60 et culmine en 1972 avec 1 fille sur 80. Il ne passe que cinq ans au-dessus du seuil de 1 % des prénoms et descend graduellement.

Sandrine

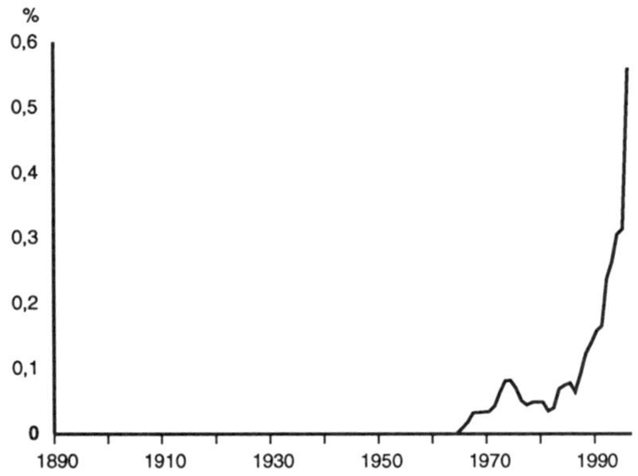

Sandrine a été très populaire en France au début des années 70 et a même atteint le premier rang, mais il est resté à peu près ignoré ici jusqu'au milieu des années 80. En 1996, il atteint près de 1 fille sur 175.

Sarah

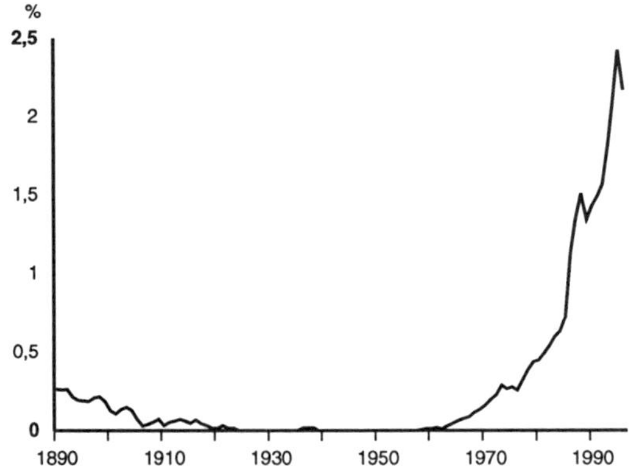

À la fin du siècle dernier, on trouvait quelques Sarah, environ 1 fille sur 500. Puis, après une longue éclipse, Sarah réapparaît au début des années 60. Après une croissance régulière, Sarah atteint le deuxième rang des prénoms les plus populaires en 1995 et atteint alors 1 fille sur 41. Sarah s'écrit parfois sans le *h*.

Sarah connaît une popularité internationale ces dernières années : il est aussi, par exemple, au second rang en Colombie-Britannique en 1995.

Simone

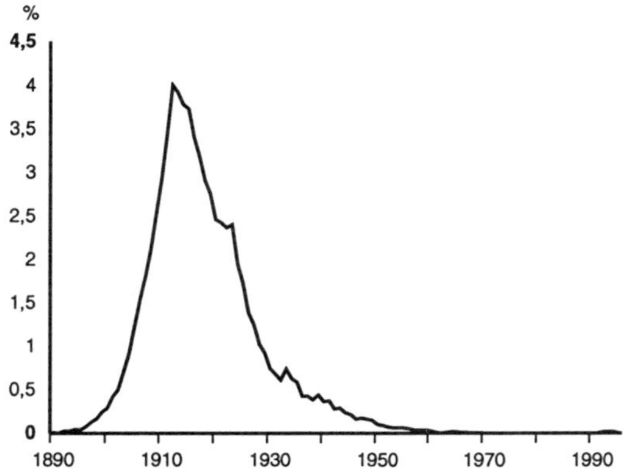

Les premières Simone naissent vers 1895 et le prénom a un succès immédiat puisqu'il atteint 1 % dès 1904. L'apogée est atteinte en 1912, alors que 1 fille sur 25 est baptisée de ce prénom. Simone diminue lentement et s'éteint dans les années 50. De 1912 à 1914, il a été au premier rang des prénoms féminins. Il a passé près de 25 ans au-dessus du seuil de 1 % des prénoms. Il est intéressant de constater l'indépendance totale de Simon et de Simone. On ne trouve aucune Simone dans les années 80, alors que Simon est à son plus haut ; à l'inverse, Simone n'a pas fait bouger Simon dans les années 10.

Solange

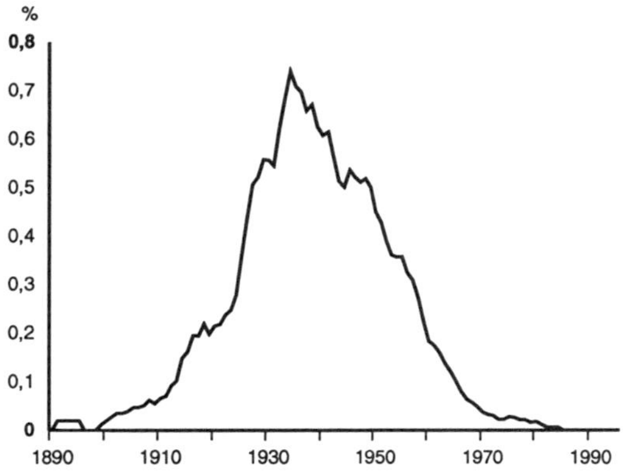

Solange est un prénom tranquille qui apparaît dans les années 10 et plafonne dans les années 30 autour de 1 fille sur 150, avant de descendre lentement et d'être oublié à la fin des années 70.

Sonia

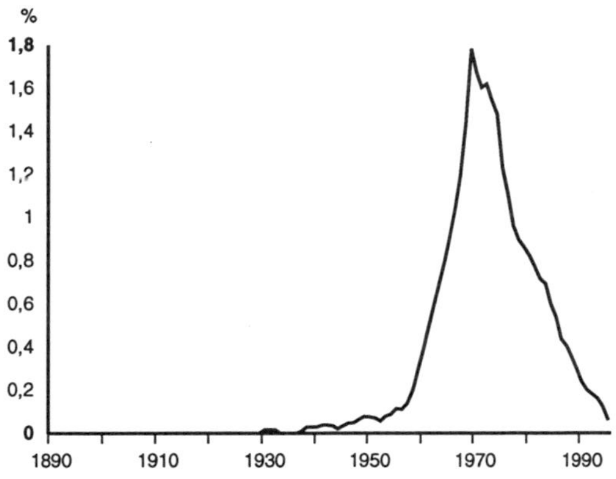

Sonia, qui est la forme russe de Sophie, précède curieusement ce dernier prénom de quelques années. Sonia naît dans les années 40, mais c'est à partir de la fin des années 50 que le prénom se met à monter. Il est à son sommet en 1969-70, alors qu'il atteint 1 fille sur 57. Il décline assez rapidement et devient rare dans les années 90.

Sophie

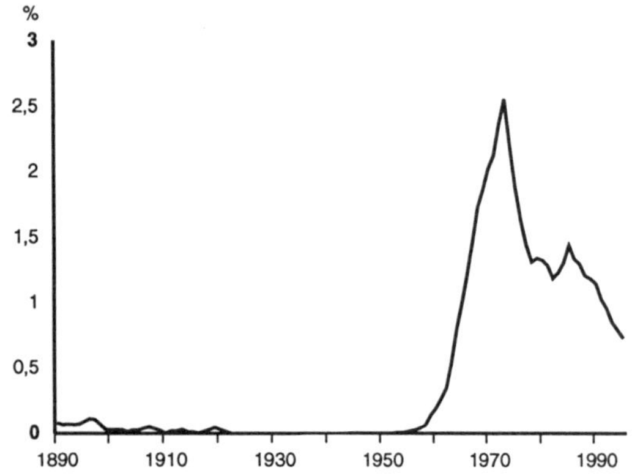

C'est à peine si on trouve quelques Sophie au tournant du siècle, puis c'est l'oubli jusqu'à la fin des années 50. Sophie démarre alors assez rapidement et atteint 1 % dès 1965. Le prénom poursuit sa montée jusqu'en 1973, alors qu'il atteint 1 fille sur 39. Après une chute brève, il reste sur un plateau pendant une dizaine d'années, et ce n'est qu'en 1992 qu'il descendra sous la barre de 1 % des prénoms, niveau qu'il aura dépassé pendant plus de 25 ans. Pendant les années 70, Sophie faisait partie des dix prénoms les plus populaires.

Stéphanie

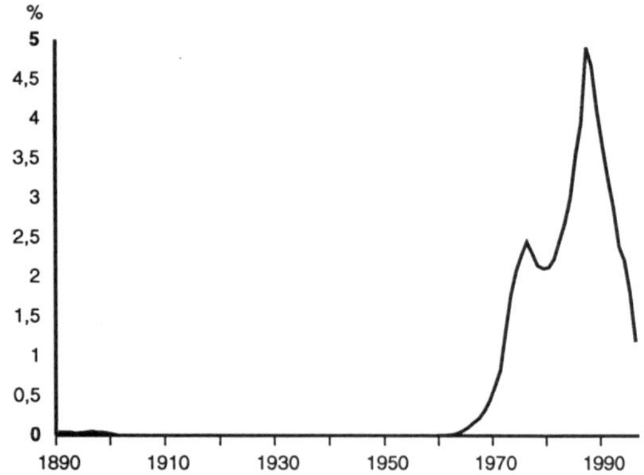

Stéphane est à son pinacle à la fin des années 60 alors que le prénom Stéphanie est encore tout discret. Il augmente sa présence rapidement au début des années 70 et atteint son sommet en 1987, avec près de 1 fille sur 20. Il est en tête des prénoms pendant six ans, de 1985 à 1990, avant d'être détrôné par Catherine. Même si sa fréquence diminue, il est encore au milieu des années 90 au-dessus de 1 %.

On peut rappeler que Stéphanie de Monaco est née en 1965 et qu'elle a peut-être aidé au départ de son prénom, comme sa sœur Caroline d'ailleurs.

Suzanne

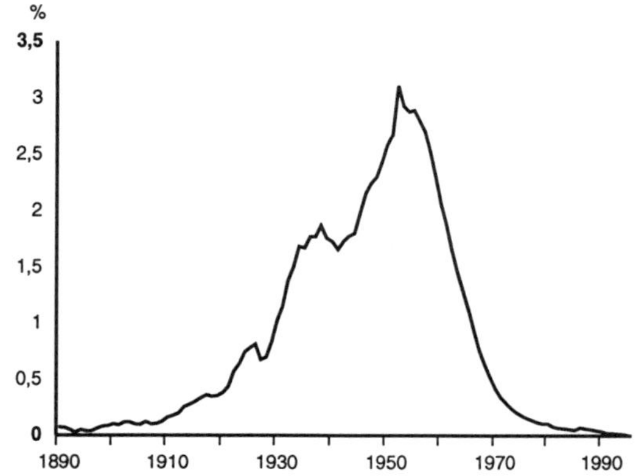

Au début du siècle, il n'y a que 1 fille sur 1 000 appelée Suzanne. Le prénom progresse très lentement et très longtemps, si bien qu'en 1952, il est rendu à son sommet et est choisi pour 1 fille sur 32. Après une si belle ascension, la descente a l'air d'une dégringolade. En 1966, Suzanne descend sous la barre du 1 % des prénoms. Il aura passé 36 ans au-dessus du 1 %, ce qui lui donne une longévité remarquable. Il devient très rare dans les années 80.

Suzie

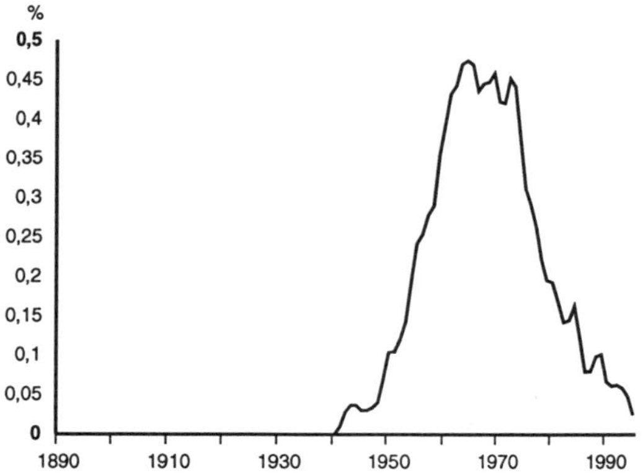

Alors que Suzanne est à son sommet au début des années 50, Suzie se met à monter, mais il plafonne dans les années 60 en atteignant environ 1 fille sur 200, puis il descend dans les années 70.

Sylvie

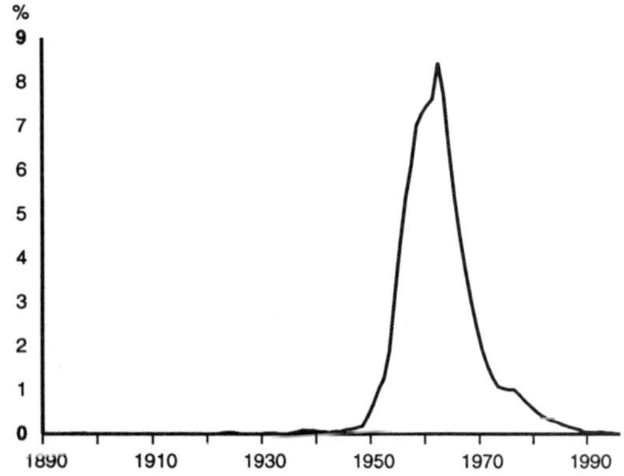

Sylvie est un prénom inconnu avant les années 30 et très tranquille jusqu'en 1945. Il démarre en fait en 1949 et connaît un succès fou, si bien qu'en 1962, 1 fille sur 12 (8,5 %) s'appelle Sylvie. Sylvain, quant à lui, atteint son sommet un an plus tard, avec 1 garçon sur 21. La descente est assez rapide et Sylvie est à peu près oublié à la fin des années 80. Sylvie a été le prénom le plus choisi pendant dix ans, de 1955 à 1964 ; il suit Diane et est remplacé par Nathalie. Comme Sylvie accompagne les générations très nombreuses du *baby boom* et qu'il est resté au-dessus du niveau de 1 % pendant près de 25 ans, il est au deuxième rang des prénoms les plus portés aujourd'hui après Louise ; 1 femme sur 55 s'appelle Sylvie.

Tania

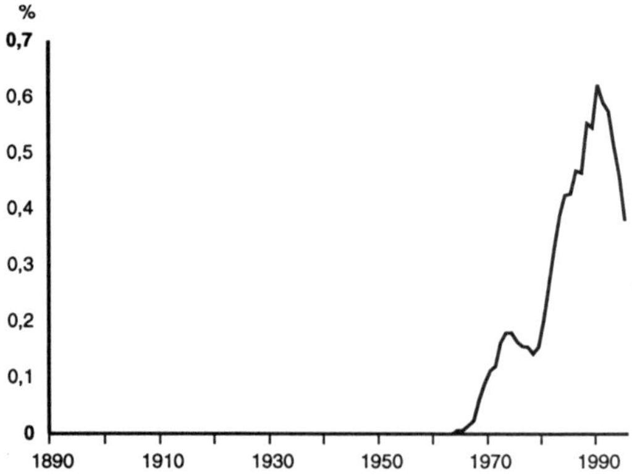

Alors que Tatiana est resté inconnu, Tania a fait un bel effort. Apparu au milieu des années 60, il se rend jusqu'à un petit sommet autour de 1990, alors qu'il atteint un peu moins de 1 fille sur 150.

Thérèse

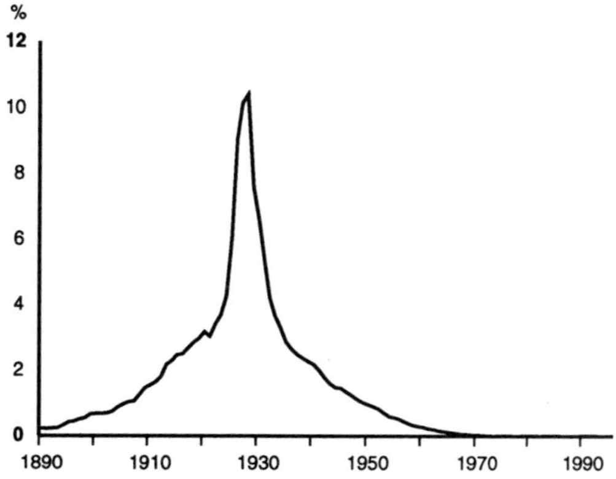

En 1890, Thérèse est encore un prénom assez rare, mais il inaugure une longue histoire. Il atteint 1 % en 1905 et poursuit sur sa lancée jusqu'en 1924, alors qu'il est porté par 1 fille sur 24, ce qui est déjà beaucoup. À partir de 1925, on assiste à une explosion qui propulse le prénom vers un sommet rarement atteint : en 1927-28, un peu plus de 1 fille sur 10 s'appelle Thérèse. Le prénom descend assez vite au niveau de 4 %, puis termine sa course de façon normale, en diminuant peu à peu jusqu'à la fin des années 60. Thérèse a été le premier prénom féminin de 1923 à 1930 et en 1933, et c'est aussi le prénom féminin qui est resté le plus longtemps au-dessus du seuil de 1 %, soit pendant 44 ans.

C'est probablement à la popularité de sainte Thérèse de l'Enfant-Jésus, canonisée en 1925, que l'on doit cet afflux de Thérèse, mais il faut constater que c'était déjà un prénom au goût du jour.

Valérie

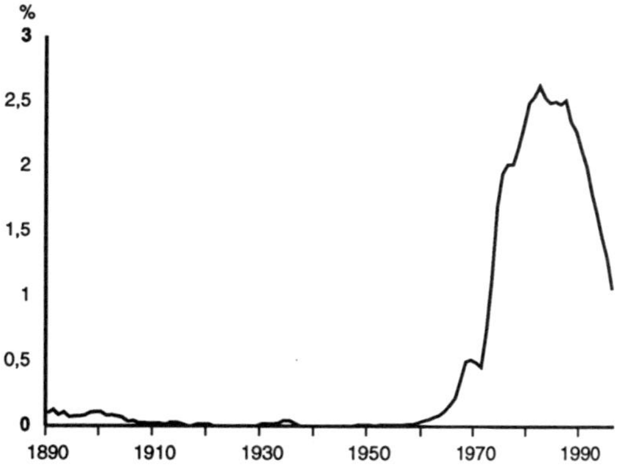

Le prénom Valérie est à peine visible au tournant du siècle, et il réapparaît au début des années 60. En 1970, il hésite un peu puis repart et dépasse 1 % en 1973. Il plafonne au début des années 80, alors qu'il atteint un peu plus de 1 fille sur 40. Il descend lentement et devrait bientôt passer sous le niveau de 1 % des prénoms.

Le film *Valérie*, à la fin des années 60, sulfureux pour l'époque, aurait pu lui nuire, mais Valérie était au même moment très populaire en France.

Vanessa

Après avoir piétiné pendant les années 70, le prénom Vanessa monte en flèche au milieu des années 80 et en 1989-90, atteint 1 fille sur 30. Il descend tout aussi rapidement et n'aura connu qu'un succès éphémère.

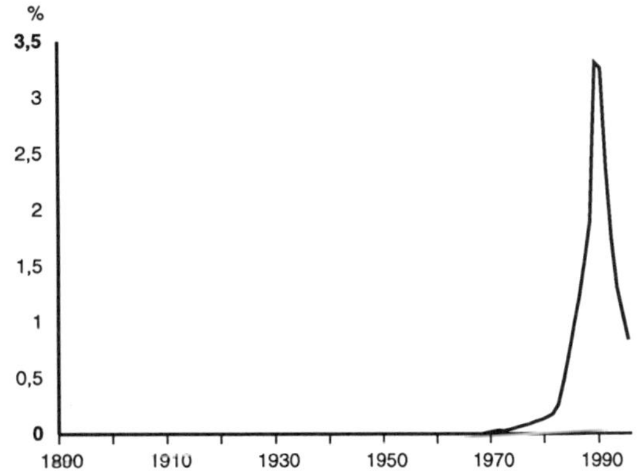

Véronique

Bon an, mal an, depuis le début du siècle, environ 1 fille sur 1 000 s'appelle Véronique jusqu'au début des années 70. En 1973, Véronique saute à 1 % et continue une croissance rapide jusqu'à son sommet en 1981, alors qu'il atteint près de 1 fille sur 33. Sa descente est un peu plus lente, si bien qu'il a passé près de 20 ans au-dessus du seuil de 1 % des prénoms.

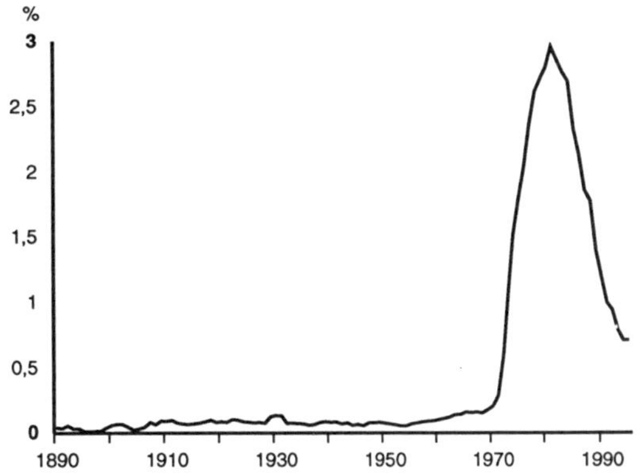

Vicky

Ce diminutif de Victoria apparaît curieusement à la fin des années 60 et connaît un certain succès qui l'amène à être choisi pour environ 1 fille sur 125 en 1985-86.

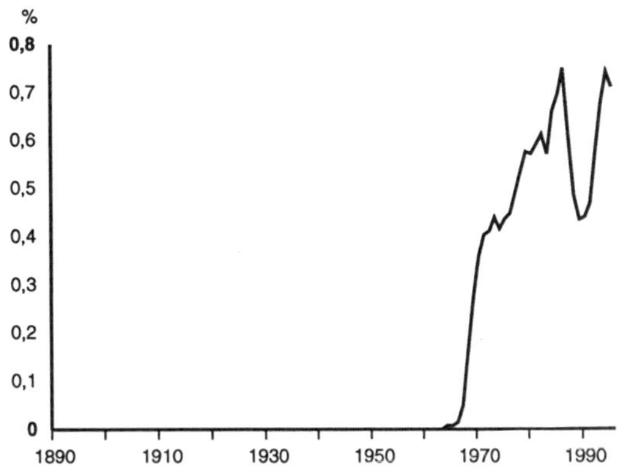

Victoria

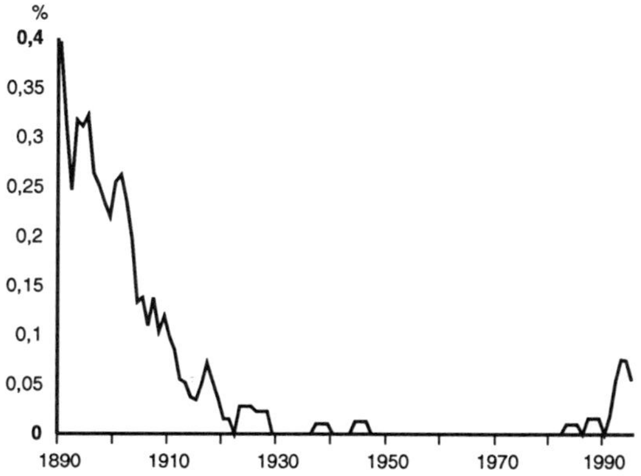

La fin du règne de notre souveraine Victoria 1re, décédée en 1901, semble coïncider avec les dernières années de popularité de son prénom. Dans les dernières années du siècle passé, il y avait environ 1 fille sur 400 qui s'appelait Victoria. C'est beaucoup moins que ce que l'on trouve chez les garçons avec Victor. On observe de rares Victoire et Victorine qui sont un peu plus jeunes que les Victoria. Ces dernières années, Victoria renaît sous la forme de Vicky.

Violette

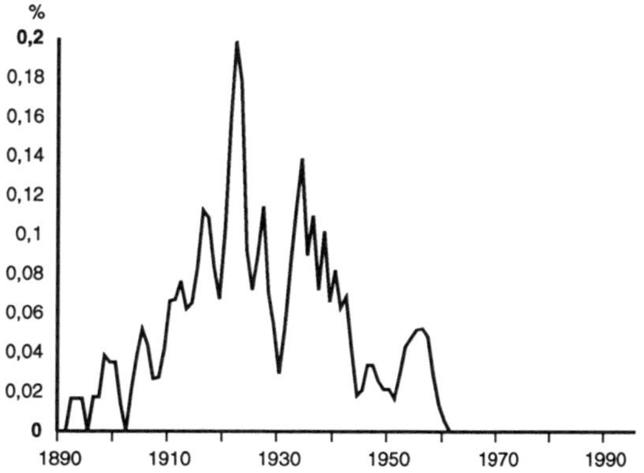

La fréquence de Violette devrait être trop faible pour justifier une entrée, mais c'est un prénom si charmant qu'il justifie une exception. Pendant la première moitié du siècle, le prénom Violette est choisi pour environ 1 fille sur 1 000, parfois un peu plus et parfois un peu moins.

Virginie

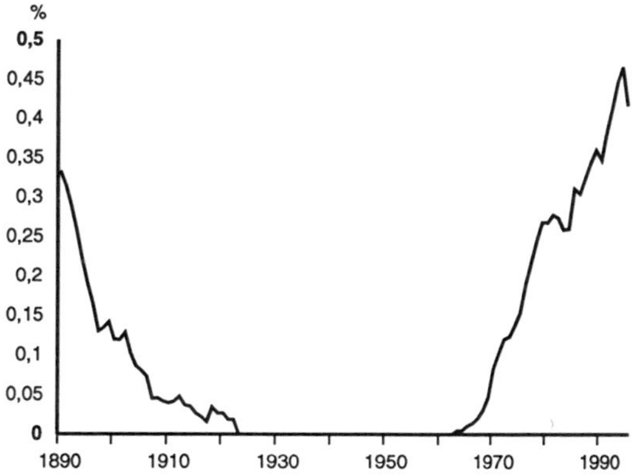

Virginie est un prénom qui terminait sa course au début du siècle et qui revient dans les années 70. Vers 1890, environ 1 fille sur 350 s'appelait Virginie. Cent ans plus tard, il est au même niveau, mais il grimpe et atteint ces dernières années environ 1 fille sur 200. Virginie n'est probablement plus perçu comme un prénom marial.

Yolande

Yolande démarre dans les années 10 et se rend assez facilement à son sommet en 1933, alors qu'il atteint 1 fille sur 45. La descente ressemble à la montée et Yolande disparaît dans les années 60.

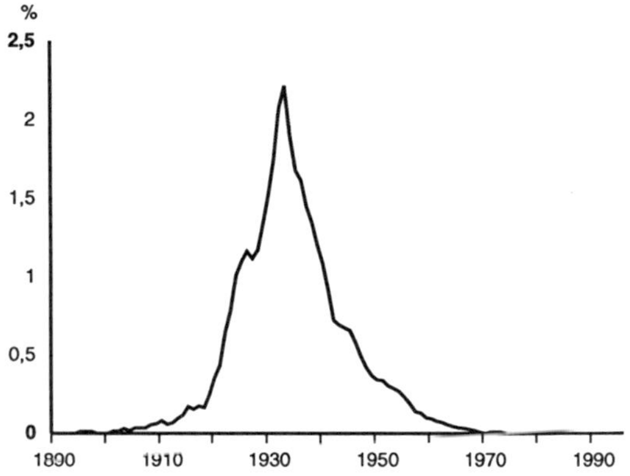

Yvette

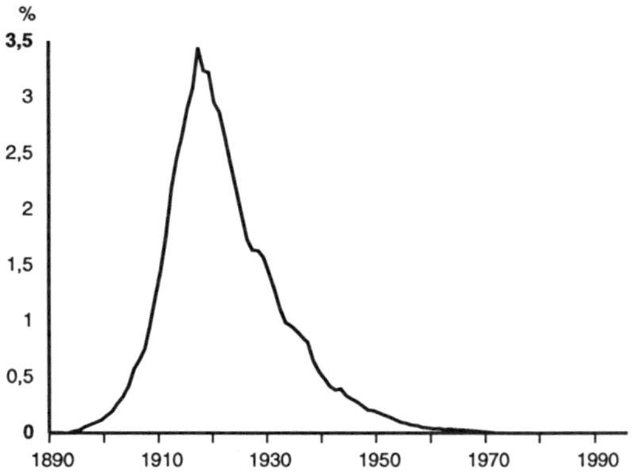

Les premières Yvette naissent avec le siècle et le succès est tel qu'en 1917, 1 fille sur 30 est baptisée de ce nom. En 1919, Yvette se faufile au premier rang des prénoms, entre Cécile et Rita. Yvette diminue lentement et on en trouve encore jusque dans les années 50. Il a passé près de 25 ans à atteindre au moins 1 fille sur 100.

Le mouvement politique des Yvette de 1980, associé aux femmes traditionnelles, n'a pas amené une seule petite Yvette. Notons que la carrière d'Yves est tout à fait indépendante de celle d'Yvette.

Yvonne

C'est Yvonne qui a occupé le premier rang le plus longtemps chez les femmes, soit pendant 12 ans, de 1896 à 1907. À son sommet, en 1901, il atteint 1 fille sur 23. Sa croissance avait été très rapide puisque qu'avant 1890, le prénom n'était donné qu'à 1 fille sur 100. Par contre, sa descente est assez lente, et les dernières Yvonne voient le jour dans les années 50.

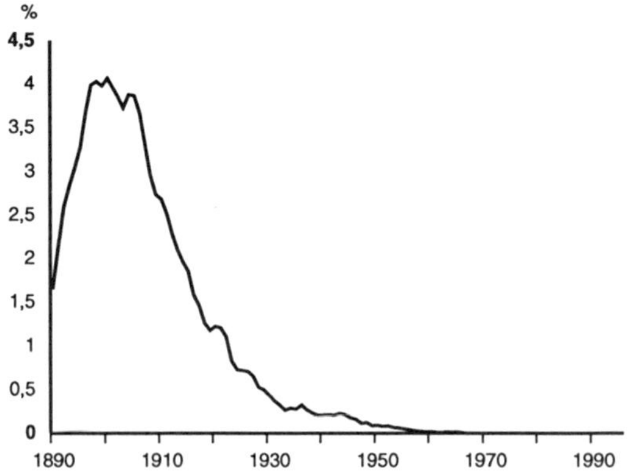

Index et liste de 2 200 prénoms masculins et féminins

Il est impossible en fait de calculer exactement le nombre de prénoms utilisés depuis un siècle. Il y a d'abord les erreurs de saisie dans les fichiers : on peut se demander, par exemple, si les filles qui s'appellent Alex ne sont pas plutôt des Alix ou encore s'il y a une erreur de codage du sexe. Certains prénoms sont très rares. La première fois que nous avons rencontré le prénom Zoël, nous avons cru bon le corriger en Noël, mais après en avoir trouvé d'autres, il a fallu réviser les corrections et revenir à un prénom jamais entendu. Le principal problème pour compter le nombre de prénoms est toutefois celui posé par les prénoms composés. En théorie, on doit utiliser le trait d'union, mais manifestement, la directive n'est pas suivie. Il ne faut pas hésiter à réunir, par exemple, les nombreux Jean Philippe aux Jean-Philippe.

On a retenu dans ces listes un peu plus de 2 200 prénoms. Environ la moitié sont rarissimes ; ils sont suivis du signe « rrr » ; près de 600 autres encore sont très rares ou rares. Les listes n'ont pas l'intention d'être un répertoire de tous les prénoms donnés ici ; pour être retenus, les prénoms doivent être présents au moins deux fois une année donnée.

Cette liste comprend 1 068 prénoms masculins et 1 140 prénoms féminins, mais on trouve une quarantaine de prénoms qui s'écrivent de la même façon pour les deux sexes, comme Claude. Les différentes façons d'écrire un prénom ont été réunies ; on ne trouve pas Lyse, mais seulement Lise.

Légende :
r : rare
rr : très rare
rrr : rarissime

PRÉNOMS MASCULINS

PRÉNOMS FÉMININS